"十三五"国家重点出版物出版规划项目

名校名家基础学科系列
Textbooks of Base Disciplines from Top Universities and Experts

创新创业创青春

主　编　苗　苗　沈火明
副主编　夏高发　邓馥郁　高　恒　彭　敏　刘玉焕　毛美琳
参　编　张　哲　周贤永　李海波　袁　智　王一帆　李静波
　　　　姬晓旭　孔祥彬　王　蔚
主　审　王海军

机械工业出版社

本书是针对高校创业学教学所编写的实用型教材，全书分为 14 章。第 1 章从思维层面上训练"创新"，这是"创业"的活力与来源，为全书打下基础。第 2~5 章主要介绍在互联网情境下，创业的基本概念、创业机会的识别、创业机会的评价、创业资源的获取以及创业团队的建立。第 6 章介绍了互联网商业模式的发展历程。第 7、8 章分别介绍了两种创业新形态。第 9、10 章讲述了在创业过程中商业计划书的撰写和产品设计的主要流程。第 11、12 章对企业财务管理与运营管理提出意见。第 13 章对产品推广进行了说明，第 14 章对创业误区进行了介绍并给出了一些忠告。

本书中，每章前都加入了契合本章内容的导入案例，让读者能够通过案例对本章内容有一个大致认识。每章末都设计了本章要点回顾和思考题部分，帮助读者一览章节精华，让读者能够在回答问题的过程中加深对本章内容的理解。

此外，本书配套有教学课件及线上慕课课程，有较好的操作性和指导性，读者可以登录课程网站（https://www.icourse163.org/course/SWJTU-1206456818）观看学习。

本书可作为 MBA 和管理专业或非管理专业的本科生、硕士生创业学课程的教材使用，也可作为科技工作者、工程技术人员和其他管理人员的创业培训用书。

图书在版编目（CIP）数据

创新创业创青春/苗苗，沈火明主编. —北京：机械工业出版社，2019.10（2021.2重印）

"十三五"国家重点出版物出版规划项目 名校名家基础学科系列
ISBN 978-7-111-63483-6

Ⅰ.①创⋯ Ⅱ.①苗⋯②沈⋯ Ⅲ.①创业-高等学校-教材
Ⅳ.①K820.7

中国版本图书馆 CIP 数据核字（2019）第 173203 号

机械工业出版社（北京市百万庄大街 22 号 邮政编码 100037）
策划编辑：张金奎   责任编辑：张金奎 杨 洋 商红云
责任校对：梁 倩 陈 越 封面设计：鞠 杨
责任印制：孙 炜
保定市中画美凯印刷有限公司印刷
2021 年 2 月第 1 版第 2 次印刷
184mm×260mm · 19.5 印张 · 1 插页 · 477 千字
标准书号：ISBN 978-7-111-63483-6
定价：49.80 元

电话服务	网络服务
客服电话：010-88361066	机 工 官 网：www.cmpbook.com
010-88379833	机 工 官 博：weibo.com/cmp1952
010-68326294	金 书 网：www.golden-book.com
封底无防伪标均为盗版	机工教育服务网：www.cmpedu.com

前　言

随着社会的不断进步，各行各业对知识密集型人才的需求旺盛，创新创业人才已经成为社会紧缺的人才。高校是承担培养高素质人才的主力军。当下，如何优化学生创新创业能力已经成为高校首要关注的问题，其中，创新创业教育对于大学生创业管理起着至关重要的作用。在目前创业教育资源相对匮乏的情况下，高校中缺乏对于培养创新创业人才的完善体制系统，相应的课程也不完整，教材没有规范统一，缺乏培养创新创业人才的实践平台，学生较难接触到社会的企业资源。创新创业教育资源的开发与利用是解决这一问题的有效方法。本书对于培养创新创业型人才的意义在于，结合当下"互联网+"的时代背景，详细地阐述了创业的全部环节，为创业者提供了详尽的创业基础知识和大量的创业案例分析，对创业者来说是一本创业的指导全书。本书受到国家自然科学基金（71572156）、川酒发展研究中心（CJZB18-02）、四川循环经济研究中心（XHJJ-1815）、中央高校基本科研业务费资助项目（2682018WQN16）、西南交通大学 2018 年本科教育教学研究与改革项目（1802012、1802031）、四川省 2018—2020 年高等教育人才培养质量和教学改革项目的支持。

本书是针对高校创业学课程编写的实用型教材，对于完善创新创业课程及各类创新创业大赛的培训有较大的作用。书中整合的大量创业案例是结合了编者多年指导创业项目的经验编写而成的，具有很强的可读性和参考性。本书配套的线上慕课课程邀请了许多成功的创业企业进行实地采访和拍摄，将企业资源与高校创新创业教育相结合，为学生搭建起创新创业理论与实践并重的教育平台。

本书由苗苗、沈火明担任主编，夏高发、邓馥郁、高恒、彭敏、刘玉焕、毛美琳担任副主编，张哲、周贤永、李海波、袁智、王一帆、李静波、姬晓旭、孔祥彬、王蔚参编，最终由苗苗、沈火明统筹定稿。全书具体编写分工如下：第 1 章由沈火明、刘玉焕共同编写；第 2 章由蒋玉石、邓馥郁共同编写；第 3 章由苗苗、彭敏共同编写；第 4 章由沈火明、张哲共同编写；第 5 章由高恒、周贤永共同编写；第 6 章由夏高发、李海波共同编写；第 7 章由邓馥郁、袁智共同编写；第 8 章由刘玉焕、王一帆共同编写；第 9 章由苗苗、李静波共同编写；第 10 章由苗苗、毛美琳共同编写；第 11 章由夏高发、姬晓旭共同编写；第 12 章由邓馥郁、孔祥彬共同编写；第 13 章由高恒、王蔚共同编写；第 14 章由沈火明、高恒共同编写。

在本书的编写过程中，我们参考了大量国内外著作与网上学习资料，个别资料出处没有详细标出，在此特向所有作者、资料提供者表示由衷的感谢。

由于编写时间仓促，编者的业务水平与经验有限，书中难免存在遗漏与偏颇之处，恳请广大读者批评指正。

编　者

目 录

前言
第1章　创新思维 ··· 1
　1.1　创新与创新思维 ·· 3
　　1.1.1　创新的概念 ·· 3
　　1.1.2　创新思维的概念 ··· 4
　1.2　创新思维的要素 ·· 4
　　1.2.1　大脑的思维功能 ··· 5
　　1.2.2　心理的思维功能 ··· 6
　　1.2.3　创新应具备的智能因素 ··· 6
　1.3　创新思维的几种类型 ··· 8
　　1.3.1　发散思维与收敛思维 ·· 8
　　1.3.2　顺向思维与逆向思维 ··· 11
　　1.3.3　迁移思维与联想思维 ··· 13
　1.4　创新思维的常见束缚 ·· 14
　　1.4.1　从众型惯性思维 ··· 15
　　1.4.2　书本型惯性思维 ··· 15
　　1.4.3　经验型惯性思维 ··· 16
　　1.4.4　权威型惯性思维 ··· 17
　　1.4.5　术语型惯性思维 ··· 18
　　1.4.6　打破惯性思维的经典案例 ·· 19

第2章　创业概论 ··· 21
　2.1　创业与互联网创业 ·· 25
　　2.1.1　创业的演变 ·· 25
　　2.1.2　创业的基本概念 ··· 26
　　2.1.3　互联网创业 ·· 28
　　2.1.4　创业的分类 ·· 30
　　2.1.5　创业行为的特征阶段 ·· 32
　2.2　创业管理 ·· 35
　　2.2.1　创业管理即管理创业 ·· 35
　　2.2.2　创业管理概述 ··· 36
　　2.2.3　创业管理与管理 ··· 39

2.3 创业思维 ... 40
2.3.1 安索夫矩阵模型 ... 40
2.3.2 市场机会分析 ... 44
2.3.3 双赢思维 ... 46
2.3.4 创新思维 ... 48
2.4 创业方法 ... 50

第3章 创业机会 ... 60
3.1 创业机会的识别 ... 62
3.1.1 创业机会概述 ... 62
3.1.2 影响创业机会识别的因素 ... 64
3.1.3 创业机会的识别过程与方法 ... 65
3.2 创业机会的寻找 ... 67
3.2.1 寻找创新点的重要性 ... 67
3.2.2 寻求创新的策略 ... 67
3.2.3 寻求执行力的策略 ... 69
3.3 创业机会的评价 ... 69
3.3.1 创业机会的评价指标 ... 69
3.3.2 创业机会的评估方法 ... 73
3.4 创业机会评价中的一些特殊问题 ... 74
3.4.1 正确看待灰色产业 ... 74
3.4.2 警惕大型互联网公司抢占市场 ... 74
3.4.3 提防其他公司复制产品 ... 75
3.4.4 产品竞争太激烈怎么办 ... 75

第4章 创业资源 ... 78
4.1 创业资源的含义 ... 80
4.2 创业资源的分类 ... 82
4.3 创业资源的获取方法 ... 90
4.4 创业资源的整合 ... 92

第5章 创业团队 ... 96
5.1 创业者 ... 98
5.1.1 创业者的主观特征 ... 98
5.1.2 创业者的外力驱动 ... 101
5.1.3 创业者能力测评方法 ... 102
5.1.4 创业者的社会责任与创业伦理 ... 106
5.2 创业团队 ... 107
5.2.1 创业团队的概念理解 ... 107
5.2.2 创业团队的分工 ... 109
5.2.3 创业团队的组建和发展 ... 110

  5.2.4 创业团队的相关问题 ………………………………………… 114
  5.2.5 核心成员的所有权分配机制 …………………………………… 115
  5.2.6 原始股与期权的异同及分配机制 ……………………………… 115
 5.3 技术人员在创业团队中 ………………………………………………… 116
  5.3.1 拥有自己的技术开发团队尤为重要 …………………………… 117
  5.3.2 如何寻找合适的技术人员 ……………………………………… 117
  5.3.3 如何协调技术与产品的矛盾 …………………………………… 118
 5.4 创业公司的人员招聘与管理 …………………………………………… 120
  5.4.1 初创团队如何招募第一批员工 ………………………………… 120
  5.4.2 早期员工如何融入早期核心团队 ……………………………… 121
  5.4.3 融资后如何把握招聘节奏 ……………………………………… 121
  5.4.4 创业公司如何做好校园招聘 …………………………………… 121
 5.5 创业团队的有效管理 …………………………………………………… 122
  5.5.1 保持高效沟通 …………………………………………………… 122
  5.5.2 几种有效的团队管理方式 ……………………………………… 123

第6章 互联网商业模式的发展历程 …………………………………… **127**
 6.1 传统商业模式 …………………………………………………………… 130
  6.1.1 商业模式的概念理解 …………………………………………… 130
  6.1.2 商业模式的特征 ………………………………………………… 130
 6.2 商业模式的构建 ………………………………………………………… 131
  6.2.1 商业模式的构建过程 …………………………………………… 131
  6.2.2 商业模式画布的应用 …………………………………………… 135
 6.3 商业模式与其他管理要素 ……………………………………………… 137
  6.3.1 商业模式与盈利模式 …………………………………………… 137
  6.3.2 商业模式与价值链 ……………………………………………… 137
  6.3.3 商业模式与战略规划 …………………………………………… 137
 6.4 互联网企业的商业模式 ………………………………………………… 138
  6.4.1 六种商业模式 …………………………………………………… 138
  6.4.2 互联网商业模式与传统商业模式的不同 ……………………… 142
  6.4.3 商业模式的误区 ………………………………………………… 143

第7章 返乡创业 ……………………………………………………………… **146**
 7.1 认识返乡创业 …………………………………………………………… **149**
  7.1.1 基本概念 ………………………………………………………… 149
  7.1.2 返乡意义 ………………………………………………………… 149
  7.1.3 优势所在 ………………………………………………………… 152
  7.1.4 避开误区 ………………………………………………………… 152
 7.2 返乡创业正当时 ………………………………………………………… **154**
  7.2.1 政策支持 ………………………………………………………… 154
  7.2.2 七大方向 ………………………………………………………… 163

　　　　7.2.3　六点建议 ……………………………………………………… 166

第8章　社会创业：商业与公益的融合 ……………………………………… 170
8.1　社会企业的概念与特征 …………………………………………………… 172
　　8.1.1　社会企业的概念内涵 ……………………………………………… 172
　　8.1.2　社会创业者 ………………………………………………………… 174
　　8.1.3　社会企业特征：双重逻辑和双重组织目标 …………………… 175
　　8.1.4　社会企业的分类 …………………………………………………… 176
8.2　社会企业的模式创新 …………………………………………………… 178
8.3　社会企业在我国的兴起 ………………………………………………… 179
　　8.3.1　社会企业在我国兴起的背景 …………………………………… 179
　　8.3.2　社会企业在我国兴起的过程 …………………………………… 180
　　8.3.3　社会企业在我国的认证 ………………………………………… 181

第9章　创业商业计划书 ……………………………………………………… 184
9.1　创业计划书——创业的指路灯 ………………………………………… 186
　　9.1.1　创业计划书的概念理解 ………………………………………… 186
　　9.1.2　商业计划与商业模式 …………………………………………… 187
9.2　商业计划书的特征和要求 ……………………………………………… 187
　　9.2.1　商业计划书的特征 ……………………………………………… 187
　　9.2.2　商业计划书的要求 ……………………………………………… 188
9.3　商业计划书的撰写 ……………………………………………………… 188
　　9.3.1　介绍基本情况 …………………………………………………… 188
　　9.3.2　业务介绍 ………………………………………………………… 191
　　9.3.3　未来规划 ………………………………………………………… 198
9.4　如何针对不同的投资人来撰写BP ……………………………………… 200
　　9.4.1　投资人的七种类型 ……………………………………………… 200
　　9.4.2　针对每种投资人类型撰写商业计划书的侧重点 ……………… 201

第10章　产品设计与产品上线 ……………………………………………… 203
10.1　市场调研——产品设计之前不可缺少的部分 ……………………… 205
　　10.1.1　市场调研的重要性 …………………………………………… 205
　　10.1.2　市场调研的方向及注意事项 ………………………………… 207
　　10.1.3　市场调研方法概略 …………………………………………… 208
10.2　早期的产品设计 ……………………………………………………… 210
　　10.2.1　网络产品设计流程 …………………………………………… 210
　　10.2.2　根基要稳 ……………………………………………………… 210
　　10.2.3　从0到1的核心是什么 ………………………………………… 212
　　10.2.4　转向需谨慎 …………………………………………………… 213
　　10.2.5　简单出发 ……………………………………………………… 214
10.3　新产品上线的注意事项 ……………………………………………… 216

10.3.1 产品测试 216
10.3.2 数据统计 216
10.3.3 产品推广 217
10.4 产品的更新迭代 218
10.4.1 速度要快 218
10.4.2 存在感要强 219
10.4.3 市场调研不能停 220

第 11 章 创业企业管理之财务管理 226
11.1 树立财务观念——站在企业的高度看财务 228
11.2 如何找到投资人——启动资金的筹集 230
11.2.1 寻找投资人的四种途径 230
11.2.2 兜售发展阶段，而不是产品 231
11.2.3 正确认识与投资人的关系 231
11.3 如何获得后来资金——筹资与融资 231
11.3.1 几种筹资方式介绍 231
11.3.2 创业者如何选择筹资方式 233
11.3.3 融资的必要性和前期准备 233
11.4 如何合理使用资金——钱要用在刀刃上 234
11.4.1 选择合适的商业模式 234
11.4.2 正确看待风险投资 235
11.5 如何做好利润分配——兼顾各方利益 237
11.5.1 利润分配的几大原则 237
11.5.2 合理的股权结构 237
11.6 如何解决财务危机——应对资金风险 238
11.6.1 创业资金风险的概念与特征 238
11.6.2 创业资金风险的应对方法和原则 239

第 12 章 创业企业管理之运营管理 241
12.1 创业企业的管理原则 243
12.1.1 初创期企业的管理原则 243
12.1.2 成长期企业的管理原则 246
12.2 企业战略的选择 248
12.2.1 差异化战略 248
12.2.2 低成本战略 249
12.2.3 聚焦战略 250
12.3 企业的运营模式 251
12.4 创业目标市场选择 252
12.4.1 行业及市场分析 252
12.4.2 市场细分与产品定位分析 257
12.4.3 竞争对手分析 259

12.5 创业企业的营销管理 ······ 260
12.5.1 初创期企业的营销管理 ······ 260
12.5.2 成长期企业的营销管理 ······ 261
12.6 网上店铺的设立与经营管理 ······ 262

第13章 产品推广策略 ······ 266
13.1 产品/品牌推广 ······ 271
13.1.1 产品/品牌推广概述 ······ 271
13.1.2 产品推广阶段的划分与意义 ······ 271
13.2 引入期的推广策略 ······ 271
13.2.1 引入期产品的基本特点 ······ 271
13.2.2 引入期产品的推广策略 ······ 272
13.2.3 引入期产品的推广案例分析 ······ 274
13.3 成长期的推广策略 ······ 276
13.3.1 成长期产品的基本特点 ······ 276
13.3.2 成长期产品的推广策略 ······ 276
13.3.3 成长期产品的推广案例分析 ······ 278
13.4 成熟期的推广策略 ······ 280
13.4.1 成熟期产品的基本特点 ······ 280
13.4.2 成熟期产品的推广策略 ······ 281
13.4.3 成熟期产品的推广案例分析 ······ 283
13.5 衰退期的推广策略 ······ 285
13.5.1 衰退期产品的基本特点 ······ 285
13.5.2 衰退期产品的推广策略 ······ 285
13.5.3 衰退期产品的推广案例分析 ······ 286
13.6 互联网新媒体运营推广方案 ······ 287
13.6.1 互联网新媒体推广的必要性 ······ 287
13.6.2 互联网新媒体运营推广案例分析 ······ 287

第14章 创业的误区和忠告 ······ 290
14.1 盲目跟风创业,只能成为"失败的大多数" ······ 292
14.2 单纯以盈利为目的的创业,注定走不长远 ······ 294
14.3 只做营销不做产品的创业,终会竹篮打水一场空 ······ 296

后记 ······ 299

第 1 章
创新思维

内容提要

党的十八届五中全会明确了"创新、协调、绿色、开放、共享"五大发展理念。这将是我国在"十三五"期间，乃至更长时期内的发展思路、方向和着力点。在这五大发展理念中，"创新"一词排在第一位。而在创业过程中的首要问题，便是创新思维的培养。

导入案例

今天的年轻人疯狂地追捧苹果产品，老百姓时常戏谑为了得到一部 iPhone X 和 iPad 需要靠"卖肾"，这样的苹果情结，离不开苹果的创新发展之路。

1976 年，美国加州的两个年轻人为自己的公司构思一个合适的名字，手中一个被咬过一口的苹果给了他们灵感。随后，这个被咬过一口的苹果便成了这家小公司的标志。苹果公司的发展几经波折，曾经个人计算机业务急剧萎缩，公司面临破产的危险。现在它已成为世界上市值最高的公司之一，产品风靡全球，每一款新品的发售都会引起全世界的追捧和狂热，拥有一款苹果公司的电子产品成了无数青年的一个梦想。

乔布斯执着于创新，将他的旧式战略真正贯彻于新的数字世界之中，采用的是高度聚焦的产品战略、严格的过程控制、突破式的创新和持续的市场营销。重回苹果后的乔布斯采取的第一个步骤就是削减苹果的产品线，把正在开发的 15 种产品缩减到 4 种，而且裁掉一部分人员，节省了营运费用。之后，苹果远离那些用低端产品满足市场份额的要求，也不向公司不能占据领导地位的临近市场扩张。

苹果素以消费市场作为目标，所以乔布斯要使苹果成为计算机界的索尼。1998 年 6 月上市的 iMac 拥有半透明的、果冻般圆润的蓝色机身，迅速成为一种时尚象征。在之后的 3 年内，它一共售出了 500 万台。而如果摆脱掉外形设计的魅力，这款利润率达到 23% 的产品的所有配置都与此前一代苹果计算机如出一辙。

这一切的成功，也得益于乔布斯的经营理念：

（1）**与竞争对手合作** 你能想象百事可乐与可口可乐合作的景象吗？当然不能。然而，苹果与微软这两个"老冤家"在 1997 年却建立了合作关系，这委实令人诧异。在苹果经历了 12 年的经营亏损后，乔布斯需要很快为苹果注入新的资金。因此，他开始向比尔·盖茨寻求合作，盖茨最终向苹果投资了 1.5 亿美元。

（2）开发亮丽富于美感的产品　作为一名伟大的推销员，乔布斯深知产品外观美感的重要性，他也意识到苹果产品看起来已经过时。早在1998年，乔布斯于内部会议上明确指出苹果产品的问题就出在没有美学因素上。如今，苹果开发的产品个个美感十足。

（3）变革原始的商业规划，树立新的发展蓝图　苹果最初只是一家生产计算机的公司，乔布斯知道如果公司要想取得真正的成功，就必须改变这种单一性。后来，苹果的MP3、iPhone、iPad等相继问世，取得了巨大成功。乔布斯也在2007年将公司的名字从Apple Computer Inc. 改为Apple Inc.，这也象征了公司的更新及更广阔的发展蓝图。

（4）开创新的解决方案来逾越看似不可逾越的障碍　过去很长一段时间，很多销售商都没有足够重视苹果产品。乔布斯是如何解决这个问题的呢？他开创了苹果商店。现在，苹果商店已经遍布全球，成为该领域的佼佼者。

（资料来源：乔布斯设计理念 https://max.book118.com/html/2016/0728/49463390.shtm）

案例评价

虽然苹果公司的发展几经波折，曾经还面临破产的危险，但在乔布斯的带领下，苹果不断转变产品战略，逐步扭亏为盈，到如今其产品风靡全球。苹果的成功，得益于对市场和消费者的准确把握，更得益于乔布斯因时而变的产品战略、营销策略和创新的经营理念。而这一切，都离不开创新思维在其中的应用。

思考题

1. 乔布斯是如何让苹果公司实现进一步发展的？
2. 乔布斯对苹果公司发展中面临的问题是通过哪些办法解决的？
3. 乔布斯的经营思路体现了什么道理？

本章要点

- 创新的概念。
- 创新思维产生的原因。
- 创新思维的运用方法。
- 创新思维的常见形式。
- 创新思维在创业应用中的启示。

学习目标

- 了解创新和创新思维的概念。
- 理解创新思维在实践中的重要作用。
- 理解创新思维活动产生需要的要素。
- 掌握创新思维的几种常见类型。
- 掌握创新思维的运用方法。
- 熟悉创新思维在创业中的应用。

1.1 创新与创新思维

1.1.1 创新的概念

创新是指因时制宜、知难而进、开拓创新的科学思维。创新是一个非常古老的词。英文的"innovation（创新）"起源于拉丁语。它原意有三层含义：一是"更新"；二是"创造新的东西"；三是"改变"。创新作为一种理论形成于20世纪。1912年，政治经济学家、美国哈佛大学教授约瑟夫·熊彼特第一次把"创新"一词引入经济领域。

一个好的创新点子，需要包括清楚定义的对象、对象的需求，以及说明该需求产生或现阶段无法满足的原因，即洞见。从需求到洞见，体现的是创新，挖掘的不仅仅是人与物的关系，还有人与人的关系。因此，创新除了要做到有用、有趣，更要有情。

【案例1-1】

木墙之外，有三位小男孩，其中两位爬上了木墙的顶端，正在看木墙外的风景；另外一位小男孩还在木墙上努力向上攀爬。

思考：这位还在攀爬的小男孩想做什么（表1-1）？

表1-1 人与物、人与人关系对照表

需求：人试着要做些什么？ 【人与物的关系】	洞见：出乎意料地发现或更深层的需求 【人与人的关系】
看到木墙外的风景	希望像别人一样，不被排挤
够到木墙的顶端	像哥哥们一样有男子气概

创新是一个民族进步的灵魂，是一个国家兴旺发达的不竭动力。创新的前提是要有创新思维，没有创新思维，就没有创新活动。创新思维的产生和发展，除了由大脑的生理基础决定，还同社会实践和语言紧密相关。如何克服思维惯性，用创新性思维去思考问题，提出与众不同的解决方案，是每个成功的创业者必备的素质和能力。

党的十八大以来，在习近平总书记的公开讲话和报道中，"创新"一词出现超过千次，可见其受重视程度。这些论述，涵盖了创新的方方面面，包括科技、人才、文艺、军事等方面的创新，以及在理论、制度、实践上如何创新。

习近平总书记关于创新的重要论述：

要着力实施创新驱动发展战略，抓住了创新，就抓住了牵动经济社会发展全局的"牛鼻子"。抓创新就是抓发展，谋创新就是谋未来。我们必须把发展基点放在创新上，通过创新培育发展新动力、塑造更多发挥先发优势的引领型发展，做到人有我有、人有我强、人强我优。

——2016年1月18日，在省部级主要领导干部学习贯彻十八届五中全会精神专题研讨班开班式上的重要讲话我们必须把创新作为引领发展的第一动力,把人才作为支撑发展的第一资源,把创新摆在国家发展全局的核心位置,不断推进理论创新、制度创新、科技创新、文化创新等各方面创新,让创新贯穿党和国家一切工作,让创新在全社会蔚然成风。

——2015年10月29日,在党的十八届五中全会第二次全体会议上的讲话

当今社会已进入互联网和人工智能时代,知识、科技、信息技术、网络技术更新换代,各类创新实践要追求经济、科技、文化等领域全面优化,改变传统思维方式,用创新理论、创新思维及方法武装头脑,指导实践,从而推动社会全面创新发展。

1.1.2 创新思维的概念

创新思维是指以新颖独创的方法解决问题的思维过程,通过这种思维能突破常规思维的界限,以超常规甚至反常规的方法、视角去思考问题,提出与众不同的解决方案,从而产生新颖的、独到的、有社会意义的思维成果。

从理论上来讲,创新思维是在人类认识活动高级阶段展现出来的一种综合性思维方式,其发生及运行过程主要是通过潜意识与显意识统一、逻辑思维与非逻辑思维统一、发散思维与收敛思维统一而实现的,其出新、革新、超越的本质,为科学知识增长提供先导,为实践创新提供间接的理论指导作用。

从现实角度来说,创新思维作为高级阶段的思维方式是随着社会发展而发展的,它随着实践创新的发展、科学知识的增长和进步而不断凸显其作用和价值。创新思维就是不断融合新思想、新问题,不断实现自身发展以指导实践创新发展的过程。

【案例1-2】

清代名将杨时斋,善于逆向创新思维,组织管理军队,指挥训练打仗,既做到了"军中无闲人",又展示了他的非凡谋略,在历史上传为佳话。

在行军打仗时,他把听障者留在左右使唤,从而避免了军事机密的泄露;他让语障者传递信件,即使被敌方捉住,也问不出所以然;他让跛脚者守放炮座,既可以坚守阵地,又能最大限度地避免士兵逃走;他让盲人伏地远听,以便及时察觉敌人行动,早做准备。显然,通过创造性的逆向思维,使兵员都派上了用场,编配上达到了最佳组合,整体作战能力得到了最大发挥。

思考:
1. 杨时斋是如何创新用兵的?
2. 杨时斋用残疾士兵的逆向创新思维给你什么启发?

1.2 创新思维的要素

《中国大百科全书·哲学卷》中将思维分为广义与狭义两重概念,思维在"广义上是相对于物质而与意识同义的范畴;狭义上是相对于感性认识而与理性认识同义的范畴。思维是高度组织起来的物质即人脑的机能,人脑是思维的器官。巴甫洛夫关于第二信号系统的学说和现代关于脑科学研究的成果,越来越清楚地揭示出思维的物质生理机制,说明思维同大脑有不可分割的联系。但是,思维的产生不是单纯由大脑的生理基础决定的。

思维是社会的人所持有的反应形式,它的产生、存在和发展,都同社会实践和语言紧密地联系在一起"。

1.2.1 大脑的思维功能

思维即人的理性认识和人对事物规律、本质的把握和理解。思维是人脑的一种功能,从外在形态和作用上看,是由分析、综合、抽象、概括、归纳、演绎、直觉、灵感、顿悟等诸多思维活动样态构成的有机统一体。其中,分析、综合、抽象、归纳、演绎属于逻辑思维活动的范围,直觉、灵感、顿悟属于直觉活动的范围。思维即逻辑思维活动和直觉活动构成的有机统一功能系统;创新思维即借助逻辑和非逻辑的多种思维形式的综合,创造或发现前所未有的事物或提出新的见解和观点。

美国神经心理学家斯佩里在裂脑实验的研究中表明,大脑左半球主要负责逻辑思维和分析思维,能够进行抽象逻辑推理;大脑右半球主要负责直觉思维和综合思维,可以对事物的具体形象产生联想。试验对象的观点越容易明确,大脑右半球的活动越多。左脑善于从事系列加工活动和计算,更能表现出求同思维,右脑则善于从事平行加工活动,更趋向于直觉思维和求异思维。

因此,创新思维活动以右脑为主。右脑管辖的视觉记忆系统对逻辑性要求较低,往往是人一瞬间激发出来的灵感,最终形成创新思维。也就是说,创新思维的关键在于右脑首先对眼前的景象进行充分思想调动,形成解决问题的基本思路或灵感,然后由左脑参与对解决问题的思路进行进一步梳理和整合,并加以表达。

思考:

1. 当你唱歌的时候:

A. 喜欢读歌词。

B. 会把旋律、节奏和歌词都背下来。

2. 当你碰到困难的时候:

A. 认真思考,然后制订出解决计划。

B. 依靠自己的感觉解决问题。

3. 当你有约会的时候:

A. 会早点到,以防万一。

B. 经常是准时到,或者稍微晚一点。

4. 当你读书的时候:

A. 愿意去体会每句话中的细微差别。

B. 会浏览一下,找一些比较有趣的内容。

5. 当你烧饭的时候:

A. 经常是照着菜谱做。

B. 会利用手边的材料,发挥自己的想象力。

6. 当有人问路的时候:

A. 会告诉他具体的街道名称,以及大致的距离。

B. 会给他描述一下沿途中的显著标志。

1.2.2　心理的思维功能

　　创新思维活动的产生还源自于激发和维持人创新活动的创新动机,并使人的创新活动朝一定的目标努力。简单来说,创新动机是人心理活动的直接动力,具有一定的导向性和激励性,可以帮助人明确目标,形成动力,在创新活动中这种动力尤为重要。除此之外,还要有广泛稳定的创新兴趣,广泛的兴趣使人眼界开阔,能从多方面获得知识和信息,为创新思维的形成提供基础和条件,使人的思维和想象力更具广度和深度。在广泛兴趣的基础上,还要有稳定的兴趣点,这样才能有持久性、转移性,极大推动创新心理活动的稳定发展,才能从长远产生创新思维活动的持久动力。当然,在进行创新思维的过程中,自然会遇到许多问题和困难,因此还要有坚定的创新意志,能够使人顽强、持续地进行创新实践,这也是人在各种条件的制约下,充分发挥主观能动性的集中表现。

【案例1-3】

　　一个叫吉姆的小职员,整天坐在办公室里抄写东西,常常累得腰酸背痛。他消除疲劳的最好方法,就是在工作之余去滑冰。冬季很容易就能在室外找到滑冰的地方,而在其他季节,吉姆就没有机会滑冰了。怎样才能在其他季节也能像冬季那样滑冰呢?对滑冰情有独钟的吉姆一直在思考这个问题。想来想去,他想到了脚上穿的鞋和能滑行的轮子。吉姆在脑海里把这两样东西的形象组合在一起,想象出了一种"能滑行的鞋"。经过反复设计和试验,他终于制成了四季都能用的"旱冰鞋"。

　　(资料来源:编者根据相关资料整理而成)

1.2.3　创新应具备的智能因素

　　创新思维的智能因素是拥有创新思维的重要因素,智能因素包括知识因素也包括人的能力因素,是创新思维运行、发展的核心动力。随着社会的发展,互联网的强大运用,催生出了共享经济、智能经济等诸多经济形态,为创新创业提供良好的生态环境,也充分说明了在创新思维中,智能因素的重要意义。

　　创新思维需要具备扎实的基础知识、专业知识和广泛的经验知识。基础知识是创新的基本依据,只有掌握扎实的基础知识,才能根据研究的专业领域进一步思索。专业知识是对研究领域不断开展实验、考察和调研,并在掌握专业知识的基础上,提出有见解的观点及合理有效的解决方法,与各个学科对比交叉研究,最终创造出具有价值的创新成果。经验知识是在工作、生活中积累的综合经验,经验知识是多种知识交叉发展的产物,也是人在实践过程中积累的知识成果,对创新思维从产生到发展再到最终实现创新目标具有指导性的意义。

【案例1-4】

揭开天体的层层面纱

　　长期以来,古希腊天文学家托勒密的"地心体系"的理论统治着人们的头脑,托勒密认为地球位于宇宙中心静止不动,日、月、行星和恒星都环绕地球运行。之后,哥白尼推翻了托勒密的理论。哥白尼在《天体运行论》中阐明了日心说,告诉我们:太阳是宇宙的中心，地球围绕太阳旋转。而后，布鲁诺理解并发展了哥白尼的日心说，认为宇宙是无限的，太阳系只是无限宇宙中的一个天体系统。伽利略透过望远镜观察天体，发现日球表面凹凸不平，木星有四个卫星，太阳有黑子，银河由无数恒星组成，金星、水星都有盈亏现象等。不久，开普勒分析第谷·布拉赫的观察资料，发现行星沿椭圆轨道运行，并提出行星三大运动定律，为牛顿发现万有引力定律打下了基础……因此能够这样说：科学是不断发现的过程，真理是不断创新的过程。

创新思维的智力因素除了知识外，还包括个人能力，细化说来就是人的感悟能力、学习能力、想象能力和协同转化能力，这些能力相互促进，共同构成了创新思维的基本因素。其中，感知能力是推动创新思维发生、运行和发展的核心能力之一。在创新过程中，人必须通过再学习对已有的知识和形态进行升级，这就是知识和科研创新的意义所在，拥有好的学习能力，不仅要具备开放的学习态度，主动掌握前沿的学习知识，及时意识到自身的不足，从而进行系统性的创新提升。想象能力是创新思维的重要组成部分，在一定的刺激下，人脑对产生的表象进行加工和改造，创造出新的形象。人的想象是具有预见性的认识活动，是对现实世界产生的超前反映。有效地创造想象是不依据现成的描述或示意而独立在头脑中形成新形象的过程，是根据一定的目的和任务进行的。创新需要的想象能力和幻想不同，后者是超乎客观规律的幻想，而创新中的想象是将理想在结合客观实际基础上付诸实践的过程。创新思维的个人能力因素还包括转化能力，拥有创新转化能力才能有效地将当前摄入的信息进行快速转化，将提出的所有创新方法融合在一起，将它们进行统一规划，得到综合性可实施方案。此外，拥有转化能力还能将不同领域中出现的相同事件转移到自己的领域当中，辅之以成功经验，进而提高自己研究领域的创新成功率。

【案例1-5】

相传有一年，鲁班接受了一项建一座巨大宫殿的任务。这座宫殿需要很多木料，他和徒弟们只好上山用斧头砍木。当时还没有锯子，效率很低。一次上山的时候，由于他不留意，无意中抓了一把山上长的一种野草，却一下子将手划破了。鲁班很奇怪，一根小草为什么这样锋利，于是他摘下了一片叶子来细心观察。他发现叶子两边长着许多小细齿，用手轻轻一摸，这些小细齿十分锋利。他明白了，他的手就是被这些小细齿划破的。之后，鲁班又看到一只大蝗虫在一株草上啃吃叶子，两颗大板牙十分锋利，一开一合，很快就吃下一大片叶子。这同样引起了鲁班的好奇心。他抓住一只蝗虫，仔细观察蝗虫牙齿的结构，发现蝗虫的两颗大板牙上同样排列着许多小细齿，蝗虫正是靠这些小细齿来咬断草叶的。这两件事给了鲁班很大启发。于是，他就用大毛竹做成一条带有许多小锯齿的竹片，然后到小树上去做试验，结果几下就把树干划出一道深沟，鲁班十分高兴。但是，由于竹片比较软，强度比较差，拉了一会儿，小锯齿有的断了，有的变钝了，需要更换竹片。这时鲁班想到了铁片，于是便请铁匠帮忙制作带有小锯齿的铁片。鲁班和一个徒弟各拉一端，在一棵树上拉了起来，只见两人一来一往，不一会儿就把树锯断了，又快又省力。锯就这样发明了。

（资料来源：编者根据相关资料整理而成）

1.3 创新思维的几种类型

创新思维使人能突破思维定式思考问题，从新的思路去寻找解决问题的方法。常见的创新思维能够克服以往的思维惯性，通过对现有信息的再认识，或对现有要素进行再综合，形成新的思路，或是在头脑中把各种事物或现象加以对比，确定它们之间的异同点，并加以创造和迁移。创新思维的类型多种多样。常见的包括以下几种：

1.3.1 发散思维与收敛思维

发散思维是指大脑在思维时呈现的一种扩散状态的思维模式，它表现为思维呈现出发散状。不少心理学家认为，发散思维是创造性思维的最主要特点，也称放射思维、扩散思维。

发散思维可以从不同的方向、途径和角度去设想，多方面探求答案，最终使问题得到圆满解决。发散思维可以对问题的不同角度，问题角度的不同层面，以及正反两极进行比较分析，因而视野开阔、思维活跃，可以产生大量独特的新思想。

发散思维具有流畅性的特点，即在尽可能短的时间内生成并表达尽可能多的思维观念，较快地适应、消化新的思想观念。

1. 头脑风暴法

头脑风暴法是由创造学之父——美国的亚历克斯·奥斯本发明的。在我国，也译为"智力激励法""脑力激荡法"或"BS法"。该法在20世纪50年代于美国推广应用，许多大学相继开设头脑风暴法课程，其后，传入西欧、日本、中国等，并有许多演变和发展，成为创意方法中最重要的方法之一。

该方法的核心是高度充分的自由联想。这种方法一般是举行一种特殊的小型会议，与会者可以毫无顾忌地提出各种想法，彼此激励，相互启发，引起联想，导致创意设想的连锁反应，产生众多的创意。其原理类似于"集思广益"。

发散思维具有变通性，沿着不同方面和方向发散，在面对某个问题的时候，不墨守成规，不钻牛角尖，随机应变地处理事情，能够触类旁通，表现出极其丰富的多样性和多面性。

假定你要做某件事情，在不着急的情况下，你可以拿一张纸和一支笔，以问题为中心，想到一个方法，勾勒一条线，写上你想到的方法。就这样一直想，一直写，最后你会发现很多方法可以连贯地总结在一起用，而且更完善地解决了问题。用这个方法多练习，习惯这样的思维方式后，就算很紧急的问题，你的头脑中也会很快蹦出许多解决方法（图1-1）。

发散思维还应具有独特性。在发散过程中，追求不同于寻常的新奇反映和结果，能够有效地提升创新能力。

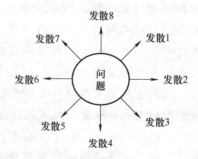

图1-1 发散思维示意图

思考： 将下面的事物联系起来创造出一个故事，看看你编的故事有多离奇？

小红帽、火车、老人、情侣、山洞、冰川树木。

发散思维的分类，见表1-2。

表1-2 发散思维的分类

材料发散法	以某个物品尽可能多的"材料"为发散点，设想它的多种用途
功能发散法	从某事物的功能出发，构想出获得该功能的各种可能性
结构发散法	以某事物的结构为发散点，设想出利用该结构的各种可能性
形态发散法	以某事物的形态为发散点，设想出利用某种形态的各种可能性
组合发散法	以某事物为发散点，尽可能多地把它与别的事物进行组合成为新事物
方法发散法	以某种方法为发散点，设想出利用方法的各种可能性
因果发散法	以某个事物发展的结果为发散点，推测出造成该结果的各种原因，或者由原因推测出可能产生的各种结果

收敛思维是依据一定知识和事实求得某一问题最佳或最正确答案的聚合性思维方式。发散思维和收敛思维是人类思维结构中求异与求同的两个方面。在实际思维活动中，两者互为前提、相互促进、相互转化。在发散思维的基础上，围绕一个目标，将各种因素进行分析、重组，从而构成一个新事物或形成一种新模式、新方案的思维方法，即发散思维以收敛思维的已有成果为基础，并依赖收敛思维形成一个集中的思维指向和思维成果（图1-2）。

2. 影响/努力矩阵

影响/努力矩阵是TRIZ理论的其中一种方法。TRIZ理论，直译是"发明问题解决理论"，是由苏联发明家、教育家根里奇·阿奇舒勒（G. S. Altshuller）和他的研究团队，通过分析大量专利和创新案例总结出来的。TRIZ理论成功地揭示了创造发明的内在规律和原理。运用TRIZ理论，可以让使用者跳脱心理惯性或常使用的试误法，产生更多有价值的创新想法。

一般来说，发散思维所产生的众多设想或方案多数都是不成熟或不切实际的。影响/努力矩阵旨在从发散出来的众多创意想法中进行选择，找出最佳选择。影响/努力矩阵如图1-3所示。

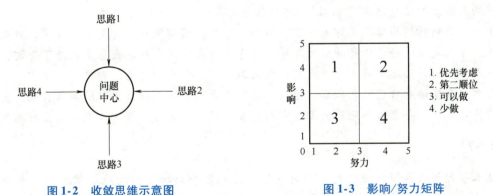

图1-2 收敛思维示意图　　　　图1-3 影响/努力矩阵

影响/努力矩阵的使用方法是将发散出来的一个个创意想法，根据其需要付出的努力程度和可以达到的影响程度，分别贴在编号为1~4的方块中。方块1中的想法表示需要付出的努力少，但达成的影响大，所以可以优先考虑；方块2中的想法表示达成的影响大，但需要付出的努力也多，所以作为第二顺位考虑；方块3中的想法表示需要付出的努力少，同时达到的影响也小，所以仅是可以做，但不做优先考虑；方块4中的想法表示需要付出的努力多，同时达到的影响也小，所以这些想法一般不纳入考虑或者少做。

通过影响/努力矩阵，我们将发散出的创意点子进行了筛选，从发散思维到收敛思维，便可以很容易地在方块1中找到最佳的创意点子。

【案例1-6】

1987年，在南宁市召开了我国"创造学会"第一次学术研讨会。那次会议集中了全国许多在科学、技术、艺术等方面的杰出人才。为扩大与会者的创造视野，也聘请了国外某些著名的专家、学者。

其中，有日本的村上幸雄先生。在会议上，村上幸雄先生为与会者讲学。他讲了三个半天，讲得很新奇，很有魅力，也深受大家的欢迎。其间，村上幸雄先生拿出一把曲别针，请大家动动脑筋，打破框框，想想曲别针都有什么用途？比一比，看谁的发散思维好。会上一片哗然，七嘴八舌，议论纷纷。有人说可以用来别胸卡、挂日历、别文件，有人说可以挂窗帘、钉书本，大约说出了二十余种。大家问村上幸雄："你能说出多少种？"村上幸雄轻轻地伸出三个指头。

有人问："是三十种吗？"他摇摇头。又有人问："是三百种吗？"他仍然摇头。他说："是三千种。"大家都异常惊讶，心里想："这个日本人果真聪明。"然而，就在此时，坐在台下的一位先生（中国魔球理论的创始人许国泰先生）心里一阵紧缩，他想，我们中华民族是古老而智慧的民族，我们的发散思维绝不会比日本人差。于是，他给村上幸雄写了一张纸条，上面写道："幸雄先生，对于曲别针的用途我可以说出三千种、三万种。"村上幸雄十分震惊，大家也都不十分相信。

许先生说："村上幸雄所说的曲别针的用途我可以简单地用四个字加以概括，即钩、挂、别、联。我认为远远不止这些。"接着他把曲别针分解为铁质、重量、长度、截面、弹性、韧性、硬度、银白色等十个要素，用一条直线连起来形成信息的横轴，然后把要动用的曲别针的各种要素用直线连成信息标的竖轴。再把两条轴相交垂直延伸，形成一个信息反应场，将两条轴上的信息依次"相乘"，达到信息交合……

于是，曲别针的用途就无穷无尽了。例如，可加硫酸制氢气，可加工成弹簧，可做成外文字母，可做成数学符号进行四则运算等。许先生代表中国人民在大会上创造了奇迹，使许多外国人十分惊讶！这个故事告诉我们发散思维对于一个人的智力、创造力多么重要。

那么，怎样培养自己的发散思维呢？答案就是要勤于实践，有意识地训练自己，使自己的思维异常活跃，每当遇到问题时都具有向着多方位、多角度、多方法思维的良好品质。

【案例1-7】

日本最大超级连锁市场"大荣"的创始人兼总裁中内功是成功地运用发散思维的典型人物。中内功最初在神户经营一间小药店，出售治病的药品，生意上的成功让他有了扩大业务范围的想法。他想，卖药是为了增进人体健康，而与此相关的不仅是药品，还有各种保健药品。于是，他把小药店扩展为连锁药店。过一段时间他又想到，增进人体健康是为了让人们更好地生活，为此需要各种各样的日常生活用品，随后他又把连锁药店扩展为全国性的销售多类商品的超级市场。

【案例1-8】

霍金的宇宙观来源于一颗果壳；达·芬奇从美丽女人的一笑中获得创作灵感，画出传世巨作《蒙娜丽莎》；牛顿万有引力的灵感来源于掉落的苹果。看似无关的事物，都起源于发散思维，却收获了意想不到的结果。但是，收敛思维也是必要的，是我们专注完成任务的保障。如果看到一个果壳、一个美女便过度发散，也就没有今日流传于世的学说和名作了。

【案例1-9】

第一次世界大战期间，法国和德国交战时，法军的一个旅司令部在前线构筑了一座极其隐蔽的地下指挥部。指挥部的人员深居简出，十分诡秘。不幸的是，他们只注意了人员的隐蔽，而忽略了长官养的一只小猫。德军的侦察人员在观察战场时发现：每天早上八九点钟，都有一只小猫在法军阵地后方的一座土包上晒太阳。德军依此判断：①这只猫不是野猫，野猫白天不出来，更不会在炮火隆隆的阵地上出没；②猫的栖身处就在土包附近，很可能是一个地下指挥部，因为周围没有人家；③根据仔细观察，这只猫是相当名贵的波斯品种，在打仗时还有兴趣玩这种猫的绝不会是普通的下级军官。

据此，他们判定那个掩蔽部一定是法军的高级指挥所。随后，德军集中六个炮兵营的火力，对那里实施猛烈袭击。事后查明，他们的判断完全正确，这个法军地下指挥所的人员全部阵亡。

在这个案例中，德军通过认真观察，确定其中的关键目标，围绕目标做定向思考，帮助他们准确有效地消灭了敌人。这正是收敛思维的运用和体现。

（资料来源：编者根据相关资料整理而成）

1.3.2 顺向思维与逆向思维

顺向思维是对已提出的问题从正向思考，进而寻找问题解决方案的思维方法。即在维持既定思路的情况下不断探索。

逆向思维是对已提出的问题从反向或否定的角度思考，进而寻找解决问题的思维方法。通过逆向思维往往能从新的视角发现问题并取得出人意料的成果。逆向思维是一种反常规、反传统的思考方法。

逆向思维的特点包括以下三点：

（1）普遍性　逆向思维在各种领域、各种活动中都有适用性。逆向思维有无限多种形式，如性质上对立两极的转换，软与硬、高与低；结构、位置上的互换，上与下、左与右等；过程上的逆转——气态变液态或液态变气态等。

（2）批判性　逆向与正向是相比较而言的，逆向思维是对传统、惯例、常识的挑战，用以克服思维定式，破除由经验和习惯造成的僵化认识。

（3）新颖性　人们容易看到熟悉的一面，而忽视不容易被发现的一面，逆向思维能够解决这一问题，给人耳目一新的感觉。

【案例1-10】

一位商人向哈桑借了2000元，并且写了借据。在还钱期限快到的时候，哈桑突然发现借据丢了,这使他焦急万分。因为他知道,丢失了借据,向他借钱的这个人是会赖账的。哈桑的朋友纳斯列金知道此事后对哈桑说:"你给这个商人写封信,让他到时候把向你借的2500元还给你。"哈桑听了迷惑不解:"我丢了借据,让他还2000元都成问题,怎么还能向他要2500元呢?"尽管哈桑没想通,但还是照办了。信寄出以后,哈桑很快就收到了回信,借钱的商人在信中写道:"我向你借的是2000元钱,不是2500元,到时候就还你。"

【案例1-11】

"别买我"——Patagonia 希望消费者拒绝过度消费

Patagonia(巴塔哥尼亚)是美国一线的户外品牌,有户外界 Gucci 之称,不论是产品设计、工艺、功能,还是企业责任,都有很好的口碑。这是一家注重产品质量而非产品销售数量的公司,因其让消费者在购买自己家产品前三思而出名。

在美国的黑色星期五(也就是传统意义上的销售高峰期开始的周五),其他品牌都在大肆做营销活动。但是这个品牌却推出了一个"反黑色星期五"营销活动,鼓励他们的消费者去维修旧物而非购买新品。Patagonia 也因为打出"不要购买这件外套"的广告而出名。

看似劝导消费者不要购买新品,实则这个营销策略取得了巨大的成功。这个策略帮助这家品牌赢得了良好的社会口碑。随着环保低碳的理念深入人心,这个品牌所倡导的生活态度被越来越多的人接受和欣赏。Patagonia 所提倡的"拒绝过度消费",一度让它成为与快时尚品牌 H&M 和 Forever 21 一较高下的运动品牌。在 2008 年,Patagonia 的利润翻了三倍。

Patagonia 的品牌理念为它树立了良好的品牌形象,所有 Patagonia 的粉丝都相信这个品牌,欣赏这个品牌的理念,并且坚持这样的观念和生活方式。Patagonia 表示:"我们设计和售卖的商品必须是持久耐用的,这是为了环保,也是为了让消费者少花冤枉钱。我们必须告诉消费者,不要购买自己不需要的产品,因为你浪费的不仅是自己的钱,更是地球的资源。我们从地球索取的资源远多于回馈给地球的。"

(资料来源:编者根据相关资料整理而成)

逆向思维法包括三大类型:

(1)反转型逆向思维法 它是指从已知事物的相反方向进行思考,产生发明构思的途径。"事物的相反方向"指常常从事物的功能、结构、因果关系三个方面做反向思维。例如,市场上出售的无烟煎鱼锅就是把原有煎鱼锅的热源由锅的下面安装到锅的上面。这是利用逆向思维,对结构进行反转型思考的产物。

日本是一个经济强国,却又是一个资源贫乏国,因此十分崇尚节俭。当复印机大量吞噬纸张时,他们会把一张白纸的正反两面都利用起来,一张顶两张,节约了一半。日本理光公司的科学家不以此为满足,他们通过逆向思维,发明了一种"反复印机",即已经复印过的纸张通过它以后,上面的图文消失了,重新还原成一张白纸。这样一来,一张白纸可以重复使用许多次,不仅创造了财富、节约了资源,而且使人们树立起新的价值观:节俭固然重要,创新更为可贵。

(2)转换型逆向思维法 这是指在研究一个问题时,由于解决问题的手段受阻,而转换成另一种手段,或转换思考角度思考,以使问题顺利解决的思维方法。

【案例 1-12】

司马光砸缸救落水儿童，实质上就是一个用转换型逆向思维法的例子。由于司马光不能通过爬进缸中救人的手段解决问题，因而他就转换为另一手段，即破缸救人，进而顺利地解决了问题。

转笔刀的发明：刀削铅笔，刀动笔不动，采用逆向思维，笔动刀不动，于是就有了转笔刀。

电梯的发明：人上楼梯，人动梯不动；采用逆向思维，梯动人不动，于是就有了电梯。

（3）缺点逆用思维法　这是一种利用事物的缺点，将缺点变为可利用的东西，化被动为主动，化不利为有利的思维发明方法。这种方法并不以克服事物的缺点为目的，相反，它是将缺点化弊为利，找到解决方法。

【案例 1-13】

某时装店的经理不小心将一条高档毛呢裙烧了一个洞，其价值一落千丈。如果用织补法补救，也只是蒙混过关，欺骗顾客。这位经理突发奇想，干脆在小洞的周围又剪了许多小洞，并精于修饰，将其命名为"凤尾裙"。一时间，"凤尾裙"销路顿开，该时装店也出了名。逆向思维带来了可观的经济效益。

无跟袜的诞生与"凤尾裙"异曲同工。因为袜跟容易破，一破就毁了一双袜子，商家运用逆向思维，试制成功无跟袜，创造了非常良好的商机。

（资料来源：编者根据相关资料整理而成）

1.3.3　迁移思维与联想思维

迁移思维是指人脑在发展创造性的思维过程中，根据已经获得的知识、技能和方法等因素来获取新知识、新技能和新方法的思维能力。这种影响可能是积极的，也可能是消极的。积极的影响称为正迁移，消极的影响称为负迁移或干扰。

【案例 1-14】

泰国一则关于壳聚糖的广告

壳聚糖是一种减肥药物。通常，此类广告都容易陷入长篇大论的节奏，不断介绍其药物效果，但在泰国的广告中就不是这样。它是这样开始的……Pakdeeprasong（woonsen）是这个药物广告的代言人。她在泰国非常有名，而且多部作品深得国民喜爱。

一位身材与容貌俱佳的女神出现，就意味着美丽与健康，也代表了要保持好身材的重要性。正如她在广告中所说的，自己就是因为吃了壳聚糖，才保持了这么好的身材。

一般视频广告发展到这里，按照通常的广告思维，接下来就会出现关于药物化学成分与疗效的药物或医学解释。但是，对于大多数观众而言，那么复杂的化学公式与医学道理能有几个人清楚，又有几个人愿意或能通过简短的一分多钟弄明白呢？

接下来的画面就让人感到非常新鲜了。画面突然转向一个空旷的公路边，一个被放大的药物胶囊躺在路边。这个放大的药物胶囊正在不停地滚动，似乎有什么东西正准备从里面爬出来。

镜头逐渐拉近……原来在这个空旷的马路上，一个放大了的药物胶囊中，爬出了一个交警。他开始在路上查处违章车辆的执法活动。看到这里，观众是不是感到不可思议。几秒钟内，之前与之后的背景转换，真是让人回不过神来。

这个时候来了一台货车。交警随即上前进行检查。在打开行李箱的时候，观众会看到车上运输的货物全部都是猪肉等油脂类的食品。交警随即宣布该车辆不允许通行。观众看到这里也许还没有明白过来，这个违章查处和减肥药之间到底有何关联作用。难道泰国不允许猪肉的运输与贩卖吗？

交警问驾驶员从哪里来，要去哪里的时候，画面结合路牌和演员的口述，指出了从嘴里来，目的地是肚子。这番台词就象征了：人吃的食物从嘴里进去，通向肚子中的胃肠等器官。油腻的食品对于人的发福及相关疾病的获得有着重要的联系。在这则广告中，公路象征着人的胃肠道，货车装载的食物代表了人吃下肚子的各种食品，而交警则代表了可以阻拦一切油脂食品的壳聚糖。

一场公路的交通检查与人的胃肠道食物的油脂的阻拦，在广告中很好地体现出来。两个不同本质，但有着相同现象的事物就这样被联系在一起了。同时，观众也能从话语中看到该药物对于什么类型的食物可以通过，什么不可以通过。这一点也表明了健康的食品不会被阻拦。

例如，水果等不含油脂的食物就不会被交警所阻拦。此外，画面中对于驾驶员脸上极为细小的油污也需要禁止的桥段，也体现了药物的排油效果。不放过任何油脂，就是"交警"的主要任务。整体上该广告利用轻松与诙谐的故事内容，表明了壳聚糖的控油与排油功效。嘴巴、肚子、大腿等地名也很好地暗示了油脂的去处。在这个故事中，通过交警、驾驶员及后面出现的摩托车驾驶员三人的对话，镜头也不时地闪回到女主角"面面小姐"前。后者也做出了用手指指出自己嘴巴的动作，以起到给看不懂故事的人解释的功效。

（资料来源：编者根据相关资料整理而成）

联想思维是指人们在头脑中将一种事物的形象与另一种事物的形象联系起来，探索其中共同或者类似的规律，从而解决问题的思维方法。常见的联想思维包括：

（1）对比联想　雨伞——太阳伞。

（2）多步自由联想　情感——素质教育——通识教育——创新能力培育。

（3）相似联想　植物根系——钢筋混凝土。

1.4　创新思维的常见束缚

【案例1-15】

氧的发现

物体为什么会燃烧？18世纪时的权威回答是"燃素说"。人们认为能燃烧的物体内含有一种名叫"燃素"的特殊物质。

在1774年，英国有位名叫约瑟夫·普列斯特列的化学家，他在给氧化汞加热时，发现从中分解出的纯粹气体能够促使物体燃烧。这是一种什么东西呢？普列斯特列习惯性地从"燃素说"的常识出发，将其命名为"失燃素的空气"。

1774年10月，普列斯特列带着他的实验到法国游历，受到化学家拉瓦锡的接待。当拉瓦锡得知普列斯特列的实验后，他立即重做一遍，得到了那种新的气体，并第一个把它命名为氧，又经过思考研究建立了燃烧的氧化理论。这是化学史上的一次革命。为此，我们除了对拉瓦锡敢于从"常识"头上迈过一步的勇敢精神表示钦佩外，对普列斯特列被"常识"像梦魇一样拉着，不能不为之叹息。

思维定式也称"惯性思维"，是由先前的活动而造成的一种对活动的特殊的心理准备状态或活动的倾向性。在情境不变的条件下，思维定式使人能够应用已掌握的方法迅速解决问题。而在情境发生变化时，它则会妨碍人采用新的方法。消极的思维定式是束缚创造性思维的枷锁。

下面，测试一下你的惯性思维：

图1-4是一幅很有意思的马的图案，它到底是朝向你还是背向你？

1. 马是朝向你的　2. 马是背向你的

图1-4　马的图案

1.4.1　从众型惯性思维

从众型思维惯性是指人们不假思索地盲从众人的认知与行为，俗称随大流。从众型思维惯性最大的特征是人云亦云，没有独立思考的品格。其根源在于人类是一种群居性的动物，为了维持群体生活，就必然要求群体内的个体保持某种程度的一致性。这种"一致性"便会成为"从众惯性"。思维上的从众会让个人有一种归属感和安全感，能够消除孤单和恐惧等有害心理。另外，以众人是非为是非、人云亦云是一种保险的处世态度。在社会中，如果一个人从众惯性差，常常被大家认为是"不合群""古怪""鹤立鸡群"等。

【案例1-16】

法国心理学家约翰·法伯曾经做过一个著名的"毛毛虫实验"。他把许多毛毛虫放在一个花盆的边缘上，使其首尾相接，围成一圈，在花盆周围不远的地方撒了一些毛毛虫喜欢吃的松叶。一开始，毛毛虫一个跟着一个绕着花盆的边缘一圈一圈地走，一个小时过去了，一天过去了，又一天过去了，这些毛毛虫还是夜以继日地绕着花盆的边缘转圈，一连走了七天七夜，它们最终因为饥饿和精疲力竭而相继死去。

（资料来源：编者根据相关资料整理而成）

1.4.2　书本型惯性思维

书本型惯性思维就是在思考问题时不顾实际情况、不加思考地运用书本知识，从书本出发、以书本为纲的教条主义思维模式。书本知识对人类所起的积极作用确实是巨大的。但书本知识也有其弱点，即滞后性。随着社会的发展，知识只有不断地更新才能成为有效的信息，才能推动事业的进步和发展。由于书本知识与客观现实之间存在一段距离，两者并不完全吻合。于是，就有了书呆子、书生气、教条主义、本本主义的说法。

人们常说知识就是力量，但如果不能将所学的知识灵活运用，知识并非就是力量。实际上，人们只能认为知识是潜在的力量。要能够正确、有效地应用知识，它才能成为现实力量。不能认为谁读的书多，知识丰富，谁的力量就大，创新能力就强。

【案例 1-17】

1750—1769 年，天文工作者勒莫尼亚曾先后 12 次观察到了天王星，但是有关的天文学著作却一直认定，土星是太阳系最边缘的行星，太阳系的范围到土星为止。这一书本知识牢牢地束缚了勒莫尼亚，使他始终未能认识到他所发现的这颗星也是太阳系的行星之一，直到十几年后，才最终由英国天文学家威廉·赫歇尔于 1781 年加以认定。

【案例 1-18】

20 世纪 50 年代初，美国某军事科研部门在研制一种高频放大管的时候，科技人员都被高频率放大能不能使用玻璃管难住了，研制工作一直没有进展。后来，发明家贝利负责的研制小组承担了这一任务。上级主管部门鉴于以往的经验，要求研制小组的人员不得查阅有关书籍，经过贝利小组的努力，终于研制成功频率高达 1001 个计算单位的高频放大管。在研制任务完成以后，研制小组的人想弄清楚为什么上级要求不得查阅资料。他们查阅了有关书籍后都十分惊讶，原来书上写着如果采用玻璃管，高频放大管的极限频率是 25 个计算单位。由此可见，如果在研制过程中受到书本限制的话，研制人员就没有信心研制这样的高频放大管了。

书本知识是人们经过头脑的思维加工之后得到的一般性的东西。知识和创新能力之间实际上是矛盾的。两者既有统一的一面，又有矛盾的一面。统一的一面表现在知识是创新能力的基础，知识越多，对创新能力的提高越有利，这是主要方面，这一点大家都十分注意。两者之间的对立面表现在，知识增多，创新能力不一定相应地提高，更不具有量的正比例关系。因为创新是在继承的基础上要有所突破，有所开拓，如果只是局限在已有的知识范围之内是很难有所创新的。另外，由于创新的对象是运动的、发展变化的，人们的认识能力也在不断地提高，已经有的某些知识会显得陈旧过时，会暴露出其不足的地方。因此，在一定的条件下，知识有可能成为创新的障碍。

（资料来源：编者根据相关资料整理而成）

1.4.3 经验型惯性思维

经验型惯性思维是指过分依赖以往的经验，不敢越出经验半步，而且习惯以经验为标准来衡量是非。

经验是人们日常生活和工作的好帮手。若没有个体与群体经验的积累，人和社会的完善和进步是不能想象的。但是，经验成为思维定式就变成了创新的枷锁。因为经验有多方面的局限性：经验的时空狭隘性——南橘北枳，这个人的美味是那个人的毒药；经验的主体狭隘性——把一张足够大的纸（厚度为 0.045mm）对叠 50 次，有多厚？经计算大约为 5000 万 km，接近于地球到太阳的一半距离；行业的局限，隔行如隔山。

在人们生活的世界里，从幼儿到成年各种各样的现象和事件会进入人们的头脑进而构成丰富的经验。通常情况下，经验对于人们处理日常问题是有好处的。特别是一些技术和管理方面的工作，需要有丰富的经验。试想如果加工一个精密零件，具有熟练技术的工人能够很好地胜任这个工作；一个熟悉车间运作的管理人员能够很好地管理这个车间。

【案例 1-19】

有一位思维学家用以下的题目对 100 人进行了测试，结果只有 2 人答对。题目是这样的：一位公安局长在茶馆里和一位老人下棋，正下到难解难分之际，跑来一个小孩，小孩着急地对公安局长说："你爸爸和我爸爸吵起来了。"老人问："这孩子是你什么人？"

公安局长回答道："我儿子。"请问这两个吵架的人与公安局长是什么关系？

人们根据经验来进行思维判断，习惯上总是把公安局长和男性联系在一起，进一步来说，题目中有"下棋""老人""茶馆"等支持这一思维定式，所以从经验出发是很难想象得到这位公安局长是一位女性。

【案例 1-20】

一位著名的科普作家天资聪颖，他一直为此洋洋得意。有一次，他遇到一位熟悉的汽车修理工。修理工对科普作家说："嗨，博士！我出道题来考考你的智力，如何？"科普作家同意了。修理工便说道："有一位聋哑人想买几根钉子，他来到五金商店，对售货员做了一个手势：左手两个指头立在柜台上，右手握成拳头做敲击状。售货员见了，给他拿来一把锤子。聋哑人摇摇头，指了指立着的那两根指头。于是售货员给他换了钉子。聋哑人买好钉子，刚走出商店，接着就进来一位盲人。这位盲人想买一把剪刀。请问：盲人将会怎样做？"科普作家心想，这还不简单吗？便顺口答道："盲人肯定会这样……"说着伸出食指和中指，做出剪刀的形状。修理工笑了："哈哈，盲人想买剪刀，只需要开口说'我买剪刀'就行了，干吗要打手势呀？在考你之前，我就料定你肯定会答错，你所受的教育太多了，不可能很聪明。"

其实，并不是因为知识太多了，人反而变得笨了。而是因为人的知识和经验会在头脑中积累形成思维定式。这种思维定式会束缚人的思维，会使人习惯于用旧有的、常规的模式去思考和处理问题。当面临外界事物或现实问题的时候，人们就会不假思索地把它们纳入特定的思维框架，并沿着特定的路径对它们进行思考和处理。

（资料来源：编者根据相关资料整理而成）

1.4.4 权威型惯性思维

权威型惯性思维是指在思维过程中盲目迷信权威，以权威的是非为是非，缺乏独立思考能力，一旦发现与权威相悖的观点或思想，便会认为其是错误或荒谬的。

权威型惯性思维定式的产生有两个途径：一是儿童在走向成年的过程中所接受的"教育权威"；二是由于社会分工不同和知识技能方面的差异所产生的"专业权威"，也就是人们所说的"专家"。权威是一种客观存在，在任何时代，只要有人的存在就会有权威的存在。事实上权威的观点也会受到人类对自然规律认识的局限性的影响，也是会犯错的。例如，曾长期占统治地位的"地心说"，发明家爱迪生曾极力反对使用交流电。

【案例 1-21】

1769 年，著名科学家瓦特因发明了蒸汽机而获得了专利，瓦特也由此成为科学界的权威人物。但是，当时的瓦特并未考虑到蒸汽机的更大的用途——带动交通工具。他的助手默多科却想到了这一点，他经过 5 年的努力成功地发明了初期的火车，但瓦特却担心火车会影响到蒸汽机的名誉，因而禁止默多科进一步改造，这导致了火车发明的中断。后来，英国技师特里威雪科继续了默多科的发明，他首先改造了蒸汽机，却由此遭到瓦特的否定。特里威雪科并未放弃，他又接连制造了 4 辆火车。但是，由于瓦特的否定，人们甚至不想了解他的发明，最终特里威雪科也失败了。由于瓦特的一次次干涉，导致火车直到 1825 年才被斯帝文森成功地发明出来。正是由于瓦特的否定，火车的发明被一次又一次地中断，连大科学家都否定的东西那一定会有问题，优势再大也是有问题的，可见盲目相信权威会危害到社会的进步。

【案例 1-22】

20 世纪 50 年代初，美籍华裔生物学家徐道觉的一位助手在配制冲洗培养组织的平衡盐溶液时，由于不小心，错配成了低渗溶液，而低渗溶液最容易使细胞胀破。当他将低渗溶液倒进胚胎组织时，在显微镜下无意发现，染色体滋出后铺展情况良好，染色体的数目清晰可见，这本来是观察人类染色体确切数目的最好时机，但是他盲目地相信了美国遗传学家科特在 20 世纪 20 年代初提出的理论，即由大猩猩、黑猩猩的染色体是 48 个推断人类的染色体也是 48 个，因此他错过了重大发现的机会。后来又过了几年，另一位美籍华裔科学家蒋有兴也是采用了低渗技术，终于发现了人类的染色体是 46 个。

盲目相信权威只会带来不良后果，因为权威并非圣贤，他们也会出错。如果盲目相信权威，而不经过自己的思考和判断，那只会把错误扩大化。从创新思维培养的角度来说，人们需要突破旧权威的思维束缚，时刻警惕权威型思维定式。

（资料来源：编者根据相关资料整理而成）

1.4.5 术语型惯性思维

术语是人们在实践中总结出来的，用来描述某一领域事物的专用语。术语包括专业性很强的术语，如四强雄蕊、歼-10、令牌环、夸克；工程通用术语，如整流器、传感器、容积、质量；定理、定义术语，如阿基米德定律、右手法则、高斯定理、狭义相对论；功能术语，如计时器、支撑物、油漆、切割器；日常生活术语、儿童术语，如餐刀、锅、杯子、绳子及儿童能明白的词汇。

术语会使人的思想局限于其所描述事物的领域或该领域的某个方向，或因对该术语描述事物的习惯印象而"隐藏"掉某些特性，从而在描述问题时产生遗漏或缩小物质可能存在状态的范围，产生术语思维惯性。例如，"容积"通常需要对测量数据的运算获得，但也可以通过其他简单的方式获得；"油漆"这一术语会使人只想到固态的或液态的，而油漆也可以是气态的。

【案例 1-23】

爱迪生让一个学数学的助手算一下形状不规则的玻璃灯泡的容积。这个助手列出好多算式，也没算出结果。只见爱迪生拿起玻璃灯泡往里面灌满水，并说："把水倒进量杯看看刻度，就知道答案了。"

（资料来源：编者根据相关资料整理而成）

1.4.6 打破惯性思维的经典案例

【案例1-24】

神奇的比赛

欧洲篮球锦标赛上，保加利亚与捷克队相遇，在最后的8秒钟时，保加利亚以2分占据优势。按说已经胜券在握，但保加利亚队叫停了比赛，因为比赛采用循环制，保加利亚队必须赢球超过5分才能在整个比赛中取胜。重新开赛后，意想不到的事情发生了，保加利亚的队员把球运到自己的篮下，并投入篮筐，全场都凝固了，保加利亚队是否疯了。裁判宣布两队比分为平分，要加时比赛，大家才恍然大悟。在加时赛中，保加利亚队赢了6分，最终赢得了比赛。

【案例1-25】

曹 冲 称 象

冲少聪察，生五六岁，智意所及，有若成人之智。时孙权曾致巨象，太祖欲知其斤重，访之群下，咸莫能出其理。冲曰："置象大船之上，而刻其水痕所至，称物以载之，则校可知矣。"太祖悦，即施行焉。

（资料来源：编者根据相关资料整理而成）

思考：曹冲称象的办法是否是最佳的呢？你有什么更好的办法吗？

本章要点回顾

■ 创新是指因时制宜、知难而进、开拓创新的科学思维。它原意有三层含义：一是"更新"；二是"创造新的东西"；三是"改变"。

■ 创新思维是指以新颖独创的方法解决问题的思维过程。从理论上来讲，创新思维是在人类认识活动高级阶段展现出来的一种综合性思维方式；从现实角度来说，创新思维作为高级阶段的思维方式是随着社会发展而发展的。

■ 创新思维活动的要素包括生理和心理两个方面。创新思维活动的产生既来源于大脑的生理基础，也来源于激发和维持人创新活动的创新动机、广泛稳定的创新兴趣和坚定的创新意志。

■ 创新思维的智能因素是拥有创新思维的重要因素，包括知识因素和人的能力因素，是创新思维运行、发展的核心动力。

■ 创新思维的常见类型有发散思维与收敛思维、顺向思维与逆向思维、迁移思维与联想思维。

■ 创新思维的常见束缚有五种，包括从众型惯性思维、书本型惯性思维、经验型惯性思维、权威型惯性思维、术语型惯性思维。

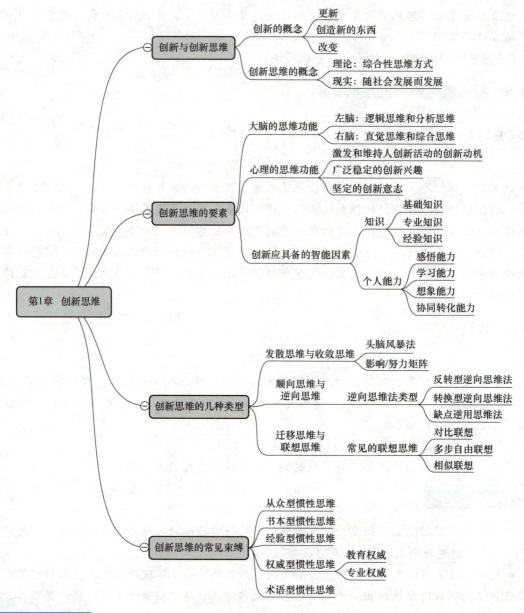

本章思考题

1. 什么是创新和创新思维？
2. 创新思维活动的产生包括哪些方面？
3. 创新应具备的智能因素有哪些？
4. 创新思维的常见类型和常见束缚有哪些？
5. 在创业中，如何运用创新思维？

本章参考文献

王亮申，孙峰华. TRIZ 创新理论与应用原理［M］. 北京：科学出版社，2010.

第 2 章
创业概论

内容提要

创业为何物？创业管理又为何物？创业思维又是怎样养成的？这是每一个创业者在实施自己的创业前必须思考的问题。明确了创业的概念，才能对创业过程中遇到的问题有清晰的概念。掌握了创业管理，才能对每个创业阶段都应对自然。培养出了创业思维，才能在创业旅途中运筹帷幄。

导入案例

蚁视：国内虚拟现实的拓荒者

VR 发展历程回顾

1989 年，一位名为杰伦·拉尼尔（Jaron Lanier）的计算机科学家研发了人类历史上第一款虚拟现实设备，那是一台名叫 EyePhone Model 1 的头戴式显示设备。在当时，这款被发明者拉尼尔称为"能够重塑现实，并将其分享给他人"的 VR 设备，售价 9400 美元，需要两台超级计算机才能驱动。

1990 年，由于高昂的运营成本以及相关技术的限制，拉尼尔解散了公司，倒卖了相关的专利，但是 VR 技术还是坚强地存活了下来。

1992 年，科幻恐怖电影《割草者》（The Lawnmower Man）以 Jaron Lanier 为原型，虚构了一个精彩的科幻故事，第一次向观众介绍了"虚拟现实"（Virtual Reality）这个词。

2005 年，任天堂推出了 Virtual Boy，这款笨重又尴尬的设备不仅终结了任天堂当年的利润，还短暂地终结了 VR 的命运。至此，VR 成了所有技术界人士记忆中的"哦，那个令人失望的东西"。

2010 年，一个来自美国加利福尼亚的 18 岁少年因为再也无法忍受市面上 VR 头显的极差体验，决定干一番大事业。于是，帕尔默·勒基（Palmer Luckey）在他爸妈的车库里，研发出了他的 VR 设备，他把自己的设备命名为 Rift（裂缝），用以指代 VR 用虚拟空间对现实世界的割裂。

2012 年，勒基成立了 Oculus，在拉丁语中是"眼镜"的意思，又把自己的项目放到了 Kickstarter 上，寻求的资金总额是 25 万美元。最终，他得到了 240 万美元。

2013 年，Oculus 创始人勒基携 DK-1 亮相当年的 CES，这也是 Oculus 第一次以完整的企业形态出现在人们面前。

2014年，脸书（Facebook）宣布以20亿美元的天价收购Oculus。

蚁视：国内虚拟现实的拓荒者

不可否认，Oculus的一夜成名让VR技术重新回到了大众的视野中，也掀起了新时代第一波VR技术的浪潮。放眼国内，无数的创业者也纷纷借助VR技术的热潮开启了新一轮的创新创业。而蚁视，就是国内众多虚拟现实的拓荒者之一。

蚁视，全称北京蚁视科技有限公司，创立于VR技术最火的2014年。创始人覃政，1987年8月出生于湖北省恩施市，本科就读于北京航空航天大学，硕士和博士就读于中国空间技术研究院（航天五院）。2014年年初，覃政从航天五院博士退学，创办蚁视，推出产品ANTVR KIT。

蚁视科技专注于穿戴式设备、虚拟现实、增强现实、立体视觉领域，具有全球最领先的穿戴式显示及虚拟现实技术，自主研发的全球首款虚拟现实套装ANTVR KIT于2014年5月14日在美国KICKSTARTER网站开始预售。ANTVR KIT的头盔部分能带来无变形的沉浸式虚拟现实体验，控制器可变为多种形态，如体感枪、控制棒、传统手柄、方向盘等。此外，ANTVR KIT全面兼容PC、XBOX、PS、BLU-RAY和ANDROID等平台，可以应用于所有2D、3D的游戏和电影。

因为科幻，所以创业

就像VR技术起源于杰伦·拉尼尔的一个科幻想法一样，覃政的创业也同样是因为科幻。

覃政从小就是一个科幻迷，在高中、大学时期，覃政就已经在科幻界颇有名气。他的三部科幻小说《白纸》《暗杀》《谁动了我的钱包》均发表于《科幻世界》杂志。其中，《谁动了我的钱包》还入选《2007年度科幻小说（选集）》。同时，他作为北京航空航天大学科幻协会的负责人和会员们一起拍摄的微电影《北航惊魂》和《北航惊魂2》，当年曾在大学生科幻迷中广为流传。此外，由覃政导演拍摄的微电影《CD-1（鼠族崛起)》和《浮云》还连续两年获得北京高校联合电影节多项奖项。

对于虚拟现实，覃政一直有着一份特殊的情感。早在儿时，他从科幻小说中了解到，未来可能会出现一种设备，可以让人进入虚拟世界之中，用无与伦比的虚拟现实体验改变人们的生活。上大学之后，虽然覃政所学的是航天器设计专业，却也在虚拟现实领域有过较为深入的钻研。他曾经独立设计制造过"目标姿态探测系统"，可以应用于虚拟现实领域进行人体动作识别。

"我从本科、硕士直到博士，一直在航天器设计专业学习。这是因为，宇宙航行是科幻作品中最常见的题材之一，在我看来，设计航天器可能是现实生活中离科幻，也就是我的理想最近的领域。"覃政说："但多年之后，当我读研究生的时候，我才突然发现，自己未来的工作很可能不那么'科幻'。我更想从事一些更加贴近科幻的工作，所以我选择了虚拟现实。"

带着这样的想法，覃政组建起一个由昔日同窗中的科幻迷组成的创业团队。同窗多年的经历使团队成员之间都了解彼此的特长，从而能更默契地配合以完成研发工作。而团队成员狂热爱好科幻的特质，也会让他们对研发工作充满热情。

于是，覃政带着对科幻、对VR技术的一片赤诚之心开始了他的创业之路。

高科技产品的艰难求生之路

直接从科幻作品中吸取营养，然后进行创意，最后变成产品的创业模式，听上去非常具有硅谷风格。但是，对于创业而言，创业模式听起来怎么样根本不重要，最重要的是，你所推出的产品是什么样子的，是否具有价值。

2012年，覃政还在上学，他就在家里搭了一个实验室，做了各种DIY的产品，包括3D打印机、一些钻床类的加工工具，到最后他捣鼓出了一个VR头盔。

2013年，覃政带着这个头盔去见了十几个投资人，最后只有一家愿意投资，原因是其他人看不懂也没听过，不知道这个头盔是什么东西。而那时的覃政也是抱着试试看的心态，想如果能融到资就创业，融不到就继续上学。

2014年，蚁视成立，覃政也从航天五院博士退学全职创业。同年6月，ANTVR KIT在国外著名众筹平台Kickstarter众筹成功，共获得支持约26万美元，打破中国项目在Kickstarter上的众筹纪录。而这已经是ANTVR的第四代原型。

从获取融资的角度来看，蚁视其实并不受投资人的喜爱，只是碰巧遇到了VR发展的热潮，这才搭上了投资的快车。

在我国，其实从一定程度来讲，像蚁视这样硅谷风格的创业模式并不是特别适合。因为在我国试错是有成本的，而且这个成本往往会很高。在国外，我们常常会看到一些创业者，他们创业失败了很多次，甚至十几次，可还会有人愿意去投资他。但是在我国，一旦你一次创业失败了，就很难再有人愿意投资你了。

此外，我国的投资人也更加现实，他们不愿意去投资一些看起来成功概率比较渺茫的产品，他们期待于投资一些在国外已经验证成功的商业模式或者已经验证成功的产品形态。而2014年的蚁视，恰恰不属于这一类。

从行业的角度来看，蚁视所专注的VR行业，其核心技术仍然在快速发展之中，新产品的研发与推广都面临着巨大的压力。

VR行业早期更像是一个平台级的产品，它的发展路径类似于计算机和手机。

20世纪80年代，乔布斯发布苹果计算机的时候，也是踌躇满志想把计算机迅速地推广到万千家庭，他也曾豪言三个月之内卖100万台，但事实上最终的销量非常惨淡。直到2000年左右，计算机才真正面向大众开始做销售。这当中经过了长达20年的时间，在这20年里，很多公司都不复存在了。VR作为一个全新的高科技设备，想要获得来自普通大众的认可和接受，还有很长的一段路要走。

而手机的发展也向我们展示类似的科技产品在发展的过程中需要解决的另一个问题：普通用户购买产品来做什么？就像人在最初购买手机的时候，需要了解自己购买手机来干什么一样，VR产品也面临着同样的问题，普通用户需要VR做什么？

案例评价

蚁视，作为一家高新技术创业企业，具有全球领先的穿戴式显示及虚拟现实技术，专注于虚拟现实、增强现实、全息现实的创新研发，致力于建设开放的软硬件结合的VR生态体系。它具有新时代技术创业企业的典型特征——通过核心科技创造新产品；面向未来开发新的细分市场；易形成独角兽企业。蚁视的创业路径、天堂和地狱的商业模式选择、未来布局、研发、爆发的设想，投融资方法，都值得深入分析、思考、借鉴。

（资料来源：蚁视科技 http://www.sohu.com/a/75755544_131976）

思考题

1. 从蚁视的创业案例中，能够发现哪些创业活动的组成要素？
2. 蚁视属于创业分类中的哪一种？
3. 依照创业行为几个特征阶段的定义，蚁视目前处在哪个阶段？
4. 利用安索夫矩阵模型为蚁视进行战略模式的选择分析。
5. 以蚁视为例进行一次市场机会分析。
6. 案例中的哪些地方体现了创业思维中的创新思维？

本章要点

- 中国创业发展的五个时间阶段。
- 创业及创业的定义。
- 创业概念的组成要素。
- 创业的分类。
- 创业行为的特征阶段。
- 创业管理的特点。
- 创业管理与传统管理的区别。
- 安索夫矩阵模型及其应用。
- 市场机会分析。
- 创业思维。
- 创业方法。

学习目标

- 了解创业的两种分类。
- 了解创业管理的特点。
- 了解几种重要的创业思维。
- 了解中国创业发展的五个时间阶段。
- 了解创业及创业的概念。
- 理解创业管理与传统管理的差异。
- 理解市场机会分析。
- 掌握创业行为的三个特征阶段。
- 掌握创业中的实用方法。
- 熟悉安索夫矩阵模型及其拓展模型。
- 熟悉安索夫矩阵模型的使用方法。

2.1 创业与互联网创业

2.1.1 创业的演变

创业纪录电影《燃点》的开机序言中说:"在今天的中国,如果有什么人生契机可以点燃一代人的激情,可以让青年精英对自身和未来保有希望,那只能是创业。40年前的高考实现了市场经济下最早的人才选拔;40年后,在一个愈加成熟的商业中国,创业者如走上搏击台,实现了以弱胜强的创富神话。创业让这代中国人的商业灵感,达到了燃点。"

20世纪80年代改革开放之初,伴随着自主经营、自负盈亏的经济体的出现,市场经济开始逐渐繁荣起来,一个全新的自由空间开始逐步呈现在大众的眼前。在这样的时代背景之下,一些具有前瞻性眼光的人士,主要是政府机关人员、企事业单位工作人员等放弃了在传统体制内的工作,转而到这一新的空间里创业经商、谋求发展。这样的"下海"风潮成就了一批风流人物,如个体户、民营企业主、国企改革家、下海创业者、农村大包干承包者、边贸开拓者等。从某种意义上看,他们可以算作是最早的创业者。发展至今,他们或成功,或失败,或归于平淡,但无论如何,他们的经历都是这段伟大历史的生动记录。

20世纪90年代初期,我国开始由计划经济向市场经济转轨,经济发展多年积累的深层次矛盾逐渐显现,出现了一系列综合反应现象。我国人口多,劳动力总量大、增长快,远远超过社会生产的需求,但就业岗位相对不足,造成了不少需要分流的企业富余人员暂时找不到就业机会而成为下岗职工,进而出现失业现象。"停薪留职""厂内待业""放长假""两不找"等职工下岗现象,催生了第二波创业潮流。随着改革的深入、科技的进步及经济结构的调整,劳动力也出现了相应的调整与流动。在产业转型的过程中,伴随着经济的发展,投身创业的人也越来越多,在经济发展中的各行各业都可以见到创业者的身影。

从1978年到2008年,创业者们的愿景是"改变自身命运",而从2008年开始到2017年,越来越多的中国创业者更希望"改变世界"。这种改变,与早期的创业冒险相比已经进入了一个全新的阶段。进入21世纪以后,信息化建设、产业革命、电子商务热潮、大数据建设,一轮又一轮的科技浪潮不断兴起。在这样的社会经济背景下,涌现出新一批眼光精准、战略前瞻、伺机而动、应时而上的创业者。这类创业者往往具有很高的个人素质、扎实的教育背景和一定的技能水平,其创业行为往往能够为成熟市场带来新的思路,或挖掘出全新的细分市场,形成独角兽企业,甚至领航新一轮的产业变革。10年前在中国创业,只要做得像样都能赚到钱,而如今任何一个行业都弥漫着竞争的硝烟,想要出类拔萃很难。

"财富会改造一个人,如同繁荣会改变一个民族一样。"在描述中国老一代创业者的鸿篇巨制《激荡三十年》中,我们可以看到作者记录的创业变迁史。曾经的中国创业者被称为"个体户",往往还被微微蔑视;但近十年来,越来越多的创业者身上不仅承载了自己的事业,还通过互联网承载了更多人的情感寄托。创业活动,不仅是个人的选择,更是时代的呼唤。

在左仁淑主编的《创业学教程:理论与实务》一书中,曾引用了李时椿《创业管理》一书中对于中国创业发展的论述:中国创业发展的阶段分为**原始积累阶段**、**正式起步阶段**、**曲折前进阶段**、**迅猛发展阶段**和**纵深发展阶段**。其主要历程见表2-1。

表 2-1 中国创业活动发展阶段

发展阶段	时间跨度	主 要 表 现
原始积累阶段	1979—1984 年	个体户创业;农民和城镇无业人员,素质不高;主要领域为劳动密集型产业(如餐饮业、商业、加工业、运输业)
正式起步阶段	1984—1988 年	第一次创业热潮。知识分子加入;主要从事第三产业、科技产业、制造业
曲折前进阶段	1988—1992 年	第二次创业热潮。全民经商现象;大批有学历和稳定工作的人、政府官员、大学生开始创业。国际经济环境的变动使部分新创企业受到影响
迅猛发展阶段	1992—1999 年	第三次创业热潮。更多人"下海"创业,下岗人员创业,主要集中在金融、房地产、第三产业、教育产业等,创办企业的规模较大
纵深发展阶段	1999 年至今	第四次创业热潮。《个人独资企业法》通过,创业支持和扶持体系健全,创业环境得到改善,创业多元化、纵深化,涵盖各个行业各个领域,高科技创业、大学生创业、归国留学人员创业、二次创业迅猛发展

2.1.2 创业的基本概念

王安石有言:"世之奇伟、瑰怪、非常之观,常在于险远,而人之所罕至焉,故非有志者不能至也。"创业是一场漫长的征途,成功者寡,而失败者众。这不是一场吟赏烟霞、封存美丽的旅途,也不是一场光怪陆离、斑驳繁复的体验。这是一场博弈,更是一场战争。

创业是什么?国内外研究者从不同角度给出了多种理解。杰夫里·提蒙斯(Jeffry A. Timmons)写作了创业教育领域的经典教科书《创业创造》(*New Venture Creation*)。在该书中,他将创业定义为"一种思考、推理结合运气的行为方式,它为运气带来的机会所驱动,需要在方法上全盘考虑并拥有和谐的领导能力"。科尔(Cole,1965)则提出,创业是一种"发起、维持和发展以利润为导向的企业的目的导向行为"。而百森商学院和伦敦商学院则把创业定义为"依靠个人、团队或一个现有企业来建立一个新企业的过程",如自我创业、一个新业务组织的成立或一个现有企业的扩张。

在中国的文化和研究体系中,《孟子·梁惠王下》有"君子创业垂统,为可继也"的表述,在这里"创业"则是创立基业的意思。研究者张健提出,"创业包括了开创新业务、创建新组织、组合新资源、发掘和创造新价值等一系列活动"。李志能等认为,"创业是一个发现和捕捉机会并由此创造出新颖的产品或服务,实现其潜在价值的过程"。张秀娥提出,"创业是企业管理的一种手段和指导思想,创业在本质上是一种创新活动、高风险活动"。

不同研究者对创业的定义不同,阐述也各有侧重。但是,深入分析和比较一番,我们可以发现,对于创业活动,有如下几项要素是一定会被概括到的:[⊖]

1) 发现新的机会。
2) 创建新的企业、新的产品或服务。
3) 实现资源的配置、重组或优化,包括但不限于技术资源、人力资源、资本、生产、顾客资源等。
4) 创造价值,包括个人价值、企业价值、顾客价值、社会价值等。
5) 克服困难,对抗风险,妥善应对技术实现、产品制造、市场开发、经营管理、财务

⊖ 左仁淑. 创业学教程:理论与实务[M]. 北京:电子工业出版社,2014.

投资、社会变革等方面的不确定性。

综上所述，创业可定义为：**一个通过创新发现商业机会、筹集和配置资源、创立企业或组织、对抗风险并创造价值的行为过程。**

【案例2-1】

刘秋玲是苍溪县人，2005年大学本科毕业之后，曾在江苏南京工作，并在那里生活了整整四年。在这四年的时间里，她曾在高尔夫球场工作，结识了许多业界精英人士，开阔了眼界；也曾在诺亚方舟集团服务部，从最底层的服务人员一直做到主管。在这四年的实践中，她不仅锤炼了自己的职业技能，也潜移默化地学会了许多企业管理的方式方法。

2009年刘秋玲回到家乡，在成家定居的同时，也着手进行自主创业的尝试。2010年，她在苍溪县歧坪镇创办了华川纸杯厂，主要经营纸杯、纸碗的加工和销售，这也是刘秋玲自主创业的第一次尝试。华川纸杯厂在创办之后顺利完成了生产经营活动，取得了可喜的业绩，但随后因遇到了手续办理难题，最终停办。

2013年，刘秋玲开始了自己人生中的第二次创业。在本次创业的过程中，她做出了以下改进：

1. 发现了新的机会

在江苏南京的工作经历，让刘秋玲有了把握市场、分析行情的敏锐眼光。她寻找并发现了良好创业机会——林木产业，并通过查阅相关资料进行详细分析，最终选择了油橄榄种植作为创业项目的切入点；随后，刘秋玲考察了成都金堂、广元青川等地区的油橄榄种植基地，并提取歧坪镇土壤进行取样化验，在进行了充分的市场调研和可行性分析之后，最终决定把握住这一绝佳的创业机会。

2. 创建新的企业、新的产品或服务

刘秋玲首先建立了自己的油橄榄种植基地，实现了生产经营的全过程并逐步扩大种植规模；在2015年年底，联合在江苏南京创业的侯天茂创办了花卉苗木合作社；后又创办了苍溪县兴农粮油专业专合作社，不断扩大企业规模，丰富业务种类。

3. 实现资源的配置、重组或优化

在创业的过程中，刘秋玲流转了土地，聚集了发展种植需要的土地资源；关爱村镇贫困户，聘用村民作固定工人或其他工人，合理调配人力资源；采用先进的生产模式和生产技术，合理应用技术资源。

4. 创造价值

刘秋玲的苗木专业合作社，每年可实现产值35万元。参合社员只需缴纳每亩⊖600元的费用就能获得收益，参与生产管理的还可以享受每年150元/亩的分红。

5. 克服困难，对抗风险，妥善应对各方面的不确定性

在创业之初，刘秋玲流转土地的需求并未得到村民的支持，工作开展遇到阻力。刘秋玲首先寻求村支部书记、其父刘太聪的帮助，她首先向父亲详细阐述了自己的创业思路，在得到父亲的支持后，进一步向父亲咨询做通村民工作的方式方法。在父亲的支持指导下，村里

⊖ 1亩≈666.7m²。

先后召开了干部会、群众会、座谈会，通过会议宣传政策、阐述创想，最终统一了大家的意见。

　　面对村里不同意流转土地的老人，刘秋玲挨家挨户走访，给老人们做思想工作，算细账："如果土地荒芜的话，地力补贴会被取消，而如果把土地流转出来就能有补助，这是其一；将来土地流转了建成了产业园，一周就能挣600元钱，顶得上种庄稼一年的收入，这是其二；流转土地能够不让土地荒废，物尽其用，这是其三。另外，扎根于家乡土地的创业一旦成功，不仅能够美化环境，让大家的生活环境更加美好，还可以吸引更多的同乡返乡创业，帮助大家过上富裕的生活，是不是好处更多？"

　　在她的不懈努力下，终于做通了全村人的思想工作，顺利流转土地建起种植基地，迈出了创业的第一步。

　　（资料来源：编者根据相关资料整理而成）

　　从苍溪县歧坪镇返乡创业大户刘秋玲的创业经历中，我们可以鲜明地感受到创业的五个典型特征。它们贯穿于创业活动的全过程中，是创业的出发点、行为指南及奋斗目标，也是支持创业项目得以落地的基础。

　　创业的本质是一种行为，由创业者发起，对社会、市场产生作用，受相关联的实体的影响并对之负责。创业往往意味着创新，是一种从无到有的创造，一种崭新的布局和尝试，但与此同时，创新的另一面就是风险，因为对前路一无所知，所以会遇到各种各样的问题，于是又需要运用勇气和智慧，从头迎战创业路上的困难和风险，寻求伙伴、获取资源、解决问题。从这个角度来看，创业其实是一个发现痛点，并试图通过商业方法解决痛点问题，还要在解决痛点问题的途中迎战完全的未知，最终逐渐形成积淀的过程。

2.1.3　互联网创业

　　1994年4月20日，中国通过一条64K的国际专线实现了与国际互联网的全功能链接，从此开启了中国的互联网时代。在被称为中国互联网元年的1997年，互联网走入了寻常百姓家，仅仅经过了21年，中国便已全面步入互联网时代，伴随着互联网的发展也催生出了一个巨大的产业——IT与互联网产业。随着IT与互联网产业的不断壮大，互联网思维作为一个极具代表性的名词，也越来越多地被大众所提及，跨界、开放、连接等是互联网思维的典型特征。

　　所谓互联网创业，是指利用互联网思维来完成一种生产力的转变，改革、创新、发展、推动新经济形态不断发生演变的创业项目。由此可见，互联网与创业的结合，并不仅仅局限于硬件与渠道的结合，更多的是强调思维方式的结合。

【案例2-2】

　　1995年，马云受浙江省交通厅委托到美国催讨一笔债务，开启了他的美国之行。结果却是一分钱都没有要到，但是马云却在美国真正接触到了一个"宝库"——互联网。在美国，马云对计算机一窍不通，第一次真正意义上接触到了互联网。马云在美国刚刚学会上网，他就想通过互联网为他的翻译社做线上广告，第二天一早他就把翻译网站的广告发送到了网上，不到中午的时候他就收到了6封邮件，这些邮件分别来自美国、德国和日本。他们说马云的广告是他们看到的第一个有关中国的网页。这使马云意识到互联网是一座"宝库",他开始构思回国后建立一个公司,从事互联网开发。

马云初步构思的想法是把国内的企业资料收集整理起来通过互联网向全世界发布,回国后他立刻和在美国认识的合作伙伴一起搭建了这个网站,这个网址就是中国黄页。中国黄页代表着全球首创的 B2B 电子商务模式,从此马云就这样开始了他的互联网征途。

1995 年 4 月,马云又投入 7000 元,联合妹妹、妹夫、父母等亲戚凑了两万多元,创建了中国最早的互联网公司之一"海博网络",它的主营产品就是"中国黄页"。

在之后的两年里,马云艰难地在中国推广自己的中国黄页,对于很多没有互联网的城市来说,马云的推广一度被认为是"骗子",但马云仍然像疯子一样不屈不挠地向大众普及着互联网的知识和推广着他的中国黄页。他天天不断地提醒自己:"互联网是影响人类未来生活 30 年的 3000m 长跑,你必须跑得像兔子一样快,又要像乌龟一样保持耐力。"在不断地坚持与失败中,一笔笔互联网业务就这样艰难地开展了起来。在 1996 年,海博网络的营业额惊人地做到了 700 万元!也就是这一年,互联网的浪潮在中国开始盛行。

后来,中国黄页与杭州电信的竞争因为实力差距过大,马云将中国黄页卖给了杭州电信。随后,由于经营理念的不同,马云放弃了中国黄页,但马云的创业梦想并没有就此停止。

1999 年 2 月的一天,马云在杭州湖畔家园的家中召开了新的"起事"的会议,18 位创业成员兴奋地围绕着慷慨激昂的马云,马云快速而疯狂地发表着激情洋溢的演讲,在这次"起事"的会议上,马云和伙伴们共筹集了 50 万元本钱,这次会议对于马云有着极大的历史价值。在这次会议上马云说:"我们要办的是一家电子商务公司,我们的目标有三个:第一,我们要建立一家生存 102 年的公司;第二,我们要建立一家为中国中小企业服务的电子商务公司;第三,我们要建立世界上最大的电子商务公司,要进入全球网站排名前十位。"从这天开始,马云开始铁下心来做电子商务。

利用这仅有的 50 万元微薄的创业资金,马云首先花了 1 万美元从一个加拿大人手里购买了阿里巴巴的域名,并注册了 http://alimama.com 和 http://alibaby.com。他们没有花钱租写字楼,就在马云家里办公,最多的时候一个房间里坐了 35 个人。他们每天工作 16~18 个小时,如饿狼一般在马云家里疯狂地工作,日夜不停地设计网页、讨论网页和构思,困了就席地而卧,睡醒了再起来继续工作。马云不断地鼓动员工,"发令枪一响,你可不能有时间去看对手是怎么跑的,你只有一路狂奔"。又不断地告诫员工,"最大的失败是放弃,最大的敌人是自己,最大的对手是时间",阿里巴巴就在这样不断的鼓励和警醒中孕育成长着。1999 年 3 月,阿里巴巴正式推出上线,逐渐成为大众、媒体、风险投资者关注的焦点,并在拒绝了 38 家不符合自己要求的投资商之后于 1999 年 8 月接受了以高盛基金为主的 500 万美元的投资,于 2000 年第一季度接受了软银的 2000 万美元的融资。阿里巴巴从而由横空出世、锋芒初露,到气贯长虹、势不可挡,直至成为全球最大网上贸易市场、全球电子商务第一品牌,并逐步发展壮大为阿里巴巴集团,最终成就了阿里巴巴的互联网帝国。

(资料来源:编者根据相关资料整理而成)

电子商务概念的提出以及阿里巴巴的诞生都是互联网与传统商务模式相结合的产物,互联网兼容并包的特性使得"互联网+"变得可能。从电子商务最初始的"互联网+传统零售"到如今的"互联网+金融""互联网+教育""互联网+医疗",互联网跨越了行业与行业之间的鸿沟,用其特有的方式将用户与行业加以连接。因此,跨界、开放、连接,既是互联网思维的典型特征，也是创业的关键词。

2.1.4 创业的分类

在大众创业、万众创新的时代，越来越多的年轻人投身于创业大潮当中，依据创业动机、创业模式的不同，可以将创业分为不同的类别。总体来说，创业行为可划分为两个大类：

1. 生存型创业

生存型创业，其实是在面对产能过剩的情况下，人们不得不选择的维生之道，这类创业的直接影响便是解决困难人群的就业问题（在国家支持下）。生存型创业者大多为下岗工人，因为一些原因而不愿困守乡村的农民，以及刚刚毕业找不到工作的大学生。这是中国数量最大的创业人群。根据清华大学的调查报告数据显示，这一类型的创业者占中国创业者总数的90%。

一般来说，生存型创业的范围往往局限于商业贸易，少量从事实业，即使有从事实业的，也基本是一些小型的加工业。当然也有因为机遇成长为大中型企业的，但数量极少。尤其是如今的国内市场，已经不同于20多年前那个创业时代，当时经济短缺、机制混乱、机遇遍地；而当今市场逐渐趋于饱和，企业成熟度高，着眼于图生存的生存型创业往往"小富即安"，在满足企业正常的周转存货要求之后，因触到发展的天花板从而走向稳定，少有做大做强者。

【案例2-3】

李琼是一名幼儿教师，从1985年高中毕业之后就一直从事这项工作。然而，稳定的工作状态直到2002年被打破了。企业改制让李琼被迫下岗，她的人生也从此发生了转折。

下岗后无事可做的李琼一度非常迷茫。但在她的心中，技多不压身，多学点本领总是没有坏处的。她自学了会计知识并取得了证书，还自学了服装裁剪等技能。机遇总是留给有准备的人。就在此时，小市社区有个闲置了一年多的幼儿园需要人经营。李琼抓住了这个机会。幼儿教师本来就是自己最热爱的工作，这一次，她要将自己热爱的工作变成自己的事业。

李琼接手的这家幼儿园已经闲置一年多，早已破败不堪，重新建园修缮需要大笔资金。李琼没有犹豫，她迅速从亲朋处筹集了7万元资金，投入了她的"宝宝乐园"的创建。

李琼对幼儿园的重建工作非常投入。她装潢了房屋，购置了大型玩具，并按高标准筹办生活教学设施。她还聘用了原幼儿园三名同事当老师。牌子挂出来了，硬件设施也完备，但李琼还缺少最重要的东西——声誉。家长对她不了解，也就不愿将孩子送来。为了提升新幼儿园的知名度与信誉，李琼挨家挨户上门向家长介绍。即便如此，李琼开办的幼儿园在当年开园的时候，也只招到了20名小朋友。

创业初期的生活是艰苦的。由于招生不足，没有足够的资金来源，在创业的头几个月，李琼是靠着父母的退休金在给教师们开工资。但凭着一颗爱心与对事业的热情，李琼没有放弃。很快，幼儿园的口碑逐渐传播开来，半年后新入园的小朋友达到了60多名，幼儿园也开始扭亏为盈。2004年，李琼再接再厉创办了第二所幼儿园——"云燕幼儿园"，也很快达到了满员状态。

2008年是李琼事业的又一个转折点。幕府西路一处千户居民的小区落成了，并配套了一所2800m^{2}的幼儿园。在政府创业贷款的支持下，李琼投入近200万资金，创办了她的"旗舰园"——海燕幼儿园。这是一所南京市高水平的民营幼儿园。走进海燕幼儿园，可以看到室外活动园地的塑胶跑道，还有一应俱全的游乐器械。

幼儿园拥有9个标准化教室。在此基础上，李琼还投资设立了幼儿音体室、绘画室、幼儿图书馆、科学发现室和鼓励幼儿动手的"蒙台索尼"教学室。

海燕幼儿园以文艺教育为特色，是江苏省唯一一家具有"幼儿戏曲基地"称号的学校。5年的创业经历，让李琼拥有了3所幼儿园，在园儿童500多人，教职员工50多名，创业时的三名老教师也都在团队之中。李琼还十分注重年轻人的培养，20多名专职教师全部来自于幼儿师范专业，目前业余时间也都在南京师范大学本科就读，提升自身水平，加强教学能力。

下岗职工李琼的创业故事就是典型的生存型创业。在她35岁下岗之后，迫于生计开始创业。创业项目也是和她之前从事的工作相关，长期的工作为她积累了丰富的经验，也为创业活动的顺利开展奠定了基础。此外，李琼创办的民办幼儿园属于文教服务行业，规模不大，发展稳定，符合生存型创业"小富即安"、低技术门槛的特点。

（资料来源：编者根据相关资料整理而成）

2. 机遇型创业

机遇型创业最大的特点就是以机会为导向，侧重点在于抓住机会求得发展、收获历练，而不是追求稳定，保障生存。这也就决定了这种类型的创业往往具有较大的发展空间，但同时兼具多种不确定因素的特点。一般来说，机遇型创业还可以细分为以下几种：

（1）主动型创业　主动型创业者又可以分为两种：一种是盲动型创业者，另一种是冷静型创业者。前一种创业者大多极为自信，做事冲动，他们大多是博彩爱好者，喜欢买彩票，喜欢赌，而不太喜欢反思成功的概率。因此，盲动型创业者很容易失败，但一旦成功，往往就是一番大事业。而冷静型创业者是创业者中的精英人才，其特点是谋定而后动，不打无准备之仗，他们中的大多数要么掌握资源，要么拥有技术，一旦行动，其成功概率通常很高。

（2）赚钱型创业　赚钱型创业者除了赚钱，没有什么明确的目标。他们就是喜欢创业，喜欢做老板的感觉。他们不计较自己能做什么，会做什么。可能今天在做着这样一件事，明天又在做着那样一件事，他们做的事情之间也可以完全不相干。甚至其中有一些人，连对赚钱都没有明显的兴趣，也从来不考虑自己创业的成败得失。奇怪的是，这一类创业者中赚钱的并不少，创业失败的概率也并不比那些兢兢业业、勤勤恳恳的创业者高。而且，这一类创业者大多过得很快乐。

（3）创意创新型创业　此类创业模式对创业者的个人素质要求很高，创业成功往往形成独角兽企业，有时还能形成新的业态。此类创业模式的创业者往往具有较高的受教育水平，对于行业有较为深入的见解，其企业本身往往掌握有核心专利技术，容易形成技术壁垒。另外，创意创新型企业的规模往往不如劳动密集型企业的大，常见于新兴行业。

在互联网技术飞速发展的今天，伴随着信息技术、产业革命、电子商务、大数据与云计算等科技浪潮的不断兴起，也同时滋生了共享经济、网红经济、粉丝经济等新型的经济形态。正在进行或者有意进行创意创新型创业的创业者们往往对于时代发展中重要的技术突破、全新的经济形态等具有敏锐的洞察力,并且能够迅速判断出这些新兴事物在未来能够实现的经济价值,再配合以强大的执行力抢先一步占据主要市场。

【案例 2-4】

1997年,一位大学毕业的年轻人在深圳创立了一家小公司,开发了一个小的通信软件。在当时的深圳,这样的公司有上百家。对于这个小公司来说,唯一要做的就是生存下来。

创业的头两年是艰苦的,很多企业都没有迈过这道坎。但是这个年轻人没有放弃,一直在坚持着。

1999年年初,这家公司开始有了动静。他们开发出第一个"中国风味"的通信软件。这个软件并没有直接为公司带来任何经济效益,在IT界也完全没有引起波澜。

随后,这个年轻人把这个软件放到网上,供用户免费下载。不到一年,这个并不起眼的"小玩意儿"的累计下载量就超过了500万次。然而,下载人数爆炸式的增长迫使这个小作坊式的公司必须接受升级服务器所需的每月一两千元的托管费,这也给公司带来了巨大的财务压力。没有更新设备的资金,工作人员的工资也快发不出来了,这个年轻人四处奔走,苦苦寻求着融资。

因为公司不被看好,年轻人始终无法找到合适的投资人,公司也始终没有实现盈利。4年多来,这个年轻人一直在苦苦支撑,没有放弃。终于,机会出现了。2000年8月,这家公司与广东移动达成了合作,第一次实现了扭亏为盈,获得了1000万元人民币的纯利润。

2002年,这家公司的净利润是1.44亿元,比上一年增长了10倍多;2003年,这家公司的净利润为3.38亿元,比2002年又翻了一倍多。

2004年,这家公司在香港联交所主板上市,一个新的互联网巨人出现了。这家公司就是如今家喻户晓的腾讯,而那个最初不起眼的通信工具,就是后来几乎每个人都在使用的QQ。

QQ的成功绝非偶然,它恰好符合了创意创新型创业的几类特征。马化腾创业之初,是从规模不大的小公司开始起家的,通过研究具有核心技术的通信软件,做到别人无法复制的技术壁垒,也产生了巨大的经济效益。马化腾瞄准了互联网的机遇,对全新的经济形态具有敏锐的洞察力,在艰苦的创业环境中坚持下来,体现了他超高的个人素质。

(资料来源:编者根据相关资料整理而成)

2.1.5 创业行为的特征阶段

不同的创业类型具有较为明显的内在特征,彼此之间虽然各具差异,但从创业行为的特征阶段上来讲,大致都可以分为以下几个阶段:

1. 第一阶段:初创期

创业活动的初创期一般从创业行动开始到小规模公司成形为止。在这一阶段中,创业者发现了商机,开始有了创业的想法,并在此想法的驱动下开始进行商业活动。创业者开始组建商业团队并在创业过程中不断打磨自己的团队;根据创业思路进行相应开发或推广,开发的可能是新的产品,也可能是一种新技术,或者新的服务形态,也可能是在成熟市场中发展进入一定阶段的产品,也可能是完全崭新的创造。同时,创业者开始进行项目路演,寻求投融资;在形成成熟产品后创办公司,联系客户,正式展开生产经营活动。

在此阶段，创业者要完成的是从无到有的创造过程：要从无到有地创造、实现一个想法，把一点一滴的灵感变成真真切切的现实，并为了这种实现而付出不懈的努力；从无到有地创造一个团队，组建一个班底，培植自己的力量，以诚换诚，以心换心，用共同的志向、心意、目标或者依靠其他条件交换、诚意感化等方式凝聚人才；从无到有地实现一种开发，创造产品、技术或者服务形态；从无到有地积攒商业资源，建立人脉，寻找渠道，形成合作关系；从无到有地建立一个经济体，一个自负盈亏的商业实体，以市场主体的身份进行贸易活动、经济活动，自主应对随之而来的风险和变数并获取收益。

【案例2-5】

苍溪县永宁镇桃花村八组的王全龙，在20世纪80年代初是组里的生产队长。尽管他带领群众日出而作、日落而息、艰辛劳作，仍难以改变组里缺水少粮、群众困苦不堪的生活状况。在党的十一届三中全会后，他抓住改革开放的机遇，大胆闯入市场发展商品经济，经过反复琢磨和调查论证，他瞄准了国内黄连素粉供不应求的市场机遇。1984年，他组织本组和周边村组有经济头脑和知识水平的40多位农民下海闯市场，开办黄连素粗粉加工厂。在反复失败和经验累积后，他终于探索成功了黄连素粉的提炼和加工方法。他将第一批产品送往四川省医药检验中心进行质检，一举获得了产品合格证书。

（资料来源：编者根据相关资料整理而成）

在此阶段，创业者所要解决的最大问题、所面临的最大风险，是能否找到最能支撑企业生存下去的东西。资金支持、核心优势、市场资源，三者得其一，初创企业便有了生存下去的依靠和支撑。

这里需要注意的是，笔者认为，以上三者任得其一即可。换句话说，三者的取得并没有必须遵循的次序，即不是必须先创造产品或服务形成自己的核心优势，然后争取资金支持，之后打开市场取得资源；也可以先打开渠道集聚资源形成同道，然后创造出自己的核心产品或核心服务形成核心竞争力，并通过前期的资源集聚善加利用和推广，随后取得商业利益和流水资金；也可以先取得大笔资金，然后用资金打通市场铺展渠道或者进行产品研发，再随后逐渐占领市场取得资源。

因此，可以将影响企业发展的三要素概括如下（图2-1）：

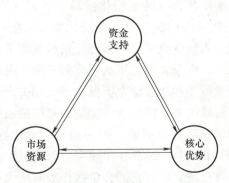

图2-1 初创期影响企业发展的三要素

除此之外，初创期的创业者需具备以下特质：思维活跃，善于创造；眼光敏锐，善于发现；思维灵活，善于解决；行动迅速，优于执行。

2. 第二阶段：成长期

这一阶段是企业由初步创立逐渐做大做强、迅猛发展取得市场地位的时期。在这一阶段，企业需要的是快速推销产品、推广服务，打开市场；寻求项目，并通过不断的成就积累资本和商誉；由点到面铺展业务布局，丰富业务种类，形成竞争优势。在管理上，强化公司制管理，明战略、定标准，形成成熟的管理体制，建设特色的企业文化，形成企业的凝聚力。这时需要创业者把自己的思维从想法提升到思考的高度，把原先的商业关系凝聚转变成商业渠道建设，企业团队初步形成。

在这一阶段，创业者面临的最大风险是无法获得发展所需的条件。发展的核心条件是推广，包括产品推广、服务推广、市场推广、渠道推广、业务推广等。这一阶段创业者不应该再以一个初创者的身份审视身处环境，而是要以一个市场主体的定位谋篇布局，伺机而动，寻求机会，一击必杀，在弱肉强食、竞争激烈的市场环境中发展壮大，用实力赢得地位和尊重；同时，要懂得进退有度，布局伏线，以诚相交，尊道宽仁。创业者要建立真正意义上可用的、有活力的、有韧性的商业交际网络。

在这一阶段，创业者要有冷静的心智、坚毅的心性、精准的眼光、持正的坚守。创业者需要具备的能力是管理能力、执行力和沟通能力。

【案例 2-6】

王全龙于 1984 年取得黄连素粉加工的产品合格证书之后，第二年，他便带领家乡的 70 多人奔赴黄连素加工地，开始大批量加工黄连素粗粉，并连续三年取得了可观的经济效益。到了 1987 年，当初跟他一起出去创业的家乡农民工，年纯收入均在万元以上。

（资料来源：编者根据相关资料整理而成）

3. 第三阶段：成熟期

在这一阶段，经过前两个阶段的积累，企业已经有了自己的核心产品，形成了自己的核心竞争力；有推广期的成绩积累，渠道建立，市场占据，业务初步稳定。因此，在此阶段，创业者需要的就是进一步让公司发展成熟，在经过前两个阶段的飞速发展和直线上升之后，安稳步入成熟期，克服发展瓶颈，保持能量的稳步增长。

这一阶段可细化为两个子阶段：一是集团化阶段，这时依靠的是硬实力（产业化的核心竞争力）将整个集团和子公司协调整合形成系统化平台。集团化阶段的主要特征为：团队通过系统平台来完成管理，人治变成了公司治理；销售变成了营销，区域性渠道转变成地区性的网络，最终形成了系统；创业者的思维从平面到三维，由单一产品、单一行业的布局逐步连线成面，同时切入相关行业和产业链上下游，开发相关产品，进一步挖掘竞争优势。

二是集团总部阶段。此阶段的主要特征为：①集团总部的系统平台和各子集团的运营系统需要形成统一的体系，集团总部需要形成一种可跨越行业边界的无边界核心竞争力（软实力），子集团需要形成的是行业核心竞争力（硬实力），集团总部软实力和各子集团的硬实力相结合，可以使集团的各行各业取得它们在单兵作战时所无法取得的业绩水平和发展速度；②创业者的思维也需要从三维向多维转变，由维持公司的发展，到形成行业良好的生态系统，主动承担企业的社会责任，维持良好的商业氛围和经济形势。这才是企业发展所能追求和达到的最高境界。

【案例 2-7】

为了扩大规模、增加效益、带领更多群众脱贫致富，王全龙将原厂的技术骨干抽调出来，分派到陕西、甘肃、宁夏、云南、贵州以及中越边境等地开办永宁镇黄连素加工厂分厂。截至 2017 年，王全龙开办的分厂达到 100 多家，聘用工人达到 1000 多人，为永宁镇经济发展做出了巨大贡献。

（资料来源：编者根据相关资料整理而成）

2.2 创业管理

2.2.1 创业管理即管理创业

在张俊伟《极简管理：中国式管理操作系统》一书中这样定义管理："管原意为细长而中空之物，其四周被堵塞，中央可通达。使之闭塞为堵；使之通行为疏。管，就表示有堵有疏、疏堵结合。所以，管既包含疏通、引导、促进、肯定、打开之意；又包含限制、规避、约束、否定、闭合之意。理，本义为顺玉之纹而剖析；代表事物的道理、发展的规律，包含合理、顺理的意思。管理犹如治水，疏堵结合、顺应规律而已。所以，管理就是合理地疏与堵的思维与行为。"

法国学者亨利·法约尔（Henri Fayol）在其名著《工业管理与一般管理》中也定义了"管理"的概念："管理是所有的人类组织都有的一种活动，这种活动由五项要素组成：计划、组织、指挥、协调和控制。"此概念一出便受到学界的广泛认可，影响力跨越一个世纪甚至更久。后人在法约尔的理论上形成了管理过程学派，对西方管理理论的发展具有重大影响。第二次世界大战后，孔茨（Koontz）进一步集成和发扬了这一学派，使该学派风行全球。

广义的管理是指应用科学的手段安排、组织社会活动，使其有序进行。其对应的英文是"administration"或"regulation"。狭义的管理是指为保证一个单位全部业务活动而实施的一系列计划、组织、协调、控制和决策的活动，对应的英文是"manage"或"run"。管理面临的情形多是既定的，如问题、人员、企业情况等。管理的本质是企业通过内部调整来促进自身的整体改变，让这种改变能够适应外部变化和完成外部使命，从而让企业这个整体可以存续和不断发展。

在现代市场经济中，工商企业的管理最为常见。每一种组织都需要对其事务、资产、人员、设备等所有资源进行管理，因此企业管理可以划为以下几个分支：人力资源管理、财务管理、生产管理、物控管理、营销管理、成本管理、研发管理等。在企业系统的管理上，又可分为企业战略、业务模式、业务流程、企业结构、企业制度、企业文化等系统的管理。

管理的过程包括六个环节：

1）管理规则的确定：通常是指组织运行规则，如章程及制度等。
2）管理资源的配置：比如人员配置及职责划分与确定、设备及工具、空间等资源配置与分配。
3）目标的设立与分解：通常包括所有的阶段性目标和详细的实施计划。
4）组织与实施：按照实施计划调配资源进行实操。

5）过程控制：通常包括检查、监督和协调三大方面。

6）效果评价、总结与处理：需要建立健全效果评价体系以及相应的奖惩制度。

管理的任务是设计和维持一种环境，使得在该环境中工作的人们能够用尽可能少的支出实现既定的目标，或者以现有的资源实现最大的目标。具体可以细分为四种情况：产出不变，支出减少；支出不变，产出增多；支出减少，产出增多；支出增多，产出增加更多。这里的支出包括资金、人力、时间、物料、能源等的消耗。

总而言之，管理基本的原则是"用力少，见功多"，以越少的资源投入、耗费，取得越大的功业、效果。管理的意义，在于更有效地开展活动，改善工作，更有效地满足客户需要，提高效果、效率、效益。

2.2.2 创业管理概述

创业管理不同于传统管理。它主要研究企业的创业行为，研究企业管理层如何连续注入创业精神和创新活力，增强企业的战略管理柔性和竞争优势。创业管理的核心问题是机会导向、动态性等。所谓"机会导向"，即创业是在不局限于所拥有资源的前提下，识别机会、利用机会、开发机会并产生经济成果的行为。而所谓创业的"动态性"，即一方面创业精神是连续的，创业行为会随着企业的成长而延续并得以强化；另一方面机会的发现和利用是动态的过程。

创业管理反映了创业视角的战略管理观点。

战略管理理论由策略管理之父安索夫博士（Doctor Ansoff）于19世纪50年代创立，他认为战略管理与一般管理的不同之处在于：**战略管理是面向未来动态地、连续地完成从决策到实现的过程**。安索夫认为企业生存是由环境、战略和组织三者构成的，只有当这三者协调一致、相互适应时，才能有效地提高企业的效益。

后来，研究者Stevenson和Jarillo于1990年提出了创业学和战略管理的交叉，作者使用"创业管理"这个词以示二者的融合，他们提供了一个从创业视角概括战略管理和一般管理的研究框架，其中创业是战略管理的核心。

随着创业管理研究的深入，对创业管理的研究形成了非常有价值的概念框架模型。例如，W. B. Cartner（1985）提出了个人、组织、创立过程和环境的创业管理模式；William（1997）在Cartner概念框架的基础上，提出了由人、机会、环境、风险和报酬等要素构成的创业管理概念框架；Timmons（1999）提出了机会、创业团队和资源的创业管理理论模型；Christian（2000）提出了创业家与新事业之间的互动模型，强调创立新事业随时间而变化的创业流程管理和影响创业活动的外部环境网络是创业管理的核心。

基于创业管理研究领域专家、学者的研究成果，创业管理方式可以概括为：以环境的动态性与不确定性以及环境要素的复杂性与异质性为假设，以发现和识别机会为起点，以创新、超前行动、勇于承担风险和团队合作等为主要特征，以创造新事业的活动为研究对象，以研究不同层次事业的成功为主要内容，以心理学、经济学、管理学和社会学方法为工具研究创业活动内在规律的学说体系。

概括地说，创业管理的特点有以下几点：[⊖]

⊖ 张玉利，李新春. 创业管理［M］. 北京：清华大学出版社，2006.

1. 创业管理是"以生存为目标"的管理方式

新事业的首要任务是从无到有,把自己的产品或服务卖出去,掘到第一桶金,从而在市场上找到立足点,使自己生存下来。在创业阶段,生存是第一位的,一切围绕生存运作,一切危及生存的做法都应避免。最忌讳的是在创业阶段提出不切实际的扩张目标,盲目铺摊子、上规模,结果只能是"企而不立,跨而不行"。

2. 创业管理是"主要依靠自有资金创造自由现金流"的管理方式

现金对企业来说就像是人的血液,企业可以承受暂时的亏损,但不能承受现金流的中断,企业的自由现金流就是刨除融资、资本支出、纳税和利息支出的经营活动净现金流。自由现金流一旦出现赤字,企业将发生偿债危机,就可能导致破产。自由现金流的大小则直接反映了企业的盈利能力,它不仅是创业阶段也是成长阶段的管理重点。创业管理要求企业的管理人必须锱铢必较,像花自己的钱那样花企业的钱,千方百计增收节支、加速周转、控制发展节奏。

【案例2-8】

有一次和几个老板聊天,大家提到对钱的感受,都很焦虑。有个老板朋友说,公司最惨的时候,因为没有钱,她恨不得去卖身。有人过来问:"对你们来说,钱是很重要的问题吗?"我们说:"不是重要,对我们来说,钱是全部的问题。"

钱的重要性,是我开垮了一家公司、赔了400万之后,才更深刻地懂得了的。在深圳创业的那段时光,我们团队真的拼了老命在干。一帮90后跟着我每天工作18个小时,有时候甚至要连续工作60多个小时。有一次我站着洗澡的时候睡着了,头磕在水管上,又把自己痛醒了。当时我们团队成员累到晕倒、累到尿血,但还是挣不到钱。

那时候我们拍网剧,没钱买道具,只有靠自己做。安迪白天当编剧,晚上兼职做道具。我们网剧里大雕的翅膀都是她一针一针缝出来的。有一次,我们需要一个充气娃娃道具,实在没法手工做了,只好买了个200元钱的充气娃娃,被当作全公司的宝贝一样供着,生怕她漏气。那段时间,我对我们公司负责财务的人员有阴影,因为每次看到她都不是什么好消息,每次签的字都意味着又赔了钱。记得2015年7月,这个财务人员又跑过来找我,我直接躲进了厕所。她在外面拍门说,老板你别躲了,我们挣钱了。开公司快一年了,那天第一次挣到了钱。10700元,看到那个数字,我激动到有点发抖。

但是仅仅过了一个月,公司又撑不住了,我去银行抵押房子,请银行给我贷款。银行说不行,因为你们公司一直亏钱。我当时真的生气,说:"我就是因为亏钱才要贷款啊,我要是赚钱,我还贷什么款啊!"

是的,不管是什么样的公司,无法盈利都是老板最大的痛点。资金链断裂这几个字,足以让每一个创业者都瑟瑟发抖,不管什么时候想起来,还是会心有余悸。

(资料来源:编者根据相关资料整理而成)

通过该创业经历,我们可以体会到资金对于一个企业来说的重要性,在创业管理中要严格控制财务支出,保证现金流的流通。

3. 创业管理是充分调动"所有的人做所有的事"的团队管理方式

新事业在初创时,尽管建立了正式的部门结构,但很少有按正式组织方式运作的。典型的情况是,虽然有名义上的分工,但运作起来是哪急、哪紧、哪需要,就都往哪里去。这种看似的"混乱",实际是一种高度"有序"的状态。每个人都清楚组织的目标和自己应当如何为组织目标做贡献,没有人计较得失,没有人计较越权或越级,相互之间只有角色的划分,没有职位的区别,这才叫作团队。这种运作方式可以培养出强大的团队精神、奉献精神和忠诚。即使将来事业发展了,组织规范化了,这种精神仍在,能够成为企业的文化。在创业阶段,管理者必须尽力使新事业部门成为真正的团队,否则是很难成功的。这种在创业时期锻炼出来的团队领导能力,是经理人将来领导大企业高层管理班子的基础。

【案例2-9】

在新东方创办之前,北京已经有三四所同类学校。参加新东方培训的学员多以出国留学为目的,如何先人一步,取得自己的竞争优势,把新东方做大做强,俞敏洪认识到英语培训行业必须要具备一流的师资。

培训学校普遍做不大是有原因的。由于对个别讲师的过分倚重,以至于这些讲师都可以开一个公司,导致每个公司都做得不大。所以,俞敏洪需要找到更多的合作伙伴,帮他把控英语培训中各个环节的质量。就在这时,他遇到了一个与自己有着共同梦想的、惺惺相惜的朋友——杜子华。几天后,两个同样钟爱教育的"教育家"会面了。随后,俞敏洪又来到美国,找到了当时已经进入贝尔实验室工作的同学王强。

就这样,杜子华和王强都站在了新东方的讲台上。1997年,俞敏洪的另一个同学包凡一也从加拿大赶回来加入了新东方。新东方就像一个磁场,凝聚起一个个年轻的梦想。

(资料来源:编者根据相关资料整理而成)

4. 创业管理是彻底奉行"顾客至上,诚信为本"的管理方式

创业的第一步就是把企业的产品或服务卖给顾客。企业是发自生存的需要把顾客当作衣食父母的。再者,对于一家默默无闻的初创企业,要想打开融资渠道、打开销售渠道、打开资源汇聚渠道,只能靠企业的良好信誉。所以,一个企业的核心价值观不是后人杜撰的,是创业阶段自然形成的。创业管理是在塑造一个企业。

【案例2-10】

现任滴滴企业文化经理的张艺梅,是完整经历滴滴公司从初创发展至今的元老之一。2012年8月底,张艺梅入职滴滴,成为滴滴公司的第9号员工。在此后将近一年的时间里,在初创阶段的滴滴团队中,她是唯一的一名行政人员。在滴滴"从0到1"的阶段,作为唯一的职能人员,张艺梅成了公司的"大管家"。她同时兼任行政、人力、前台、采购以及部分财务工作。老板的信任、同事的关爱、团队的默契,让张艺梅对公司有了强烈的归属感,也让滴滴的文化观念深深烙印在每一位公司成员心中,成为企业的文化精神。在滴滴成功渡过初创阶段,经历过野蛮生长阶段,进入稳步发展阶段,成长为独角兽企业之后,张艺梅也从台前的"大管家"变成了背后的"螺丝钉"。2016年10月,张艺梅主动申请加入企业文化部门,帮助公司完成急需的文化沉淀和文化建设工作。没有谁比张艺梅更清楚滴滴这家独角兽公司是如何成长起来的,正如张艺梅自己所言,"我知道公司最基本的汤底是什么味道"。

(资料来源:编者根据相关资料整理而成)

【案例 2-11】

1994年3月，海底捞第一家火锅城在四川简阳正式开业。据海底捞创始人张勇说，那时的海底捞在起步阶段，创业团队只有张勇和他的妻子、同学及同学妻子四个人。

那时张勇连炒料都不会，只好自己买本书摸索着来学。他左手拿书，右手炒料，就这样边炒边学。可想而知，这样做出来的火锅味道很一般。为了能使火锅城生存下去，张勇只能态度好点，客人要什么速度快点，有什么不满意多赔笑脸。

因为海底捞创业团队服务态度好、上菜速度快，客人都愿意来吃。即使他们有的地方做得不好，客人也乐意去给出建议。于是，张勇发现优质的服务能够弥补味道上的不足，因此张勇更加卖力了，扩宽了很多服务，帮客人带孩子、拎包、擦鞋……无论客人有什么需要，他们都二话不说去帮忙。这样做了几年之后，海底捞在简阳已经是家喻户晓。

张勇做火锅是偶然，但也算歪打正着。因为相对于其他餐饮，火锅品质的差别不大，因此服务就特别容易成为竞争中的差异性手段。

1999年，张勇决定将"海底捞"的品牌打响，将业务扩展到外地去。经过诸多考虑后，海底捞走出简阳的第一站，选择了西安，因为西安那边有人愿意合作。但事与愿违，海底捞刚到西安的头几个月都有不同程度的亏损，眼看就要把他们之前辛苦积攒下来的老本赔个精光了。危急关头，张勇果断要求合伙人撤资，并委托得力助手杨小丽全权负责，重拾海底捞的核心理念——服务高于一切！短短两个月内，西安海底捞店居然奇迹般地扭亏为盈。

张勇每谈及海底捞的核心理念时都表示："我这个人想法也比较开明，没有'餐饮服务'的定见——什么能做，什么不能做。只要顾客有需求，我们就做。"

（资料来源：编者根据相关资料整理而成）

张艺梅和张勇的创业故事都告诉我们，一家企业慢慢成长起来，往往会形成自己的核心价值和文化氛围，这对其建设和推广都具有十分重要的作用。张艺梅从滴滴第9号员工到文化经理，充分经历了滴滴的发展历程，将滴滴文化精神铭记于心。张勇的海底捞则是将"服务高于一切"的理念践行到位，塑造了良好品牌，成功地打造了口碑。

2.2.3 创业管理与管理

"创业管理"不等于传统"管理"，两者内容不尽相同，主要表现在以下四方面：

1. 时代背景不同

传统的职能管理产生并成熟于机器大工业时代，而今天，世界正在经历从工业社会向消费社会、工业社会向信息社会的转变，这就是创业管理产生的新背景。传统的管理方式聚焦于商品，是技术导向型的，研发、设计、工程、大批量制造、大市场、大规模操作、自动化和专业化都是重要因素。而在知识经济时代，产品市场的生命周期缩短，竞争的关键转向产品生命周期的前端，重点在于解决如何快速进入和退出市场、如何迅速推出升级产品等问题。由此可见，新事业或新产品的管理策略包括研发管理、创新管理、知识产权管理等逐渐成为当代创业管理关注的重点。

2. 研究的客体不同

传统管理理论是以现有的大公司为研究对象，创业管理理论则是以不同层次的新建事业或新的创业活动为研究对象。传统管理理论侧重于向人们提供在现存大企业中开展管理工作所需要的知识和技能，灌输用保守的规避风险的方式来运用这些理论和分析方法，为的是培养优秀的职业经理人。而创业管理培养优秀的企业家，其不仅仅研究客体包括中小企业，内容也不是一般企业管理知识在中小企业领域的翻版。

3. 研究出发点不同

传统管理的出发点是效率和效益，创业管理的出发点是通过找寻机会并取得迅速的成功与成长。创业管理的核心问题是机会导向，即创业是在不局限于所拥有资源的前提下，识别机会，开发机会，利用机会并产生经济成果的行为。

4. 内容体系不同

传统管理通过计划、组织、领导和控制来实现生产经营；而创业管理则是在不成熟的组织体制下，更多地依靠团队的力量，靠创新和理性冒险来实现新事业的起步与发展。创业管理的内容体系是围绕如何识别机会、开发机会、利用机会而展开的。其中创业过程中组织与资源之间的关联性和耦合是其研究重点之一。它包括个人的知识准备与新机会之间的耦合；创业过程中核心团队成员知识和性格的耦合；现有资源和能导致事业成功的战略之间的耦合；新的潜在事业特征和当前用户实践之间的耦合等。

2.3 创业思维

2.3.1 安索夫矩阵模型

1. 模型概述

创业者可以使用安索夫矩阵（Ansoff Matrix）来分析市场，以便选择最合理的产品策略和市场营销策略。安索夫矩阵是策略管理之父安索夫博士于 1957 年提出的，以产品和市场作为两大基本面向，区别出四种产品/市场组合和相对应的营销策略，是应用最广泛的营销分析工具之一。它也被称为产品/市场方格（Product-Market Strategy）、产品市场扩张方格（Product Market Expansion Grid）或成长矢量矩阵（Growth Vector Matrix）。

安索夫矩阵是以一个 2×2 的矩阵来代表企业为了使收入或获利成长的四种选择，其主要的逻辑是企业可以选择四种不同的成长性策略来达到增加收入的目标（图 2-2）。

图 2-2 安索夫矩阵图

安索夫提出了"经营战略"的概念，并将其定义为：企业为了适应外部环境，对正在从事的和将来要从事的经营活动而进行的战略决策。他认为，企业战略的核心应该是弄清所处位置、界定目标、明确为实现目标而必须采取的行动。

安索夫把企业战略限定在"产品"和"市场"的范畴内，他认为经营战略的内容由四个要素构成：产品市场范围、成长方向、竞争优势和协同作用。他把企业的决策划分为战略的（关于产品和市场）、行政的（关于结构和资源调配）和日常运作的（关于预算、监督和控制）三类。在这些理论的基础上，他设计了安索夫矩阵模型，这个模型的核心就是通过企业和市场的分析确定有效的企业战略。

2. 使用方法

安索夫模型可以帮助企业科学地选择战略模式，但在使用该工具的时候，必须掌握四大核心步骤：

1）考虑在现有市场上，现有的产品是否还能得到更多的市场份额，即市场渗透战略。

市场渗透（Market Penetration）——以现有的产品面对现有的消费者，以产品的市场组合为发展焦点，力求增大产品的市场占有率。采取市场渗透的策略，借由促销或提升服务品质等方式来说服消费者改用不同品牌的产品，或是说服消费者改变使用习惯、增加购买量等。

市场巩固（Consolidation）——以现有的市场和产品为基础，以巩固市场份额为目的，采用产品差异化战略来加强客户忠诚度。同时，当市场份额总体有所下降时，缩小规模和缩减部门成为不可避免的应对措施。通常，市场巩固和市场渗透在安索夫矩阵中占据同一格。

2）考虑是否能为其现有产品开发一些新市场，即市场开发战略。

市场开发（Market Development）——为现有产品开拓新市场，要求企业必须在不同的市场上找到具有相同产品需求的顾客，然后通过调整产品定位或改变销售方法等方式，增加现有产品在新市场上的占有率。一般来说，采用市场开发战略时产品本身的核心技术通常不会改变。

3）考虑是否能为现有市场开发若干具有潜在利益的新产品，即产品开发战略。

产品延伸（Product Development）——推出新产品给现有消费者，采取产品延伸的策略，有利于充分发挥现有的消费者关系来借力使力。通常是以扩大现有产品的深度和广度，推出新一代或相关的产品给现有的消费者，提高该厂商在市场中的占有率。

4）考虑是否能够利用自己在产品、技术、市场等方面的优势，根据物资流动方向，采用使企业不断向纵深发展的一体化战略。

多元化经营（Diversification）——提供新产品给新市场，此处由于企业的既有专业知识等可能派不上用场，因此是最冒险的多角化策略。其中成功的企业多半能在销售、通路或产品技术等核心知识上取得某种综效，否则多元化的失败概率很高。

【案例 2-12】

从宝洁集团的发展史中，我们可以看到安索夫理论的影子。

2003—2004 财政年度，宝洁公司全年销售额为 514 亿美元。在《财富》杂志最新评选出的全球 500 家最大工业/服务业企业中，排名第 86 位。然而，如果把目光转回宝洁初创的 1837 年，读者们可能会纷纷皱起眉头，叹息这并不是创业的黄金时间。

1837年，美国正遭受金融危机的冲击。全国有成百上千的银行倒闭，经济危机笼罩着这个国家。然而，英格兰移民威廉·波克特（William Procter）与爱尔兰移民詹姆斯·甘保（James Gamble），这两位宝洁创始人，却毅然决然地决定开创自己的事业。初到美国、定居辛辛那提市的威廉本来从事制造蜡烛的生意，而詹姆斯则在学习制造蜡烛。如果不是因为他们凑巧娶了两姐妹，这两个人也许永远也不会走到一起。他们的岳父说服两个女婿成为合伙人。

1837年4月12日，他们开始共同生产和销售香皂和蜡烛。1837年8月22日，两方各出资3596.47美元，正式确立合作关系，并于10月31日签订合伙契约，在辛辛那提市设立首间生产厂兼办公室。此时，在创业的第一阶段，他们使用的就是市场渗透策略，在日化市场提供肥皂和蜡烛两种产品，通过各种营销手段打开市场。

1879年，创始人的儿子詹姆斯·诺里斯·甘保（James Norris Gamble）和一位化剂师，共同开发出一种质量与进口的橄榄香皂相同，而价格却更适中、颜色洁白的香皂。另一位创始人的儿子哈利·波克特（Harley Procter）为这种香皂取名为"Ivory（象牙）"皂。此时，他们开始使用产品延伸策略。

1882年宝洁公司首次投资11000美元通过一份名为"独立"的周刊发布广告，在全国促销Ivory香皂。1890年，宝洁公司共销售包括象牙皂在内的30多种不同类型的香皂。极具创意的广告使更多的消费者认识了宝洁产品，消费者对宝洁香皂的需求日益增长。公司开始在辛辛那提以外设立工厂，首先在堪萨斯州的堪萨斯城设立工厂，接着又在美国以外设立工厂。

1890年，宝洁在Ivorydale工厂建立了一个分析实验室，研究及改进香皂制造工艺，这是美国工业史上最早的产品开发研究实验室之一。1945年，宝洁公司已经成为一家估值近3.5亿美元的大公司，宝洁产品在美国和加拿大广受欢迎，同时宝洁公司还通过收购英格兰的Thomas Hedley有限公司，开始拓展海外业务。至此，保洁公司采取的市场开发策略取得显著成效。

在后来的发展中，宝洁公司规模不断扩大，集团化程度不断加强，多元化经营的特征开始逐步显现。到1931年，宝洁公司创立了专门的市场营销机构，由一组专门人员负责某一品牌的管理，而品牌之间存在竞争。这一系统使每一品牌都具有独立的市场营销策略，至此，宝洁的品牌管理系统正式诞生。

1934年宝洁推出Drene——这是宝洁公司推出的第一款合成洗发水。1946年，宝洁公司推出汰渍——这是宝洁公司继象牙皂后推出的最重要的新产品。随后，保洁公司又推出世界上第一支含氟牙膏——佳洁士，并得到美国牙防协会首例认证，很快就成为首屈一指的牙膏品牌。此外，宝洁公司还发明了可抛弃性的婴儿纸尿片，在1961年推出帮宝适。

在公司原有的业务实力不断加强的同时，宝洁公司开始进军食品和饮料市场——最重要的举措是于1961年收购了Folger's咖啡。随后，宝洁公司开始在墨西哥、欧洲和日本设立分公司。到1980年，宝洁公司在全世界23个国家和地区开展业务，销售额直逼110亿美元，利润比1945年增长了35倍。1980年，宝洁公司销售额突破100亿美元，通过收购Norwich Eaton制药公司（1982）、Rechardson-Vicks公司（1985），公司开始活跃于个人保健用品行业；通过20世纪80年代末、90年代初收购Noxell、密丝佛陀、Ellen Betrix公司，宝洁公司逐渐在化妆品和香料行业扮演着重要角色。1983年，宝洁公司推出了一种优质妇女个人卫生用品 Always，又名 Whisper（护舒宝），该品牌在 1985 年成为同类产品全球市场的领先品牌。1985 年宝洁公司购买了 Richardson Vicks 公司，扩展成药保健用品市场，又购买了 Mefumucil、Dramamine 和 Icy Hot 三种品牌，成为最大的非处方类零售成药制造商。1990 年，宝洁公司购买 Shulton's Old Spice 产品系列，扩展男士个人护理用品的新产品线。1999 年，公司前首席营运执行官德克雅各先生被任命为公司董事长、总裁和首席执行官，同年公司收购了 Iams 公司，开始进军宠物保健和营养产品领域。随后，宝洁公司又收购了 Recovery 工程公司，并运用该公司在水处理方面的技术，开发了 PUR 品牌水过滤系统。

如今，宝洁公司已成长为全世界最大的日用消费品公司之一，全球雇员近 10 万人，在全球 80 多个国家和地区设有工厂及分公司，所经营的 300 多个品牌的产品畅销 160 多个国家和地区，业务范围横跨织物及家居护理、美发美容、婴儿及家庭护理、健康护理、食品及饮料等多种品类。

（资料来源：编者根据相关资料整理而成）

3. 模型拓展

安索夫后来对矩阵做了修改，扩充了地理区域上的复杂性，如图 2-3 所示。

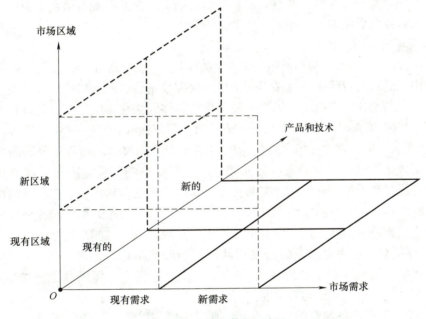

图 2-3　三维安索夫矩阵图

这种三维模式的矩阵可以被用来定义战略选择和业务的最终范围。如图 2-2 所示，客户可以选择市场需求、产品和技术、地理范围（即市场区域）等变量中的一种来界定服务市场。

安索夫定义了投资组合战略，其第一要素是公司在每一服务市场上设法获取的竞争优势，第二要素为可获得业务之间的协同作用，最后一个要素则是可获得的战略灵活性程度。

战略灵活性可以通过两种途径保证：第一种途径是在公司外部，通过地理区域、服务需求和技术多元化的动态调整，使任何战略业务单位的突然变化都不会对公司产生严重影响；第二种途径是增大业务间资源和能力的可转移性，从而保证战略调整可以获得充分的支撑。

2.3.2 市场机会分析

市场机会分析也称市场内外分析、营销环境分析,即通过营销理论,分析市场上存在哪些尚未满足或尚未完全满足的显性或隐性的需求,以便企业能根据自己的实际情况,找到内外结合的最佳点,从而组织和配置资源,有效地提供相应的产品或服务,以达成企业营销目的的过程。在选定创业行业、确定创业项目、找到产品和市场之后,创业者可以运用市场机会分析方法,分析创业环境,正确评估创业活动的风险,从而预估对策。

市场机会分析一般包括以下几个方面:

1. 外部分析:战略环境分析、企业经营活动分析

战略环境分析是指对企业所处的内外部竞争环境进行分析,以发现企业的核心竞争力,明确企业的发展方向、发展途径和发展手段。战略环境分析是企业战略管理的基础,主要包括宏观环境分析、行业环境分析、竞争及竞争者分析、市场需求及消费者市场分析。其中宏观环境分析、行业环境分析属于外部环境分析。

企业经营活动分析是企业经营管理工作十分重要的环节。一个企业经营管理水平的高低很大程度上体现在其经营观念、经营方法和经营思路上。企业的经营活动分析则是其经营观念、经营方法和经营思路的一个缩影。

(1) 宏观环境分析(PEST)

1) 人口统计分析:人口是构成市场的第一位因素,市场是由有购买欲望同时又具有支付能力的人构成的,人口的多少直接影响市场的潜在能量。因此人口统计分析主要涉及人口规模、人口分布与增长、人口年龄结构、教育程度与多元文化影响、城市化进程、生育高峰时代(1946—1964年)、X一代(1965—1976年)、Y一代(1977—1994年)等内容。

2) 政治环境分析:政治环境主要包括国内政治和国际政治,前者主要是因为党和政府的方针与政策规定了国民经济的发展方向和速度,从而影响到社会购买力和消费需求的变化;后者主要通过政治权力和政治冲突两种方式影响外在的营销环境。在特殊情况下,也有可能因为政府机构通过某种措施约束外来企业,或因国际上的重大事件与冲突事件而对外在的营销环境造成影响。当然,这些影响可大可小,是威胁也有可能是机遇。

3) 经济环境分析:主要涉及经济发展状况,即经济周期,经济形势中的通胀、失业、国际收支、利率、汇率以及经济现状中的 GDP、社会零售额、居民存款、主要消费情况、地方财政收入,供求总量与结构等问题。

4) 技术环境分析:技术发展对营销大致有三个影响:第一,产生新行业;第二,大幅度改变甚至摧毁现有行业;第三,刺激不相关的市场与行业。不过,技术在提高了生产与生活的效率性与便利性的同时,也引发了很多环境与社会问题。

5) 社会文化环境分析:主要是分析社会的教育水平、价值观念、宗教信仰、伦理道德、消费习惯与习俗等现象,因为这些东西在很大程度上直接影响消费者的消费心理、消费习惯、消费需求、购买行为和消费流行。

(2) 行业环境分析 行业是由生产的产品非常相近,且在竞争过程中相互影响的一组企业构成的。行业环境分析是指对企业经营业务所处行业的行业结构、行业内企业的行为方式、行业平均绩效水平、行业竞争程度和利润潜力等进行分析的过程。行业环境对身处其中的企业影响远大于总体环境影响,进行行业环境分析非常重要。

1）行业分析的主要内容为：分析行业主要经济特征、变革因素、行业总需求情况等内容。

2）行业的分析工具：有产品生命周期模型、波特五力分析模型、S-C-P模型、行业参与者模型等。

（3）竞争及竞争者分析　此分析主要涉及行业/市场定位、竞争性市场营销战略分析。

（4）市场需求及消费者市场分析　此分析主要涉及市场规模估计、产品潜在需求量分析、消费者行为模式与影响因素分析、消费者购买行为与决策过程进行分析。

2. 内部分析：企业能力分析

企业能力分析是指对企业的关键性能力进行识别并进行有效性、强度、竞争性等表现上的分析。企业能力分析的目的是帮助企业决策者确定长远以及近期的企业战略；如果企业战略已经落实，再进行企业能力分析的目的就是重新衡量战略的落实可能性，并判断是否需要进行修订，或者用以决策企业是否需要通过能力改进手段进行能力完善。

企业能力分析，主要有以下四种分析方法：

1）企业内部环境分析。
2）SWOT矩阵分析。
3）核心能力分析。
4）平衡计分卡。

【案例2-13】

苍溪县中土镇元宝村二组返乡创业大户李元东在创业过程中所经历的适应市场环境、不断探索方向、调整业务范围的过程，正是一次又一次进行市场分析的结果。

2008年，在西安工作的李元东回到家乡，开始摸索创业。他看到乡亲们种的黄豆收成良好、数量很多却销路不畅，于是他就做起了收购黄豆的生意。他从乡农手中收购黄豆，然后运出去卖，没想到仅仅几天就赚了7000多元，不仅自己有收获，还帮助乡亲们解决困难、获得了收入。同年，"5·12"汶川大地震发生。随着灾后重建工作的开展，房屋修建和项目工程多了起来。于是，李元东凭借自己多年在外承包建筑工程积累的丰富人脉和市场资源优势，从西安召回曾与自己一同打拼的十七八位同乡兄弟，在苍溪、阆中等地承包房屋和项目工程，以此建设家乡。他还大量使用本村本组不宜外出务工的农村剩余劳动力，让他们就近获得工资收入，解决家庭经济困难。2011年，中国石化元坝气田天然气净化厂在中土大坪落户，这给了李元东发展的机遇。因为精湛的土建技术和高效的管理方法，李元东承包了大量建设工程，取得了丰富收入。

2015年，灾后重建和其他重点工程陆续完工，房地产行业开始萎缩。李元东敏锐地察觉到了外部环境的变化，开始寻找新的业务发展方向。他发现，妻子赵红在家发展小规模水产养殖已有十余年，掌握了丰富的养殖技术和经验方法；农村地势广阔，且元宝村临近东河，水资源丰富，具有发展种养殖业的环境基础；天然气净化厂就在附近，产品有现成的销售市场……多种因素相加，让种养殖业成了李元东的不二选择。2015年9月1日，他的红东水产养殖基地顺利开工。

（资料来源：编者根据相关资料整理而成）

李元东从转卖黄豆、承包房屋和项目工程到水产养殖等项目的转变，充分证明了他对市场的分析能力。他能适应市场环境、不断探索方向、调整业务范围；制定了近期的战略；他通过自己的能力分析不断探索市场，并且整合了自身的资源，将项目落地。

2.3.3 双赢思维

美国商界有句名言："如果你不能战胜对手，就加入到他们中间去。"现代竞争，不再是"你死我活"，而是更高层次的竞争与合作；现代企业追求的不再是"单赢"，而是"双赢"和"多赢"。社会上的资源都是有限的，如果把市场比作一个蛋糕，那么怎样抢夺市场指的就是怎样分蛋糕，而具有双赢思维的企业家则会想办法拓宽市场，即用有限的材料将市场这块蛋糕做到最大。

【案例2-14】

有一个叫作哈姆的西班牙年轻人，伴随着移民的热潮，来到了美国。他想要通过自己制作糕点的手艺，在美国闯出一番事业。但是天不遂人愿，哈姆的生意一直没有任何起色。直到1904年的夏天，哈姆得知美国要举办世博会，于是便把自己做薄饼的工具搬到了世博会的场地，可是他的薄饼在世博会上依旧毫无反响，反而旁边制作冰淇淋的摊位生意红火，转眼间盛放冰淇淋的碟子就没了。乐于助人的哈姆见状就把自己的薄饼卷成锥形，让他盛放冰淇淋。卖冰淇淋的商贩见哈姆生意不太好，出于善心，便买了哈姆的薄饼。于是，大量的锥形冰淇淋便源源不断地送入顾客口中。令哈姆没想到的是，这种锥形冰淇淋被评为了此次世界博览会上"最受欢迎的产品"。

从此，这种锥形冰淇淋开始迅速传播，广为流行，并逐步演变成今天的蛋卷冰淇淋。当年不经意间的合作，成就了一百年来风靡世界的美味食品！

（资料来源：编者根据相关资料整理而成）

哈姆成功的原因在于他乐于帮助别人，与他人合作，而不是一心只想着销售自己的薄饼及如何胜过对手，这也就是上面说到的双赢思维。创业者在创业的进程中，正是需要这样的思维与顿悟。双赢思维是基于互敬、寻求互惠的精神，意味着合作。对于个人而言，建立良好的双赢沟通思维，逐渐养成在任何场合，都能自如地进行换位思考，有意识地运用双赢沟通思维进行有效沟通的习惯，这样就能达到事半功倍的效果。在很多时候，创业者希望企业利润最大化，一味地追求赢。在竞争市场中这显然无可厚非，但不可取的是创业者们在竞争中忽略了合作，伤害了相关方的利益，这样损人利己的利益又能获得多久呢？企业的发展不应该只看眼前的利益，而应该将眼光放得长久一些，在竞争中寻求合作，实现双赢。一个企业想要长期存活就需要以双赢思维为指导，站在企业、合作方甚至顾客的角度去判断，考虑双方的共同利益，实现双赢。

对于企业内部而言，人们越来越强调建立学习型企业，越来越强调团队合作精神，双赢思维成为企业人力资源管理的新理念。竞争不再是企业内部唯一可以用来提高工作效率的方法，寻求合作不仅能提高效率，甚至能缓解员工之间的紧张气氛，而融洽的工作环境也是员工工作认真的原因之一。要做到企业内部人力资源中的双赢要做到以下三点：

1）企业内部的双赢，先从双向选择开始。企业在和公司员工进行所持各自标准的权衡一致后，确定出一套"人尽其才，入职匹配"的公司定岗形式。

2）人力资源管理模式的开发，以双赢思维为指导标准。在对员工进行培训时，多听取员工的建议，选择出满足企业与员工共同需求的内容会使培训产生良好的效果。

3）双赢思维也可运用到对员工职业生涯的规划上。为企业职员制订合适的生涯规划，激励员工成长，与企业共同进步，双赢双收。

对于企业来说，双赢是指企业和员工之间实现双方利益均衡，找到双方的利益支点。例如，在加班和涨薪之间，企业需要员工无偿加班，员工需要企业无偿涨薪，怎样权衡取舍决定了员工的工作热情甚至离职率。怎样换位思考，怎样运用双赢思维是一个优秀的领导者必须掌握的技能之一。

【案例2-15】

全球快消行业巨头宝洁公司所奉行的是"企业-员工"双赢理念，因此其一直以优厚的待遇、完善的员工培养、晋升机制吸引着广大的求职者，激励员工成长，以此激发员工为企业做出更大贡献。在员工培训方面，宝洁公司在招聘新员工时严格把关，又实行内部提拔制，再加上公司持续不断地对各个层级员工的培训，使得整个公司的员工在某些核心的价值观上达成共识。宝洁公司会给所有老板《如何做一个好老板》的培训，也会给所有下属《如何掌控你的老板》的培训。宝洁公司的老板和员工都在一个沟通思维和沟通框架下，因此两者关系非常融洽。

宝洁公司有完善的培训体系，也有很多课程，比如最火的课程之一"高效能人士的七个习惯"。其培训特别之处在于讲师全部都不是从外面请来的专职讲师，而是在公司工作十年二十年的各个部门的大佬们。他们并不是简单地讲理论，而是举自己亲身经历的例子，以十分接地气的方式分享心得体会。

在宝洁公司培训过的员工，都很认可宝洁的课程。一位员工说道："同一个课程，一两年后我可能会重复去参加，因为虽然原理结构一样，但由于每一次老师不同，学生群体也不一样，所以讨论分享各自的经历和想法也不一样，每一次都有新的收获。"

在员工职业生涯规划方面，宝洁公司的财务部每年有一天叫作"财务部职业生涯日"，财务部的大佬们都会汇聚一堂，给全体员工讲解财务部的职业生涯结构是怎么样的？财务部的工作成果是怎样评定的？工资水平取决于哪些因素？怎么去设定职业生涯目标并与老板讨论如何实现？怎么打造个人品牌让自己能够在公司有长久的发展？遇到很糟糕很难搞的老板怎么办？发现自己犯了错误要怎么办等。同时，宝洁公司还会请其他部门的大佬来讲讲他们眼中一个优秀的、受人尊敬和离不开的财务经理是什么样的？"

值得一提的是，宝洁公司财务部有一套非常完善的"世界级一流财务职业经理人技能大全"，里面列明了作为一个公司财务职业经理人需要具备的各项核心技能，包括生意战略、生意分析、内控、会计、流程优化、审计、资金运作、税务、人才管理、沟通等。每一项核心技能下面又分很多次技能，每一项次技能下面又有很多项具体的描述，对应具体的熟练程度。员工每一年都需要跟老板讨论所有的技能掌握程度，并跟老板根据比对结果来结合公司需求制订具有挑战性的工作计划，以便某项技能可以在完成挑战性工作之后得到升级。同时，有些技能无论如何都不可能在现有岗位上获得提升，员工则可以主动与老板讨论，调配至不同的岗位弥补短板，以便逐渐升级所有技能，成为一个全面的世界一流财务职业经理人，实现事业上的成功。一位员工表示："每一次在自查自己的技能级别和跟老板讨论的时候，我心里都觉得特别踏实，也特别感恩老板给出的反馈。这就像我想要环游世界，我有一张地图，每到一站，老板就告诉我已经到了哪里，还有哪些地方没有去过，然后老板会帮助我分析，下一站去哪里最合适，然后送我去那些我没有去过的地方去学习和探索，丰富我的阅历，最终我得以环游世界。"

（资料来源：编者根据相关资料整理而成）

2.3.4 创新思维

创新思维不等于完全的异想天开或天马行空，创新思维是基于实际的情况，在一定的基础上，以独特的视角、新颖的方式解决问题的思维方式，这种思维方式往往是打破常规的。所谓创业，是指在前人的基础上不断地开拓新路的过程，而好的创意就相当于在开拓新路的时候，选择了一个好的开始。

创意，即创造性的想法及构思，也是一种思维方式，新的想法创造出新的产品和服务，找到新的商机。创意代表着要打破固有的思维，跳出原有的条条框框，构建出新事物新思想，所谓不破不立。

如果把创业比作挖井，那么选择一个好的创意就是选择挖井的地址这一过程。井挖多深固然要依靠后期的努力及团队的协作，但能不能挖到水，还得选择合适的地点。一个团队能不能最后获得利润，就要看它有没有一个好的创意，并将这个创意真正地展开。

那么什么是好的创意？

（1）创意的核心是策略，关键是利益 一个成功的好的创意，绝对不是镜中水月，而是能够有具体实践步骤的点子。好的创意是能够进行延伸与拓展的，如各大珠宝品牌的系列产品。好的创意及好的创业项目应当以策略为核心，懂得如何在后续的发展中不断地保存创业项目的鲜活性，并且应对市场需求快速地做出相应的调整。定下策略之后，就应该考虑一个创业项目成立的关键——利益。天下熙熙，皆为利来，天下攘攘，皆为利往。没有足够的资金就不能扩大公司的规模以及进一步的发展，在下一次市场变动时也无法做出相应的转变，最终只能惨淡收场。更有甚者，连员工的工资都无法付清。想清楚一个创意应该如何盈利，运用怎样的商业模式，满足策略好且收益高这两个条件的创业项目才能在风云变幻的市场里占得一席之地。

（2）独特 抄袭就是一种灾难。企业获取利益的方式有两种：成本优势及产品差异化。公司想要选择降低成本主要有掌握新的原材料来源及降低必要生产时间两种方式。创业公司可以根据自己所拥有的耗材有关的资源，以及拥有的独特技术来提高自己的竞争力。除了能够大量地降低生产成本提高工作效率以外，大部分创业公司主要会以产品差异化来作为获得利益的主要途径。在这种情况下，创业公司就应该以创意的独特性作为其衡量的标准，并且应当在确定其为一个好的创意之后就争分夺秒地实施，才能抢占市场先机。

（3）冲击 首先应该明确三个概念：需要、欲望、需求。需要是指人们某种不足或者短缺的感觉，是促使人们产生购买行为的原始动机。例如，人的生存需要。一件商品仅仅满足人的需要是不足以让消费者心甘情愿地支付价格的。欲望是指建立在不同的社会经济、文化、个性等基础之上的需要，对于消费者而言，欲望比需求更具有特性。而需求则是以购买力为基础的欲望，小轿车能使人人产生欲望，但只有具有支付能力的人才能够称之为需求。所以一个好的创意，仅仅满足人们的需要是不够的，还需要在一定程度上给消费者冲击，契合人们的独特性，使人产生强烈的共鸣——"这就是我一直在寻找的东西，不买我一定会后悔。"并且在定价上应该多做斟酌。

【案例 2-16】

随着新能源汽车的日益普及，其重要配套设施——充电桩，也逐渐在许多园区实现落地。但是，我们不难发现，这一代表了未来趋势的新科技产物，却普遍变成了"花瓶"的角色，只发挥着自己的展示功能。随着时间的推移和国家补贴措施的取消，充电桩的保养成本越来越高，更会变成"鸡肋"；若保养不当，甚至就此沦为"垃圾"。

据充电设施行业调研报告显示，行业内多数企业正在积极转变思路，以便更好地挖掘这一"金矿"。简单总结剖析如下：

1. 提升用户体验

普通消费者和充电设施之间的距离感，是相关企业面临的最直接难题。对于大多数人来说，新能源汽车酷炫而又神秘，想尝鲜的人不在少数，但是区别于传统燃油车的充电网点少、充电时间长、价格昂贵等问题，制约了大多数人的好奇心。

针对这一情况，业内有实力的企业，开始采取车桩一体化的运营模式。即在投放充电设施的同时，还投放不同档次的新能源车辆，供消费者低成本体验。消费者通过 App，可以实时掌握车辆空余、电量、充电时间等信息，从而获得和传统汽车不一样的使用感受，加深对新能源汽车的了解。

某些企业针对园区的商务需求，还推出了更加人性化的服务。举一个成功的例子：在火车站等交通枢纽的出租车等待区，提供附带园区标志的高端新能源汽车 VIP 服务，专供园区来访客户低价甚至免费使用。在大多数人排队苦苦等待出租车之时，如果一位客户潇洒地扫描二维码，驾驶高档酷炫的新能源汽车呼啸而去，想必已经给其他客户留下了深刻的第一印象，这样合作便取得了开门红。在会谈结束后，客户若还想去其他地点，或者想多逗留几日，都可以驾驶园区专供汽车，最后停至任意网点即可。这样极大的出行便利，使客户忠诚度立刻飙升。

2. 深挖数据宝库

解决了客户体验问题，使用新能源汽车与充电设施的用户逐渐增多，那么如何变现呢？大数据就是个不错的路径。

通过车辆、App 和充电设施的联网，设施运营企业和园区可以获取设备自身、入驻企业员工、企业来访客户等各个群体的翔实数据。再聚合不同区域、不同城市的信息，可以勾勒出设备利用率、员工用车习惯、出行路线等多纬度的数字图谱。

通过这些数据，除了可以优化充电设施和车辆本身的服务外，更是为设施运营企业和园区提供了一条创收的新渠道。试想一下，双方可以通过某款新能源汽车的驾乘数据分析，与商家展开合作，针对使用频率最高的客户，定点投放汽车销售、美容、保险、购车贷款等相关广告，直接获得经济收益。并且随着数据的累积，数字图谱会越发精确，变现也越发简单。

3. 巧用金融工具

硬件设施的投入是实现上述客户价值的客观条件。目前困扰很多设施运营企业的难题，就是投资回报期长达 6~10 年，实现盈利基本靠国家补贴。2018 年起，随着补贴的逐步取消,企业必须应对漫长的投入回收期,资金压力巨大。面临严峻的形势,业内目前是各显神通,并无统一应对。

某些企业则聚焦至其核心产品——电上,因其本身有很强的金融属性:标准产品、好计量、易分割、现金流,这些特质,为金融产品的创新,提供了天然的坚实基础。简单举例来说,设施企业和持金融牌照的大型产业地产商合作,以园区内充电桩的建设和运营为标的,公开发行金融产品,消费者可按份额进行认购。

假设充电桩年投资回报率为12%,则消费者可以分享其中7%的收益,设施企业获得3%,地产商可分享2%。

这样一来,对于设施企业而言,可以短期内回笼建设资金,实现快速复制,抢占市场。对普通消费者而言,可以获得相对较高的稳定回报。对产业地产商而言,则是为设施企业做了背书,从而获得一笔稳定收入,实现三方共赢。若再与汽车金融等手段相结合,因汽车本身的财产属性,会激发出更多的创意火花。

以上套路的"组合拳",实质上就是互联网思维的拓展延伸吗?

我们不难发现,充电桩这一园区未来必备配套设施,面临着和传统地产思维做产业园区一样的难题,如体验差、黏性低、变现慢等。其实这些问题并不是没有解决途径。互联网思维正是可以借鉴的方式之一。

总而言之,互联网思维作为一种创新模式和发展趋势,理应为所有行业借鉴、融合、创新,从充电设施到产业地产,均不例外。

(资料来源:知乎问答)

2.4 创业方法

创业是一场博弈,是一场战争,是一旦开始就不能回头的历史,是行者夙兴夜寐誓要追及的北极星。创业的欲望会让创业者不得安宁,越是伟大的创业想法,越是让创业者心中熊熊烈火燃烧,眼中灼灼光华闪烁。这种时不我待的紧迫感,鞭策着创业者穷尽十二分的精力投入高强度工作,甚至可能让创业者彻夜难眠。只有在创业思路逐渐明朗成形后,痛苦可能才会稍微减轻一点。

但是,创业者所要承受的困扰、付出的汗水甚至流下的泪水却不会就此结束。一方面,作为创业者,每天一睁眼就面临着房租、水电、工资、货款、现金流等一系列压力,每个夜晚都可能从梦中惊醒,抓起笔记录下一个闪念的想法,每时每刻大脑都在梳理公司的大小事情;同时,创业者是要给所有人做出交代的那个最终责任的承担者,所有的期望都指向一个人,所有的决策都倚赖一个人,这决定了创业者身上背负的不仅是个人理想抱负的压力,更有来自外界的期望压力,比如资源调动的压力、资金流动的压力、合作伙伴的契约、部下员工的承诺等。创业者不可以表现出软弱和无助,而且越是艰难时刻,越要冷静、理智、强大。

在此,创业者可以了解以下几点内容:

1. 创业的目标必须明确

很多年轻的创业者可能有10个不错的创业想法,但是创业者应该只关注其中一个。创业者不应该像美国"垮掉的一代"的代表人物杰克·凯鲁亚克(Jack Kerouac)的作品风格一样随意，并且不要轻易将注意力从一个目标转向另一个目标。这可以理解为专精定律，即中国古典文化体系中的"一学定律"：一者，谓专精也，用心一也，专于一境也。谓之不偏、不散、不杂、独不变也，道之用也。故君子执一而不失，人能一则心纯正，其气专精也；人贵取其一，至精、至专、至纯，大道成矣。

2. 精准选择创业方向

选择创业方向是创业的第一步，也是整个创业活动的根基。关于如何做出选择，笔者认为应该从主观和客观两方面综合考察：

（1）主观分析　选择最让自己燃情的方向。找到这样一种状态：对某一个项目、某一个创意、某一个产品、某一种技术、某一个行业，你有执着的热情，内心奇痒难耐，仿佛有一团火烧灼出十二万分的激动和战栗；对于某个创业想法，你有清晰的价值判断和坚定的信念选择，有充分的内心动力保证未来的坚定执行和凝聚。

（2）客观分析　不断学习，了解市场行情，关注创投信息，和有创业经验（无论成功或者失败）的前辈交流取经，应用 SWOT 分析等市场分析方法判断和选择市场，以及遵循以下的"两步走"选择思路：

1）首先要找准行业。深思熟虑涉足哪个行业最为合适，做哪些买卖能获成功，预测你的事业将以什么样的速度增长？请考虑以下原则：

① 利润与销售是紧密相连的行业，如当销售额增长 20% 时，净福利可以增长 50% 的行业。

② 对其他行业依赖性小，有较强的独立性的行业。

③ 具有不断发展走向繁荣的大趋势、大需求的行业——有连续不断的市场需求的行业，和少有破产、倒闭事件发生的行业（如现在的人工智能、医疗健康等）。

④ 自己有可调动的既有资源（如专业技能、关键技术、专利产权、地缘优势、媒体支持、政策红利、人脉资源、资金积累等，任何形式的资源都可以）丰富的行业——资源越多，生产资源积累变现的速度就越快，转化盈利就越容易。

2）然后是找对项目。可以考虑如下原则：

① 选择个人有兴趣或擅长的项目。

② 选择市场消耗比较频繁或购买频率比较高的项目。

③ 工程类行业，选择能解决痛点问题的，或能对人们现有的工作生活方法略有改进的项目；文娱产业类，选择小、精、美的项目；B2B 可以围绕某一种产品展开服务从而形成项目，也可以围绕着某一种应用场景展开服务从而形成项目；如果出于快速融资盈利的考虑，就从模仿别人开始，做可重复消费的、受众面广的、简单易复制的产品或项目。

④ 选择投资成本较低的项目。

⑤ 选择风险较小的项目。

⑥ 选择客户认知度较高的项目。

⑦ 选择"空白区"，抓住新兴的蓝海项目——或寻找新的细分市场，或寻找未成熟但有发展空间的市场，或寻找成熟市场的空白点。

⑧ 选择客户群体细分明确可精准营销的项目。

3. 稳扎稳打、坚定奋斗

1）不能抱有侥幸心理，盲目相信那些一年站稳脚跟两年占据市场三年成功上市的神话故事。必须严肃审视自己所要面临的创业环境,不能过度低估创业形势的严峻性。客观、中立、理性地分析数据、产业链、竞争和成本利润。审视自己的能力、资源和心理准备,反思自己作为创业者的素质是否达标,自己的经营管理能力是否合格,自己是否拥有至少一样资源优势(人脉、资金、技能、团队等),自己是否已经思虑周全会全力以赴。毕竟,像扎克伯格一般在创业之初就收获天使投资和强大人脉资源的幸运儿不是大多数。

2)一定要保证产品和服务的质量

① 要有完善的服务,丰富的存货,优秀的信誉,要成为你的竞争对手难以抗拒的强者。这是成功的关键。

② 不要想着走捷径,如因为工资低就聘用没有经验的平面设计师,否则会因此为一份工作付双份的资本、时间甚至机会成本,那将是更大程度的得不偿失。

③ 技术类公司可以考虑,不是聚焦于如何将产品做得非常强大,而是简洁易用,采用"低端吃掉高端"的策略,同时在这个过程中围绕产品原型,根据用户反馈不断调整功能。

3)必须辛辛苦苦地工作。一般要遵 5 + 10 规则,即花费 5 年的时间和比你想象多 10 倍的费用才能达到成功的彼岸。所有的事都要花费比你想象至少多一倍的时间和金钱,但往往只能取得你期望中的一半的效果。创业之路开始容易,过程很难,收场更难,最常见的不是成功和失败,而是长时间的苦苦挣扎。煎熬是创业的典型状态。如蔡文胜所言:"10 年前,成就一家全国规模的知名公司需要 15 年甚至 20 年的奋斗,后来有了风险投资的介入,七八年时间就可以成就一家互联网知名公司。但对于多数创业者来说,不经历 5~8 年、每周 7×12 小时的创业奋斗很难有大成。"⊖

【案例 2-17】

余建军是一个名副其实的"连续创业者",创业几十余次,屡败屡战。他的创业精神体现在每时每刻,即使看到路边的一家培训公司,也会马上突发一些创业想法。这个项目有没有机会,怎么干,怎么操作,在策略上、资金上需要先做什么后做什么,并把这些想法记录下来。在余建军的笔记里面,至少记录了好几十个不同类型的创业项目。余建军把这种脑海中的操练戏称为"职业病",不过他认为没什么坏处,反而是他的"脑保健操"。

余建军第一次创业经历是在西安读研究生的时候,当时互联网刚兴起,全国各大高校都吹起一阵创业热潮,余建军也是在这次热潮中将自己的初试创业奉献出去的。当时余建军是被一个投资人主动找到去创业的,但是由于他的设计和当时的社会背景有冲突,所以余建军第一次创业到一半便草草收尾了。

毕业之后,余建军又和 4 个同学一起去了上海,几个人合伙创业,目标是能赚钱就行,先把自己养活。他们 4 个都是程序员,便一拍即合地做起了专业的拼接软件,在当时来看,超前又实用,主要卖给国外的客户。没想到,国外的客户用完之后很喜欢,一时间订单不断,连当时的电影《哈利波特》都曾用过这个软件。这个项目他们做了 4 年,收入达上千万,十分可观,超额完成了养活团队的目标。

虽然第二次创业是成功的,但是余建军的创业野心大,这种小规模的创业让他感觉不过

⊖ 蔡文胜:创业者没想清楚这几点 早晚栽跟头.搜狐科技_搜狐网.

瘾，他想做一个亿级用户、可以影响整个行业的平台。于是，"城市吧"诞生了！

为完善街景地图，余建军又做了一个城市采集车。不过，车太费钱，每天光油钱和人工费就要300多元，而且一个城市采下来最快都要一个月。于是，余建军找到了谷歌。当时，谷歌还没街景，只有地图和卫星，凭借"可以帮你在全世界各地做街景"这一句话，余建军打动了谷歌。不过，等余建军开始准备干活时，却发现谷歌早已经在暗暗布局街景了。等余建军反应过来，已经大势已去。再后来，余建军的城市吧被百度收购。为此，余建军非常郁闷，浑浑噩噩过了三四年。

余建军做得第四个比较大的项目是"那里世界"虚拟世界，2009年成立，当时还得到了正大集团2000万元的投资。

在两年的筹备下，"那里世界"，一个被余建军寄托乌托邦式理想的虚拟世界正式面向公众。但在合作方的发展下，"那里世界"活生生变成了美女直播，而且尺度越来越大。2011年下半年，或许已经预测到"那里世界"终将失败，余建军很是焦虑，倒不是焦虑经济状况，他在多年前已经实现了财务自由。他焦虑的是自己已经35岁了，"这辈子最精彩的年华，最有旺盛战斗力的时间段，慢慢地肯定要过去了，但是还没有找到一条实现理想的道路。"

"那里世界"失败后，他决定不能马上进入下一个项目，而是要快速试错，不断地尝试新项目，但每一次试错，都要走掉几个人，最后，80多个人的团队，只剩下了七八个人。"只要有我在，（公司）肯定倒不了。"尽管饱受挫折，但是余建军还是不轻言放弃，下一步将准备构建音频平台，于是喜马拉雅FM诞生了！

最开始，喜马拉雅被定义为音频App，刚入驻的用户几乎都是电台主播，不仅专业相关，还自带种子用户，让平台增长了很多粉丝。选对了方向，再加上不断地调整和努力，喜马拉雅FM实现了飞一般的发展。2013年，喜马拉雅先后上线了苹果和安卓客户端，用户数量有了质的飞跃，达到了1000万，第二年达到了一亿用户。余建军终于实现了建立一个"服务亿级用户的平台"的愿望！喜马拉雅，已成长为国内最大的移动音频分享平台。

（资料来源：编者根据相关资料整理而成）

4）刚创业者必须亲自做市场调查，不能参照其他企业或政府部门的资料，他们的目标不一定适合你的目标。在独立创建公司前可以先到相关领域去工作一段时间，会缩短你在这一行业独自摸索的时间。

5）制订一个切实可行的发展计划。正式的书面计划，可为新创立的公司树立一个无价的、积极的发展目标，同时可以帮助创业者将精力进一步集中到公司的发展上。企业发展计划通常包括四个部分：

① 目标陈述：包括公司的发展目标，以及达到目标的方式。如想获得资金，还需要多少资金，怎样利用这笔资金，怎样偿还和如何偿付投资者的红利等。

② 公司经营范围描述：说明公司是做什么的，有哪些特色新产品或服务。如果是创业初始，还应详列创业费用和五年计划。其中应包括公司对财务、保险、安全措施、仓库控制等记录的保障体系。

③ 市场宣传计划：应说明公司的潜在客户是哪些人，以及赢得这些客户的方法。应包括所有直接或间接的竞争对手，以及公司的竞争优势。所有的促销、价格、包装、批发等都应在计划中详述。再就是根据市场宣传计划、研究市场发展趋势，以及如何让公司走在市场

的前沿。

④ 资金计划：应说明公司的已有资金，以及公司实际需要的资金。刚创办的公司应有一个形式上的现金流动报表，并参照此表和年收入情况，制订一个三年收入计划。可借助对市场及竞争对手的调查，或有关书籍为参考资料。

6）做好充分的准备。创业是一项庞大的工程，涉及融资、选址、营销等诸多方面，因此创业者在创业前务必要进行细致的准备，比如通过各种渠道增强创业领域的基础知识；充分了解创业支持或者鼓励创业的政策，"用足"这些政策，如免税优惠、特定地区注册低税率政策、创业孵化园入驻政策等，减少创业初期的风险和成本；不辞辛苦地去了解其他公司的薪金制度，如定额销售制度等；形成自己企业的书面规章，使每个人都处在相同的行为准则下朝着共同的目标前进。

7）懂得适应市场形势，及时调整，随机应变。单凭一个创意拉到风险投资的可能性并不大。很多创业公司的创意产品会逐渐调整变化，最终成功的产品可能与最初的创意完全不一样，即使大型企业如Microsoft、IBM也是如此。真正有意义的不是创意，而是有创意的人，好的创业者可以将一个不怎么样的创意逐渐做好，而好的创意无法成就一个不怎么靠谱的创业者。蔡文胜说过，"创业是带着一群未知的人去一个未知的地方干一件未知的事，再有能力的创业者也无法在出发之前就想清楚所有的事情，即便是你已经想清楚，一旦开始做也会发生很多变化，所谓'枪声一响预案作废'，绝大多数公司成功时的方向和最初设想的产品都大相径庭。创业者需要在前进的过程中根据市场的情况以及消费者的反应，甚至是竞争对手的动态来随机应变。"

4. 聘用能创造价值的员工

初创公司所聘用的员工不仅要符合工作岗位的能力要求，还要能够为公司创造附加值。最关键的创业初期，有能力的创业者是不会在用人方面考虑成本的。要在一开始就建立专业的管理班子，让团队能从"小作坊"变成一个正规的公司。"小作坊"式的管理方式会给企业领导者带来巨大的工作压力，公司发展也会因此而极为缓慢有限。下面两种方法可采纳：

（1）通过人才招聘形成团队　作为创业者，首先应该分析公司的主营业务、收益来源，细心调研发现工作真正需要的人才类型。这一过程既能帮助企业权力下放，又能帮助创业者厘清方向，有针对性地招聘那些人品和才能都适合公司发展的人才，根据每个人的特点因才施位。创业公司的合伙人最好是三个，人数太少孤掌难鸣，人数太多意见很难统一。技术性创业公司的合伙人必须有一个精通技术，否则很难成功。必须确保的是，合伙人里至少有一个人对用户需求足够了解。

挖掘人才、建立管理团队应该遵循的原则包括：

1）聘请有经验的人员。
2）选择素质较高的人。
3）力图使其拥有的经验和才能适应公司的环境。
4）尽量到过去共过事的朋友中去寻找。
5）管理层的人数要尽可能地少。
6）盯住目标——利润才是最终目的。

这一管理班底搭建的过程十分艰辛。创业者不可避免地要同一群不认识、不了解也难以信任的人相处磨合，这些人会经常更换，直到形成最默契、最高效、最满意的群体。

（2）通过"顾问"体系形成团队　这一方法主要是帮助创业者在时间、资源有限，或者招聘见效缓慢的情况下，较为快速地形成自己的管理班子：

先从一些职业退休人士或业务关系中有这方面经验的人中聘请，他们能够弥补你的年轻员工经验不足的缺陷。对每个年轻的管理人员都配有一个顾问，指导其工作。这样一来，公司的管理班子很自然地就随着业务的增长而成熟起来。一般来说，部门经理要在自己公司内部选拔，而优秀的销售员和市场营销人员则要到竞争对手公司里去聘请。

5. 做好财务规划和退出策略

创业者应当将个人财务和公司财务划分开来管理。在开始创业前，要先保证你的个人生活不会出现问题，否则你很难取得成功。创业者可以通过贷款解决公司运营资金的需求。创业是为了生活得更好，而生活不是为了更好地创业。

最后，创业者要设定好退出策略，可以选择转让、出售公司或者独立经营。创业者也一定要知道何时该进，何时该退。所谓"打得赢就打，打不赢就跑，跑不掉就卖，卖不掉就关。"金钱未必就能让你生活幸福，但是出于某些原因，每个人又都希望自己能够通过努力做个有钱的人。创业可能会让你整晚失眠，暂时感到非常痛苦，但是一旦公司业务发展有所起色，生活会因此变得更加幸福和成功。

6. 有眼界和格局

发展靠实力，创业靠毅力。如果真正做出了创业的决定，就要做好足够的心理准备：

1）要努力克服可能出现的素质不够、风险过大、市场多变等风险和困难。

2）要不惧做独行者，在缺少支持和理解的孤独中仍然保持前行的信念，头脑清醒，认清形势，一旦决定，追求到底。

3）要有足够的理念，拒绝浮躁和短视，不过分看重眼前利益，懂得吃小亏放长线的道理。

4）要戒骄戒躁，稳扎稳打，不被一时的成就冲昏头脑，不被短期的利益动摇远志。

5）要能够承受失败，不丧不馁，冷静面对，把失误失败转化为经验教训。

6）要有大局意识和全盘观念，不仅着眼于某一块具体业务，更要擅长着眼于全局的走势，从战略性的高度审视每一个决策可能带来的影响，从而控制从部分到整体的局势、布局，从现在到未来的远谋，既能体察入微，又能统管大略。

7. 慎重处理合伙事宜

（1）合伙人会带来无价的帮助　如果创业者能在共同奋斗的团队成员中找到"伙伴"来合伙创业、经营、管理，这将会是一件值得高兴和感激的事，通常合伙的双方都能为公司的发展带来不同的经营才干、经验或其他相关优势。

合伙是一个集人之长强强联手的过程，也是一个复杂的双端博弈过程。创业者要慎重选择合作伙伴，首先要志同道合，其次要互相信任；如果自己需要合伙人的钱来开办或维持企业，或者这个合伙人帮助自己设计了这个企业的构思，或者他有自己需要的技巧，或者自己需要他为自己鸣鼓吹号，那么就请他加入自己的公司。

（2）明确分工和书面协议是维持良好合伙关系的重要保证　《中国合伙人》里说："如果你想失去一个兄弟，那就和他合伙吧。"无可否认，利益多则人心浮，职责不明则关系纷乱。生意上的合伙关系很容易破坏多年的友情。要想合伙成功、愉快，和合作伙伴之间的责、权、利一定要分清楚。双方应该事先通过书面协议的方式明确双方各自的权利和义务。

如果是两个意见经常相背者合伙，更应该有书面协议书。

典型的协议书应该说明生意的具体目的，说明每个合伙人的有形的资产、财产、设备、专利等和无形的服务、特有技术、关系网等投入，以及每个人在收入上应得的百分比。这样的协议允许合伙人占有的公司股份各不相同，但一定要说明各个合伙人在公司管理中的地位和职务，是否允许合伙人从事公司以外的其他业务等。有一点最重要，那就是合伙双方以什么样的方式结束合伙关系，对此一定要在协议中写明。

【案例2-18】

新东方创始人之一的俞敏洪在一次关于"合伙人"的采访中曾经表达过成功合伙的要素，讲话原文摘录如下：

"在现实当中，我和徐小平、王强，大学同学合伙在一起是相当成功的，确实在发展当中也有一些冲突。因为做事情不能什么都是你一个人做，一定要有合伙人，但是我总结了几个要素。

第一，所有的事情如果做的时候，最好是你一个人开头先做，哪怕你先做一个月，比如要做一件事情，成立一家公司，干一件事情，你先自己做一个月、两个月，做的时间越长越好，这奠定了创立公司的基础。如果一个公司有几个合伙人一起也可以，在合伙的时候已经明白这些朋友、这些兄长，或者是很厉害的角色。

对于我来说，如果是我跟这些朋友一起合伙创业的话，最后一定会出问题。原因非常简单，因为在大学的时候，徐小平是我大学的文化部长，王强是我大学的班长，他们一直认为从才华到眼光，到他们的能力都远远高于我之上。而后来我为什么变成了头？其实不像电影中写的那样，我们三个是一起干起来的。现实是我已经自己先干了五年。我是1991年从北大出来，干到1993年成立新东方，1995年年底才到国外找到这些朋友。那个时候我知道，如果我要再干下去的话，必须有一帮能人和我一起干。我也估量了，通过我这五年的努力，在中国创业能力方面比我大学这帮朋友强，但是这些朋友在某些方面，比如他们的英语水平、对于西方的文化了解一定比我强，所以这是良好的结合。

尽管他们回来之后，叫我'土鳖'。因为他们觉得我身上缺少他们在外国留洋好多年以后的各种气质，但是他们最后不得不服领导，首先是因为我是这个学校唯一的创始人。其次，他们也发现在现实中间，碰到比如和政府打交道、和地方打交道的时候，他们完全无能为力，但我这个'土鳖'爬的非常自如，这是不同能力的结合。"

（资料来源：编者根据相关资料整理而成）

8. 精准运营、做好管理

一方面，积极帮助别人，为每一位客户提供充分的服务，尽量满足他们的需求，培养黏性客户群体；另一方面，积极建立商业联系，培养合作企业和渠道资源。

慎重处理投融资事宜。正确进行产品的估值，合理划分合伙人和天使投资人等各投资方的股份配额；在确保手里还有钱的时候就启动下一轮融资；合理使用风险投资的资金，用在最需要的地方而不是奢靡浪费。

要找准自己的用武之地，不能脱离实际、好高骛远，而是要把主攻方向确定在一个特定范围内。循序渐进比起贸然闯入一个知之甚少的陌生领域来说，是促成公司快速增长的更为可取的方式，欲速则不达，往往会带来鸡飞蛋打、功亏一篑的悲惨后果。

深入地了解你的产品，经常听取用户意见，培养你的搭档和下属能感应企业内部资金流入流出状况的直觉能力，与你的搭档和下属一起精诚合作，并把自己以往获得的经验与他们分享。商业头脑的获得会使你的注意力迅速地集中在点上。

明确工作量并迅速推进，做好团队管理，增强整个团队的执行力，保证工作顺利完成。以小时统筹工作量，以天作为奖惩时间点，以周作为反馈周期。不要害怕反复地快速试错，从某种角度看，这也是锻炼团队和找到方向的好机会。

抓住机会完成扩张并建立门槛。找到突破点、取得成效时，迅速总结前期的成功经验，形成流程，快速扩张；在核心技术、业务模式、资本进入、市场进入等方面建立门槛，增强自己的竞争力；如果自己不具备在自己细分市场建立门槛的资格，就要同步考虑好发展策略和退出策略。

【案例2-19】

"我想说我们这个区有一个非常棒的京东快递员！他彻底颠覆了我对快递员这个工作的理解。首先，为方便送货联系，他会添加每次去取货的人的微信，一般我们都会加，他自己建了所有客户的微信群，而且是分街区建的，每天晚上八点左右，他会把京东当天所有的生活类特价用品链接发到群里，如果有什么需要的，我们不用拍下来，直接告诉他，他通过综合我们的信息组团下单第二天送过来，这一套特别受我们这边的阿姨、妈妈们欢迎，因为阿姨、妈妈们是那种邮费10元都会考虑很久的人。因此我们家就有了7元钱1.5kg的洗衣液，30元钱不到的一整箱咖啡，9.9元的卫生纸。我妈已经在考虑凑单买虾了。哦，对了，凑单这个问题也直接由他解决，每次送货来，他身上全套的衣服都特别整齐，人也干干净净的，没有多余的废话，让人觉得跟他完全就是一种生物链上的合作关系！喜欢认真工作的人，充满魅力！"

这个故事就是一个很好的精准运营的缩影。

"他会添加每次去取货的人的微信"，这就是在建立流量。互联网经济的唯一决定因素就是流量。

"他自己建了所有客户的微信群，而且是分街区建的"，这就是根据地域分小群进行精细化运营。

"如果有什么需要的，我们不用拍下来，直接告诉他，他通过综合我们的信息组团下单第二天送过来，这一套特别受我们这边的阿姨、妈妈们欢迎"，这就是精准把握用户心理并精准地为客户提供相应价值。

"凑单这个问题也直接由他解决"，这就是最关键的一步——转化。转化至少分三种：利用京东员工的内部优惠券作盈利点；利用微信群里的流量，拓展自己的快递业务，提升业务量；自己做不过来，聘请外包员工，开辟副业，如果将来不做京东了，自己可以成立快递公司。

（资料来源：编者根据相关资料整理而成）

本章要点回顾

■ 互联网创业，指的就是利用互联网思维来完成一种生产力的转变，改革、创新、发展、推动新经济形态不断发生演变的创业项目。

- 依据创业动机、创业模式的不同,可以将创业分为两个大类:生存型创业和机遇型创业。其中机遇型创业又分为主动型创业、赚钱型创业和创意创新型创业。
- 创业管理主要研究企业的创业行为,研究企业管理层如何连续注入创业精神和创新活力,增强企业的战略管理柔性和竞争优势。创业管理的核心问题是机会导向、动态性等。
- 战略管理是面向未来动态地、连续地完成从决策到实现的过程。
- 安索夫矩阵模型是以产品和市场作为两大基本面向,区别出四种产品/市场组合和相对应的营销策略,是应用最广泛的营销分析工具之一。
- 市场机会分析包括外部分析(战略环境分析、企业经营活动分析)和内部分析(企业能力分析)。

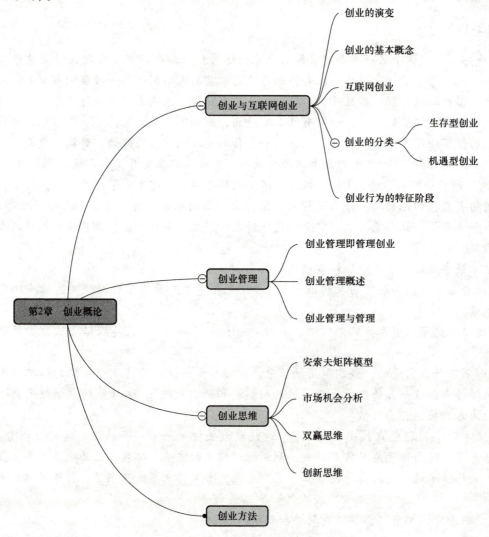

本章思考题

1. 创业的分类及创业管理的特点有哪些?
2. 创业经历了哪些演变过程?

3. 互联网创业的概念是什么？
4. 创业管理的概念及作用是什么？
5. 在创业中，哪些创业思维是值得借鉴的？为什么？请举出两种思维作答。

本章参考文献

[1] 左仁淑. 创业学教程：理论与实务 [M]. 北京：电子工业出版社，2014.
[2] 张玉利，李新春. 创业管理 [M]. 北京：清华大学出版社，2006.

第 3 章
创业机会

内容提要

机会是能经由创造性资源组合传递更高价值来满足市场需求的可能性。在创业中，创业机会便是整个创业过程开始的出发点。创业机会会受到市场环境、政策变化、技术革新等多方面因素的影响。学会如何识别创业机会是创业过程中的核心问题，科学地对创业机会进行评价也是一个创业者的必修课。

导入案例

将畜牧业废弃物"原地"变废为宝

思威博是由英文单词"sweeper"音译过来的，它的中文意思是"清道夫"。从这个公司的名字我们大概可以判断出，它们做的事情应该和垃圾回收有关。的确，它们的目标就是做中国最大的"屎壳郎"，滚出中国最大的粪球，然后变废为宝。

喜欢养盆栽的人肯定知道，要想植物长得好，除了按时浇水晒太阳之外，还有一件很重要的事情，那就是——施肥。对农业来说，施肥更是至关重要，这不仅关系到农产品的产量，而且还会影响土壤的品质。

人们很早之前就已经发现，过度使用无机化肥不仅会导致农产品品质低劣，同时还会造成土壤板结、酸化，使得地力下降。因此，无机化肥在农业生产中的投入产出比越来越低，而削减的化肥用量将被有机化肥等取代。相比于无机化肥，有机化肥既可以调控土壤微生物区系，从源头防控病害，又可以培肥土壤，提高地力，因此具有更高的使用价值。

目前，在欧美等发达国家有机化肥的使用量已占肥料使用量的 50%，而我国有机化肥的使用率不足 10%。估计我国的有机化肥存在一亿多吨的空白市场，按照每吨千元以上的市场价，市场规模可达千亿级。目前，中国的有机化肥生产企业以中小型规模为主，其产品质量也参差不齐。总体来说，中国的有机化肥市场还有很大的发展空间。

思威博生物科技就是看到了有机化肥行业巨大的发展潜力，因而果断进军。但不同于传统的有机肥生产商，思威博生物科技选择和农业环保进行结合，搭建一种全新的生产运营模式。

那么，有机化肥生产如何和农业环保挂钩呢？

其实，有机化肥的生产和养殖场产生的废固废液是有联系的，但在传统模式下，农业环保和有机化肥生产却是两个隔离开来的行业。在农业环保方面，养殖场大多是购买第三方环保公司的废固废液处理设备,再雇人来处理,投入成本高,并且由于雇员大多缺乏专业知识,因此处理效果也难以保证。

市面上的有机化肥大多是通过常规堆肥发酵生产的,特点是味道大,技术门槛低,产量产能也较低,并且通常还需要运输到特定地点进行,运输成本也比较高。

思威博抓住的就是农业环保和有机化肥生产在"原地"的结合点。思威博生物科技直接联合大型养殖场,承接养殖场的废弃物处理,并自行投入设备、人员和资金,帮助养殖场免费处理废固(废液处理仅收取成本费),使得废固废液无须进行运输即可进行处理,并制成有机肥料出售。

养殖场无须购买设备或雇佣人力,还不需要缴纳处理费,因此思威博可以快速"占坑",建立越来越多的有机肥生产基地。而对思威博来说,源源不断的废固废液生产出的有机化肥又可以抵消掉前期投入成本,并实现后期的持续销售盈利。思威博生物科技自主研发了一种生物分子膜技术来处理废固。添加了生物菌的废固经发酵后即可生成有机化肥,其销售毛利率可以达到30%以上,基本上两年的销售利润即可覆盖前期投入。

目前思威博生物科技已经获得了云峰资本3000万元的A轮融资,预计很快实现1个亿的第二轮融资。

(资料来源:思威博生产和销售高附加值有机化肥 http://m.sohu.com/a/159807029_114778)

案例评价

从思威博生物科技公司目前取得的成果来看,该公司选择了一个非常好的创业机会,并且后期的运营管理上表现得也非常好,才能够在这么短的时间内迅速进入市场,并获得资本市场的青睐。

思考题

1. 思威博生物科技公司是如何寻找到自己的创业机会的,其在寻找创业机会时考虑了哪些影响因素?
2. 结合思威博生物科技公司的创业过程,简要地谈一谈你对该公司创业机会的评价。

本章要点

- 创业机会的概念。
- 影响创业机会的因素。
- 创业机会的来源。
- 识别创业机会的方法。
- 评价创业机会的策略。
- 八种创新策略。

学习目标

- 了解创业机会来源。

- 理解创业中的创新点。
- 掌握常用的创新策略及其执行方法。
- 掌握创业机会的识别方法。
- 掌握创业机会的评价方法。

3.1 创业机会的识别

3.1.1 创业机会概述

1. 创业机会的定义及特征

创业机会主要是指具有较强吸引力的、较为持久的有利于创业的商业机会。创业者据此可以为客户提供有价值的产品或服务，并同时使创业者自身获益。美国著名经济学家约瑟夫·阿洛伊斯·熊彼特认为，创业机会就是把资源创造性地结合起来，从而达到满足市场需求的预期效果，它是创造价值的一种可能性。

有的创业者认为自己有很好的想法和点子，对创业充满信心。有想法、有点子固然重要，但是并不是每个大胆的想法和新奇的点子都能转化为创业机会。许多创业者就是因为只凭想法就去创业而以失败告终。

那么如何判断一个好的商业机会呢？

《21世纪创业》的作者杰夫里·A. 第莫斯教授就提出，好的商业机会有以下四个特征：

1）它很能吸引顾客。

2）它能在你的商业环境中行得通。

3）它必须在机会之窗存在的期间被实施（机会之窗是指商业想法推广到市场上去所花的时间，若竞争者已经有了同样的想法，并已把产品推向市场，那么机会之窗也就关闭了）。

4）你必须有资源（人、财、物、信息、时间）和技能才能创立业务。

2. 创业机会的来源

对于创业者来说，拥有一个良好的创业机会，就相当于一艘在大海中航行的船只找到了正确的航线。在大海中航行的船只寻找正确的航线可以依赖于指南针、灯塔等明确的标志，但是在创业过程中航行的创业者又应该如何去寻觅合适的创业机会呢？

简单总结起来，创业机会一般来源于以下四个方面[1]。

（1）问题——没有得到满足的需求　创业的根本目的在于满足需求。若存在某一种需求没有得到满足，那么它就是一个潜在的创业机会。由此，寻找创业机会的一种重要途径就是，要善于去体会和发现自己或他人在生活中是否存在某些需求未被满足。例如，上海有一名大学毕业生发现远在郊区的本校师生往返市区交通十分不便，这对该校师生来说是一个痛点问题，于是他为此创办了一家客运公司。这就是将没有得到满足的需求转化为创业机会的实例。

---

[1] 刘东强，梁素娟. 马到功成：马云向左，马化腾向右 [M]. 北京：新世界出版社，2009：6-196.

【案例 3-1】

淘宝网是中国阿里巴巴集团旗下的网络购物网站,由马云创立于 2003 年 5 月 10 日,是面向中国、马来西亚等地消费者的 C2C 购物网站(B2C 模式网站——天猫已拆出),个人或企业均可在淘宝网开设自己的网络店铺,此外淘宝网上还拥有拍卖平台。2011 年 6 月 16 日,网站分拆为淘宝网、天猫、一淘网。

淘宝网的创立就是源自于消费者对于网上购物的需求,以及商家在网络上售卖产品的需求。也正是因为它同时满足了消费者和商家的需求,所以淘宝网才能够得到如此迅速的发展,并通过满足消费者购物时的折扣需求,打造了"双十一"这一现象级的电子商务盛况,也成了阿里巴巴最负盛名的成就之一。

(资料来源:编者根据相关资料整理而成)

(2) 变化——市场环境的波动　著名管理大师彼得·德鲁克将创业者定义为那些能"寻求变化,并积极反应,把它当作机会充分利用起来的人"。市场环境的变化主要始自于产业结构的变动、人口思想观念的变化、政府政策的变化、人口结构的变化、国际市场形势的变化等方面。市场环境发生改变后,市场需求、市场结构必然会随之变化。变化即意味着机会,不断变化的市场环境会不断催生出创业机会,尤其在当今市场风云莫测的大环境中,无处不隐藏着各种良机。

例如,单亲家庭快速增加、妇女就业的风潮、老龄化社会的现象、教育程度的变化、青少年国际观的扩展……这些市场环境的变化必然会提供许多新的市场机会。

(3) 革新——技术和创新　技术和创新变革不仅能创造出具有超额价值的新产品、新服务,更好地满足顾客需求,同时也产生了大量基于新的科技突破和社会科技进步的创业机会。近年来移动互联网产业迅猛发展,对传统商业市场造成巨大冲击的同时,基于互联网发展的创业机会也如雨后春笋般出现。

【案例 3-2】

高德地图(Amap)是国内一流的免费地图导航产品,也是基于位置的生活服务功能最全面、信息最丰富的手机地图之一。针对用户最常用的躲避拥堵功能,高德地图将交通拥堵算法和避堵策略进行了全面升级和优化。前者从个性化、场景化、车道级三个维度升级算法,使拥堵计算、拥堵预测、到达时间预测的准确率大幅提升。后者则发挥了深度学习能力,更加人性化、实时化地避堵。借助技术上的革新,高德地图 App 曾被评为"移动创业之星年度最佳移动生活类应用"。

(资料来源:编者根据相关资料整理而成)

(4) 竞争——市场对手　在市场竞争的过程中,如果能够合理分析自己与竞争对手之间的优劣,并针对对方的短处,将自己的优势充分发挥出来或者采取差异化策略,为顾客提供更满意的产品和服务,更好地满足顾客需求,那么你就找到了竞争环境中独特的创业机会。

【案例 3-3】

在网络直播发展之初,不少人都对其寄予厚望,甚至认为它在市场规模上有可能做到游戏那么大。但诸多迹象表明，网络直播的"后劲"并不像游戏那么足。简单来说，市场不大竞争不小，想吃"肉"并不容易。要想吃"肉"，就必须在竞争过程中凸显自己的优势。例如，陌陌走的是泛娱乐和泛社交路线，直播的价值在于增加用户黏性、提高用户时长、强化社交效率。陌陌自2015年9月初次尝试直播类产品——陌陌现场后，就持续在产品内引入视频元素，陆续推出了动态视频、直播、时刻、群组视频等基于视频形式的服务。事实证明，陌陌的多元视频内容与社交平台之间的协同效应已经凸显，未来陌陌将继续做大社交体量，并探索其他商业模式，如通过短视频拓展更丰富的消费场景等。

（资料来源：编者根据相关资料整理而成）

3. 创业机会的分类

创业机会可以分为以下三种类型：模仿型机会、识别型机会、创新型机会。

（1）模仿型机会　模仿型机会即通过模仿别人的技术并结合自身特点，进行资源优化配置，降低成本从而形成竞争力产生的机会。例如，百度模仿谷歌，但百度更适合中国人。

（2）识别型机会　识别型机会是指基于市场发展，对顾客的潜在需求进行预测而产生的机会。例如，百合网利用中国的庞大人口背景下找伴侣难的痛点，结合科学心理分析，将生活背景、兴趣爱好、性格气质、学历知识水平、世界观价值观接近甚至相同的人搭配在一起，提高配对成功率。

（3）创新型机会　创新型机会即将新技术应用到不同领域，与其他行业融合，为顾客创造新价值的机会。例如，淘宝的免费模式，至少产生了三个方面的创新：①在丰富了商品品类的同时，自然形成了竞价搜索模式；②为了方便买卖双方交易，淘宝提出支付宝模式，在解决了信用问题的同时带来了新的商业价值；③为了尽可能促成交易，淘宝不仅不收买家和卖家的交易费，还创新出IM工具"阿里旺旺"，方便买卖双方进行交流。

4. 中国互联网行业创业机会的特点

目前，我国互联网中小型企业在互联网业务创新上基本是照搬美国新兴的互联网模式，原始突破或者颠覆式创新较少，基本上是在用户需求点上进行持续不断的微创新。而大企业则在引领创新方面表现得动力不足，其往往采取直接将小企业成熟的盈利模式应用到自身业务平台中，以实现风险极低的业务扩张，而非强迫自己实现业务或模式创新。

3.1.2 影响创业机会识别的因素

影响创业机会识别的因素主要包括两类：一类是可控制因素，包括创业者的先前经验、个人能力、社会关系网络等；另一类是不可控制因素，即外部创业环境，包括市场动态、经济环境等。

1. 可控制因素：先前经验、个人能力、社会关系网络

（1）先前经验　大多数创业者的创业能力都是基于先前经验而不断成长的，个人在特定领域的经验越丰富、知识储备越多，就越容易发现和把握该领域内的创业机会。

（2）个人能力　个人能力一般包括信息获取和分析能力、预测能力、风险感知能力、社会关系建立和维护能力、行业或创业领域知识与经验储备能力等。此外，创新思维也是很重要的一项能力。创新思维的能力水平，决定了创业者是否能够在大量的信息中挖掘出客户的需求，并提出具有创意性、新价值的产品或服务。

一般而言，拥有强大个人能力的创业者能够比其他人表现得更加灵敏，也更加具有主

动性。

（3）社会关系网络　创业者的社会关系网络是指创业者与家庭、朋友、同事、商业合作伙伴和竞争对手、政府、金融机构等建立起来的各类社会关系，它们连接在一起构成创业者的社会资本。社会网络成员之间彼此亲密的内部联系可以帮助创业者提高信息获取的质量，从而确保信息资源的价值，以此来获取更有价值的创业机会。

2. 不可控制因素：创业环境

创业环境包括宏观经济政策与制度、产业结构、人口环境、自然环境、技术环境、市场环境等。创业环境的变化既可能提供大量的创业机会，也可能给创业机会的实施造成困难。

【案例3-4】

"滴滴出行"App改变了传统的打车方式，建立培养出大移动互联网时代下的用户现代化出行方式。"滴滴出行"项目的出现也是创业者清晰地看到了当时的创业环境：在中国打车难，这是大众主流的刚性需求；国外有类似的模式，英国打车应用Hailo刚刚拿到了融资，方向貌似可行；移动互联网的到来，手机定位变得越来越重要。于是滴滴打车的诞生改变了传统打车市场的格局，颠覆了路边拦车的概念，利用移动互联网的特点，将线上与线下相融合，从打车初始阶段到下车使用线上支付车费，画出一个乘客与司机紧密相连的O2O完美闭环，最大限度优化了乘客的打车体验，改变传统的出租司机等客方式，让司机师傅根据乘客目的地按意愿"接单"，节约司机与乘客之间的沟通成本，降低空驶率，最大化节省司乘双方的资源与时间。

（资料来源：编者根据相关资料整理而成）

滴滴打车清晰地看清了当时的创业环境，随着中国经济的发展，选择打车出行的人越来越多，但由于中国的交通环境限制，导致"打车难"的现象出现。滴滴打车抓住了这一机会，在移动互联网逐渐兴起的时候，推出线上打车、线下服务、线上支付这一模式，为司机和乘客双方带来了良好的体验感，有效地在创业环境的变化中抓住了创业机会，从而获得了成功。

3.1.3　创业机会的识别过程与方法

1. 机会识别的过程

创业过程开始于创业者对创业机会的把握。创业者从成千上万繁杂的创意中选择了他心目中的创业机会，随之不断持续开发这一机会，使之成为真正的企业，直至最终收获成功。在这一过程中，机会的潜在预期价值以及创业者的自身能力得到反复的权衡，创业者对创业机会的战略定位也越来越明确，这一过程称为机会的识别过程，这一识别过程是广义的，它具体可分成以下三个阶段：

（1）机会的搜寻　这一阶段创业者对整个经济系统中可能的创意展开搜索，如果创业者意识到某一创意可能是潜在的商业机会，具有潜在的发展价值，就将进入机会识别的下一阶段。

（2）机会的识别　相对整体意义上的机会识别过程，这里的机会识别应当是狭义上的识别，即从创意中筛选合适的机会。这一过程包括两个步骤：第一步是通过对整体的市场环境，以及一般行业的分析来判断该机会是否在广泛意义上属于有利的商业机会，这称为机会的标准化识别阶段;第二步是考察对于特定的创业者和投资者来说,这一机会是否有价值,也就是机会的个性化识别阶段。

(3) 机会的评价　这里的机会评价是一个相对正式的步骤,考察的内容主要是各项财务指标、创业团队的构成等,通过机会的评价,创业者决定是否正式组建企业、吸引投资。

2. 机会识别的方法

创业机会的识别有两种方法:解决问题和观察趋势。在此,将这两种方法与中国互联网领域相结合来进行解释[。

(1) 解决问题——满足需求　马斯洛需求层次理论告诉我们一个重要而有价值的道理,即人类需求是有层次的,同时人的需求是由低级向高级不断发展的。运用这一方法论,有助于我们理解在互联网产业发展过程中,用户需求的不断进化和升级。

互联网的每一次革命,都解决了网民对信息获取的难题。例如,最开始的邮件解决了网民的远程信件传递问题;而用户对信息的渴求,使得满足用户内容需求的门户网站应运而生;用户在实际"触网"之后,又萌发了除"被动"阅读之外的主动性需求,而这就直接导致了网络游戏、即时通信、搜索引擎、电子商务等新型互联网事物的诞生。

由此可见,用户在接触一个新事物的时候,会经历初识、适应、实践及思考等多个阶段。随着阶段的深入,用户对该事物的认知也逐渐加深,进而爆发出除基本需求之外的进一步"主动性"需求,而这些需求相比最初的基本需求也更加的专业化、细分化和多元化。

(2) 观察趋势——创造需求

1) 从国内电子商务的发展趋势来识别创业机会。根据有关调查显示,我国网民在相当长的一段时期内只有15%~20%的人使用电子商务,这和过去大多数网民对电子商务、网络支付等不熟悉、不信任有关。随着网民的网龄增加和电子商务大环境的改善,无论是使用电子商务的人数还是电子商务的交易额都呈现明显的上升趋势。近年来,我国的电子商务领域更是保持着高速成长的态势。

另外,智能手机的普及、移动支付的便捷化为移动电子商务创造出新的机遇,社交电商的兴起也蕴藏了社交网络与电商结合的大量创业机会。

2) 从移动网络终端的发展趋势来识别创业机会。当前,移动网络终端正处于高速普及阶段,无论是运营商、终端商还是内容提供商,都纷纷开始布局移动互联网市场。手机搜索、游戏、阅读、音乐、互动社区、支付、应用程序商店等移动互联网服务百花齐放,展现出了旺盛的发展活力。未来的移动互联网必将创造一个更大的经济市场。

2015年"中国青年五四奖章"获得者、创业明星郭鑫认为,"创业最大的吸引力不是创造了多少财富,多少金钱,而在于你每天都在做新的事情,更关键的是你每天都活得和别人不一样。"他认为社会上的痛点是,社会有问题,而且很难解决,要么是解决方法有瓶颈,要么是解决方法不够先进,需要革命[。

[林嵩,姜彦福,张韩. 创业机会识别:概念、过程、影响因素和分析架构 [J]. 科学学科与科学技术管理,2005 (6):130-167.

[张玉利,陈寒松. 创业管理 [M]. 2版. 北京:机械工业出版社,2011:86-88.

3.2 创业机会的寻找

3.2.1 寻找创新点的重要性

对于创业而言，何为创新点？一般来说，创业项目的创新点往往包括技术创新、产品结构创新、产品工艺创新、产品性能及使用效果的显著变化、商业模式创新等。概括来说，就是运用一些全新的技术或商业模式开创一些新的商机，而互联网技术的发展就给我们提供了很多这样的机会。

随着中国网民数目的不断增加，网络媒体对人民群众的影响也逐渐加剧。在市场营销领域，伴随着电子商务和第三方支付平台的不断发展，互联网正在潜移默化中不断地改变用户的消费理念和消费方式。因此，越来越多的企业或创业者都开始接触互联网，并进行自己的网络营销实践，想要借助互联网这个拥有数亿人的平台抢占更多的市场份额。正如李开复所说："中国正在成为世界上最棒的创业乐园，中国的人口红利、传统行业较为薄弱的现状，以及仅次于美国的投资圈生态系统都将成为当下国内创业者们获得成功的天时地利。"

近年来，互联网的不断发展让我们看到了互联网市场的勃勃生机和广阔前景，这也吸引了大量的创业者们蜂拥而上。创业者们都想要在互联网市场中占据一席之地，但是并非所有的企业都能在激烈的市场竞争中存活下来，只有少数拥有绝佳的创新精神的企业才能屹立于不败之地，而拥有绝佳的创新精神的首要表现就是，在创业之初就在互联网领域中寻找到了适合自己的创新点。

在任何一个行业之中，新进入的竞争者想要打败该行业的龙头老大往往是很难的，这不仅是因为资金、人才等方面的不足，还因为初创企业对该行业中各种现象的把握和反应都不如龙头企业那般准确和迅速。所以，对于初创企业而言，运用创新思维找到一个独特的创新点，另辟蹊径才能避开大企业的锋芒，摆脱被大企业绞杀的命运。

3.2.2 寻求创新的策略

前文已经详细地叙述了创新点对于一个创业项目的重要性，那么，对于一个想要创业的人来说，如何才能寻找到一个好的创业点子呢？接下来，介绍几种寻找创新的有效策略。

1. 寻找潜在的商业点子

依照目前的科技、社会、经济等方面的发展状况，我们不妨大胆地想象一下在未来商业领域会有怎样的颠覆情况。从阿里巴巴等创业公司的例子，我们不难发现，成功的创业点子总是超前的，未来生活也许会以新的技术来代替陈旧的方式，颠覆我们的消费观念。

2. 解决你目前困惑的问题

【案例3-5】

Colin Barceloux 在上大学时就为高昂的书本费用而苦恼，毕业两年后，他创建了 Bookrenter 公司，以六折的价格提供租借课本的服务，并从一个人单干发展到现在拥有200名员工、150万用户的规模。

（资料来源：编者根据相关资料整理而成）

每一个新的创业机会，都来源于生活中的小麻烦。你现在棘手的问题，对于与你有着相同生活轨迹的人来说可能也困扰已久。例如，淘宝网解决了人们觉得出门购物价格高又麻烦的问题，滴滴打车则解决了司机和顾客的双向选择问题。对于新的创业者来说，这些生活中的看似不起眼的小麻烦，也许就是新的商机。在他人还未发现解决这些小麻烦的重要性时，率先出手把握住新的机会，在为自己和其他的人解决麻烦的同时实现创业梦想，说不定就能助你创业成功。

3. 细分市场

在了解了你想要进军的行业之后，你需要对关注这个问题的人员进行大量的调查研究，其中包括目标市场的消费者以及想要进军该市场的其他创业者。特别是，你需要详细地了解在目前市场中可能会伸手进入这个行业的巨头们对该项目的看法是什么，他们是怎么做的，做了什么，忽略了什么；然后选择他们忽略的空白市场入手，不管这个细分市场有多小，都值得一试。

4. 充分使用你的技能

创业者在创业时，需要整合大量的资源，其中包括自己拥有的技能和资源。好的创业者会将自己所拥有的技能或资源试着与新领域的需求相结合，以寻找合适的创业领域。将自己的所长作为与别人竞争的基础将会更有优势。

5. 找到一个陈旧没有革新的领域

当你找到新点子的时候，需要充分地了解目前该领域的市场现状，是否有很多创业者正在做这个项目，如果有，自己是否具备与他们竞争的优势。另外，还要关注在这个领域里是否有一些商业的大头正在接触，已经做到了什么程度等。如果贸然进入一个新领域发展，也许会因为产品缺乏竞争力或者晚一步进行市场推广，导致资金等大量投入却得不到回报而背上沉重的负债。

6. 为现有的产品打造一个廉价的版本

除了重新开发新产品之外，还有一个方法就是为现有的产品打造一个价格更加低廉的版本。这种效果既可以通过降低成本来实现，也可以通过减少差异化来实现。因为，大多数的顾客在购买商品的时候，往往会追求商品的性价比。所以，对于创业公司来说，用低价格而非低品质来征服消费者以扩大市场份额是一种不错的选择。

7. 与目标顾客进行交流

生产产品是为了能够销往市场，而销往市场就意味着产品需要满足顾客的需求，所以当你发现一个新点子并将要为此付诸行动时，和有此需求的顾客进行交流将会给你带来意料之外的收获。例如，你立志成立一家与旅游相关的公司，那么你可以加入一些旅游爱好者较多的团体，询问他们目前的哪些需求还没有被解决或者还有完善的空间，充分了解他们的需求及偏好，有助于新产品的研发与推广。

8. 混合、匹配思维

众所周知，现在的互联网平台给创业者带来了更多的可能性，"互联网＋"的发展也让创业者们重新思考什么叫作混合、匹配思维。例如，互联网＋商场＝淘宝，互联网＋出租车＝滴滴等。这样的例子有很多，而且不仅仅限制于互联网，当你思考将现有的两种行业进行结合的时候，往往会得到很多的创意，这说不定就是你成功的开始。

3.2.3 寻求执行力的策略

所谓执行力，是指贯彻战略意图、完成预定目标的操作能力，是将企业战略、规划转化为效益、成果的关键。

执行力包含三个维度，即完成任务的意愿、完成任务的能力和完成任务的程度。而针对对象而言，执行力又有三个层面，分别是：在个人层面，是否能按时按质按量地完成自己的工作；在团队层面，是否能在完成自己工作的基础上，达到团队的目标，保障团队的战斗力；在企业层面，是否能在预定的时间内完成企业的战略目标，保证其及时性及质量。

另外，研究发现，团队的执行力是构建在三个层次上的，即组织管理机制、人力资源和领导力，并且这三者的顺序不能出现颠倒。不难理解，评判一个团队的执行力如何，需要看其是否拥有好的管理机制，这种机制是否能够让人各司其职，充分地发挥大家的长处，是否拥有好的人才，是否拥有一个能够掌握主导的领导人。那么，作为创业者——团队的领导者应该如何为人才们创造一个良好的舞台呢？

首先，需要建立相应完善的制度。建立完善的制度意味着建立好了团队的骨骼，让团队成员们能在制定好的框架之中寻找到适合自己的位置，成为合适的齿轮，并且让这些齿轮能够不偏离自己的位置，即使偏离了，也能很快地扭转回来。

其次，需要建立良好的体系。良好的体系能够保证团队或企业内部各环节的协调发展及正常运作，而建立良好的体系需要设立合适的部门并明确部门之间的关系。完成了这一步，就相当于给有了骨骼的企业增加了神经与肌肉，让整个团队能够自己运转。

再次，需要有良好的沟通。在团队之中，沟通的重要性不言而喻，如何能让执行力完美地得到呈现，如何能让领导的指示被员工们所了解，都来源于良好的沟通。建立良好沟通的过程就相当于给企业注进了血液，能够让所有的齿轮得到润滑，减少冲突发生的可能性。此外，沟通所带来的信息共享使得信息不对称的可能性大大减小，更有助于计划的实施。

最后，需要建设相应的企业文化。企业文化的建设能够让员工产生归属感，提高工作效率。另外，制定企业愿景作为企业文化建设的一部分，对形成企业内部的集体荣誉感有至关重要的作用，因为只有大家有了一样的目标，才有可能心往一处想，力往一处使。建设企业文化就相当于给了企业一个前进的方向和目标，有了方向和目标才能让企业发展得更快、更好、更强。

只有做好以上的各个方面，才能保证在人力资源投入以后，每一个人才都能够充分发挥个人价值，增强团队的执行力。

3.3 创业机会的评价

3.3.1 创业机会的评价指标

1. 蒂蒙斯的创业机会评价体系

成功识别创业机会，即对创业机会进行科学、理性、系统的评价，是创业活动成功的起点和基础。蒂蒙斯创业机会评价体系，能够科学深入地评价创业项目的可行性及其价值性，从提出至今已经帮助了很多创业导师和创业者筛选了许多优质的创业机会。

蒂蒙斯的创业机会评价体系，涉及行业和市场、经济因素、收获条件、竞争优势、管理团队、致命缺陷问题、个人标准、理想与现实的战略差异等八个方面的53项指标。通过定性或量化的方式，创业者可以利用这个体系模型对行业和市场问题、竞争优势、财务指标、管理团队和致命缺陷等做出判断，来评价一个创业项目或创业企业的投资价值和机会。蒂蒙斯创业机会评价表见表3-1。

表3-1 蒂蒙斯创业机会评价表

评价项目	评价指标
行业和市场	1. 市场容易识别，可以带来持续收入 2. 顾客可以接受产品或服务，愿意为此付费 3. 产品的附加价值高 4. 产品对市场的影响力高 5. 将要开发的产品生命长久 6. 项目所在的行业是新兴行业，竞争不完善 7. 市场规模大，销售潜力达到1000万~10亿元 8. 市场成长率在30%~50%甚至更高 9. 现有厂商的生产能力几乎完全饱和 10. 在五年内能占据市场的领导地位，达到20%以上 11. 拥有低成本的供货商，具有成本优势
经济因素	1. 达到盈亏平衡点所需要的时间在1.5~2年以下 2. 盈亏平衡点不会逐渐提高 3. 投资回报率在25%以上 4. 项目对资金的要求不是很高，能够获得融资 5. 销售额的年增长率高于15% 6. 有良好的现金流量，能占到销售额的20%~30%甚至更高 7. 能获得持久的毛利，毛利率要达到40%以上 8. 能获得持久的税后利润，税后利润率要超过10% 9. 资产集中程度低 10. 运营资金不多，需求量是逐渐增加的 11. 研究开发工作对资金的要求不高
收获条件	1. 项目带来的附加价值具有较高的战略意义 2. 存在现有的或可预料的退出方式 3. 资本市场环境有利，可以实现资本的流动
竞争优势	1. 固定成本和可变成本低 2. 对成本、价格和销售的控制较高 3. 已经获得或可以获得对专利所有权的保护 4. 竞争对手尚未觉醒，竞争较弱 5. 拥有专利或具有某种独占性 6. 拥有发展良好的网络关系，容易获得合同 7. 拥有杰出的关键人员和管理团队
管理团队	1. 创业者团队是一个优秀管理者的组合 2. 行业和技术经验达到了本行业内的最高水平 3. 管理团队的正直廉洁程度能达到最高水平 4. 管理团队知道自己缺乏哪方面的知识
致命缺陷	不存在任何致命缺陷

（续）

评价项目	评价指标
个人标准	1. 个人目标与创业活动相符合 2. 创业家可以做到在有限的风险下实现成功 3. 创业家能接受薪水减少等损失 4. 创业家渴望进行创业这种生活方式，而不只是为了赚钱 5. 创业家可以承受适当的风险 6. 创业家在压力下状态依然良好
理想与现实的战略差异	1. 理想与现实情况相吻合 2. 管理团队已经是最好的 3. 在客户服务管理方面有很好的服务理念 4. 所创办的事业顺应时代潮流 5. 所采取的技术具有突破性，不存在许多替代品或竞争对手 6. 具备灵活的适应能力，能快速地进行取舍 7. 始终在寻找新的机会 8. 定价与市场领先者几乎持平 9. 能够获得销售渠道，或已经拥有现成的网络 10. 能够允许失败

评价体系说明：

1）该指标体系主要适用于具有行业经验的投资人或资深创业者对创业企业进行整体评价。

2）该指标体系必须运用创业机会评价的定性与定量方法才能得出创业机会的可行性及不同创业机会间的优劣排序。

3）由于该指标体系涉及的项目比较多，在实际运用过程中可作为参考选项库，结合使用对象、创业机会所属行业特征及机会自身属性等进行重新分类、梳理简化，提高使用效能。

4）该指标体系及其项目内容比较专业，在运用时一方面要多了解创业行业、企业管理和资源团队等方面的经验信息，另一方面要掌握这 50 多项指标内容的具体含义及评估技术。

蒂蒙斯创业机会评价体系的局限性：

1）评价主体要求比较高。蒂蒙斯的创业机会评价指标体系是到目前为止最全面的创业机会评价指标体系，其主要是基于风险投资商的风险投资标准建立的，与创业者的标准还存在一定的差异。虽然这些评价标准经常被风险投资家使用，但是创业者们也可以通过关注这些问题而受益。

对该评价体系的运用要求使用者具备敏锐的创业嗅觉、清晰的商业认知、丰富的管理经验和系统的行业信息，要求比较高。如果直接给初次创业者或大学生创业者来做创业机会自评，效果不会太好。即使如此，仍然不影响该评价体系作为创业者的项目选择与评价的参考标准。

2）蒂蒙斯指标体系维度有交叉重复问题。该指标体系的各维度划分不尽合理，存在交叉重叠现象，且维度划分标准不够统一。例如，在竞争优势、管理团队、创业家的个人标准和理想与现实的战略性差异这四个维度中，都存在"管理团队"的评价项目。再例如，行业与市场维度中的第 11 项"拥有低成本的供货商，具有成本优势"，与竞争优势维度中的第 1 项"固定成本和可变成本低"存在包含关系与重叠问题。这会直接影响使用者的评价难度和考量权重，在一定程度上影响了机会评价指标的有效性。

3）指标体系缺乏主次，定性定量混合，影响效度。蒂蒙斯指标体系另外一个比较明显的缺点是：指标多而全，但主次不够清晰；其指标内容既有定性评价项目，又有定量评价项目，而且这些项目中有交叉现象。一方面，评价指标太多，使用不够简便。另一方面，在运用其对创业机会进评价时，实际上难以做到对每个方面的指标进行准确量化并设置科学的权重，实践效果不够理想。

2. 刘常勇的创业机会评价体系

刘常勇的创业机会评价体系包括市场评价和回报评价两方面的 14 项指标，具体见表 3-2。与蒂蒙斯创业机会评价体系相比，该体系更加简单，易于操作，并且更加符合中国企业的特点。具体评价方法参照标准矩阵打分法、贝蒂选择因素法和哈曼的 Potentionmeter 法。

表 3-2　刘常勇创业机会评价表

评价项目	评价指标
市场评价	1. 是否具有市场定位，专注于具体顾客需求，能为顾客带来新的价值 2. 依据波特的五力模型进行创业机会的市场结构评价 3. 分析创业机会所面临市场的规模大小 4. 评价创业机会的市场渗透力 5. 预测可能取得的市场占有率 6. 分析产品成本结构
回报评价	1. 税后利润率至少高于 5% 2. 达到盈亏平衡的时间应该不超过 2 年 3. 投资回报率应高于 25% 4. 资本需求量较小 5. 毛利率应该高于 40% 6. 能否创造新企业在市场上的战略价值 7. 资本市场的活跃程度 8. 退出和收获回报的难易程度

3. 李良智的创业机会评价指标

李良智的创业机会评价指标（表 3-3）具体分为三级指标，由产业与市场、资本与获利能力、竞争优势和管理团队问题为出发点，衍生出了二级及三级指标，供创业者分析评价。

表 3-3　李良智创业机会评价指标

一级指标	二级指标	三级指标
产业与市场	市场	需求 消费者 对用户回报 增加或创造的价值 产品生命周期
	市场结构 市场规模 市场增长率 可达到的市场份额（5 年） 成本结构	

(续)

一级指标	二级指标	三级指标
资本与获利能力	毛利 税后利润 所需时间 投资回报潜力 价值 资本需求 退出机制	损益平衡点 正现金流
竞争优势	固定资本和可变资本 控制程度 进入市场的障碍	生产 营销 分配 价格 成本 供应渠道 分配渠道 财产保障或法律中的有利因素 对策/领先期 技术、产品、市场创新 人员、位置、资源或生产能力的优势 法律、合同优势 合同关系与网络、管理团队、问题团队 竞争者的倾向和战略
管理团队问题	企业管理团队 致命缺陷	

3.3.2 创业机会的评估方法

1. 标准矩阵打分法

所谓标准打分矩阵，是指将创业机会评价体系的每个指标设定为三个打分标准，比如最好 3 分，好 2 分，一般 1 分，形成的打分矩阵表。在打分后，求出每个指标的加权评价分。

这种方法简单易懂，易操作。该方法主要用于不同创业机会的对比评价，其量化结果可直接用于机会的优劣排序。只用于一个创业机会的评价时，则可采用多人打分后进行加权平均。如果其加权平均分越高，说明该创业机会越可能成功。

2. Baty 选择因素法

该方法可以看作是标准矩阵打分法的简化版。评价者通过对创业机会的认识和把握，按照蒂蒙斯创业机会评价体系的各项标准，看机会是否符合这些指标要求。如果统计符合指标数少于 30 个，说明该创业机会存在很大问题与风险；如果统计结果高于 30 个，则说明该创业机会比较有潜力，值得探索与尝试。

应用该方法时需要注意一点，如果机会存在"致命缺陷"，需要一票否决。致命缺陷通常是指法律法规禁止、需要的关键技术不具备、创业者不具备匹配该创业机会的基本资源等方面的系统风险。该方法比较适合于创业者对创业机会进行自评。

3. 哈曼的 Potentionmeter 法

哈曼（Haman）的 Potentionmeter 法可以通过让创业者填写针对不同因素的不同情况所

预先设定好权值的选项式问卷的方式,快捷地得到特定创业机会的成功潜力指标。对于每个因素来说,不同选项的得分范围为 -2 ~ +2 分,通过对所有因素得分的加总得到最后的得分,总分越高说明特定创业机会成功的潜力越大,只有那些最后得分高于 15 分的创业机会才值得创业者进行下一步策划,低于 15 分的都应被淘汰。

3.4 创业机会评价中的一些特殊问题

3.4.1 正确看待灰色产业

灰色产业一般是触及法律边缘的产业,不够光明正大,却又一般不违反法律。就目前的法律制度来看,灰色产业往往对社会存在一定的隐患,但是又没有确切的法律依据,无法对其进行约束管理。

互联网产生于 20 世纪 70 年代,是 20 世纪末蓬勃发展起来的新生事物,表现出勃勃生机,极大地推动了信息的传播,促进了生产力的发展。然而,"科技是把双刃剑"的箴言,也在互联网上体现得淋漓尽致。借助互联网,灰色产业发展出了形形色色的产业,充斥着互联网的各个层面,严重地影响了互联网的正常健康发展。

例如,2009 年央视的《经济半小时》专题报道了网络"网上水军"的灰色产业链。经过不断发展,网络水军进一步发展,形成数量更多、形式更高级的网络公关公司。这些公关公司可以组织成千上万的"水军"进行话题炒作、舆论引导,已成为一个操作流程非常成熟的行业。例如,在网上看到的消息、新闻,特别是论坛里的很多能调动人气的热点帖、热点话题,以及"网络红人"等,这些有很多都可能是不真实的,只是公关公司策划和操纵出来的所谓的"热点"。

作为创业者,在选择创业项目时,我们应该尽量避开灰色产业。尽管这些行业能带来不错的收入,但是其存在违法、潜在违法风险或政策不明朗的问题。换言之,灰色产业就是明天可能会覆灭的行业,考虑到创业的成本以及发展的可持续性,创业者也应该规避灰色产业,主动承担社会责任,确保每一个行业的健康发展。

3.4.2 警惕大型互联网公司抢占市场

很多人说中国互联网行业是个险恶的江湖,虽然中国的互联网巨头们没有古龙在系列小说《七种武器》里描写的青龙会那么"邪恶",但"人在江湖漂,难免会挨刀"。创业公司在与巨头们相遇之时,他们往往也会对创业公司采取或阴柔或凶狠的打压或进攻手段。当巨头试验了一段时间产品和市场,觉得时机成熟就会开始进行大面积推广,这时的推广力度之大、资金投入之巨,往往令创业公司咋舌。

面对大型互联网公司抢占市场,在创业初期我们就得提前准备。创业前期应该避开在巨头产品网格的中心进行正面竞争,建议选择在巨头核心业务的周边,或者选择能够破坏对方商业模式的产品。具有破坏性的产品即使被巨头关注,也很难被模仿或者打压,因为这种模仿将对巨头已经形成的商业模式造成破坏。例如,360 杀毒软件,采取了免费的模式,即使其他当时规模大得多的杀毒软件厂商看到也无法跟进,因为这将破坏他们自己的商业模式。

3.4.3 提防其他公司复制产品

当产品被其他创业公司盯上,或者被巨头公司看上时,他们可能以相同的定位,复制并推出产品。这时我们应该如何应对挑战呢?

1. 不要怕被抄

一款好的产品有自己的形、神、髓,大部分的抄袭只能抄到第一层,也就是"形",非常厉害的团队可以抄到"神",即产品的用户体验和数据分析,而没有人能够抄走产品的"髓",即这支产品团队的人所拥有并赋予产品的文化和精神内涵。

2. 正确判断产品价值和竞争优势

例如,相对 IM(即时通信,实时传讯)这样的产品,具体如何判断自己产品黏性的强弱。产品黏性分四个层次,从下往上越来越深入,分别为:①是否大众和高频;②是否存在有价值的账号和数据;③是否形成了人/人、人/机之间的网格和口碑;④是否跟实际生活形成强交互,能够从优势转换为壁垒。

3. 不要害怕产品竞争

在网络游戏中,跟大 BOSS 过招之前是要先练级的。在商业竞争中也是同样的道理。所以,作为创业公司不仅不要逃避竞争,而且要有意识地选择对手,要跟小型、中型甚至大型的对手不断过招,磨炼团队、磨炼产品。经过多次竞争的产品团队,他们有更好的勇气,更好的信心,反而是那种没有经过真正竞争的团队,本来还不错,壮大了之后一旦面对压力,内部管理就一下功亏一篑。例如,UC 产品团队曾经跟航海家、OPERA、3G 等不同的对手都先后交过手,最后遇到真正的互联网巨头的时候,团队表现出来的状态其实并不紧张。

3.4.4 产品竞争太激烈怎么办

面对国内兴起的创业热潮,同质化现象已非常严重,竞争异常激烈,那么,怎样应对激烈的产品竞争呢?

1. 要提高自己的经济效益

1)依靠科技进步,采用先进技术,用现代科学技术武装企业,提高企业职工的科学文化水平和劳动技能,使企业的经济增长方式由粗放型向集约型转变。

2)采用现代管理方法,提高企业经营管理水平,提高劳动生产率,以最少的消耗生产出最多的适应市场需要的产品。

3)企业的兼并和破产,是优化企业结构、发展社会主义市场经济的有力杠杆。

2. 完善经营者自身的素质

1)具备较高的思想政治素质,有良好的职业道德,还必须具备良好的业务素质。

2)充分发挥党组织的政治核心作用,坚持和完善厂长(经理)负责制,全心全意依靠工人阶级。

3)良好的信誉和企业形象,对企业的生存竞争有着至关重要的作用。

本章要点回顾

- 创业机会主要是指具有较强吸引力的、较为持久的有利于创业的商业机会。

- 创业的根本目的在于满足需求。
- 影响创业机会的因素包括两类：一类是可控制的，包括创业者的先前经验、个人能力、社会关系网络等；另一类是不可控制的，即外部创业环境，包括市场动态、经济环境等。
- 通过一系列的创业机会评价体系分析选择最适宜的创业机会。

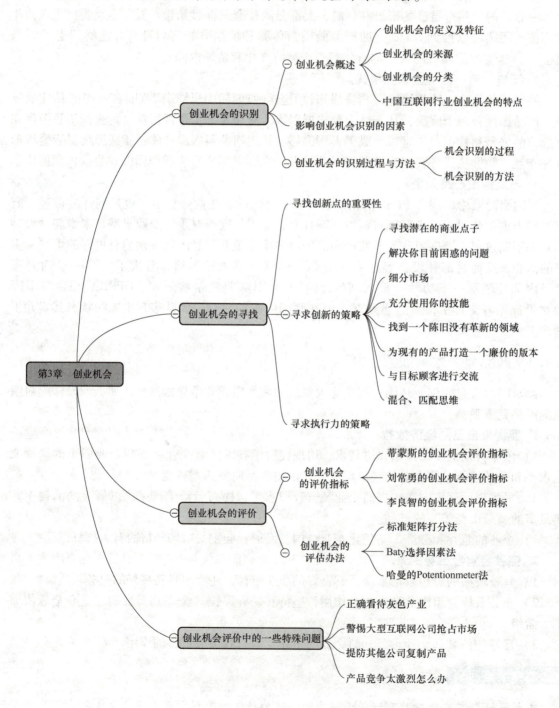

本章思考题

1. 有哪些创业机会的来源?
2. 创业机会的分类有哪些?
3. 创业机会的关键影响因素有几个?分别是什么?
4. 机会识别的方法有哪些?
5. 蒂蒙斯创业机会评价体系的局限性有哪些?
6. 怎样寻找创新的策略?
7. 什么是执行力?

本章参考文献

[1] 刘东强,梁素娟. 马到功成:马云向左,马化腾向右 [M]. 北京:新世界出版社,2009:6-196.
[2] 谢文. 为什么中国没出 Facebook [M]. 南京:凤凰出版社,2011:5-130.
[3] 林嵩,姜彦福,张韩. 创业机会识别:概念、过程、影响因素和分析架构 [J]. 科学学科与科学技术管理,2005(6):130-167.
[4] 张玉利,陈寒松. 创业管理 [M]. 2版. 北京:机械工业出版社,2011:86-88.

第4章
创业资源

📝 内容提要

在第3章的学习中，我们引入了蒂蒙斯的创业过程模型。在这个模型中，蒂蒙斯认为：第一，商业机会是创业过程的核心驱动力，创始人或工作团队是创业过程的主导者，资源是创业成功的必要保证。第二，创业过程是商业机会、创业者和资源三个要素匹配和平衡的结果。第三，创业过程是一个连续不断地寻求平衡的行为组合。事实上，人类所开展的一切形式的活动，资源都是必不可少的一个条件，对创业活动来说尤其如此。哈佛商学院的霍华德·史蒂文森教授认为，创业就是突破条件的掣肘，创造新的资源组合方式，以开发识别到的市场机会。那么，究竟什么是资源呢？对于创业者而言，到底哪些要素才可以成为自己可以利用的创业资源呢？创业者又该如何获取和利用资源呢？这就是本章要重点探讨的问题。

📖 导入案例

首次创业：返乡创业，用科技打造白及第一县

苍溪地处四川盆地北缘，秦巴山南麓，珍稀中药材资源丰富。1996年，31岁的苍溪人蒋先直离开老家去成都发展，21年后事业有成的他却毅然回到家乡，依靠家乡的山区优势，积极探索中药材立体高效种植和生态无公害种植模式，公司长期接纳贫困农户务工，带动了山区群众收入的大幅增长。

1965年11月，蒋先直出生在四川省苍溪县。1996年，他离开家乡外出工作，先后任广东德力树脂总代理，四川省鞋业协会秘书长。在外生活的蒋先直，一直念念不忘儿时家乡大山里种类繁多的中草药，但他发现这些珍稀的野生中草药资源已经逐渐濒临灭绝。经过慎重的考虑，2017年他毅然回乡创办公司，在苍溪建立了珍稀中药材种植基地和濒危名贵中药材种苗繁育科研基地。他希望通过自己的努力，使苍溪成为名副其实的中药材之乡，为山区群众脱贫致富贡献智慧和力量。

蒋先直创办的四川苍药中药材有限公司，采取"公司+合作社+农户"的方式发展中药材种植3000亩，长期接纳贫困农户务工100多人，带动农户年增收16 000元以上。他积极探索中药材立体高效种植和生态无公害种植模式，创建了中药材川白及品牌，成为中药材产业领头人，为山区群众脱贫奔康贡献力量。

四川苍药中药材有限公司立足山区优势从事道地中药材、珍稀中药材品种选育和立体高效种植模式探索，立足生态中药材种植发展，走差异化科技支撑发展之路。

公司本着把中医药产业做大做强的思想,公司将按照"建基地备原料,搞加工增效益,活流通富百姓"的战略思想,一是要加速基地建设,三年建成示范基地5000亩,达到带动农户种植20 000亩的目标。二要强化科技支撑,加快科研示范推广,加强与大专院校和大型药企的合作。三要开展黄精、白及初加工及深加工,力争2019年年底至2020年年初上马白及牙膏、白及面膜、黄精茶加工生产线。

未来公司将带动农户发展珍稀药材10 000亩,建成年产值8000万元的加工厂,逐步成为省级龙头企业,使苍溪成为知名的中药材之乡,为山区群众脱贫奔康贡献智慧和力量。

公司在教科局科技股的指导下申报省市县级的科技项目,争取到国家重大科研扶贫项目等资金近百万元。在科研项目经费的支持下,公司扩大了种植示范规模,增加了科研项目的研究。充分利用科学种植技术,公司采用"四层立体林下高效种植模式":第一层种植皂角树、第二层在皂角树上寄生铁皮石斛、第三层种植红心猕猴桃、第四层种植白及和黄精,突破了传统种植模式,使一亩土地变多亩收入。在苍溪10个乡镇、13个村种植白及3000亩,建成了150亩育苗炼苗基地,建成了10个不同海拔区域1000亩科技实验基地,开展了6种栽培模式的实验园区,攻克了白及、黄精分苗技术难关,保护了珍稀濒危中药材。公司正在建设加工、检测、包装生产线,中药材文化产品展示中心,占地300亩的老鸦山药博园等;精深加工白及面膜(牙膏、饮片)、黄精保健酒(保健茶、含片),开发药果林花乡村旅游体验产品,发展康养产业;将通过团队协作大力发展白及产业深化拓展,建立白及地方产业名片。未来5年内,公司将带动全县及周边县区种植白及达到2万亩,产值达30亿元,将苍溪打造成为"全国白及第一县"。

(资料来源:"四川苍药中药材公司"做客《信用中国》http://www.jkb.com.cn/yzyd/2019/0301/448664.html)

案例评价

从蒋先直的创业故事中我们不难看出,创业资源对于创业的成功起着关键的支撑作用。蒋先直在返乡创业种植白及的过程中,拥有或获取了下列资源:①情感资源。他时刻心系着家乡的父老,眷恋着这片养育他的苍溪热土,这是他决定返乡创业的原始动力。②信息资源。他从未接触过白及,是在和朋友的闲聊中了解到了白及并萌生了种植白及的想法。③自然资源。地处秦巴山脉的苍溪县,拥有适合白及生长的沙壤土,是野生白及的重要原产地,近年大量农民外出打工,当地有大量的闲置土地。④市场资源。白及在中国中药药典中位列14位,是珍贵的中医药材,有广阔的市场空间。⑤人力资源。农村大量的剩余劳动力为白及种植提供了充足的劳动力资源。⑥政策资源。在大众创业万众创新的时代背景下,县委县政府号召有志之士返乡创业,并进行指导和帮扶,在土地流转政策等方面给予优惠。中国人做事情讲究"天时、地利、人和",其实讲的就是要占据各种资源。蒋先直正是拥有、把握和利用了这些资源,才走向了成功,并带领父老乡亲脱贫致富。

思考题

1. 已经成功创业的蒋先直先生,为什么还要义无反顾地返乡创业?
2. 进入一个全新的领域创业的做法是否值得推崇?
3. 当你占尽了所有资源,是否就意味着创业成功?

本章要点

- 创业者如何拥有整合和利用资源的能力。
- 在投资人眼中,什么样的新创企业才能吸引他们的关注并做出投资决策。
- 创业资源整合的形式。

学习目标

- 创业资源的含义。
- 创业资源的分类。
- 创业资源的获取。
- 创业资源的整合。

4.1 创业资源的含义

马克思在《资本论》中说:"劳动和土地,是财富两个原始的形成要素。"恩格斯的定义是:"其实劳动和自然界在一起它才是一切财富的源泉,自然界为劳动提供材料,劳动把材料转变为财富。"马克思、恩格斯的定义,既指出了自然资源的客观存在,又把人(包括劳动力和技术)的因素视为财富的另一不可或缺的来源。

可见,资源的来源及组成,不仅是自然资源,而且还包括人类劳动的社会、经济、技术等因素,包括人力、人才、智力(信息、知识)等资源。据此可以说,所谓资源,指的是一切可被人类开发和利用的物质、能量和信息的总称。它广泛地存在于自然界和人类社会中,是一种自然存在物或能够给人类带来财富的财富。或者说,资源就是指自然界和人类社会中一种可以用以创造物质财富和精神财富的具有一定量的积累的客观存在形态,如土地资源、矿产资源、森林资源、海洋资源、石油资源、人力资源、信息资源、流量资源、数据资源等。

当然,资源只能为企业创造价值提供潜在的可能性,并不能够保证企业一定会产生竞争优势并创造价值。这就需要创业者拥有整合和利用这些资源的能力,有效地管理这些资源,才能形成竞争优势并创造价值,促进新创企业成长。

在企业发展的任何一个阶段都离不开资源的利用,但是新创企业所需要的资源和成熟企业所需要的资源有着巨大的差别。在前面的学习中,我们已经了解了创业的含义。创业是指不拘泥于当前资源条件的限制下对机会的追寻,将不同的资源加以利用和开发机会并创造价值的过程。因此说,创业资源不同于企业资源,创业资源是指新创企业成长和发展过程中不断投入运作的所有资源。所谓新创企业,主要是指企业处于初创期和成长期,是创业者利用商业机会通过整合资源所创建的一个新的具有法人资格的实体,它能够提供产品或服务,其基本目标主要以获利和成长为主。

新创企业是处于发展早期阶段的企业,创业资源是新创企业在创业全过程(即创业企业机会开发和利用)中能够获得并投入企业运营的所有有形与无形的资源总和,是创业所依赖的资本,创业资源是新创企业不可或缺的基础,贯穿着整个生产经营始末。创业伊始,创业者需要判断是否具有所需的足够资源来开发创业机会,同时由于新创企业的高成长性需要更多的资源来保障，而后创业者还需对创业资源进行充分的整合以保障组织战略的执行，企业从创立到成长的发展过程中，一直伴随着从识别和获取所需的创业资源，到利用已整合好的资源撬动新资源，再到新的创业资源整合这样一个过程。创业资源对创业活动的意义不仅在于保证生产经营活动，还在于创业资源的整合能让企业获得竞争优势。创业需要各种资源组合以发挥效用，这就涉及对资源的分类、获取和整合的研究。

【案例4-1】

神奇的借力思维

今天的主人翁姓王，简称老王，他由于之前做生意亏本了，苦于囊中羞涩，手上只剩一张5万元额度的信用卡，思来想去，也不知如何重新开始。

某一天，老王在商业街寻找商机，这瞧瞧，那逛逛，看看有没有适合自己再创业的机会。

这时，他来到一家酒吧门前，酒吧门前广告板上醒目地写着："酒吧转让，有意者请联系。"老王找到了酒吧老板，问清楚情况之后，酒吧老板给出的转让价格是100万元。在回家的路上，他灵光一闪，闪出了一个收购酒吧的想法。

回到家之后，老王制订出了一套收购酒吧的商业计划书，第二天，老王再次找到酒吧老板，老王第一句话就把酒吧老板给镇住了。

老王说："老板，你昨天提的价格，我绝对不能同意！我决定用200万元收购你的酒吧。这么好的酒吧，装修都得好几百万元，100万元太便宜了。我不能给你100万元，我要给你200万元！"老板顿时惊呆了。

老王看着酒吧老板有点惊呆了，接着说："我不仅要给你200万元，这家店我还要给你20%的股份。以后亏了算我一个人的，赚了钱一起分。"各位，如果是你，这种好事干不干？你们肯定干了。

酒吧老板激动地握着老王的手说："大哥啊，你是财大气粗啊，都听你的！"老王说："只要你答应我两个条件，我就立马兑现。"酒吧老板急忙说："大哥啊，别说两个条件，一百个条件我都答应你。"

老王说："第一，从明天开始，所有营业收入都归我，当然了，钱还是放在公账上，等我把200万元全部给你之后，这些营业收入就真的归我了。"

酒吧老板说："什么明天啊，就今天开始，所有的营业收入也统统归你了。"

老王接着说："第二，给我半个月时间，把老顾客请过来，我来认识一下，顺便交交朋友。每天接待200人左右，来的人呢，随便吃，随便喝，全记在我账上。"酒吧老板一听连忙答应，然后，两个人签了一份合作协议。

酒吧老板本来已经转让了很久的店都没转出去。突然来了一个"王老五"，不知道有多乐。他把酒吧的全部员工召集起来，都介绍给了老王，然后把所有的交接工作都做好了，等着收那200万元。

在老王的精心安排和酒吧全体员工的配合下，酒吧开始把老客户邀约过来了（老客户一听，免费去酒吧白吃白喝，临走前还送一支价值998元的法国红酒，当然愿意去了）。

当天酒吧现场一共来了300多人，在狂欢热舞之后，老王出来讲话了："各位，在下是王某人，今天开始我是这家酒吧的老板，原来的老板还是我们的股东。今天呢，就算跟大家交个朋友，免费任吃任喝。"大家一听老王这么说话，纷纷都呼喊着，原来这么大方的人就是他啊。

老王接着说："各位，我们是××公司，准备收购全市的酒吧、夜总会，从而实现资本上市，现在有三大礼物要送给大家。"大家一听，有东西要送，顿时大家都竖起耳朵仔细地听。

老王说："第一个礼物，今天现场充卡2万元，酒吧再送你1万元，也就是充2万元得3万元消费额度用（在场的很多都是有身份的人，平时应酬也很多，经常来酒吧消费，刚好消费用）。第二个礼物，送给大家2万元的红酒，红酒送朋友、送亲戚、自己喝都可以。第三个礼物，再送给大家价值2万元的酒吧股份，第一年你如果退出，你喝的酒白喝，送的酒白送，如果你要退股的话，2万元一分不少地退给大家。如果你不退股的话，继续跟着我们干，第二年你可以拿到2.5万元，第三年可以拿到5万元。"

大家一听，顿时哗然，然后老王接着说："只限现场的人，明天立刻涨价到2.5万元。今天充钱立刻得到三大礼物。"

在酒精的麻醉下，加上现场的灯光、跳舞女郎、音乐的刺激作用下，大部分的人都纷纷刷了卡，交了钱，现场一片火爆。有的人买了一份，有的人买了两份，还有的人买了10份（股份自己留着，红酒送人，消费额度自己用或者招待自己的生意客户，将来股份还可以拿钱）。就这样，当天就销售了200份，每份2万元，一共收了400万元。

当天，老王就把答应酒吧老板的200万元给了酒吧老板。酒吧老板傻眼了，还可以这样玩。老王对酒店老板说："兄弟，这里还有你的20%股份呢，以后你就跟着哥混就行了。"

后来，老王一连搞了半个月，每两天一次，连续搞了七场下来，总共收得5000多万元现金。酒吧老板简直惊呆了，生意还可以这么做，自己做了20年的酒吧生意，还从来没有赚过这么多钱呢。对老王敬佩得服服帖帖的（正好酒吧自己还有20%的股份，算下来自己也得有1000万元了）。

就这样，老王用这种模式，一年之内，整合了全市的所有的酒吧、夜总会，总资产达到了8亿多，成了当地的该行业的龙头老大。

老王没有资金，却能用200万元买下酒吧；没有酒吧，却能整合全市的酒吧。你想明白了吗？到底是什么原因？

（资料来源：编者根据相关资料整理而成）

4.2 创业资源的分类

在4.1节中，我们探讨了创业资源的含义，在本节中，我们将一起了解创业资源的分类问题。基于过程的观点，蒂蒙斯认为在一个合适的时机，创业带头人及创业团队的任务就是反复探求更大的商机和资源的合理运用。实现创业三要素适度的平衡，充分强调适合和平衡，实际上，创业就是不断地投入资源以连续提供产品与服务的过程，尽管资源对创业的成败至关重要，但仅有资源并不足以获得成功，因为创业需要多种多样的资源，这就涉及对创业资源的分类研究。基于不同的视角，创业资源有很多种分类方法，我们根据要素在创业过程中的作用，可以把创业资源分为必备资源和可选性资源。在创业过程中必备资源是雪中送炭，而可选资源是锦上添花。我们主要从两种视角，投资人视角和创业者视角来介绍创业过程中的必备资源。

那么，在投资人眼中，什么样的新创企业才能吸引他们的关注并做出投资决策？大家知道，天使投资的估值一般在几千万元，也就是说天使投资人拿出几百万真金白银，去换取一个刚刚拿到工商注册的公司甚至还只是一个概念公司10%~20%的股份。这个时候的公司常常连成型的产品都没有，精明的投资人的这笔账到底是怎么算的？滴滴出行投资人王刚对此说得更加直白："在我看来，很多时候公司值多少钱，就是创始人值多少钱。"真格基金的徐小平也说道："我在投资的时候，不聚焦在某个领域，就是看人。""我们对优秀人才的投资不遗余力，即使不看好他们的商业模式，我们不理解，甚至不喜欢，或者知道这个项目不会成功。但假如我们喜欢这个人，感觉是一个优秀的青年人，证明了领导力，我们也会毫不犹豫地投他。"创业是验证一个假设的商业模式的过程，这种假设可能成立，但大多数时候不成立，因此商业模式的变化是常有的事。很多优秀的投资人选项目，首要考虑的往往不是商业模式，而是创始团队，尤其是创始人的综合能力。一个创业者能否洞察市场需求，能否理解消费者的心理，能带多少人，能扛多少事，能多快迭代，挫败后能站起来多少次等，决定了这个企业能走多远。在创业过程中，不怕神一样的对手，就怕猪一样的队友。一个新创企业的成长潜力与创业团队的优劣有着很强的关联，和充满变数的商业模式相比，创始团队的能力反而是容易衡量的。因为他们也是商业模式的设计者和执行者，因此投资圈有句名言"投资就是投人"。也就是说，在投资人眼中，对一个新创企业而言，人力资源（创业者及其团队）是最大的创业资源。

当然，创业者及其团队的能力最终将体现在创业项目上。因此投资人对人的关注，其落脚点是对创业项目的关注。然而在任何时代，绝大部分的创业项目却都只是平庸的、不值一提的，并且不靠谱的。事实上投资人投的不是项目，而是项目的预期收益。站在创业者的角度来说，我们可以搞穿戴设备、可以做手环、可以干TMT，但站在天使投资人的角度，这些基本上是不能干的。你做了之后，甭指望天使投资投你，在谁都知道可以做的时候，它已经没有质量了，你再去做的时候，尽管项目失败的可能性降低了，但创业成功的可能性也几乎是没有的，这就是平庸的创业。

天使投资人一般要投有点靠谱并且别人还没有看出来的项目，一个项目如果谁都能看出来，很靠谱，那么它基本上已经到了中后期。如果一看都知道这个项目不靠谱，基本上也不可能投。实际上一百个项目里面99%的项目是不适合天使投资人投的，因此在投资人眼中，有预见性且靠谱的创业项目资源是最核心的创业资源。投资人拥有的最大资源是资金资源和网络关系资源，他们关注的是新创企业有什么可以带来预期收益的创业资源，以便通过投资与之交换。只要创业者及其团队、创业项目等创业资源在投资人看来有带来预期收益的潜力，其他诸如资金、渠道等，在他们那儿都不是事儿。当然这并不是说投资人不看重新创企业的其他资源，在决定是否投资时，新创企业的市场资源、流量资源、数据资源、关系资源等都是重要的衡量指标，但这些都是通过创业者与创业项目的良性互动可以解决的。与投资人关注投资回报率不同，创业者关注的是哪些资源才能让新创企业活下去，很多时候支撑创业者坚持下去的往往是看不见摸不着的梦想。马云有句大家耳熟能详的话，"梦想还是要有的，万一实现了呢。"优米网创始人总编辑王利芬也说过："对于创业者而言，梦想不是一句口号，更不是矫情人生的装饰品，而是创业的深层理由，是创业中的矫正器，是创业航行中的灯塔，它看不见摸不着，但时刻主宰着你的人生"。可以说，对创业者而言，梦想是最宝贵的创业资源,梦想要照进创业的现实,就必须开发创意进行创新,否则只会陷入平庸创业。

孙陶然在《创业的36条军规》里指出,创新是创业最宝贵的价值,发现消费者的新需求,找到一种方法满足他们的需求,这就是创业的真谛。创始人的使命就是创新,每个成功企业都有一系列的创新,正是这些创新使企业的战斗力倍增,在竞争中脱颖而出。对一个企业而言,创新是无法复制的。因此创新是最具竞争力的创业资源。拟订一个切实可行的创业计划,是创业活动所必需的,因此,对创业者而言,有望成功的创业计划也是一类创业资源。显然,若无对创业活动的适当策划,亦无有望成功的创业计划,则难以凝结创业团队,难以吸引他人加盟,创业者自然无法走到成功的彼岸。由此不难看出创业计划是最具吸引力的创业资源。创业者最匮乏的是资金资源和市场资源,但在创业者那里,一个推动创业的梦想、一个具有创新的产品、一份有望成功的创业计划,这三个创业资源,是创业者自身的资源,是吸引和整合其他所需资源的前提。无论是投资人视角还是创业者视角,创业者(梦想团队)和创业项目(创意计划)都是创业活动的基础资源。可以说,创业者是创业之魂,而创业项目则是创业之根。一切创业活动都是创业者维持项目运转的过程。

我们可以根据对控制主体的不同,将创业活动所需资源分为自有资源和外部资源。自有资源的拥有状况将在很大程度上影响甚至决定我们获取外部资源的结果,自有资源可以帮助我们获得和运用外部资源,立志创业者首先要致力于扩大提升自有资源。外部资源就是创业者可以支配但是并不拥有所有权的资源,外部资源更多地来自于外部机会发现,而外部机会发现在创业初期起着决定性作用,利用外部资源可以降低创业失败的风险。在哈佛商学院教授霍华德·史蒂文森看来,创业者在企业成长的各个阶段都会努争取用尽量少的资源来推进企业的发展,他们需要的不是拥有资源而是控制这些资源。

【案例4-2】

《流浪地球》诞生记

2019年2月12日上午,春节档国产科幻片《流浪地球》的票房已超过24亿,且在继续攀升,保守预测将超过50亿。殊不知,这部电影的诞生是一个关于"希望"和"牺牲"的故事。1995年,15岁的郭帆看了卡梅隆导演的《终结者2》后全身血液沸腾,激动得一夜未眠,他在心里暗暗立志"我要成为一名科幻片导演"。

他高考报考北京电影学院结果没考上,被海南大学法律专业录取。对很多人而言,可能就此便放弃了梦想,但郭帆不甘心。"我当时问自己,到了80岁,躺在椅子上回忆时光时你会为放弃电影梦想而后悔吗?"我的答案是:"一定会。"为了年老时不后悔,郭帆买了一台摄像机,在大学时拍起了短片。

对于画画,郭帆极有天赋,其漫画作品屡获国际大奖,所以他从海南大学毕业后就开始了北漂生涯。凭借画画这门手艺,混迹于电影电视节目组,还在张艺谋的剧组工作过。北漂几年后,郭帆对电影行业有了一定的了解,于是他再次报考了北京电影学院导演专业。这一次,他成功了。2010年至2014年,郭帆执导了两部电影《李献计历险记》和《同桌的你》,这两部电影虽然没火,但帮郭帆拿了几个小奖,如富川国际电影节最佳亚洲电影奖、北京大学生电影节组委会大奖,他也因此入选新生代导演11人名单。关于这一段人生旅程,郭帆用"倔强"一词来概括,"我大学读的是法律专业,离电影很远,但我喜欢电影,所以想尽一切办法回归电影，我觉得这其实是一种倔强，倔强是我们真正成年的一个节点。"虽然执导了两部电影，但郭帆心里念念不忘的还是——科幻。他买了很多书，关于天体物理的，关于量子力学的。"没事就一点一点啃，为拍科幻片做准备。"

2015年电影局选了5名新生代导演去美国好莱坞学习，郭帆也在其中，这一趟学习之旅中，郭帆被震撼得瞠目结舌："中国电影工业跟美国电影工业相比，差距实在是太大了，其中差距最大的就是科幻片，我们还在骑自行车呢，人家已经开上法拉利了。"

在访学期间，郭帆问美国同行："你们看中国电影吗？"得到的答案都是："NO。"郭帆又在心里暗下决心："我要拍一部中国科幻片给你们瞧瞧。"

2015年8月23日世界科幻文学领域至高荣誉"雨果奖"公布，中国作家刘慈欣撰写的《三体》，斩获雨果奖最佳长篇小说奖。这也是亚洲人第一次获此殊荣，刘慈欣获得雨果奖后，很多中国人这才发现，"没想到我们中国也有世界级科幻文学作品。"电影人就此盯上了刘慈欣。

刘慈欣获得雨果奖后没多久，郭帆就接到了一个电话，电话是中影制片公司总经理凌红打来约他见面的，见了面，她摆出刘慈欣三部科幻小说：《流浪地球》《微纪元》和《超新星纪元》。然后说："你对哪一部有兴趣？"郭帆毫不犹豫地说："流浪地球。"凌红说："那你先弄弄看。"其实在找郭帆之前，中影已找过卡梅隆、阿方索、还找过吕克·贝松"希望这些名导来执导刘慈欣的作品。"但都被一口拒绝了，于是中影又找到几个国内的大导演，但也被一口否决了。他们认为中国目前还不具备拍出好科幻片的能力。迫不得已，中影这才找了郭帆，但郭帆只拍过两部小片，要名气没名气，要经验没经验。所以中影并没有马上决定让郭帆执导，而是让他"先试着弄一弄"。

哈佛大学做了一个调查，一个人的人生，一般会有七次机会决定人生走向。错过这七次机会，这辈子基本就波澜不惊了，但上天在赐予我们这些机会时，总是会设置一些门槛，如果你没有胆量去跨越，这些机会就会一溜而走。为了抓住"先试着弄一弄"这个机会，郭帆豁出去了，他自己垫资100万元，就运转起来了。他先找到北漂老友龚格尔，对他说："你做我的制片人吧！"然后两人干了一件很有意思的事情，天天去和中科院的科学家、物理学家、社会学家闲聊，并聘请其中多位做了学术顾问。两人到底想干什么呢？

先从电影《阿凡达》说起吧，科幻片《阿凡达》问世后，影评人曾提出一个问题：为什么中国人拍不出《阿凡达》？因为中国人拍电影不讲究"科学"。卡梅隆拍摄《阿凡达》时，先编制了一本《潘多拉星球百科全书》。为什么有些山可以在潘多拉星球悬浮？因为矿石含有常温超导物质。为什么潘多拉星球的磁场是紊乱的？因为附近有几颗别的行星。潘多拉星球应该长出什么样的植物、动物？动植物的形状必须符合这个星球的环境，潘多拉星球人的语言肯定跟地球人不一样，所以还得请语言学家为他们发明一种语言。

也就是说，卡梅隆构建了一个完全自治的新世界，《星际穿越》《指环王》也是如此。好莱坞在拍摄这些科幻片时，都构建了一套完全自治的逻辑体系，我们觉得卡梅隆的想象力真是厉害，其实不是，这些想象力不过是环环相扣计算的结果，"最高级的想象力其实是不自由的。"中国电影缺少这种不自由的想象力。

郭帆为什么要聘请这么多科学家，他就是想寻找"不自由的想象力"。

第一步：构建严谨的世界观。

因为《流浪地球》讲的是50多年后的事情。"50年后的自然环境应该是什么样子？50

年后的人类社会应该是什么样子？50年后的技术状况应该是什么样子？都必须一一设定清楚，细致到教育是什么？会有什么样的课程？都在讨论范围之内。"就这样，郭帆构建了一套世界观。

第二步：编制一百年编年史。

编制1977~2075年百年编年史。让大家了解整个事件是怎么一步步发生的。

……

2007年，中国建造500m口径球面射电望远镜。

2009年，付建明预测太阳100年内将发生氦闪。

2024年，付建明闯联合国总部，警告氦闪将摧毁整个地球。

……

2030年，世界各国向联合国释出部分军权，联合国向全世界公布"流浪地球"计划。

……

2034年，行星发动机研究成熟，由最具大型工程建造经验的中国政府主导建造。

2039年，第一组行星发动机启动，联合国计划在30年内让地球停止转动。

……

2061年，月球离开地月系统，飞向太阳系深处。

……

2065年，地球彻底停转，开始加速逃逸太阳系。

……

2075年2月19日，地球摆脱太阳公转轨道。

2075年4月24日，流浪的地球遭遇木星危机。

第三步：制定3000张概念设计图。

"50年后人类世界是什么样子？房间是否还有墙壁实体？文化娱乐是什么样子？各种汽车是什么样子……所有这些东西都要重新建立，不仅仅是文字上的表现，还需要变成具体的图像，只有把这个世界真切地描画出来后，编剧才知道你描绘的是怎样一个世界，他们才能够在这个基础上再去编故事。"为了把50年后的世界具象化，郭帆做了3000张概念设计图，"包括行星发动机、地下城、运载车等所有场景的细节构思，分镜头画稿则达到了8000多张。"

第四步：改编剧本。

《流浪地球》这部小说，原本讲的是这么一个故事：太阳即将发生氦闪爆炸，然后膨胀成巨大的红巨星，吞没太阳系所有适合居住的类地行星。为了躲避这场灾难，人类决定把地球改装成巨大的飞行器，逃出太阳系，寻找新家园。人类的逃亡分为五步：第一步，用地球发动机使地球停止转动。第二步，开动地球发动机飞出太阳系。第三步，在外太空继续加速，飞向比邻星。第四步，使地球重新自转，开始减速。第五步，地球进入比邻星轨道。成为这颗恒星的卫星。人类把这五步，分别称为刹车时代、逃逸时代、流浪时代Ⅰ（加速）、流浪时代Ⅱ（减速）、新太阳时代。整个移民过程持续2500年，如果将2500年都拍成电影，那电影容量就太大，事情就太庞杂了。于是郭帆决定大删减，只选取书中"经过木星"这一段内容，这段内容在小说中只有一千字左右，其实也没发生什么大危机，但郭帆决定将其改编成"木星危机"。

"地球将被木星引力捕获，于37小时4分12秒后撞击木星。"删繁就简，只取一勺，郭帆的这个脑洞真是绝了。

2015年年底，龚格尔先写了一稿剧本，郭帆看完后说："全球感、征途感、跨越感不够大气。"于是找来一帮编剧继续讨论，寻找这部片子的文化内核和精神内核。没多久，郭帆和龚格尔去了一趟美国，去和工业光魔聊特效的事情，这个做过300多部科幻大片的特效公司，听完郭帆介绍，吃惊地问了一个问题："为什么地球出现危机后，中国人不是逃离地球，而要带着地球一起跑？"郭帆想了想，回答说："我们买房子买的不是物理空间，而是一个家庭，里面住着父母、老婆、孩子，这个物理空间承载着我们所有的情感，中国人特别有家国情怀，即便发生了灾难、战争，很多人也不愿离开家乡，死也要死在那儿。"老外听完后说："挺中国的，很酷。美国大片都聚焦超级英雄，为什么你们这个片子没有，不是一两台发动机坏了，一个超级英雄去救援，而是5000台发动机坏了，5000个救援队去救援？"郭帆想了想，回答说："中国有一种精神，就是集体主义精神。讲究个人服从集体、局部服从整体，讲究大局、讲究牺牲、讲究合作，喜欢'集体主义办大事'。"老外听完后说："挺中国的，很酷。"老外的这两个"挺中国的，很酷"一下撞醒了郭帆的脑瓜，"这不就是这部片子的文化内核和精神内核吗？"回国后，郭帆跟编剧们一说，大家就以这两个内核为基础，重新构建和丰满起剧本来。

在没有合同没有承诺的情况下，郭帆和龚格尔自掏100多万元，就这样一干就是半年。他们从来没有想过一件事情，如果中影不满意，最后换人怎么办？他们就一个念头，"拼了老命也要抓住这次机会，拿出的成果越多，就越能打动资方。即便最后做不成，也不会遗憾。"

2016年4月，两人向中影汇报情况，中影的领导们看着世界观架构说明书，看着流浪地球100年编年史，看着3000张概念图、8000张分镜头，看着惊心动魄又充满中国味的剧本，眼泪不知不觉就淌了下来，第二天，郭帆收到通知："准备开始吧。"

然而，面对一个不知名的导演，面对这么一个中国科幻电影现状，中影的领导内心其实非常忐忑。为了进一步降低风险，他们找来万达影业和北京文化，一起共同投资了《流浪地球》，整个投入1亿多一点。其实，郭帆的压力更大，圈内人看到他，第一句话就是："如果你们成功了，中国电影从此就有了科幻片这一类型；如果你们失败了，我估计若干年内没人再敢碰硬科幻了。"

拍摄硬科幻电影非常耗钱，所以好莱坞投资一部片子，通常预算都是两三亿美元。而郭帆拿到的预算是1亿元人民币，相差十几倍呢，所以郭帆一开始就毅然决定，"不请昂贵的流量小生，把大部分钱花在场景、道具、特效上"。郭帆找的主演，都是二三四线演员，比如屈楚萧、李光洁。有的主演我们连名字都没听过，比如赵今麦，其中名气最大的演员，就是已处于退休状态的吴孟达。"最大限度地节约资金，就是想拍一部真正的科幻片。"节省下来的资金，郭帆用在了制作道具上，电影工业化标准化，正是中国电影和美国电影的巨大差距。

中国电影其实并不缺钱，"钱并不是工业化的标准，一整套分工明确的专业流程才是。"美国好莱坞拍电影都是可以量化拆分的，把电影拆分成一个个项目组，分门别类去对接道具、摄影、特效等工种。各工种各自高效地完成任务，美国好莱坞工业化到什么程度，连剧本都有统一格式、统一字号、统一行间距。

而中国电影在工业化方面，基本还是初级的刀耕火种。《流浪地球》整个片子拍下来，要制作10 000多件道具，"没有一件道具是市面上买得到的"。全部都要全新设计、全新制作，很多道具的设计极其复杂，一套宇航服要用1100多个零件，一个头盔的构造多达14层，"手工模型工艺根本无法完成，必须用工业工艺"。很多道具的造价极其昂贵，一件盔甲就要40万~70万元。

节省下来的资金，郭帆用在了制作场景上。拿到部分预算资金后，郭帆干了一件大事，租了最大的一个摄影棚，他要干什么呢？搭建地下城、冰原、行星发动机控制室、宇宙空间站。

"我要把能实景的全都做成实景。"这一实景，就实景了10万m^2，相当于一个大型小区了。场景的搭建极其精细，精细到什么程度？"像在峡谷里的有些挖掘机，我们在里面加上了安全标语。为什么要这么做呢？我们就是要弄得跟真的一样，这样它要被毁掉的时候，你才会觉得那里边有人，你才会真正地觉得心疼。"

演员屈楚萧在进剧组前，一直以为自己都将在绿幕前演戏，但他走进摄影棚后，被震撼得目瞪口呆。"片场能实景的几乎都实景了，不只是实景，还有使用过的痕迹，完全就像真实场景一样。"

节省下来的资金，郭帆用在了制作特效上。《流浪地球》最后的成片，一共有2003个特效镜头，郭帆本想全找美国公司做，飞去一谈，吓傻了。"一个S级的特效镜头，5~7秒就是20万美元，我们有2000个镜头，用不起。"没办法，大部分特效只好找中国公司做，价格虽然是低了很多，但就是需要翻来覆去地修改。"全片2003个镜头，每个镜头改100版很正常，最多一个镜头我们修改了251版。那段时间，我脑子里全是特效镜头，其他事一概都记不住，整个人跟傻了一样，非常痛苦。"

这样大量地消耗资金，1亿元很快就花光了。几个投资公司一商量，又增加了几千万投资，但很快又被郭帆花光了，没钱了怎么办？于是，一系列牺牲开始了，郭帆把全部身家900万元砸了进去，龚格尔把自己的车卖了，演员们自降了片酬，摄影指导刘寅自己花钱，买了几百万设备租给剧组，拍摄完成后没有团队需要，大概率还得砸在自己手里。

龚格尔在《电影制作手记》里说："我是头一次遇见给剧组搭钱的摄影。"剧组就这样又开始运转起来，可是没多久，钱又花光了。但此时只拍完了地面部分，天上"空间站"这条线还没拍呢！没办法，郭帆只好再次请求增加投资，但这一次，投资商产生了严重分歧，甚至在桌子上吵了起来。最后，万达影业决定撤资，万达一退，就更是雪上加霜了。空间站这一部分拍摄，剧组本想找一个大牌演员，"他的戏份不是男一号，但他愿意以自己的知名度带动项目，愿意为青年演员开路，同时只象征性地收一点点片酬。"

龚格尔询问了多位大牌男星，"碰了一圈，著名演员几乎都碰过，大家没有嘲笑我们，但是说得都很明确，中国科幻现在应该拍不了，我们对市场的掌握很熟悉，中国根本就没有这种机会。"这些大牌明星都不愿意来，没钱，请不到人，郭帆都有些绝望了，"没办法，只有放弃空间站这条线。"

"但放弃空间站这条线，整部电影就会逊色很多。"不甘心的郭帆，突然间想起了吴京，"京哥是个非常仗义的人，拍完《战狼2》后，声名正如日中天。"于是郭帆就找吴京喝酒，喝到酒酣耳热时，郭帆说："京哥，你帮我串场戏吧。"吴京看着满脸诚恳的郭帆，就像看到了当年倾家荡产拍《战狼2》的自己，于是一拍大腿就答应了。"今天我帮助你，以后你遇到执着追求电影艺术的人，你也要帮助他。"吴京原以为只是客串一下，没想到一客串就是一个月，"客串着客串着就成了主演。"

一个月后，郭帆厚着脸皮对吴京说："京哥，超支了，你能不能不要片酬。"吴京说："行。"拍着拍着，剧组彻底没钱了，眼看着剧组就要停转。这时，吴京站了出来，吴京在剧组待了一个多月后，被郭帆团队的精气神感动了。他掏出6000万元，又从主演变成了出品人，有人问吴京："电影拍烂了怎么办？"吴京说了这样一句话："即使拍烂了，也比没人拍强，其实，我们已经成功。因为有7000人参与了这部电影的制作，未来，这7000人就是中国科幻电影的种子。"

拍这部电影，演员们真是吃尽了苦头。几个主要演员所穿的服装，最轻的一套是60多斤，最重的一套是130多斤。这种衣服穿起来特别麻烦，穿好至少需要一个多小时。所以一穿好，演员们是不能脱下衣服休息的，要休息，只有两个办法：一是完完全全趴在地上，二是将自己挂在架子上。最麻烦的是内急，内急要上厕所怎么办？剧组就让演员们穿尿不湿，有位演员一开始打死也不穿，结果差点把膀胱憋坏了。

这些衣服实在是太重了，穿在身上行走非常困难。演员们经常走着走着就跪下了，一跪膝盖就会青一块。戴着头盔，呼吸非常困难，演员们经常拍着拍着就吐了，吐完又接着回来继续拍。最艰难的是65岁的吴孟达，他身体本来就非常不好，所以他拍摄的时候，救护车得在旁边候着。太苦了，达叔一开始有点后悔，"我65岁了，干吗还要在这里受这个苦，回去就哭……回家后会哭。"但拍摄了一段时间后，达叔也被整个剧组感动了，"能参演这部电影，值了。"

2019年2月5日，大年初一。《流浪地球》终于上映了，一开始，很多人并不看好这部电影，所以它的拍片量只排在第四位，远远落后于《疯狂外星人》《新喜剧之王》和《飞驰人生》。但电影一播出后，口碑就炸了。票房和排片，两天后双双逆袭至第一。观众和影评人这样评价："燃爆了，绝对是世界级的。""中国终于有了真正意义上的科幻片。""中国科幻元年就此启航。"这部片子甚至惊动了卡梅隆，他为此还写了两句祝愿："希望流浪地球的太空之旅顺利，祝福中国的科幻电影之旅好运。"

谈起拍摄《流浪地球》时的感受，郭帆说了这样一句话："中国的科幻电影没有前人铺路，一切都在摸着石头过河。所以，这次拍摄本身其实是一次冒险，在给未来所有中国科幻电影趟路。"但这次趟路非常成功，YouTube上有一条评论："当灾难来临的时候，美国人选择坐飞船离开，而中国人则想要拯救这个地球，他们想创造不可能完成的奇迹。"是啊，大家觉得中国电影工业化、标准化太差了，所以拍不了真正的科幻大片，但郭帆团队采用一种非常中国的方式，在有限的预算下，通过群策群力，自愿牺牲自己的个体利益，最终实现了超极限的拍摄质量。不仅从此开启了中国科幻电影的大门，也开启了中国电影工业化的大门。

2018年5月4日，拍完最后一场戏后，郭帆在通告单空白处写了几行字："如果你要拥有你从未有过的东西，那么你必须去做你从未做过的事情。"最后一幕戏杀青之后，剧组所有人先是笑了。"我们终于解放了。"但笑着笑着，大家都哭了，"我们终于完成了。"

B组导演郁刚看完成片站起来，挺直腰杆大喊："拍了这个电影，我能吹一辈子牛！"

（资料来源：编者根据相关资料整理而成）

4.3 创业资源的获取方法

创业需要很多各种各样的资源，如何才能高效获取这些资源，为自己的创业打牢基础呢？本节我们将了解创业资源的获取方法，帮助你分析现有的资源以及如何去获得更多的外部支持，协助你成功创业。

新企业刚刚创立，为了充分利用市场机会实现创业目标，此时需要大量的资源投入，所以拥有一个具有商业价值的创意并获得一个切实可行的创业计划，是创业活动所必需的。如果没有创意和有望成功的创业计划，则难以凝结创业团队，难以吸引他人加盟，创业者自然无法走到成功的彼岸。由此不难看出创业计划作为创业资源的重要性。另外，新创企业相应的组织建设需要的人力资源、工具设备或资产投资需要的启动资金、信息、市场、政策、营销网络与利益相关者建立稳定可靠关系的信用资源等，已经成为新创企业生存和发展的关键。尽管新创企业在创业过程中需要许多资源，但并不是所有的资源对企业都是重要的，在不同的发展阶段，企业对不同资源的依赖程度是不一样的，新企业与成熟企业相比具有不同的特点，从组织规模来看，新企业一般规模较小，从组织结构看，新企业组织结构简单，所有者结构单一、高度集权，团队成员具有同一性，组织职能不完善。从组织战略看，组织目标开始形成，短期关键目标是建立存货系统、财务管理系统、进行员工培训、资金获取和现金流管理。从资源需求来看，资金需求较大，但由于企业没有过去的经营记录，从银行获得贷款的可能性非常小，企业不但要寻找原材料、市场和各种其他支持，也要尽力降低风险和交易成本。

此外，企业还要面临各种各样的新问题，如资金和技术问题。从社会网络看，信息、技术、资金和物质资源的需求，需要企业与其他企业和支持机构建立外部网络来获取。对于大多数新企业来说，获得资金和其他外部资源是一项极其困难的工作，而且很多的创业企业从来没有得到它们需要的资源。新创企业的庞大资源需求与实际控制的有限资源之间往往存在着巨大的资源差距，面对这种差距，创业者首先想到的是如何获取外部资源。而事实上，新创企业的成功往往是从自身拥有的现有资源出发的。

许多关于新企业创建的故事宣称，创业伊始融资数百万，现金是创立新企业的必要前提条件。但 2004 年埃里希·赫斯特和安娜玛利亚·卢萨尔迪所发表的研究显示财富对于新企业的创建并不重要，大部分创业公司的启动资金的中位数是 22700 美元，其中将近 1/4 的创业者启动资金只有 5000 美元。事实上，世界上大多数企业都是在没有任何外部投资的情况下运行着，正如阿玛·百蒂所言："准创始人中绝大部分面临的最大挑战不是筹集资金，而是如何在没有资金的情况把事情办好的智慧和干劲。"没有外部投资就开始创业意味着你必须从顾客那里得到反馈和所需的现金，以及建立新的富有成效的伙伴关系，将他们稀少的资源投入到有价值的新的用途中。

斯图尔特·瑞德等在《卓有成效的创业》一书中指出，没有外部投资就开始创业是有利的，但我们毕竟需要一些投入以赋予企业实质性内容，这些投入来自于你自己、你的资源、你是谁？你知道什么？你认识谁？如果我们试图创建一家新的企业，我们就应该从我们自己手中所拥有的全部资源出发去思考问题。我是谁？包括个人特点、兴趣、能力等。我知道什么？包括教育背景、所受训练、专业知识、个人经验、有商业价值的创意、商业计划书等。我认识谁？结合这三方面的资源，创业者要开始思考都有哪些可能性，并付诸实施。

【案例 4-3】

听妈妈的话

　　芭芭拉·柯克兰经营着一个房地产帝国，总资产达到 40 亿美元，这样巨大的成功是建立在超过 20 份工作失败的基础上的。芭芭拉的秘诀是听取母亲的建议，在她的《运用你所拥有的一切》一书中列出了她所秉承的第一条原则，即利用你所拥有的一切。这是她在做女服务生的时候学到的，当时她深感生活毫无进展，死气沉沉。有一天她回到家，向母亲抱怨另一名女服务生总是十分受欢迎，因为她有自己所缺少的性感火辣的身材，母亲回答："总有一天你会懂得，利用自己拥有的全部，既然你没有丰满性感的曲线，为什么不在头发上绑条缎带呢，这样能展现你最甜美可爱的一面。"她照着母亲的话做了……

　　（资料来源：编者根据相关资料整理而成）

　　对于新创企业而言，不要去盲目追求你没有的，而应专注于你所拥有的。企业建立初期，资源约束是企业面临的主要障碍之一。为了让新创企业坚持下去，创业者在每个阶段都会问自己，怎样才能突破自身资源的限制，用更少的资源来获得更多的利益，并把握住这个商机。这就涉及获取外部资源的问题，从环境中寻求所需资源或从企业内部积累新资源是破解难题的重要方法。在一些情况下，即使企业能够识别出较好的机会，但是巧妇难为无米之炊，没有充足的资源作为支撑企业很难快速高效地开发创业机会，更为残酷的现实是缺乏资源不仅限制企业生存，而且限制新企业的成长。因而，获取资源对于新企业来说非常重要。其关键在于具有资源的使用权并能够控制或影响资源部署，外部资源获取的方式有三种：资源购买、资源吸引和资源并购等。

　　资源购买是指企业在创立过程中，为获得一些外部资源，通过市场用货币支付手段购入所需的资源。需要注意的是，诸如知识尤其是隐性知识等新资源很难通过购买获取并为企业所用，这些资源可能是附着在非知识资源（如引进的设备等物质资源）之上。资源吸引是指企业在创立过程中，通过制订完善的商业计划，绘制创业蓝图以及依靠创业团队的人格魅力，吸引投资者的投资或者社会大众的关注。资源并购是通过股权收购或资产收购，将企业外部资源内部化的一种交易方式。不过，资源并购的前提是并购双方的资源，尤其是知识等新资源具有比较高的关联度。具体而言，针对不同的资源需求可以采用下列方式来获取外部资源。

　　1）获取创业计划的途径。前面已经指出，有望成功的创业计划对创业而言是一个重要资源。实践表明，创业者可以通过以下途径来获取商业计划：①吸引他人以商业计划作为知识产权资本，加入自己的创业团队，成为未来创业企业的一个股东；②购买他人已有的创业计划，但应注意要进行理性甄别，并借助专家力量对该计划进行完善；③构思自己的创意，委托专业机构研究编制创业计划。

　　2）获取外部资金资源的途径。对于外部资金的获取，一般可通过以下四种途径获得：①依靠亲朋好友筹集资金，双方形成债权债务关系；②抵押银行贷款或企业贷款；③争取政府某个计划的资金支持；④所有权融资，包括吸引新的拥有资金的创业同盟者加入创业团队，吸引现有企业以股东身份向新企业投资参与创业活动，以及吸引企业孵化器或创业投资者的股权资金投入等。

3）获取项目起步所依赖的技术或人才途径。创业企业需要获取项目起步所依赖的技术或人才，其方式有：①吸引技术持有者加入创业团队；②购买他人的成熟技术，并进行技术市场寿命分析等；③购买他人的前景型技术，再通过后续的完善开发，使之达到商业化要求；④同时购买技术和技术持有者。

4）获取技术市场与政策信息的途径。一般而言，获取技术市场及政策信息的途径主要有：政府机构、同行创业者或同行企业、专业信息机构、图书馆、大学研究机构、新闻媒体、会议及互联网等。对于这些信息的获得，创业者可以根据自己的实际情况与各种方式的特点，选择一种或多种方式，尽可能获取需要的有效信息。

5）营销网络建设。产品要走向市场，换回用户的"货币选票"，要求企业拥有可靠的营销网络。一般情况下，新创企业可通过以下途径拥有未来的营销网络：①借用他人已有的营销网络，使用公共流通渠道；②自建的营销网络与借用他人营销网络相结合，扬长避短，使营销网络更适应于新创企业的要求。创业过程是循环迭代的过程，受信息和资源变化的影响，创业者也要不断地调整机会方向和创业资源获取的方式。

4.4 创业资源的整合

在前面的学习中，我们了解了新创企业应当从自身拥有的资源出发，并尽力获取外部资源。在现实生活中，一些新企业如奇虎360、百度、京东等在获得所需要的创业资源（如资金、技术或人才等）后，取得了骄人的业绩，然而也有一些新企业，如亿唐网虽在创业初期融资了5000万美元，并吸纳了5名哈佛MBA和2名芝加哥大学MBA等高端人才，但最终还是失败了。因此，我们要关注的问题是：为什么获取创业资源后有些新企业能提升其绩效，而有些新企业却不能？这还得从创业资源的整合说起。

对创业者来说，如何正确运用外部资源，是一种非常重要的方法，在企业的创立和早期成长阶段尤其如此。其中，关键的是创业者不仅要具有资源的使用权，更重要的是要能控制或影响资源部署。任何一个企业，资源再多也还是有限的，新创企业不仅应拥有资源，而且还要具备充分利用外部资源的能力，使各种创业资源能更多更好地为企业的发展服务。一些新创企业，典型的"三无"，无厂房、无机器设备甚至无自己的员工，但同样能生产出产品。当然并不是真正的没有，而是充分利用了社会上的闲置资源进行了虚拟研发、虚拟营销、虚拟运输以及虚拟分配等，有的企业进行脑体分离，企业仅拥有组织经营生产的人员、几间办公室而已，却利用外部的土地、厂房、社会上的技术人员、管理人员、劳动力、原材料等生产出大量的产品。因此，创业的本质就是资源整合。熊彼特所强调的"新的组合"本质上也是资源整合，所谓资源整合是在资源获取后，将所获取的资源进行绑聚以形成能力的过程，就是运用科学方法对不同来源、不同层次、不同结构、不同内容的资源进行综合、集成和激活，实施再建构，使个体资源与组织资源、横向资源和纵向资源、内部资源与外部资源、传统资源与新资源经过整合提升而形成新的资源体系。

资源整合并不是单项资源的简单加总。中国有个经典的故事，一个和尚挑水喝、两个和尚抬水喝、三个和尚没水喝。虽然资源总量在增加，但这种简单的相加并没有发挥出资源的整合效应，反而降低了绩效。而英国有句谚语则相反，一个人做生意，两个人开银行，三个人搞殖民地。只有各类资源有机结合在一起，相互作用，相互激活，才能形成"1＋1＞2"

的放大效应。因为资源在未整合之前大多是零碎的，未经系统化的，要发挥这些资源的最大使用价值，产生最佳商业效益，为企业带来利润，就必须运用科学方法对各种类型的资源进行综合、集成和激活，实施再建构，并将有价值的资源有机地融合起来，使之具有较强的柔性、条理性、系统性和价值性。

按照企业之间整合资源的方式不同，可以把资源整合分为三种形式：纵向整合、横向整合和平台式整合。

1. 纵向整合

纵向整合是处于一条价值链上的两个或者多个企业联合在一起结成利益共同体，致力于整合产业价值链资源，创造更大的价值。例如，在资源整合之前，花店从花农处采购鲜花，然后再卖给顾客，几十年来都是如此，但是这并不意味着它是最好的经营方式，某花店放弃传统的经营方式，而与花农和快递公司结成战略联盟，花店作为一个鲜花的订购中心，顾客到这里订购鲜花（可通过网络或电话订购），花店记录下顾客订购的花的种类和数量，以及顾客希望送达的地址和希望送达的时间，同时把顾客需要的花的种类和数量信息发给花农，通知花农准备鲜花，然后把顾客订购的花的种类和数量，以及顾客希望送达的地址和希望送达的时间等信息发给快递公司，由快递公司从花农处取得鲜花再送给顾客，花店通过与快递公司的合作整合快递公司的运输资源，把传统情况下的两方合作变成三方联盟，新的战略联盟大大扩展了生意量。每个参与方都获得了更多的收入，花农可以卖出更多的花，快递公司得到更多的生意，而花店得到更多的订单，并同时节省了运输成本，顾客也可以享受到更多的鲜花选择和方便快捷的上门送花服务，这都是传统的花店做不到的。

2. 横向整合

横向整合是把目光集中在价值链中的某一个环节，探讨利用哪些资源，怎样组合这些资源，才能最有效地组成这个环节，提高该环节的效用和价值。它与纵向资源整合不同，纵向资源整合是把不同的资源看作是位于价值链上的不同环节，强调的是每个企业要找准自己的位置，做最有比较优势的事情并协调各环节的不同工作，共同创造价值链的最大化价值。横向整合的资源往往不是处于产业链内，而是处于本产业链外的。

3. 平台式整合

不论是纵向还是横向资源整合，都是把企业自己作为所整合资源的一部分，考虑怎样联合别的资源得到最佳效果。而平台式资源整合却不同，它考虑的是在将企业作为一个平台的基础上整合供应方、需求方甚至第三方的资源，同时增加各方的收益或者降低各方的交易成本，自身也因此获利。阿里巴巴就是一个典型的搭建平台整合资源的例子，它整合了供应商和需求方的信息，打造了一个信息平台，供应商和需求商可以通过它交换信息互通有无，达到最佳的交易效果，而阿里巴巴则通过收取服务费而盈利。

荀子《劝学》中写道："登高而招，臂非加长也，而见者远；顺风而呼，声非加疾，而闻者彰；假舆马者，非利足也，而致千里；假舟楫者，非能水也，而绝江河。君子生非异也，善假于物也。"

【案例4-4】

看牛根生如何整合资源

牛根生就是"善假于物"的高手，他认为一个企业90%的资源都是整合进来的。牛根生1978年参加工作，成为一名养牛工人。1983年进入乳业工厂，从基层干起，直至担任伊利集团生产经营副总裁（同时也是伊利创始团队成员），成为"中国冰淇淋大王"。1999年他因各种原因离开伊利，那时他已经40多岁了，去北京找工作，人家嫌弃他年纪大，没有办法又回到呼和浩特，邀请原来在伊利的几个同事，一起出来创业从事老本行。人有了，但是面对的是三无的窘境，没有工厂、没有奶源、没有品牌，而这每一项都是致命的。为了企业的生存，牛根生开始整合资源了。第一个问题：没有工厂怎么办？他通过人脉关系了解到哈尔滨有一家乳制品公司，设备都是新的，但是生产的乳制品质量有问题，同时营销渠道这一块有没有打通，所以产品一直滞销。牛根生马上找到这家公司的老板说："你来帮我们生产，我们这边都是伊利的技术高层，负责技术把关。牛奶的销售铺货我们也承包了。"这位老板一听，马上答应下来，而且他们几个一起出来创业的伙伴也有落脚的地方，解决了生存的问题。

第二个问题：没有品牌怎么办？在乳制品这个行业，没有品牌很难销售，因为品牌代表着安全可靠。牛根生想到了借势整合，打出口号"蒙牛甘居第二，向老大哥伊利学习"。口号一出，让伊利情何以堪，却又哭笑不得，一个不知名的名牌马上跻身全国前列，牛根生不只是盯着伊利，而是把自己和内蒙古的几个知名品牌联系起来，说："伊利、鄂尔多斯、宁城老窖、蒙牛为内蒙古喝彩"。因为前三个都是内蒙古的驰名商标，自己放在最后，给人感觉就是内蒙古的第四品牌。牛根生整合品牌资源，迅速让蒙牛没有花一分钱就成为知名的品牌。

第三个问题：没有奶源怎么办？自己买牛去养，成本很高，也没有那么多人员去照顾。蒙牛整合了三方面的资源：第一个是农户，第二个是农村信用社，第三个是奶站。让信用社贷款给奶农，蒙牛担保而且蒙牛承诺包销。奶牛生产出来的奶由奶站收购，奶站保障蒙牛的奶源，蒙牛按时把信用社的钱还了，把利润又给了奶农，趁机喊出一个口号"一年养10头牛，过的日子比蒙牛的老板还牛"。

（资料来源：编者根据相关资料整理而成）

任何一个新创企业，资源总是有限的，这就要求企业必须充分挖掘自己的内在资源，同时整合别人的优势。当然，创业资源整合真正做起来也是非常不容易的，因为整合是各种创新的集成，是各种优势资源的集中与互补，是各种市场要素的配置与重组。资源整合是创造价值的一种重要手段和支撑，是创新理念和创新战略的有效推进和实施。同时，创业资源整合还是新的发展战略的关键，如果整合得不好，其后果是难以预料的。

本章要点回顾

- 资源只是为企业创造价值提供潜在的可能性，并不能够保证企业一定会产生竞争优势和创造价值。
- 企业从创立到成长的发展过程中，一直伴随着从识别和获取所需的创业资源，到利用已整合好的资源撬动新资源，再到新的创业资源整合这样一个过程。
- 投资圈有句名言"投资就是投人"，也就是说，在投资人眼中，对一个新创企业而言，人力资源（创业者及其团队）是最大的创业资源。
- 在投资人眼中，有预见性且靠谱的创业项目资源是最核心的创业资源。
- 自有资源的拥有状况将在很大程度上影响甚至决定我们获取外部资源的结果，自有资源可以帮助我们获得和运用外部资源，立志创业者首先要致力于扩大和提升自有资源。

■ 创业者在企业成长的各个阶段都会努争取用尽量少的资源来推进企业的发展，他们需要的不是拥有资源而是要控制这些资源。

■ 新创企业的庞大资源需求与实际控制的有限资源之间往往存在着巨大的资源差距，面对这种差距，创业者首先想到的是如何获取外部资源。而事实上，新创企业的成功往往是从自身拥有的现有资源出发的。

■ 创业的本质就是资源整合。

■ 按照企业之间整合资源的方式不同，可以把资源整合分为三种形式：纵向整合、横向整合和平台式整合。

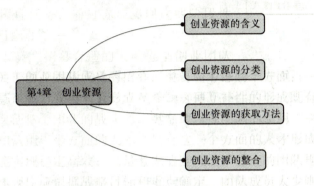

本章思考题

1. 创业资源的含义是什么？

2. 如何理解蒂蒙斯认为在一个合适的时机，创业带头人及创业团队的任务就是反复探求更大的商机和资源的合理运用？

3. 为什么说在投资人眼中，对一个新创企业而言，人力资源（创业者及其团队）是最大的创业资源？

4. 在企业成长的各个阶段，创业者如何争取资源来推进企业的发展？又如何控制好这些资源？

5. 新创企业生存和发展的关键资源有哪些？

6. 创业者怎样才能突破自身资源的限制，用更少的资源来获得更多的利益，并把握住这个商机？

本章参考文献

[1] 甘华鸣. 创新的策略通用方法指南 [M]. 红旗出版社, 1999.
[2] 张创新. 现代管理学概论 [M]. 清华大学出版社, 2005.
[3] 何建湘. 创业者实战手册 [M]. 中国人民大学出版社, 2015.

第 5 章
创业团队

📝 内容提要

俗语有云："三个臭皮匠，胜过诸葛亮"，这是在强调团队的重要性。在创业过程中，创业团队是创业项目的孵化者，对项目的运营起着关键性作用。创业团队该如何构建，在构建团队时应该注意哪些问题是值得重点思考的。

📖 导入案例

携程四君子

1999 年，互联网热潮席卷整个世界。和如今智能手机爆发之后移动互联网、物联网等领域出现的创业潮非常类似，不管是地铁车厢、街头巷尾还是酒吧茶馆，你总能听见大家要建个网站。季琦和梁建章也第一次有了做一个网站的想法。

季琦是个普通农民家庭的孩子，高考考到上海交通大学之后，他没有走常规的职业路线，而是受到了当时经商潮流的吸引，成了一个卖计算机的专业户。20 世纪 90 年代初期，正是计算机在中国普及的开端，季琦也成了计算机普及大潮中交大校园里骑着三轮车配送计算机，做计算机组装生意的一员，很快在几个月的时间里就赚到了几万元钱。

梁建章则不太需要通过卖计算机来获得人生价值的实现。他从小就有一个著名的称号：大头神童。13 岁那年他就利用计算机写了一个作诗的程序，被上海电视台报道；15 岁的时候他跳过高中，直接进入复旦大学少年班。一年后他考入佐治亚理工学院学习计算机，很快就读到了硕士，后来顺利地进入了美国的甲骨文公司工作。

按照德鲁克对公司核心团队架构的解读，早早就开始创业的季琦是那个开创者和行动者，而内敛、沉稳、理性又总爱用数字说话的梁建章是思想者。这两个人虽然背景不同，但对一件事是有着高度的共识的，那就是互联网最大的机会应该是在中国。

在有了创立一家网站的想法后，在那个风险投资还不盛行的时代，他们的第一反应是，应该再找一个有资金的人。这时候他们想起了一个共同好友沈南鹏，他是季琦的大学同届，又和梁建章在美国相识。

比起另外两个人，沈南鹏的背景毫不逊色。他中学的时候就获得过全国数学竞赛一等奖，后来进入了上海交通大学应用数学系学习。毕业后又考入美国哥伦比亚大学数学系，但很快他就觉得自己并没有真正的数学天赋，更多的是靠刻苦地做题和训练取得成绩。

于是，沈南鹏很快从哥伦比亚大学的数学系退学，不久后就出现在了耶鲁大学的商学院里。毕业之后，他成了中国最早一批进入美国华尔街的金融从业者，在花旗银行开启了他的职业生涯。沈南鹏在美国也早就感受到了互联网来临的大潮，所以季琦和梁建章找到他的时候，他迅速就答应了一起创建公司的提议。

于是，梁建章和季琦各出了20万元，各占股30%，沈南鹏出资60万元，占股40%，携程旅游网就这么成立了。

季琦、梁建章和沈南鹏组队之后，他们迅速意识到虽然团队三个人的性格和背景都非常互补，但团队里缺一个真正懂旅游的人。

范敏就是他们要找的人。1965年出生的范敏是四个人里面年纪最大，也是最低调的。他也是上海交通大学的学生，研究生毕业后加入了上海的老牌国企新亚集团，逐渐成长为新亚集团旗下上海大陆饭店的总经理。

一次偶然的机会，季琦听说了范敏这个人，发现他也是上海交通大学毕业的，做过旅行社，还在瑞士进修过酒店管理，觉得这就是他们要找的人。经过无数次的软磨硬泡，范敏心里的激情终于被唤醒，答应一起参与这次创业。至此，携程创业团队搭建完成。

"携程四君子"还有个小故事：

如果你现在去问顶级的投资人和最好的创业者，他们都会告诉你一个道理：兼职创业是绝对不能成功的，但携程恰恰违反了这个规律。

从1999年年中成立到2000年3月拿到第二笔450万美元的融资，这段时间，真正全职创业的只有季琦一个人，其他三个人都是兼职的身份。当时沈南鹏正在国际投行运作着上亿美元的项目，梁建章在跨国公司担任着高管，而范敏在国企里有着稳定的工作与家庭生活。季琦并没有对这种情况太介意，而是心甘情愿地担任起了开路先锋的责任。季琦说过："对他们来说，创业就是下海。而我自己就在'海'里，没什么可失去的。所以这个开路先锋，就应该我来做。"

后来，公司走出了初创期，需要更加精细化管理的时候，季琦在2001年又自动让位给了更加细腻、理性，更懂得现代企业管理的梁建章。而且2006年这样的故事又发生了一次，梁建章主动隐退，范敏开始执掌携程的帅印。

携程每次关键性的权力更迭都显得异常的平静。而且，携程也很早就开始了规范的企业管理：他们很早就建立了符合上市公司标准的薪酬委员会，还雇用了大量的会计把公司的账目做得非常清晰，同时合伙人之间的股权与利益也非常明确。可以说从上到下，携程的成功像是设计出来的一次完美计划。

最后一点可能更值得敬佩。携程的四位创始人：季琦、梁建章、范敏、沈南鹏，不但聚在一起做出了一家成功的公司，在公司成功之后的生活也非常精彩。

季琦后来又创办了汉庭，到现在已经发展成国内领先的华住酒店集团了。梁建章创业成功之后去美国斯坦福大学攻读了经济学博士学位，师从诺贝尔经济学奖获得者加里·贝克尔（Gary Becker），在人口学方面有着很深的造诣。范敏一直成功地带领携程成长，直到梁建章学成回来后重新担任CEO执掌携程。而沈南鹏则成了中国最成功的风险投资人之一，也是全世界最好的VC红杉资本的中国区掌门人。

（资料来源：玩业务团队一起从沟通开始 http://wemedia.ifeng.com/42498386/wemedia.shtml）

> **案例评价**

2015年，互联网创业非常火热的时候，Facebook 的联合创始人达斯汀·莫斯科维茨说过，现在创业界最大的一个问题就是，由于拿钱太容易，所以很多一流人才都开始自立山头，而不愿意加入别人的公司，而这样就降低了所有人创业成功的概率。找到属于自己的团队，和优秀的人一起抱团合作，很多时候也是提高成功概率的重要法则。

> **思考题**

1. 你在"携程四君子"身上发现了哪些特质促成了他们创业项目的成功？通过"携程四君子"创业案例，你可以总结出哪些创业者的特质？
2. 你认为，在"携程四君子"创业团队的创业过程中，四个人分别在不同的时期起到了什么样的作用？
3. 怎样的团队是优质的创业团队？什么是创业团队中产生出的"神奇的化学反应"？

> **本章要点**

- 创业者的客观和主观特征。
- 创业者能力素质测评。
- 创业团队的概念。
- 创业团队的分工。
- 核心成员所有权分配机制。
- 组建创业团队的原则。
- 创业团队组建流程。
- 创业团队的发展阶段。
- 创业团队组建过程的误区。

> **学习目标**

- 了解创业者的主要特征。
- 了解创业团队的基本构成、组织形式、组建流程。
- 了解创业团队的发展阶段。
- 理解核心成员所有权分配机制。
- 熟悉创业团队组建的原则方法和需要规避的误区。
- 掌握创业者人格特质测评工具的原理及其使用方法。

5.1 创业者

5.1.1 创业者的主观特征

在创业的过程中，创业活动与创业者是密不可分的，创业者自身所具备的素质特征及其拥有的社会特征将直接影响创业活动和创业绩效。因此，我们将针对创业者探讨以下三个层

次的问题:

第一,什么样的人可以成为创业者?什么样的人能够创业成功,并成为一代企业家?

第二,创业者应该具备什么样的能力,才能够最大程度上有助于企业的发展?

第三,如何培养创业者?如何培养其相应的能力?

1. 案例分析

要回答这三个问题,我们就要把关注的重点放在创业过程本身。接下来,让我们一起来看一个案例,这是彼得·德鲁克在《创新与企业家精神》这本书中记载的故事:

【案例 5-1】

这个故事的主角叫雷·克拉克。故事发生在 20 世纪 50 年代,克拉克是一个小商人,先是做过折叠床、床单、纸杯等各种小生意,后来转行卖奶昔制造机。有一天,克拉克发现一家位于加利福尼亚州的汉堡店购买了数倍于其正常需要的奶昔制造机。于是,克拉克驱车数千里,从美国中部跑到加利福尼亚州,看到了这家名为麦当劳的餐厅通过对快餐加工流程的创新,极大地提高了汉堡的质量和供应速度,克拉克敏锐地嗅到了商机,决定加入麦当劳公司。

当时麦当劳公司的创始人麦克唐纳兄弟只希望有一家自己的餐厅,可以被顾客喜欢,能实现盈利,他们就满足了,但对于克拉克来说,他要的是把麦当劳从小地方开到大城市,开遍整个美国,再开遍全世界。克拉克敏锐地注意到了美国社会结构和快餐业产业结构的变化。20 世纪 50 年代,第二次世界大战后大量的美国年轻人组成家庭,生育子女。人口结构的变化带来了对餐饮业的巨大需求。麦当劳以外的汉堡店通常环境比较差,点餐比较慢,服务态度比较差。克拉克认准了美国社会结构变化的机会,要把麦当劳快速推进到整个美国。为此,他抵押了自己的所有财产,全心投入。1961 年,他用 250 万美元买下了麦克唐纳兄弟的汉堡连锁店。

克拉克一开始邀请了一些高收入人群投资加盟麦当劳餐厅,但这些人只是出于财务目的,对麦当劳的发展并不关心。后来,克拉克在美国退伍军人、保险推销员等人群中物色了一些对改善家庭收入情况有紧迫感,对改善社区有责任感的年轻人,明确了每个人在麦当劳组织内的角色,很好地组织了每个麦当劳餐厅的管理团队。克拉克直到 80 多岁过世,一直担任麦当劳的总裁。直到去世前,他每周访问两三家麦当劳连锁店,检查产品品质、清洁卫生情况以及服务态度是否亲切友善,更重要的是,他观察来到店里的顾客,和他们交谈,并倾听他们的意见,他还给自己安了个头衔,叫公司的"营销良心"。

(资料来源:编者根据相关资料整理而成)

著名的管理学大师德鲁克评论,克拉克就是一位"把资源从生产力和产出较低的领域转移到较高的领域,并敢于承担一切相关风险和责任的人。"克拉克有前瞻性的思维,站得高,看得远。创业者要能够关注市场发展,建立团队,明确组织中每个人的角色。柳传志先生把这叫作"搭班子,定战略,带队伍"。

克拉克的创业故事,其实是无数创业者的缩影。正是这些不屈不挠、勇敢坚定的创业者们,为社会风貌描绘了光辉灿烂的一笔。分析他们各自的创业故事和个人特点,我们不难发现,创业者身上存有一些共性,比如心有猛虎,细嗅蔷薇;机智敏锐,果决能断;不惧困难,踏实刻苦;沉着冷静,坚定不移……如果能提取这些创业者的共有特征,或许我们在本章开篇提出的三层问题便逐步有了答案。

柳传志说，创业者应该具有四类特质，有这四类特质才能逐步走向成功：第一，目标高远，意志坚定；第二，心胸开阔，情商要高；第三，把企业利益放在第一位；第四，学习能力强，爱学习而且会学习。

而蔡文胜则提出，创业者必须具备的四要素是：第一，事业心，要把企业当作命根子来做；第二，境界和眼光，要比别人想得多、比别人看得远，具备一种比别人更高的眼光和境界；第三，心理素质，要做到百折不挠、处变不惊；第四，要有学习能力，以学习为生活方式，有及时复盘的习惯。除此之外，作为一个领军人物，舍小我为大家的胸怀也非常重要。

综上所述，能够成长为企业家的创业者，其核心特质大致可归纳为以下几点：

1）不甘平庸，心中自有宽广的梦想和证明实力的意气，不满足于"小富即安"。
2）紧跟先进，在企业则紧跟老板时刻能抓住机遇，在江湖则紧跟先辈多听多学。
3）多付出、多承担，有大胸怀和大格局，不计较一时得失，懂得吃小亏顾大局。
4）善于学习，能够动员自己的一切力量和优势获取资源，学习经验。
5）体力和精力极其充沛，能够承担创业路上高强度的工作，保证精力和体力。
6）在利己和利他之间寻求平衡，看到机遇的同时，不忘承担社会责任，回报社会。

2. 研究归纳

学界一致认为，创业者的主观特征包括人口统计特征（家庭、年龄、学历等特征）和个人能力素质特征两类，而学者研究发现后者对创业行为影响相较于前者要重要得多，因此在此重点介绍创业者应具备的个人能力素质特征。

对于创业者而言，有20项能力素质至关重要，其中15项为必要的能力要素（在图5-1中用星号标注），其他5项为补充能力要素，即能够加大创业者创业成功的概率的要素。按照核心素质模型，我们将20项能力素质分为成就特征、服务与助人特征、管理特征、影响特征、认知特征和个人特征六类，如图5-1所示。

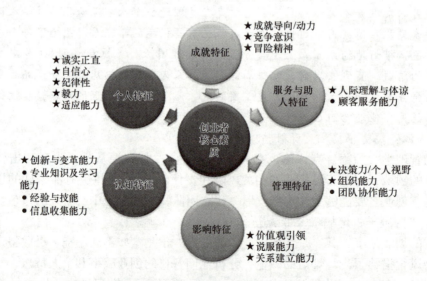

图5-1　成功创业者核心素质模型图

每项要素具体释义说明如下：

（1）个人特征

1）诚实正直：诚实守信，并坚持实事求是、以诚待人、行为表现出高度的职业道德。

2）自信心：相信自己能够完成计划中的任务，能够通过分析自己的行为来看到不足，并在工作中予以弥补。

3）纪律性：坚持自己的做事原则，严于律己，且表现出较强的自控能力。

4）毅力：明确自己的目标，并为之坚持不懈，即使遇到各种困难也不退缩。

5）适应能力：能够适应各种环境的变化，具备应对各种新情况的能力，且能够创造性地提出问题的解决方案。

（2）认知特征

1）专业知识及学习能力：熟练掌握并运用自己的专业知识，且不断地主动更新知识。

2）经验与技能：在业内具有卓越的声望和极具权威的专业技术技能。

3）创新与变革能力：能够预测五年甚至十年后的形势并创造机会或避开问题，并总是能够创造性地解决各种问题。

4）信息收集与处理能力：通过比较独特的途径系统及时获取有用的信息或资料，善于处理信息，从中发现机会、抓住机会。

（3）影响特征

1）价值观引领：通常以价值观来引导和影响团队，其行为方式也能集中体现组织所倡导的价值观。

2）说服能力：能够通过劝服别人，让他人明白自己的观点，并使对方对自己的观点感兴趣。

3）关系建立能力：保持经常的社会性接触。在工作之外经常与同事或顾客发展友好的个人关系，甚至家庭接触，扩大关系网。

（4）管理特征

1）决策力/个人视野：具有广阔的视野，能够在复杂的、不确定的或极度危险的情况下及时做出决策，决策的结果从更深远或更长期的角度看有利于企业的成功。

2）组织能力：有能力安排好自己的工作和生活，且使工作任务与信息条理化、逻辑清晰。

3）团队协作能力：对于团队的冲突和问题，能够采取有效的解决方法。

（5）服务与助人特征

1）顾客服务能力：能够与顾客发展稳定的相互信任的关系。

2）人际理解与体谅：了解别人的言行、态度的原因，善于倾听并帮助别人。

（6）成就特征

1）成就导向/动力：有努力工作实现个人目标的渴望，并且表现得积极主动。

2）竞争意识：愿意参与竞争，主动接受挑战，并努力成为胜利者。

3）冒险精神：敢于冒险，又有勇气面对风险与失败。

5.1.2 创业者的外力驱动

人们为什么要选择创业？除了自身对创业的渴望与激情、才干与能力以外，外力的推动也有很大的关系。驱动创业者选择创业的外力即是创业者所处的客观环境，是创业者开展创业活动的范围和领域，是创业者所处的境遇和情况。它是能够对创业者创业思想的形成和创业活动的开展产生影响和发挥作用的各种因素和条件的总和，可以分为以下几种表现形式：

1. 社会环境与自然环境

社会环境是指创业者所处的国家和社会的政治制度、经济制度、法律制度、思想文化、风俗时尚以及党和政府在特定历史时期的路线、方针、政策等方面的条件。自然环境是指创业者面对的地理、资源、气候等自然状况。社会环境和自然环境作为开展创业活动的宏观背景，它们的变化能对创业活动产生巨大的不可抵抗的影响。

2. 内部环境与外部环境

内部环境是创业组织内部各种创业要素的总称，如人员、资金、设施、技术、产品、生产、管理、运营等方面的情况。处理好内部关系，优化内部环境，是创业活动生存的根基。外部环境则是创业组织外部的各种创业条件的总称，包括社会的、自然的、政治的、经济的、合作的、竞争的、远处的、近处的形势和情况，对创业组织的发展具有广泛的影响力，是创业组织发展的保证。

3. 合作环境与竞争环境

创业的合作环境是指创业者对外扩张、寻求发展、建立协作伙伴关系的环境氛围，通常指相关行业、供应商、经销商、广告商、技术所有者、风险投资公司及新闻媒体等单位的情况。竞争环境是指创业者所处的行业状况，包括行业的经营思想、产品质量、技术力量、管理水平、营销政策等。合作环境与竞争环境是创业组织生存与发展极为重要的外部条件，任何创业活动都无法脱离这个环境而存在。

4. 生产环境与消费环境

生产环境是指创业者的资金转化为产品的过程所需要的各种因素，包括劳动力、生产设施、原材料、技术服务、动力供应、交通运输等状况。消费环境是指创业者的商品转化为货币的过程所需要的各种条件，包括特定地区人们的富裕程度、消费观念、消费水平、市场和竞争对手等方面的状况。

5.1.3 创业者能力测评方法

创业之前，许多人会产生怀疑：自己是否适合创业？是否具备成功创业者的能力和素质？还需要有哪些方面的改进和增强？本小节将介绍几种创业者能力测评方法，帮助创业者自我评估。

1. 基于创业者核心素质模型的创业者素质测评

基于创业者核心素质模型，我们选取其中15个关键要素作为创业者能力素质测评指标项，以便创业者对自己的能力素质进行自我测评。测试者可以进行两次自我测评，第一次测评，可以检测自己与成功创业者还有多大的差距；第二次测评通常在自己第一次测评后经历一定的创业实践之后再进行，例如创业半年后再测评一次，从而检测自己是否有进步。

测试者根据自身的实际情况，针对表5-1中的每一项说明进行评分，1~5分分别表示：完全不符合、基本不符合、一般、基本符合、完全符合。

开始测评：

表 5-1 基于创业者核心素质模型的创业者素质测评表

1. 成就导向/动力：有努力工作实现个人目标的渴望，并表现得积极主动。（   ）分
2. 竞争意识：愿意参与竞争，主动接受挑战，并努力成为胜利者。（   ）分
3. 冒险精神：敢于冒险，又有勇气面对风险与失败。（   ）分
4. 人际理解与体谅：了解别人言行、态度的原因，善于倾听并帮助别人。（   ）分
5. 决策力/个人视野：具有广阔的视野，能够在复杂的、不确定的或极度危险的情况下及时做出决策，决策的结果从更深远或更长期的角度看有利于企业的成功。（   ）分
6. 组织能力：有能力安排好自己的工作与生活，且使工作任务与信息条理化。（   ）分
7. 价值观引领：通常以价值观来引导和影响团队，其行为方式也能集中体现组织所倡导的价值观。（   ）分
8. 说服能力：能够通过劝服别人，让他人明白自己的观点，并使对方对自己的观点感兴趣。（   ）分
9. 关系建立能力：保持经常的社会性接触。在工作之外经常与同事或顾客发展友好的个人关系甚至家庭接触，扩大关系网。（   ）分
10. 创新与变革能力：能够预测五年甚至十年后的形势并创造机会或避开问题，并总是能够创造性地解决各种问题。（   ）分
11. 诚实正直：诚实守信、实事求是、以诚待人，行为表现出高度的职业道德。（   ）分
12. 自信心：相信自己能够完成计划中的任务，能够通过分析自己的行为来审视自身的不足，并在工作中予以弥补。（   ）分
13. 纪律性：坚持自己的做事原则，严于律己，且表现出较强的自控能力。（   ）分
14. 毅力：明确自己的目标，并为之坚持不懈，即使遇到各种困难也不退缩。（   ）分
15. 适应能力：能够适应各种环境的变化，具备应对各种新情况的能力，且能够创造性地提出问题的解决方案。（   ）分

创业者素质测评总结与改进方案如表 5-2 所示。

表 5-2 创业者素质测评总结与改进方案

第一次测评结果总分：
第二次测评结果总分：
测评总结与改进方案：我已经具备的素质：　　　　　　　　我还不具备的素质：
　　　　　　　　　　　　　　1.　　　　　　　　　　　　　　1.
　　　　　　　　　　　　　　2.　　　　　　　　　　　　　　2.
　　　　　　　　　　　　　　3.　　　　　　　　　　　　　　3.

2. 基于 RISKING 素质模型的创业者素质测评

（1）关于成功创业者的 RISKING 素质模型　RISKING 是指创业者所必需的七大要素，即资源（Resources）、想法（Ideas）、技能（Skills）、知识（Knowledge）、才智（Intelligence）、关系网络（Network）、目标（Goal）。首字母构成"RISKING"一词，刚好是"风险"的意思，体现创业的风险性特征（图 5-2）。具体释义如下：

1）资源（R）：资源主要指创业所必需的人力资源、物力资源、财力资源、项目资源等。

2）想法（I）：想法主要指具有市场价值的创业想法，能在一定时期产生利润。应具有一定的创新性、可行性和持续开发与拓展性。

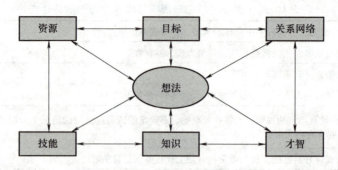

图 5-2 RISKING 素质模型框架图

3）技能（S）：技能主要指创业者所需的专业技能、管理技能和行动能力等，如果个人不完全具备，但团队之间能形成技能互补，也是不错的技能组合。

4）知识（K）：知识主要指创业者所必需的行业知识、专业知识以及创业相关知识，如商业、法律、财务等知识。良好的知识结构对创业者的视野开拓、才智发挥具有很高的价值。

5）才智（I）：才智主要指创业者的智商和情商，具体表现为观察世界、分析问题、思考问题和解决问题的能力。

6）关系网络（N）：创业者需要良好的人际亲和力和关系网络，包括合作者、服务对象、新闻媒体甚至竞争对手。善用资源者，通常都能够较强地调动资源的深度和广度。

7）目标（G）：目标主要指明确的创业方向和目标、精准的市场定位。

（2）基于 RISKING 素质模型的创业者素质测评　本测评表（表5-3）基于 RISKING 模型的七要素设计而成。

测试过程中，测试者根据自身的实际情况，针对以下每一项说明进行选择填空。在每一题目后的（　）中填入 A、B、C、D、E（分别表示：A. 很不符合；B. 不太符合；C. 不确定；D. 比较符合；E. 非常符合）。

开始测试：

表 5-3　基于 RISKING 素质模型的创业者素质测评表

资源	1. 我能够挖掘理想的合伙人或经理人，雇佣理想的专业人员和员工。（　）
	2. 我拥有雄厚的资金和稳定的财务系统，至少可以保证企业第一年的正常运营。（　）
	3. 我通过合理的途径以自己能够接受的成本募集资金，以获得充沛的资金流。（　）
	4. 我可以获得对自己有利的物资来源，如原材料等，并能够很好地控制它们。（　）
想法	5. 具有丰富的想象力，并能把这些想法准确而生动地表达出来。（　）
	6. 我的想法通常比别人有价值，更具有创造性。（　）
	7. 我的想法通常并不是天马行空、泛泛而谈，而是切实可行的。（　）
知识与技能	8. 对即将涉及的领域，我有很好的专业背景和技术。（　）
	9. 我了解该行业目前的市场运作和竞争水平，并熟悉相关的法律政策条文，做好了充分准备。（　）
	10. 我具备管理经验，并擅长组织活动。（　）
	11. 我眼光长远，更加看重持续发展而不是短期盈利。（　）

(续)

才智	12. 每天早晨我都是怀着积极的态度醒来，感觉今天又是崭新的一天。（ ）
	13. 我知道如何控制自己的生活、性情和脾气，并做到自律。（ ）
	14. 当我开始创业时，我的家人能够理解我的不自由状态并支持和鼓励我。（ ）
	15. 当我失望时，我能够冷静地处理问题而不是逃避放弃，并能以积极的状态重新投入到工作中去。（ ）
	16. 我留心观察周围的事物，注意细节性问题，把握身边的契机，并善于把不利局面转化为机会。（ ）
	17. 我更倾向于主动地去把握和解决问题，而不是被迫陷入被动。（ ）
	18. 我不是一个风险规避者。（ ）
关系网络	19. 我喜欢合作胜于凭一己之力完成工作。（ ）
	20. 别人认为我是一个值得信赖的人，并且充满活力，积极向上。（ ）
	21. 我善于和陌生人打交道，而不是仅限于熟人圈内。（ ）
	22. 我具有影响他人的能力，并使人信服。（ ）
	23. 我善于向媒体公众推销自己的公司，吸引别人的注意力。（ ）
	24. 我能够和上下游行业保持紧密的合作关系，相互扶持，共同发展。（ ）
	25. 我能够同利益相关团体（如民间及政府机构、金融机构）形成良好的关系。（ ）
	26. 我同行业内的竞争者更容易实现竞合而非竞争。（ ）
目标	27. 与为别人工作相比，我更渴望有一份自己的事业。（ ）
	28. 我有一个很明确的创业目标，并可以为实现这个目标而奋斗，即使需要付出一定的代价。（ ）
	29. 我有勇气和耐心去实现这个目标，即使需要承担风险。（ ）
	30. 我有信心最终完成这个目标。（ ）

（3）测评结果统计与说明　测试完毕后，按照所选答案分别统计出A、B、C、D、E五类选项的数目，其中选项最多的那类就是创业者所属的类型。各类型的特征及创业建议如下：

A——你不适合创业或根本就没想过创业。你倾向于规避风险，喜欢安定的生活，并且不善于利用自己的网络去开拓事业。你的生活圈子只局限于你所熟悉的那个圈子，因此更适合做一个普通的上班族。

B——你有创业的意识但是不愿意创业，在风险与安稳之间你更倾向于后者。

C——你具备一定的创业素质，但是由于缺乏信心致使你未能认清自己的这种能力。或许也可以说，外界的影响力经常会左右你的选择。

D——你适合创业且比较符合创业的要求，你所需要的是一种守业的能力，来保证公司的长期发展和完善。同时，你仍然还需要不断地完善自己，使别人更加信赖你，增强你的个人魅力。

E——你非常适合创业和守业。如果你能全身心地投入到一项激动人心的创业事业中，效果会更好，收益也会更多。但是，并非所有人都适合做企业家，即使恰好具备这些素质，你仍然不能忽略他人的帮助、团队的力量，并应不断开拓自己的视野，坚持学习，持续提升自己的能力和素质。

【案例5-2】

1963年9月13日星期五，刚刚失去丈夫的玫琳凯·艾施在美国得克萨斯州达拉斯市的一个约 46m² 的店面里以自己的名字命名了一家新公司,开始了化妆品的销售业务。这是一家只有 2 名职员和 9 名美容顾问的小店,直销的化妆品来自于玫琳凯从自己的美容师手中买下的一种美容配方。

公司开张伊始,玫琳凯就提出了与众不同、特立独行的理念。她致力于为广大妇女提供前所未有的经济独立,以及个人发展和个人成就的机会。"你要别人怎样对待你,你也要怎样对待别人"是她的黄金法则,"信念第一、家庭第二、事业第三"的生活优先次序也是她一直大力提倡的;同时,她还用"你能做到"的精神来激励其他女性加入自己的事业。玫琳凯的理念让她的事业腾飞了,她所提倡的法则也迅速传遍了全世界。

除了人生哲学,玫琳凯还对传统的化妆品销售方式进行了改革。她培养自己的美容顾问为消费者提供面对面的专业美容和皮肤保养指导。美容顾问帮助顾客免费试用产品,了解适合自己肤质的品种后再决定是否购买。这样的客户关系管理模式使顾客不仅能够获取皮肤和彩妆方面的知识,更能够与美容顾问建立友谊,享受细心、周到、完美的服务。

相比那些传承百年的大型公司,在短短 42 年间,玫琳凯将一家 46m² 的小店发展成了一家业务遍布世界 34 个国家及地区、年营业额达数 10 亿美元的大型化妆品跨国企业集团,并在全球拥有一支超过百万人的美容顾问队伍和逾千万名忠实顾客。这一切,靠的是她自己坚定的决心、努力的工作以及无私的奉献精神。更重要的是,无数的妇女在玫琳凯的激励下成了小型企业经营者。在玫琳凯自创的管理风格下,她以不断的精神鼓励及物质报酬来提升妇女的自尊和自信,将她个人的梦想变成了美国商业史中最成功的故事之一。

(资料来源:编者根据相关资料整理而成)

5.1.4　创业者的社会责任与创业伦理

创业并不是一时兴起,其过程也不会一帆风顺、水到渠成,对于创业过程中出现的问题和面临的挑战,创业者要有承担责任的勇气,这是对自我以及企业的责任。除此以外,创业者还应在创业的过程中积极承担社会责任、遵守伦理道德,这也是成功创业者必须具备的基本素质要求之一。

企业社会责任(Corporate Social Responsibility,CSR)是指企业在创造利润、对股东和员工承担法律责任的同时,还要承担对消费者、社区和环境的责任。企业所承担的社会责任,要求企业必须超越把利润作为唯一目标的传统理念,强调要在生产过程中对人的价值的关注,强调对环境、对消费者、对社会的贡献。具体可以描述为以下几点:

1. 经济责任

企业应该承担并履行好自身的最基本责任——经济责任。最直接地说就是盈利,尽可能扩大销售,降低成本,正确决策,保证利益相关者的合法权益,不仅对利益相关者的资金安全和收益负责,也有责任向他们提供真实、可靠的经营和投资方面的信息。例如,诺基亚打造的"星网绿色产业链",将公司各部门及供应商集聚在开发区 1km 范围内,不但降低了交通工具的二氧化碳排放量,减少了原材料包装物的使用,更降低了会议差旅、原材料及零配件的运输成本。

2. 法律责任

创业者及其企业应该遵纪守法,扮演好社会公民的角色,自觉遵守所有的法律、法规,包括环境保护法、消费者权益法和劳动保护法等。带头诚信经营,合法经营,维护市场秩序，保障消费者以及人民群众的利益，并带动创业团队所有成员、企业所在的社区等共同遵纪守法，共建法治社会。例如，伊利集团探索出一套践行社会责任的完善系统——"健康中国责任体系"，就成为食品行业可供参考的责任标准。

3. 伦理责任

这是社会对企业的期望。具体表现在：

（1）对员工的责任　企业必须考虑雇员的地位、待遇和满足感。在全球化背景下，劳动者的权利问题得到了世界各国政府及各社会团体的普遍重视。20世纪90年代，美国著名的牛仔裤制造商 Levi-Strauss 在类似监狱一般的工作条件下使用年轻女工的事实被曝光后，为了挽救其形象，推出了第一份公司社会责任守则，随之一些跨国公司为了应对激烈的全球化竞争，也纷纷效仿。

（2）对资源环境和可持续发展的责任　工业文明在给人类社会带来前所未有的繁荣的同时，也给我们赖以生存的自然环境造成了灾害性的影响。企业应当承担起建立可持续发展的全球经济这个重任，进而利用这个历史性转型实现自身的发展。蒙牛集团将"绿色"融入生产经营的每一个环节，2011年在国内首创包装"有偿回收"，成功激活了"有偿生态"模式，激发了公众参与环保的热情；北京双娃乳业有限公司引进良种苜蓿，改进牧草品质，对呼伦贝尔10万亩草原进行改造建设，对保护东北、华北地区的生态环境起到积极作用。

（3）企业的慈善责任　教育、医疗、卫生、社会保障等事业的发展直接关系人民的最直接利益，更关系到和谐社会的构建和维护。美国亿万富翁沃伦·巴菲特将自己85%的资产捐出做慈善事业，李嘉诚也将自己1/3的资产捐出做慈善事业。茅台集团连续26年捐助巨资支持希望工程，成为"希望工程圆梦行动"捐赠金额最大、资助学生最多、覆盖面最广的爱心企业。在2008年年初的冰雪灾害和5·12汶川大地震中，伊利集团冲到了企业救灾的最前沿，从千里空运物资抗击冰雪灾害到第一时间成立国内企业首个救援抢险专队，启动伊利社会责任应急预案，在2小时之内紧急调配第一批物资支援灾区，以及在其后承诺将持续关注地震灾区所有孤儿，为他们无偿提供18周岁之前的乳制品。大强度的救灾行动、迅速的反应考验了伊利集团应急机制和动员能力。灾后安抚、重建工作展现了伊利对公益的深刻理解，对责任的不懈坚持。创业者和企业，作为国家、社会的一分子，积极承担慈善责任，不仅有助于增加企业和个人声誉，树立企业品牌，为企业带来无形的道德资本，扩大企业的经济利益，更是一种富有人性、同情心的体现，在社会中传达了一种关怀、仁爱的理念。

5.2　创业团队

5.2.1　创业团队的概念理解

1. 创业团队的定义及要素

创业团队是指在创业初期（包括企业成立前和成立早期），由一群才能互补、责任共担、愿为共同的创业目标而奋斗的人所组成的特殊群体。

创业团队需具备五个重要的团队要素，即目标（Purpose）、人（People）、定位（Place）、权限（Power）、计划（Plan），简称5P。

(1) 目标（Purpose） 创业团队应该有一个既定的共同目标，为团队成员导航，引导创业企业未来的方向。目标是将人们的努力凝聚起来的重要因素，在创业企业的管理中以创业企业的愿景、战略的形式体现。从本质上来说创业团队的根本目标都在于创造新价值。

(2) 人（People） 任何计划的实施最终还是要落实在人的身上。人作为知识的载体，所拥有的知识对创业团队的贡献程度将决定企业在市场中的命运。人构成创业团队最核心的力量。

(3) 定位（Place） 创业团队的定位，即团队通过何种方式同现有的组织结构相结合，从而创造出新的组织形式。它包括创业团队在企业所处什么位置、由谁选择和决定团队成员、创业团队最终应对谁负责，以及团队采取什么方式激励下属等。

(4) 权限（Power） 创业团队的权限，即团队成员的角色分配，具体是指要明确个人在新创企业中担任的职务、拥有的权利和承担的责任。现代企业中实行民主的管理方式较为普遍。

(5) 计划（Plan） 创业团队的计划，即制订成员在不同阶段分别要做哪些工作以及怎样做的指导计划。只有在计划的操作下创业团队才会一步步贴近目标，最终实现目标。

2. 创业团队的类型及各自的优缺点

从不同的角度、层次和结构，可以将创业团队划分为不同的类型。依据创业团队的组成者来划分，可以分为星状创业团队（Star Team）、网状创业团队（Net Team）和从网状创业团队中演化而来的虚拟星状创业团队（Virtual Star Team）。三种类型的创业团队及各自优缺点见表5-4。

表5-4 三种类型的创业团队及各自优缺点

类型	概念	优点	缺点
星状创业团队	团队中有一个核心人物，充当领队角色。一般在团队形成前核心人物已经有了创业想法。其他团队成员大多扮演支持者角色	① 组织结构紧密，向心力强 ② 决策程序简单，效率较高 ③ 稳定性较好	① 容易形成权力过分集中的局面，决策失误的风险大 ② 当成员与主导人物冲突严重时，往往选择离开
网状创业团队	由志趣相投的伙伴组成，共同认可某一创业想法，共同进行创业	① 成员地位较平等，有利于沟通和交流 ② 成员关系较密切，有利于达成共识 ③ 成员不会轻易离开	① 团队无明显核心，结构较为松散 ② 决策效率相对较低 ③ 冲突严重时容易导致整个团队涣散 ④ 容易形成多头领导的局面
虚拟星状创业团队	有一个核心成员，但是该核心成员地位的确定是团队成员协商的结果	① 核心成员具有一定的威信 ② 既不过度集权，又不过于分散	核心人物的行为必须充分考虑其他成员的意见，不像星状创业团队的核心主导人物那样有权威

3. 创业团队的价值

一般来说，一个好的创业团队能够创造并实现以下价值：

1）团队能提高机会识别、开发和利用的能力。
2）团队能提高新企业运作能力，发挥协同效应。
3）团队能为加强组织发展和管理工作提供独特的社会角度。
4）团队有利于营造更轻松愉快的心理环境。

4. 成功创业团队的特征

一般而言，成功的创业团队具有以下十大基本特征：
1）形成凝聚力与一体感。
2）团队利益第一。
3）坚守基本经营原则。
4）对企业的长期承诺。
5）成员愿意牺牲短期利益来换取长期的成功果实。
6）全心致力于创造新企业的价值。
7）合理的股权分配。
8）公平弹性的利益分配机制。
9）经营成果的合理分享。
10）专业能力的完美搭配。

5.2.2 创业团队的分工

团队组建时，需要根据团队类型及结构物色成员，实行分工协作。在团队中每名成员都扮演着不同的角色：有的人是团队的领导，有的人负责技术，有的人擅长协调团队内外关系。一个协作团队只有在具备了范围适当、作用平衡的团队角色时，才能充分发挥高效的协作优势。

按照贝尔宾团队角色理论[一]，一支结构合理的团队应该有九种角色，即智多星（Plant，PL）、外交家（Resource Investigator，RI）、审议员（Monitor Evaluator，ME）、协调者（Co-ordinator，CO）、鞭策者（Shaper，SH）、凝聚者（Teamworker，TW）、执行者（Implementer，IMP）、完成者（Completer Finisher，CF）和专业师（Specialist，SP），这九类角色分别负责行动导向（执行团队任务）、人际导向（协调内外部关系）和谋略导向（提供创意和专业技术支持）三类任务。团队成员必须清楚其他人所扮演的角色和任务，了解如何相互弥补不足，发挥优势。成功的团队协作可以提高生产力，鼓舞士气，激励创新。九种角色具体见表5-5。

表5-5 贝尔宾团队角色理论分类

类 型	角 色	优 势	劣 势
行动导向（执行团队任务）	完成者（CF）	坚持不懈、注重细节。保证团队的严谨和担当	不喜欢委派他人，而是更偏好自己来完成所有的任务
	执行者（IMP）	实用主义者，有强烈的自我控制力及纪律意识。执行力强，办事高效稳健	或许会因缺乏主动而显得一板一眼
	鞭策者（SH）	有进取心，性格外向，拥有强大驱动力。喜欢领导并激励他人采取行动，为团队带来动力和韧性	对人际不敏感，好争辩，可能缺少对人际交往的理解

○ 贝尔宾团队角色理论：剑桥产业培训研究部前主任贝尔宾博士和他的同事们经过多年在澳大利亚和英国的研究与实践，提出了著名的贝尔宾团队角色理论，即一支结构合理的团队应该由八种角色组成，后修订为九种角色。

(续)

类 型	角 色	优 势	劣 势
人际导向（协调内外部关系）	协调者（CO）	成熟、自信、值得信赖。能够凝聚团队的力量向共同的目标努力。他们拥有远见卓识，并且能够获得团队成员的认同和尊重，典型的人际导向型团队领袖	
	外交家（RI）	热情、行动力强、外向。善于和人打交道、谈判，并且善于挖掘新的机遇、发展人际关系、获取外部资源	没有他人的持续激励，他们的热情会很快消退
	凝聚者（TW）	性格温和、善于倾听、观察力强。能够防止摩擦，促使团队融洽，为团队带来高效合作和凝聚力	在面对危机时，往往优柔寡断
谋略导向（提供创意和专业技术支持）	智多星（PL）	独立、聪明、充满想象力。创造力强，充当创新者和发明者的角色。他们为团队的发展和完善出谋划策	可能不善于与那些气场不同的人交流
	专业师（SP）	专注、专业、偏内向、自我鞭策、甘于奉献。为团队提供专业知识和技能	很少有人能够一心一意钻研，或有成为一流专家的才能
	审议员（ME）	态度严肃、谨慎理智，具有批判性思维。具有战略眼光及卓越见识，在重大决策上善于在考虑周全之后做出明智的决定	

一般而言，创业初期，团队中不会九种角色都全部具备，但经过合理的分配与协调，一名成员可以身兼多种角色，不同成员之间也可以角色轮换。待企业发展成熟，一个结构合理、运行高效的团队也就形成了。

5.2.3 创业团队的组建和发展

1. 组建创业团队的原则

（1）目标明确合理原则　目标的明确性，能使团队成员清楚地认识到共同的奋斗方向是什么；目标的合理性，表明目标是切实可行的，这样才能真正达到激励的目的。

（2）互补原则　建立优势互补的团队是创业成功的关键。"主内"与"主外"的不同人才，技术与市场两方面的人才等都不可或缺。而每个人都是各有所长和所短的，只有当团队成员相互间在知识、技能、经验等方面实现互补时，才有可能通过相互协作发挥出"1＋1＞2"的协同效应，还能增强团队成员的交流与合作，增进团队感情。

（3）精简高效原则　创业初期企业处于逐渐发展阶段，资金、环境等资源有限，这要求创业团队人员构成应在保证企业能高效运作的前提下尽量精简。

（4）动态开放原则　创业过程充满了不确定性，这体现在团队中可能因为能力、观念、想法等多种原因不断有人离开，同时也有人要求加入。因此，在组建创业团队时，应注意保持团队的动态性和开放性，使真正完美匹配的人员能被吸纳到创业团队中来。

2. 创业团队组建流程

创业团队的组建是一个相当复杂的过程，不同类型的创业项目所需的团队也不同，创建步骤也不完全相同。一般来讲，创业团队组建程序如图5-3所示。

企业团队组建的主要工作：

(1) 明确创业目标　创业团队的总目标就是要通过完成创业阶段的技术、市场、规划、组织、管理等各项工作实现企业从无到有、从起步到成熟。总目标确定之后，为了推动团队最终实现创业目标，再将总目标加以分解，设定若干可行的、阶段性的子目标。

(2) 制订创业计划　在确定了一个个阶段性子目标以及总目标之后，紧接着就需要制订周密的创业计划来实现这些目标。创业计划是在对创业目标进行细分的基础上，以团队为整体来考虑的计划，创业计划确定了在不同的创业阶段需要完成的阶段性任务，通过逐步实现这些阶段性目标来最终实现创业目标。

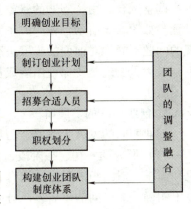

图 5-3　创业团队组建程序图

(3) 招募合适的人员　招募合适的人员也是创业团队组建最关键的一步。关于创业团队成员的招募，主要应考虑两个方面：一是考虑互补性，即考虑其能否与其他成员在能力或技术上形成互补。这种互补性的形成既有助于强化团队成员间彼此的合作，又能保证整个团队的战斗力，更好地发挥团队的作用。一般而言，创业团队至少需要管理、技术和营销三个方面的人才。只有这三个方面的人才形成良好的沟通协作关系后，创业团队才可能实现稳定高效；二是考虑适度规模，适度的团队规模是保证团队高效运转的重要条件。具体规模应根据战略目标和重点确定。团队成员太少则无法实现团队的功能和优势，而过多又可能会产生交流的障碍降低效率。人员规模适中有利于股权的分配、内部统一集中管理、达成一致及高效率地执行。

(4) 职权划分　为了保证团队成员执行创业计划、顺利开展各项工作，必须预先在团队内部进行职权的划分。创业团队的职权划分就是根据执行创业计划的需要，具体确定每个团队成员所要担负的职责以及相应所享有的权限。团队成员间职权的划分必须明确，既要避免职权的重叠和交叉，也要避免工作无人承担造成疏漏。此外，由于企业还处于创业过程中，面临的创业环境又是动态复杂的，不断会出现新的问题，团队成员可能不断出现更换，因此创业团队成员的职权也应根据需要不断地进行调整。

(5) 构建创业团队制度体系　创业团队制度体系体现了创业团队对成员的控制和激励能力，主要包括了团队的各种约束制度和各种激励制度。一方面，创业团队通过各种约束制度（主要包括纪律条例、组织条例、财务条例、保密条例等）指导其成员避免做出不利于团队发展的行为，实现对成员行为的有效约束、保证团队的稳定秩序。另一方面，创业团队要实现高效运作需要有效的激励机制（主要包括利益分配方案、奖惩制度、考核标准、激励措施等），才能使团队成员看到随着创业目标的实现，其自身利益将会得到怎样的改变，从而达到充分调动成员的积极性、最大限度发挥团队成员作用的目的。要实现有效的激励，首先就必须把成员的收益模式界定清楚，尤其是关于股权、奖惩等与团队成员利益密切相关的事宜。需要注意的是，创业团队的制度体系应以规范化的书面形式确定下来，以免带来不必要的混乱。

(6) 团队的调整融合　完美组合的创业团队并非创业一开始就能建立起来的，很多时候是在企业创立一定时间以后随着企业的发展逐步形成的。随着团队的运作，团队组建时在人员匹配、制度设计、职权划分等方面的不合理之处便会逐渐暴露出来，这时就需要对团队进行调整融合。由于问题的暴露需要一个过程,因此团队的调整融合也应是一个动态持续的过程。如图5-3所示,在完成了前面的工作步骤之后,团队调整融合工作专门针对运行中出现的问题不断地对前面的步骤进行调整直至满足实践需要为止。在进行团队调整融合的过程中,最为重要的是要保证团队成员间经常进行有效的沟通与协调,培养和强化团队精神,提升团队士气。

3. 创业团队的发展阶段

创业团队的发展大致要经历形成期、波动期、稳定期、成熟期四个阶段。

(1) 形成期　在这一阶段,创业团队的特点是成员间的个性大于共性,具有不同的动机和需求,对组织的目标也拥有各自的认识,非正式组织和非正式关系尚未建立,团队的规范不明确,成员间的矛盾多、分歧大、内耗严重。

因此,这一阶段的主要任务是:明确创业目标,制订创业计划,确定总目标和阶段性子目标,并获得成员认可;选择合适的组织结构,保证组织正常运营;进行角色分工和搭配,通过分工实现成员间的互补,使不同的角色在组织中发挥应有的作用,鼓励合作提高组织绩效;制定组织的制度体系,通过约束体制的建立规范成员行为,维护组织利益,通过激励奖惩体制的确立调动员工的积极性,将团队目标与个人目标结合,维护团队成员利益。

(2) 波动期　创业团队初步形成后,成员开始熟悉并逐步适应团队的工作方式,明确各自的存在价值。同时,团队隐藏的问题开始暴露,矛盾会层出不穷,这些矛盾主要来源于成员与成员之间、团队成员与环境体制之间及职权划分等各方面。

因此,在这一阶段,要让矛盾和分歧充分地暴露的同时,将各种冲突公开化,并对创业团队进行必要的调整。团队的调整融合是一个动态循环的过程,团队经过不断的调试直到矛盾解决,有利于团队尽快步入下一个阶段。值得注意的是,在这一阶段,需要保证团队成员之间的沟通和交流,确保沟通渠道通畅,加强协调与合作,保证团队的可持续性。

(3) 稳定期　在这一阶段,团队管理进入规范阶段,团队成员的任务和角色更明晰,有明确的组织目标,共同的愿景;成员对团队的认同感加深,成员间建立了非正式的合作关系,并开始尊重各自的差异,重视互相之间的这种依赖关系,合作成了团队成员间的基本规范。这个阶段的工作便是继续协调成员之间的竞争关系和矛盾,建立起和谐的合作模式。

(4) 成熟期　成熟期又称为高效运作阶段,是团队的收获期,团队成员开始忠实于团队,执行自己相应的角色,减少了对领导的依赖性,高效地完成工作。团队成员相互鼓励,相互信任,积极提供建议,并做出迅速反馈。

需要注意的是,团队建设的每个阶段都是有机联系的整体,要塑造一个有竞争力的团队,必须充分地设计规划好每一个阶段,只有在整个过程中抓好每一个环节的工作,才有可能建立起一个好的团队。

【案例5-3】

在企业的发展过程中,合伙人一直是一个十分重要的问题。知名企业家史玉柱曾经意味深长地说:"合伙人制是一个民主试验。"30年来,中国民营企业"合伙人"之间发生了太多的故事,从小农经济状态下的兄弟结义、夫妻同心,到有所成就之后的利益分配、股份上市。合伙人之间有成功的故事,也有利益纠葛带来的分崩离析。

知名中式快餐"真功夫"的一系列团队反目事件,就是由合伙之初股权不明晰的问题造成的。2014年春节刚过,"真功夫"创始人蔡达标一纸诉状,将潘宇海、潘敏峰、今日资本方华及真功夫餐饮管理有限公司,一并告上了法庭。蔡达标以"做出此决议的临时董事会程序不正当,且存在各被告恶意串通的情节,严重损害了原告蔡达标和公司的整体利益"为理由,请求撤销任命潘宇海为真功夫董事长的决议。真功夫内部的矛盾由来已久。2013年12月12日,蔡达标因经济犯罪案被广州市天河区人民法院认定职务侵占和挪用资金两项罪名成立,判处其有期徒刑14年,没收个人财产100万元;而将蔡达标告上法庭的,正是他曾经的合伙人、前妻潘敏峰与前小舅子、真功夫副董事长潘宇海。

与"真功夫"相似的故事,在30年的民营企业合伙人历史中实在数不胜数。曾经创造创业板最快上市"神话"的乾照光电,其创始股东于2013年年底终止"一致行动协议",这家上市公司也一度处于无实际控制人的危险状态。而仅在三年之前,乾照光电团队还齐心在交易所庄严而又喜悦地敲响了企业上市的钟声。

对于合伙人之间的分崩离析,北京企业研究所所长贺阳表示丝毫不觉奇怪。他说,对于一些企业而言,最关键的问题或许不是经营策略,而是当企业发展到某一阶段,合伙人因各种矛盾导致散伙时,以哪种方式散伙。

家喻户晓的新东方教育,即电影《中国合伙人》的原型,就有一段长长的团队分合变迁史。

最早的新东方学校,尽管名师汇聚,但缺少统一的管理制度。老师们各自为政,托福、GRE、雅思、GMAT,都被不同的阵营所控制。多开班就能多分钱,这样的大包干做法让抢课程、抢学生的现象在新东方屡见不鲜,犹如地方诸侯割据,场面十分的混乱。

在这样的激励制度下,虽然生产力得到极大地刺激,造就了若干二三十岁的青年百万富翁,但新东方的混乱状况逐渐到了无法控制的程度。包括俞敏洪在内的新东方早期管理层开始陆续将亲戚引入公司,公司内部也出现了所谓"四大家族"的家族化趋势。这种现状,让从西方留学归来、对规则极其看重的王强无法容忍。

之后的故事,新浪财经网的《中国合伙人的七年之痒:徐小平"闹革命"被赶出办公室》一文是这样描述的:"2000年,俞敏洪制定出一套统一战略,慢慢把权力重心从'地方诸侯'手上收回'中央',对学校进行股份制改造。但各方利益难以平衡,俞敏洪安抚了这个又得罪了那个,最后核心团队辞职的辞职、栽赃的栽赃、跳槽的跳槽、另起炉灶的另起炉灶,夺利争权到了白热化程度。有一次,俞敏洪得知徐小平竟然带领内部教师进行'革命',反对他的新政,心中愤怒不解,直接让人把徐小平的办公室占了。类似的冲突持续进行了四五年,最终以王强、徐小平淡出新东方收场。"

(资料来源:编者根据相关资料整理而成)

4. 组建和发展创业团队应注意的问题

(1) 团队功能要求　创业团队有自身的任务和目标,则应具备与任务和目标相关的功能。首先,团队的主要功能应完备,即团队成员职责及特长应能涵盖企业执行的基本方面:营销与销售、企业内部管理、技术和产品等;其次,各主要功能应协调,避免长板特长短板特短的情况,任何一方面功能的缺失或弱化,都会不同程度地影响企业的发展,严重的可能直接导致创业失败。

(2) 性格和年龄要求　为保证团队的整体协调,团队各成员间性格应能互补,年龄也应当互补。

性格有两种分类方法：激进、中庸、保守三类；力量型、和平型、完美型和活泼型四类。激进者有冲劲、想法多，但持久力稍弱，沟通中易急躁；保守者则更关注风险问题，耐久力强，但不易兴奋，对机会不敏感；中庸者则要扮演两者间的平衡器，调动保守者的激情和参与度，提醒激进者关注风险。团队里力量型者有助于公司冲锋，和平型者有助于团队空气湿润，完美型者有助于团队严谨和推进计划，活泼型者有助于气氛轻松和推广公司形象。

年龄和阅历、经验、行为方式、信任度以及社会资源都有重要的关系。一般而言，年轻者更有冲劲、更具创新性，年长者更稳重、执行起来比较不折不扣；年轻者容易盲目，年长者容易保守；年长者较年轻者更容易给客户或合作者信赖感；年长者的社会资源、客户关系资源也相对年轻者较多。

（3）资源要求　所谓资源，主要是指客户资源、资金资源，以及政府、行业、新闻等方面的资源。资源方面是创业时必须考虑的非常重大的问题，尤其是在目前各方面都不规范、融资难等状况下尤其重要。资源要求多多益善，互补原则在这里不适用，但长短板原则依旧适用。

（4）分配和退出机制的设置　所有权的分配在创业团队中尤其重要，另外在组建团队时也应考虑好成员的退出机制。这样既可以保障团队成员更安心、积极地为企业工作，又可以更好地保障所创立企业的长治久安，不至于因有关成员退出而元气大伤。国内很多企业创业期能共患难，但成功后分利不均，导致不能同甘而分崩离析、甚至反目成仇，还有很多企业因创业成员离开而蒙受巨大损失等，可能或多或少都与分配和退出机制不完善有关。

5.2.4　创业团队的相关问题

在创业团队的组建过程中存在很多误区，避免这些误区可以更有效地建设成功的创业团队。在此列举以下几大误区供参考：

1. 创业团队内部应该避免竞争

团队内部存在竞争并不意味着会降低团队的效率。事实上，在团队内部建立竞争机制，有利于激发员工的工作积极性。通过建立竞争机制，实现奖优罚劣，团队成员的创造性和主动性才会得到充分发挥，团队才可以长期保持活力和持久的动力；有利于进一步优化团队结构，可以在团队内部形成积极氛围，促进团队成员不断学习并提高自我；可以实现团队内部人力资源的优化配置，实现团队结构的最优配置，激发出团队的最大潜能。

2. 团队背景互相接近最好

组建团队的时候，一味地根据喜好和认同感吸纳团队成员，这样的做法是不明智的。团队核心成员的背景太一致，容易形成"核心圈子"，圈子之外的人，能力再强、位置再高也会觉得自己是外围。更重要的是，太封闭的团队，其生命力和适应性是有限的。前文提到，团队成员在性格、能力等各方面应该是互补的，这样的创业团队具备的功能才更全面。

3. 一开始就要组建一个豪华团队

创业初期，企业资金有限，组建团队时如果一开始就求全就好，不仅资金方面会遇到困难，还会遇到以下问题：团队成员背景过好容易增加不必要的内耗，如互相不服气，权力之争等；另外，团队太完善，设置了很多不必要的岗位，没有和企业的发展脚步相一致，也会产生不必要的损耗。

4. 创业团队的非正式关系胜于管理体制

团队中存在非正式的组织和非正式的关系，适度的非正式关系在团队中可起到润滑剂的作用，它可以调节成员之间的关系，促进合作、信任的团队环境的形成。但是，如果过分地强调团队的非正式关系，追求团队的亲和力，而忽视团队的规则和管理体制，会导致管理制度的不完善，或制度执行不力，最终影响团队成员的执行力，影响体制的贯彻执行和团队绩效的提高。因此，合理的制度制定在创业团队的建设中是必要的。

5.2.5 核心成员的所有权分配机制

所有权分配是对创业利益分配方式的约定，是维系创业团队凝聚力的基础。所有权分配机制的设置要求在公平和激励之间做出良好的权衡。首先，分配要体现出公平性，符合贡献决定权利的标准；其次，对创业成员要有一定的激励作用，让成员感到所分得的股权比例超出自己的预期，从而更加有动力为公司服务。

所有权分配机制的设置应遵循以下三项原则：

1）重视契约精神。
2）遵循贡献决定权利原则来分配所有权比例。例如，在考虑所有权分配的比例时，不能只依据出资额决定，还要考虑技术等的商业价值。
3）控制权与决策权统一原则。

【案例5-4】

以腾讯公司的创立为例。公司最初的形态是由马化腾与同学张志东"合资"注册的深圳腾讯计算机系统有限公司。之后，公司又吸纳了曾李青、许晨晔、陈一丹三位股东。这五位最初的公司元老，在腾讯成为如今的帝国时，还有4位依然在公司一线。在企业成长尤其是高速发展的过程中，维持创始人团队的稳定合作尤其不容易。对于腾讯的长期稳定，工程师出身的马化腾从一开始对合作框架的理性设计功不可没。从公司最初的股份构成上来看，5位创始人一共凑了50万元，其中马化腾出资23.55万元，拥有45.5%的股份；张志东出资10万元，拥有20%的股份；曾李青出资6.25万元，占12.5%的股份；其他两人各出5万元，各占10%的股份。虽然最初的主要资金都出自马化腾，他却自愿把所占的股份降到一半以下。马化腾认为，股权结构上，其他人的总和比自己多一点点，就不会形成一种垄断、独裁的局面。同时，他自己又一定要出主要的资金，防止公司出现没有主心骨和主要领导人的局面。如果各家平分股份，真正遇到问题时，就会有很大的麻烦。

（资料来源：编者根据相关资料整理而成）

5.2.6 原始股与期权的异同及分配机制

原始股是公司上市之前发行的股票。期权又称选择权，是一种衍生性金融工具，是指买方向卖方支付期权费（指权利金）后拥有的在未来一段时间内（指美式期权）或未来某一特定日期（指欧式期权）以事先规定好的价格（指履约价格）向卖方购买或出售一定数量的特定标的物的权利，但不负有必须买进或卖出的义务（即期权买方拥有选择是否行使买入或卖出的权利，而期权卖方都必须无条件服从买方的选择并履行成交时的允诺）。

二者的异同点比较见表5-6。

表 5-6 原始股与期权的异同点比较

名称	潜力值/灵活度	风 险 值	获利空间
原始股	潜力值：★★★★★ ① 股份价格没有体现二级市场流通性所赋予其的增值，定价基础很"原始" ② 原始股认购的价格一般都比较低，一旦上市一般可涨至几倍甚至几十倍	★★★★ ① 五大风险同时存在：投资决策风险；企业经营风险；资本市场风险；法律风险；执行风险 ② 有下行风险，持续降价的情况下，执行者会不断承担损失	★★★★ ① 未上市的公司盈利如果分红，股权持有者可享受相应比例的分红 ② 公司上市之后，股票可以公开卖出 ③ 股权不仅给予了持有者未来的价值，还把过去创造的价值也给予了
期权	灵活度：★★★★★ ① 各个因素都可设计（如何分期、行权价格、对转让的限制） ② 对任何人可以多次给 ③ 可以董事会/股东会授权预留一定数目期权，管理层在该范围内决定分给谁	★★★ ① 对于期权所有者，若公司不发展，股权长期不变，手中的股权会变得一文不值 ② 没有下行风险，股票跌到期权的行权价格，也就是事先与公司商定好的价格以下，期权的价格就成0，不会再降了 ③ 经营者的股票收益难以在短期内兑现，促使其更多关注长远发展，解决经营者短期行为	★★★ ① 公司潜在价值越大，期权的潜在价值就大 ② 被激励对象往往不重视短期小利，重视公司爆发增长后的巨大增值，主要用于如下特点企业：爆发增长性较强；有上市预期；增值空间比较大

分配机制：

一般公司股权分配原则（同时也是法律规定）是按投资数额与公司总股本的比例分配股权，对于公司的发起人可以通过协商配予10%的股权（干股）加以平衡。

在期权的分配机制上，市场上有一种通过系数管理的方法。经纬中国创始管理合伙人邵亦波提到：公司初创时，一个副总可能要2%到5%的期权；A轮融资之后，副总变成1%到2%；B轮融资后，副总变成0.5%到1%；C轮或者接近IPO的时候，副总就是0.2%到0.5%。公司除了创始人之外的核心高管（CTO、CFO等），一般是VP的2~3倍，总监级别的一般是副总的1/3到1/2，以此类推。这种实践一方面在企业不同时期制定不同的分配额度，同时，在高管内部，将不同层级高管之间的分配差异，通过系数设定。事实上，系数的设定只是技术层面的一个实现手法，并不仅仅针对期权的管理，也不是在任何一家公司都呈现一定的比例。更重要的是，要明确公司整体的薪酬策略是什么，薪酬的结构与整体分配机制是什么，再进一步定位长期激励的管理角色与支付模式，计算与分配手法也是水到渠成的事情。

5.3 技术人员在创业团队中

弗朗西斯·厄普顿（Francis Upton）是一位毕业于普林斯顿大学的数学家，约翰·克鲁西（John Kruesi）是一位瑞士的钟表匠，查尔斯·巴切尔多（Charles Batcheldor）是一位英国机械师，路德维格·伯埃姆（Ludwig Boehm）是一位德国吹玻璃工。他们具有不同的背景，但都是同一支团队的成员、为了同一个目标而努力。他们被托马斯·爱迪生吸引到新泽西州一个名叫门罗帕克的宁静小镇。爱迪生非常有才华，但他的发明（比如灯泡和留声机）之所以能问世,是因为他拥有一支杰出的团队。爱迪生具有把适合的人团结在一起的天赋,这使他能够充分利用他们的特殊技能,把创意逐渐转化为可行的产品。弗朗西斯·厄普顿负责购买机械设备,克鲁西用灵巧的双手把碳灯丝安装进伯埃姆吹制的灯泡中,然后巴切尔多把灯泡里抽成真空,通过这5个人的努力,1859年10月22日电灯泡诞生了。

虽然我们很熟悉那些改变了世界的伟大发明,甚至知道发明家的名字,但把这些创意变成现实需要杰出团队的支持。

回顾历史,我们可以看到很多有关杰出团队的故事,比如苹果公司的MAC团队,底特律的福特金牛座团队,洛克希德公司的臭鼬工厂团队等。在这些团队中,优秀的人才并肩作战,给他们所在的行业带来了巨变。领域专家、技术工程师往往引领着产品开发,并带来其他人缺乏的行业经验与知识。

5.3.1 拥有自己的技术开发团队尤为重要

技术创新能够为企业成长带来重要的动力。随着外部竞争环境的动态变化,研发团队已成为企业技术创新普遍使用的组织单元。通过对互联网人才结构的调查发现,互联网企业中的员工主要由以研发人员为代表的专业技术人才组成,这类技术人员在企业中的比例高达50%,是企业发展当之无愧的主心骨,是企业创造价值的关键。由于行业快速发展的特性,在企业中的研发团队面临与时间竞争、知识日新月异的外部环境以及任务依赖和资源约束的内部情境,越来越难以完成日益复杂的任务,尤其在竞争极度激烈的互联网行业,技术创新成了保持企业竞争力的重要手段。在我国互联网企业加速海外扩张和全球化的背景下,技术上的创新更成了与国际优秀企业竞争的唯一手段,如何从团队内外部获取资源,并提升自身的技术能力以及应对外部环境变化的能力已成为研发团队管理面临的重大挑战。因此,在创业中,创建自己的技术团队显得尤为重要。[⊖]

5.3.2 如何寻找合适的技术人员

1. 专业性

专业技术人员是组织中核心人才的组成部分,通常在某方面经过专业知识的学习与培训,具有非常良好的个人素质,同时具备该专业的技术能力以及自主创新能力。对于创业团队的技术人员选择,专业能力自然放在第一位。

2. 异质性

对于创业团队来说,异质性是其非常重要的特征。在快速变动的环境下,异质的团队能够拥有更多的观点,能够更快速对问题做出反应,创新解决方案,从而相应地提高团队绩效。对于创业团队中的技术人员选择应考虑成员间的异质性,在保证基本原则和发展方向的前提下,异质性能让技术团队有更多的研发和创新可能。

3. 多样性

表层的多样性指的是团队成员在表面上的、容易经由观察得到的一些特征的差异性,如

⊖ 奉小斌. 研发团队跨界行为对创新绩效的影响——任务复杂性的调节作用[J]. 研究与发展管理,2012,24(3):57-65.

性别、种族、年龄等人口统计学特征；而深层次的多样性则更多指的是团队成员在某些潜在的、难以直接观察到的一些特征上的差异，包括性格、态度、价值观等。

信息加工理论认为，组织中的人员多样性能够为其带来不同的贡献：首先，多样性能够保证组织覆盖到更多的信息领域，其次，不同的视角和信息网络结合在一起，能够显著提升组织解决问题的能力。当组织中的差异性是来自更深层次的不同的文化视角和认知差异时，这能够为组织带来更为多样的信息来源与处理方式，进而能够更有效地提升组织能力。

劳动力多样性是导致组织文化多样性的一个重要原因，而多元化的人员结构可以帮助组织提升其绩效水平。一方面，来自不同文化背景或具有不同价值观的组织成员能够更准确、广泛地获取到不同地域消费者的真实需求；另一方面，具有价值多元的团队或企业能够有更多的信息来源和加工方式，拥有更多不同的观点、意见以及经验，这显著有利于提高组织的创新能力。在互联网变革和全球化竞争的背景下，价值多元化的项目团队拥有更快的响应速度和更灵活的任务方式，能够更好地应对外部环境的变化，拥有这种项目团队的多元化组织能够吸收不同思想与文化背景的人的知识与技能，将其作为关键资本，这种资本能够显著增强企业的适应性、对外部环境的灵活性和竞争力。许多实证研究也都表明，具有多元文化和价值观的项目团队确实能够带来更多样的问题解决方案，从而提高团队的项目绩效。

5.3.3 如何协调技术与产品的矛盾

一个创业团队中，技术组与产品组的工作人员会因为专业知识、市场、用户体验等产生很多分歧和矛盾，这些都是正常的现象，矛盾的出现恰恰反映的是双方的立场和观点，而更好地协调矛盾则是重点。

1. 打铁还需技术硬

产品组跟技术组沟通最多的当属需求、原型、文档和开发过程中的跟踪，所以在这些方面，产品组需要首先把自己的本职工作做好。

（1）需求明确，必须要做 找技术组沟通开发计划的需求，一定要需求明确，而且要有非做不可的理由。这些需求通常包括因业务拓展需要新增的功能，原有功能的调整，用户操作体验优化和产品视觉体验方面的优化。

如果产品部门没想清楚就找技术部门沟通，在讲的过程中漏洞百出，对方随便问几个问题都答不出来或说不清楚，会给技术部门留下能力不行的印象，后面即使有合情合理的需求也很难推动下去。

（2）逻辑清晰，思维缜密 技术人员的普遍特点是性格单纯、逻辑性强、容易较真，所以产品设计的原型、编写的文档必须逻辑清晰、思维缜密，各种有可能出现的情况要考虑清楚。

程序就是0和1的组合，技术开发的时候必须要考虑得这么详细，那么产品设计的原型和文档也必须得这么详细，尽量不要出现让技术开发边猜边做的情况。对于开发有疑问的地方，要做好解释和完善，并及时更新文档。

（3）技术不明，主动请教 产品设计的过程中不要天马行空，如果不确定技术是否能实现，可以向开发人员咨询，产品设计中与技术人员的沟通、咨询、请教，体现的是一种对技术开发人员的尊重，可以避免很多不必要的摩擦。

（4）日积月累，综合提升 产品运作中产品经理是一组的核心。产品经理是一个需要整合多个领域知识和技能的职业，除了原型设计、文档编写、开发跟踪、产品规划等基础技能外，还需要优秀的沟通能力、审美能力、逻辑思维能力、项目管理能力，懂运营、懂技术、懂心理学，具备广泛的知识面、扎实的行业经验和敏感的行业趋势神经，带领团队探索产品商业模式。产品经理需要掌握的技能很多，又不可以速成，要通过自身的努力和毅力日复一日、年复一年地不断积累和提升。只有综合能力强了，才能在应对各个部门的沟通时如履平地。沟通包括沟通内容和沟通技巧，技巧属于"剑宗"，内容属于"气宗"。懂沟通技巧的人，即使说的内容没有任何营养，但是别人爱听。而博学多才的人，如一些老教授，即使性格怪僻，很难沟通，但是他的话也很容易让人信服。在我们综合实力和个人魅力还达不到一定层次时，我们可以通过一些沟通技巧来提升沟通效果。

2. 产品人员与技术人员的沟通技巧

（1）注意说话用词 产品人员避免说让技术人员反感的话，同时避免时刻向技术人员询问进度。

产品人员只需要在开发、测试过程中遇到的问题时及时给予解答和帮助，按规范流程走即可。

另外，时刻向技术人员询问进度是非常不好、不尊重人的做法。从心理学上来看，技术人员会认为他们不被信任、尊重。正确的做法是可以隔三岔五（视迭代周期而定）当面"交流一下"，关心一下需求方面是否有需要讨论和解释的。如果真的需要频繁关注进度，可以用QQ、微信等沟通渠道，对于认真负责的技术开发人员，不要打断他的思路，等他有时间看到你的消息时，会回复你的；而对于懒散应付的开发人员，既可以起到提醒作用，也可以让其有时间组织一下词语，两全其美。

（2）建立共同语言 了解一些技术方面的东西，可以让产品人员和技术人员沟通的时候更加顺畅。

产品人员私下主动向开发人员请教。时间长了，知识积累也会上升。

其次，经常逛一逛CSDN了解一些前沿的技术名词，在看头条的时候也关注一些技术文章。作为产品人员，不需要懂深层次的技术，但是懂一些表面上的东西可以跟开发人员更好沟通。特别是开发人员用到的技术，懂一些相关的技术名词和作用，彼此会有一定的共同语言。

（3）换位思考，互相理解 产品人员有做产品的难处，开发人员有做开发的难处。产品经理作为产品的负责人，要面对来自老板、市场、客服、运营、用户等方面反馈的需求和问题，还要处理各种沟通问题甚至职场战争，难免会手忙脚乱。开发虽然工作性质单纯，但是工作量比较大。

所以产品人员在分析需求、梳理逻辑和设计原型时，要在能实现核心功能的前提下，让流程和设计更简单化。其次，对于技术不容易实现的功能，如果产品人员能给出可执行的替代方案，要与开发人员做好沟通，从产品的角度避开技术壁障。

另外，与开发人员多沟通交流，可以增强彼此之间的理解，拉近彼此之间的关系。

（4）欲抑先扬 需求是复杂的，可能还涉及多个部门协同工作，相关的"涉案"人员都有对需求的话语权，但是他们都不专业，都是从各自的角度提出一些问题和想法。总结一下各个部门对待需求的特点：开发了解"功能"，但不了解用户需求和前端市场的推广情况，容易"以管窥豹"，提出一堆从逻辑推演上自认为合理的看法；而其他部门可能都有渠道收集到用户的诉求，但不知道怎么将用户的诉求，转化为可以为用户解决问题的产品。

所以，在反驳对方"看似合理"或者完全不着调的看法时，如何既能驳倒对方，又不让对方觉得难堪呢？方法就是欲抑先扬或欲擒故纵。先着重说出、赞同对方看法的优点，会让对方觉得你在尊重他、认同他，把自己放在与对方同样的立场，而不是对立面，让对方放松警惕。接着以实际的用户需求、使用场景和前端反馈委婉地指出对方观点的不足，既能引发对方对不足方面的思考，也能听得进去你说的话。

（5）共享努力成果 技术开发人员对用户，对市场，对公司的产品布局和商业模式比起产品人员的熟悉度有差距，有时仅凭自己的直观感受对产品功能开发做出有用或无用的判断，这会影响开发对待这个事情的态度和积极性。有些功能和平台，是出于公司战略布局需求必须做的，即使功能没多少人用，也是有意义的。所以，作为产品人员，要经常与技术人员共享产品成果。例如，功能上线后，获得用户好评，取得了很好的数据反馈，这时候，找相关的技术开发人员分享，并明确表态这是大家共同努力的结果，只要用心做，用户就会认可我们，用户体验好，彼此辛苦点是很值得的。这样一来，既能激发开发人员的成就感，也可以顺势安排后续的优化工作，而且不会让开发人员产生抵触感。

5.4 创业公司的人员招聘与管理

5.4.1 初创团队如何招募第一批员工

1. 招募途径

管理层根据业务和目前的人员情况来确定招募需求计划，招募需求计划包括岗位要求、招聘人数、到岗时间等内容。确定完招聘计划后，开始职位信息发布环节。信息发布主要围绕着目前的几个招聘渠道，包括外部的招聘网站、校园招聘、猎头等，内部的全员邮件及内部推荐。

2. 招募员工要点

在寻找合适的员工时，一般有以下几个特质需要留意：

1）有动力——对于早期阶段初创企业来说，这一点尤为重要。

2）灵活性——不是那种"这不是我的工作，我不会去做"类型的人。

3）良好的逻辑思维能力——你需要一位能够思考该去做些什么样的工作，能够增加价值的人。

此外，招聘人才要重视三点：真诚、注意细节、善始善终。相比较花很多时间做不同事情的人，公司往往更喜欢深入一个领域的专注型人才。同时他应该具有伟大的抱负，不满足于眼前的成就并关注细节。

3. 招募要点

1）不要对首批员工给出过多的承诺，特别是在责任方面。

2）为首批员工所承担的风险而提供奖励（提供给他们股权，而不是更高的职位）。

3）确保首批员工获得足够的成长空间。

5.4.2　早期员工如何融入早期核心团队

把能人引入进来后,如何和最初的团队达到融合?这是很多企业在发展过程中都会遇到的问题。

要突破这个瓶颈,需要在激励制度的设计上下功夫,就是要准备一个大的股权池,无论老员工还是后来者,都能从企业价值的持续增长中获益,这样才能保证良性循环。企业要有一种良好的激励机制,使得在每一个阶段,都能够有一批人,接过接力棒,继续往下跑。如果没有良好的激励机制,新老团队的磨合就会出问题。很早进入了公司的人会把自己看成最早一批的"元老",担心新人会取代自己的地位,可能会对新人产生一种强烈的排斥情绪。而新人会觉得,自己能力更强,为什么元老们能够心安理得地享受股权,自己只能挣那份年薪?如果这两种想法一直不解决,会在公司形成一个个独立的小团体,让两拨人渐行渐远。

所以,企业要建立一种价值观。首先,认可早期员工的价值,告诉他们,你可以拿到最早期的股票期权,你的条件是最优惠的。但是你一定要认可后面进来的人,不能把他当成对手。其次,后面进来的新人,公司也给他们分享股票期权,他们的努力工作一样获得相应的回报。

5.4.3　融资后如何把握招聘节奏

很多创业公司在拿到融资之后会进入几个招人的误区:误区一是盲目地招人、盲目地扩充规模,团队迅速从十几个人扩展到上百人、几百人。本来业务扩张了,人员是应该相应地增加,但真的需要这么多吗?要知道人多并不一定是什么好事,人多了管理成本自然就高了,人多容易分派系、争利益。如果管理不善,整个公司就会陷入内耗之中。因此,创业公司一定要严格地控制好人头,不是非常必要的岗位能不设置就不设置,不是非常优秀、跟团队文化契合的人能不进来就不进来,一支小而精悍的团队的战斗力会比大而无当的杂牌军强得多。误区二是盲目招很贵的人才。人才结构需要平衡,一个团队的构成并不都是最优秀的人才。很多创业公司拿到钱之后,不管三七二十一先招了一堆背景显赫的精英,但是精英是很难管理的,尤其是精英扎堆以后就更难管了,谁也不服谁,谁都想干最"重要"的事情,那些基础的工作反而没人愿意干了。但一个公司日常的工作就那些,除了天才之外更需要的是能踏踏实实干活的人,学习能力强,积极性强的普通人更容易成长为公司的坚实骨干力量。比较合理的做法是一个优秀的精英带动两三个积极的人才。

5.4.4　创业公司如何做好校园招聘

互联网人才需求倾向于年轻化、综合化,校园招聘是互联网企业获取人才的重要渠道之一,创业公司需要校园新兴力量的加入。而为了打赢校园招聘人才争夺之战,企业需要做下几点:

1) 把握好招聘时期,做好准备,提前进行校园招聘,避开招聘高峰。
2) 提高现场招聘人员的素质和水平,提前做好招聘人员的培训和现场监管。
3) 加强后期的跟进工作,提高对人才的重视程度。
4) 用变化的眼光看待人才问题,注重人才的发展潜力。

5.5　创业团队的有效管理

5.5.1　保持高效沟通

团队沟通是指两名或两名以上的能够共同承担领导职能的成员为了完成预先设定的共同目标，在特定的环境中进行的相互交流、相互促进的过程。团队成员间和谐的关系有利于团队任务的完成，而他们之间的沟通则有利于关系的建立和维持。沟通是实践各项管理职能的主要方式、方法、手段和途径。沟通不仅存在于横向的管理活动的全部过程，而且更存在于纵向的管理活动的各个层次。当团队的运行或管理出现了问题，部门之间、领导者之间、成员之间必须通过良好的有效沟通，才能找准症结，通过分析、讨论、确定方案并及时将问题解决。沟通是创造和提升团队精神和企业文化，实现共同目标的主要途径和工具。

显然，沟通是维持团队良好的状态，保证团队正常运行的关键过程与行为。

在沟通的过程中，人们会经常被置于两难的境地：他们一方面想通过这一过程满足需求，而另一方面又害怕与人沟通。在一个团队中，不同的人对不同的事物有不同的理解，再加上复杂的关系，就使得沟通越发复杂。如果一个人不同意你的看法，那其他人呢？在维护和完成任务的过程中就存在这样一个问题：如何更好地进行沟通，以完成团队的任务和目标？我们知道，团队沟通的目的在于每个成员能分摊领导职能，追求目标。在这一过程中，我们必须使用各种沟通技巧，如：语言的、非语言的、倾听的，以及各种提问等。任务、信息和团队目标越复杂，沟通技巧对团队的成功就越重要。团队有效沟通的方法都有哪些呢？

1. 让倾听者对沟通产生反馈行为，进行语言沟通

沟通的最大障碍在于员工误解或者对管理者的意图理解得不准确。在工作过程中，我们可能常常遇到这种现象，管理者对下属布置工作时往往说得口干舌燥、滔滔不绝，而结果呢？出现了沟通漏斗问题，即心中想的是100%，嘴里说出来变成80%，对方听到60%，听懂40%，接纳20%。事实上，这种沟通问题通过有效的方法是完全可以避免的。如果管理者在与下属沟通问题时，在沟通结束后，特意加上一句话："你明白我的意思吗？"要求下级对上级布置的任务进行复述，在下属复述的过程中，上级要及时指出下级理解错误的地方，通过这样的双向交流，可以加强下级对上级的意思的正确理解，纠正认识上的偏差。

2. 沟通要有多变性

团队中的员工由于其年龄、性别、受教育程度、专业，以及工作分工的不同，人员之间便存在对同一句话、同一份文件或其他东西理解上的千差万别，所谓"仁者见仁，智者见智"，不同阅历的人想问题的角度、出发点及他所站的立场也不同。所以说，沟通要变得有效，需讲求语言的方式，"到什么山上唱什么山歌""入乡随俗"或许让你感到有些难以适从，但是，你必须学会调整状态，适宜地改变交流方式，多样性的语言有助于团队成员间不同的人都能进行对话及深入交流，达到沟通目的。

3. 要学会积极倾听，做忠实的听众

沟通是一个双向的行为，沟通双方一个要善于表达，一个要善于倾听，通过双方沟通、倾听、反馈，再沟通、倾听、反馈的循环交流过程，才能明确沟通的主题和问题的解决办法。沟通就是一个互动的过程，沟通的双方只有积极配合，才能使沟通的目的得到实现。当沟通者兴致勃勃、绘声绘色向对方讲一个故事或传达一个好消息时，而倾听的一方的反应却是抓耳挠腮、顾左瞻右，我想你的演讲兴趣会大打折扣，因为对方的动作让你觉得他对你的话题不感兴趣，你的"话匣子"因此而合住，沟通便变得不顺畅起来，出现了人为的阻碍。为了使信息及时、有效地在双方之间传递，必须学会倾听，在对方有意与你进行沟通时，可以采用非语言沟通，如：积极的目光注视着对方，在他讲述的过程中适时地点点头，适当的面部表情，不要看表，不要翻阅文件更不要拿着笔乱画乱写，并且对他言语中不明白的地方向他提问，这样会让他认为你在关注他的话，你的重视，会增强他的诉说欲，也会乐意向你提供更多的信息，你在此沟通过程中也能准确、完整地得到他想给你传播的信息。

4. 做好沟通前的准备工作，明确沟通内容

缺乏沟通前的准备工作，势必造成沟通过程中"东扯葫芦西扯瓢"的局面，既浪费了双方的工作时间、又不利于问题的解决。因此有效的沟通要有清晰的沟通主线，明确的沟通主题。事先安排好沟通提纲，先讲啥，后说啥，做到心中有数。同时，还要讲求沟通的艺术性，比如说管理者与下属工作中的沟通，首先要考虑到人的心理承受能力，先肯定其成绩和好的方面，再指出其不足及改进方向等。

5. 在沟通过程中，要注意减少沟通的层级

因为信息传递者参与的越多，信息失真性越大，因此，沟通双方最好是直接面谈，这样才能使信息及时、有效地在双方之间传递，达到沟通的目的。

5.5.2 几种有效的团队管理方式

1. 建立完善的管理体制

有效的管理体制可以提高团队的运作效率及速度。这个是团队管理的核心和基础。所谓管理体制也就是管理的规章制度，俗话说"不以规矩，无以成方圆"，高效要有严格的规章制度和高的管理标准。一般的大企业都会举行一些活动，但光靠这些活动是不够的，因为一个员工每天在这里工作，一天保守来说也要八个小时，所以他的工作环境对他的影响是很大的。因此，管理应该用在他的工作环境的所见所闻中，再加上必要的年度活动，把他们的向心力带动起来，这两者共同作用才能达成有效管理的目标。试想一个人第一天来上班，走进办公室第一眼看到的是什么？是团队的标志、形象，是一个品牌，假如这个品牌做得非常好，顾客对这个品牌有很好的认同感，员工也会有很好的认同感，他们从第一眼看到这个品牌，在走进和坐下来工作的刹那间就产生了对品牌的效忠，产生一种团体意识。

2. 领导者核心

很多人一般都会认为团队的领导就是核心。这是一般意义上的，其实团队的领导者是一个驾驭者，他可以说是领袖，但和核心还有点区别。而这个核心也是要靠团队的领导者去树立，也就是说，领导者要在团队中树立一个核心。这个核心我们可以理解为标杆，我们做任何事情都需要有标准。有了标准我们做事情才更有效率，也会因这个标准而使大家团结起来。我们这里所说的标杆并不是指整体标准和目标，而是内部个体中的一个标杆或者目标，或者说是一个模范者。这就需要团队的领导去树立和营造，让团队中的每个成员都可以感受到这个标杆的存在，这对于内部良性竞争具有非常重要的意义。

3. 团队中的个体重要性

一个团队是由每个个体构成的，每个人都发挥着自己的作用，同时又与他人合作，从而使团队整个发挥它的作用。而要想实现团队的目标，单靠某个人是行不通的，必须使每个人发挥其应有的作用，而又要相互协作共同来完成团队的目标。这就要求我们对团队中的每个个体的性格、特长等进行分析，把每个个体放在适合的位置上，利用每个成员的优势，这样才能发挥每个成员的积极性，才会表现出强大的战斗力。除此之外，要让每个员工感受到团队的关怀及和谐的工作氛围。每个成员的职业规划和考评，都涉及团队发展，因此要在团体里面追求一种公平的气氛，员工应该感觉到他在这个团体里面是得到尊重的，享受公平的。让每个人有一个公平的环境，付出多少得到多少，他认同这个团体的价值观，然后才能产生精神。

4. 凝聚力

定期举办一些可以提高凝聚力的活动，这样可以提高内部的凝聚力。在活动中的互动和沟通还可以增进员工之间的感情。由于每个人的知识结构和能力的区别，导致对同一问题的认识很容易出现偏差。举办集体活动不仅可以提高团队的凝聚力，而且还可以增强员工之间的沟通能力，良好的沟通能力将有助于解决一些复杂的问题。

本章要点回顾

- 驱动创业者创业的"外力"的表现形式：社会环境与自然环境；内部环境与外部环境；融资环境与投资环境；合作环境与竞争环境；生产环境与消费环境。

- 创业者的主观特征：包括人口统计特征（家庭、年龄、学历等特征）和个人能力素质特征两类，有20项能力素质至关重要，其中15项为必要的能力要素，其他5项为补充能力要素，可分为成就特征、服务与助人特征、管理特征、影响特征、认知特征、个人特征六类。

- 创业者的 RISKING 素质模型，指创业者所必需的七大要素，即资源（Resources）、想法（Ideas）、技能（Skills）、知识（Knowledge）、才智（Intelligence）、关系网络（Network）、目标（Goal）。

- 企业社会责任（Corporate Social Responsibility，简称CSR）：指企业在创造利润、对股东和员工承担法律责任的同时，还要承担对消费者、社区和环境的责任，企业的社会责任要求企业必须超越把利润作为唯一目标的传统理念，强调要在生产过程中对人的价值的关注，强调对环境、消费者、对社会的贡献。

- 企业社会责任的类型：经济责任；法治责任；伦理责任（对员工的责任、对资源环境和可持续发展的责任）；慈善责任。

- 创业团队：指在创业初期（包括企业成立前和成立早期），由一群才能互补、责任共担、愿为共同的创业目标而奋斗的人所组成的特殊群体。

- 创业团队五要素（5P）：目标（Purpose），人（People），定位（Place），权限（Power），计划（Plan）。

- 创业团队的类型：星状创业团队（Star Team）、网状创业团队（Net Team）和从网状创业团队中演化而来的虚拟星状创业团队（Virtual Star Team）。

- 成功创业团队的特征：形成凝聚力与一体感；团队利益第一；坚守基本经营原则；对企业的长期承诺；成员愿意牺牲短期利益来换取长期的成功果实；全心致力于创造新企业的价值；合理的股权分配；公平弹性的利益分配机制；经营成果的合理分享；专业能力的完美搭配。

- 团队应有的九种角色：智多星 PL（Plant）、外交家 RI（Resource Investigator）、审议员 ME（Monitor Evaluator）、协调者 CO（Co-ordinator）、鞭策者 SH（Shaper）、凝聚者 TW（Teamworker）、执行者 IMP（Implementer）、完成者 CF（Completer Finisher）和专业师 SP（Specialist），这九类角色分别负责行动导向（执行团队任务）、人际导向（协调内外部关系）和谋略导向（提供创意和专业技术支持）三类任务。
- 核心成员所有权分配机制遵循以下三点原则：重视契约精神；遵循贡献决定权利原则来分配所有权比例；控制权与决策权统一原则。
- 组建创业团队的原则：目标明确合理原则；互补原则；精简高效原则；动态开放原则。
- 创业团队的发展阶段：形成期、波动期、稳定期、成熟期共四个阶段。
- 组建和发展创业团队应注意的问题：团队功能要求；性格和年龄要求；资源要求；分配和退出机制的设置。
- 创业团队组建误区：创业团队内部应该避免竞争；团队背景互相接近最好；一开始就要组建一个豪华团队；创业团队的非正式关系胜于管理体制。

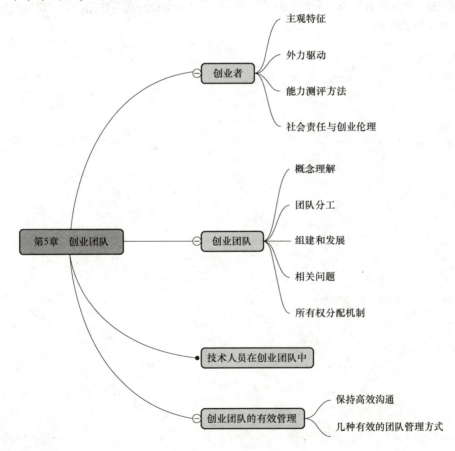

本章思考题

1. 从哪些方面做好创业团队管理？
2. 自行测试自己的创业者素质测评，评估自己的优势和有待改进的地方。

3. 创业者的主观特征包括哪些？
4. 创业者的 RISKING 素质模型是什么？
5. 企业社会责任的概念和分类是怎样的？
6. 创业团队五要素（5P）分别是什么？
7. 创业团队应有的九种角色是什么？
8. 创业团队核心成员所有权分配机制应遵循哪三点原则？
9. 组建创业团队的原则是什么？

本章参考文献

［1］何建湘. 创业者实战手册［M］. 北京：中国人民大学出版社，2015.
［2］医创社. 创业："互联网+"时代的创业方法论［M］. 北京：人民邮电出版社，2015.
［3］徐万里，林文滢，陈艳萍. 高科技企业创业团队的成功特质——基于小米科技创业团队的案例分析［J］. 科技和产业，2013.
［4］左仁淑. 创业学教程：理论与实务［M］. 北京：电子工业出版社，2014.
［5］奉小斌. 研发团队跨界行为对创新绩效的影响——任务复杂性的调节作用［J］. 研究与发展管理，2012，24（3）：55-65.

第6章
互联网商业模式的发展历程

内容提要

在经历了数十年的发展和演变之后,我国的互联网产业已经发生了翻天覆地的变化。随着互联网的不断规范和成熟,以及移动互联网的产生和应用,社会逐渐进入到了"互联网+"的时代。在此环境下,基于互联网的各项业务和服务也都发生了很大的转变,尤其是创业模式的转变更为明显。

导入案例

小馒头,大市场

2015年9月18日,在第三届"互联网+"大学生创新创业大赛中,"罗小馒红糖馒头"获全国金奖。在9月15日上午举行的金奖项目四强争夺赛上,当大屏幕显示出"罗小馒:云南最火的罗三长红糖馒头"项目的评委打分结果——532分、43个投资意向时,现场响起了一片掌声和欢呼。在获得金奖的30多个项目中,大多以高科技为主打,云南大学滇池学院大四学生罗三长的项目可谓一股"清流"。

馒头是我们日常生活中最常见不过的主食,可谁又能想到就是这看似不起眼的主食却蕴藏着无限商机?在云南,罗三长1.5元一个的红糖馒头自2015年首家店开业以来,累计共销售红糖馒头5800万个,单日最高销量60万个,现已拥有了5家自营店和百余家加盟店,直接带动大学生、下岗职工1312人就业。如今,云南大学滇池学院学生罗三长的名字已经被"罗小馒"取代,他也成了学生创业中的一个传说。

就读于云南大学滇池学院2014级经济学院的罗三长,虽然还是个大学生,可在创业方面经验十足。罗三长出生于江西赣州农村,自小他的父母就外出打工,家中只剩他一个人。上初中时,他尝试在家里种冬瓜出售,赚到了人生中的第一笔钱。2008年,父亲意外去世,家里失去了顶梁柱。为改变家里贫困的状况,罗三长一边上学,一边贩卖些农产品以继续学业。2009年,罗三长进入高中,成为学校的学生会主席,随后成立了一家劳务派遣公司,积累了人生中宝贵的经验;他还在新东方学习过烹饪,拿到了新东方二级厨师证。"在创业过程中,我遭遇过很多挫折,而且现在还只是个学生,还需要多学习和积累社会经验。2012年,我带200多人外出东莞打工赚钱遇到过黑中介,虽然最后工资追回了32 000元,还是被坑了8万元。不过,这些经历对我来说都是一种成长的积累。"罗三长很乐观,他觉得人生不可能一帆风顺,遇到些挫折很正常。2014年,罗三长被云南大学滇池学院经济学院录取。为了解决生活费的问题,他利用寒暑假在学校里的一家餐馆打工,也因此结识了自己后来事业的合伙人。不乏创意想法的罗三长,在做厨师时曾创新过"水果盖饭"。而这个看似有些奇怪的盖饭,一经推出,就受到学生们的欢迎,这也让罗三长备受鼓舞。当时想要在校创业的他,和餐馆老板一拍即合,两人决定要开创一番事业。

"我想着就从面食上下功夫,然后就想到了馒头。馒头在整个中国,一般都是以白馒头为主,毕竟大众吃的最多的只有白馒头。"罗三长凭借专业优势和多年的打工经历,分析了云南的市场后,决定做红糖馒头。别看馒头个头小,里面却大有讲究。2015年5月,他和一位合伙人去台湾"取经"——因为台湾的小吃很出名,包括红糖馒头。为了做出好吃的红糖馒头,罗三长用从台湾学到的技术,做了100多次的试验,都失败了。用什么样的水?什么样的红糖?配比多少?20多种配方,罗三长一次次地尝试,最终找到了合适的配方。云南本来就有红糖馒头,但用的是砂红糖,口感太黏、太甜,不太适合大多数人的口味。罗三长红糖馒头选自钙、铁、叶酸含量是普通红糖数倍的云南特级无砂红糖以及口感更为筋道的特精面粉。200余次的配比改良,500多批次的工艺实验,不断地推倒重来,罗三长红糖馒头终于实现了松软香甜的独家味觉。

2015年11月8日,罗三长在学校食堂租了一块地方,首家"罗小馒红糖馒头"店正式开业。"第一天,路过的人好奇地问红糖馒头是什么样子的?品尝过后,客人们都竖起了大拇指。那个时候觉得自己特有成就感。"罗三长说,开张第一天就盈利1050元,一个月下来,营业额达到6万多元。这给了创业初期的他很大的动力。"现在不仅味道好,还养生。"

罗三长的红糖馒头渐渐有了名气,"红糖馒头"开进了西南林业大学、云南民族大学、云南师范大学……如今,自营店也从1家开到了5家,加盟店已达百余家。找他加盟的人络绎不绝,甚至还有人专门从上海来加盟。

罗三长说:"我觉得我们的项目,不仅仅是一个馒头,而是一个极具发展的项目;它不是一个凉馒头,而是一个有温度的馒头。"说起自己的项目优势,罗三长充满自信。"我坚信小产品也有大市场。跟传统的小作坊、夫妻店完全不同,我们更强调互联网产品思维和追求极致的工匠精神,专注生产好吃、营养、放心的新中式系列面食。"单品爆红后,一个"南馒入侵"的规划图在罗三长心里逐渐清晰起来。"红糖馒头要想走向全国,就必须围绕'品牌、销售、产品、管理'进行全面战略升级。"如今,红糖馒头推出了以罗三长本人为原型的全新品牌标识罗小馒,打造了"LOGO馒"的系列人物动画、漫画、微信表情等系列形象,统一升级了所有门店、包装物料的视觉标识;与此同时,罗三长尝试开发新品种,推出针对女性、儿童等人群的细分产品。

为什么"红糖馒头"也能获互联网大赛金奖?罗三长表示:"我们用了互联网产品思维和工匠精神去做。"一般商家考虑的是如何卖出去最多,而他们想到的是怎么让消费者喜欢。本届大赛评委、梧桐高创资本CEO蒋楠见证了罗小馒从校赛一路走来。在蒋楠看来,餐饮业是个万亿级的传统产业,但随着中国消费水平的升级,有品牌思维、互联网思维的餐饮企业会有更广阔的市场。"罗三长的馒头不仅有独家工艺,还有逐步走向成熟的品牌包装运营。他打造的呆萌有趣的品牌人物形象能迎合90后甚至00后群体的喜好。更值得一提的是,他的品牌是有故事、有温度的,展现了新时代的大学生自立自强的精神,从而更能打动消费者。"蒋楠说。

借全国总决赛的舞台,罗三长发起了《全国高校500+小馒人合伙加盟计划》推动大学生就业，同时他已经注册了"罗小馒"品牌商标，计划将他的馒头覆盖到更多省份。按照罗三长的品牌发展规划，他正抓住红糖馒头的品牌故事，抓住"85后"群体的消费心理和口味，在红糖馒头的基础上研发出适合女性的"小蛮腰"、适合男性的"小蛮牛"、适合小朋友的"小蛮萌"等产品。

（资料来源：编者根据《中国教育报》《春城晚报》等信息综合整理）

案例评价

"罗小馒——互联网+三长红糖馒头推广及连锁发展"项目是一支就业型创业团队，团队从项目创始人罗三长本身的故事作为出发点，以红糖馒头的研发、选材、营销、推广、计划到集资为线索，为评委打造了一个有血有肉的人物及品牌形象，获得了评委们的一致好评。与传统的小作坊、夫妻店完全不同，罗小馒更强调互联网产品思维和追求极致的工匠精神。创新不一定要高科技，只要它是"接地气"的创新，有益民生的创业，生活的土壤就能让这个创新的种子生根发芽，长成蓬蓬勃勃的参天大树，小项目也可以成就大事业。民生的巨大需求，是创新的价值目标和不竭动力，而创新成果惠及千家万户带来的经济效益，又反过来促进创新者事业的蓬勃发展。

思考题

1. 什么是互联网创业模式？
2. 谈一谈罗小馒创业项目带给你的启示。
3. 结合目前国内外的互联网企业，简要总结互联网商业模式的特征。

本章要点

- 互联网商业模式。
- 商业模式的构建。
- 互联网商业模式的特征。
- 互联网效应。
- 商业价值。
- 创业的模式误区。
- 盈利模式。

学习目标

- 了解互联网商业模式的基本类型及特征。
- 理解互联网商业模式的影响要素。
- 熟悉互联网商业模式的战略设计。
- 掌握商业模式的构建。

6.1 传统商业模式

6.1.1 商业模式的概念理解

商业模式是一种包含了一系列要素及其关系的概念性工具，用以阐明某个特定实体的商业逻辑。它描述了公司所能为客户提供的价值以及公司的内部结构、合作伙伴网络和关系资本等用以实现创造、推销、交付价值并产生可持续盈利收入的要素。它描述的是企业的商业逻辑，其本质就是企业在赚取利润时采取的价值机制，旨在阐述企业的商业策略，描述公司的客户价值，公司内部的结构、运营流程、合作伙伴间的网络关系、以及涉及成本、收益等运营模式的设计过程。

对其概念的理解应注意"5W＋2H"，即：一个组织，在何时（When）、何地（Where）、为何（Why）、如何（How）和多大程度地（How much）为谁（Who）提供怎样的（What）产品和服务以实现企业盈利。

6.1.2 商业模式的特征

商业模式作为企业极具代表性的构成要素之一，各个企业的商业模式不尽相同，但纵观成功的公司对商业模式的创新实践，其商业模式一般具有以下四大特征：

1. 创新性

企业要始终在激烈的市场竞争中站稳脚跟，就必须结合创新思维，建立独特的商业模式，使竞争对手难以模仿，形成自己的核心竞争力。创新性要求我们不能照搬照抄现有成功企业的商业模式，而要始终坚持创新的理念。

创新可以侧重以下方面：

1）关注客户需求，为客户提供独特的价值。马云曾说过："如果银行不改变，那我们就改变银行"，于是余额宝就诞生了，之后各种"宝"如雨后春笋般出现。互联网金融极大地满足了人们的需求，为实现全民理财提供了便利。

2）增强企业核心竞争力，注重知识产权的创造、运用、保护与管理。iPhone因其卓越的硬件设施、近乎完美的用户体验，为苹果公司吸引并维持着一个忠诚度相当高的顾客群体。苹果公司的技术水平远远领先于其他品牌的智能手机企业，这也使得苹果公司牢牢地占据着智能手机市场龙头的地位（智能手机市场的利润中，苹果一个公司就占了将近90%）。

3）建立跨界思维并付诸实践。腾讯是一个怎样的企业？是一个通信工具开发企业还是一个多媒体企业？又或者是游戏开发企业？都是，但也都不全是。新的时代，你很难用一个"属性"去界定一个企业，行业与行业之间、企业与企业之间的边界越来越模糊不清。

2. 独特价值性

成功的企业始终坚持"顾客中心"理念，为其提供独特的价值。有时这个独特价值可能是新的思想、新的模式，而更多的时候，它往往是能为客户提供更优质的体验或更方便的服务，客户也往往能用更低的价格获得更高的价值，远超客户期望的价值体验能够使其成为企业的忠实客户。"滴滴打车"推出之后，消费者因为其方便、省钱的特点而选择使用。之后，滴滴公司陆续推出专车、拼车、顺风车等服务，不仅抓住了不同层级消费者的需求，也

第6章　互联网商业模式的发展历程

使公司业务覆盖面更广。

3. 务实性

成功的商业模式不能只是一味地追求创新，更需要脚踏实地、实事求是。创业浪潮的冲击使得创业机会大大增加，然而也有很多公司成立不久便夭折了，原因之一就是创业者往往只关注"仰望星空"，而没有注重"脚踏实地"。务实性要求企业对消费者的消费行为、消费者关注的利益和价值、市场竞争状况等有正确的把握，并且企业的商业模式创新要与企业所拥有的资源能力相匹配，这样提炼出的商业模式才不仅具有创新性，更具有务实性和可行性。

4. 风险性

任何企业与互联网挂钩，即意味着高风险和高收益并存。例如，安全管理方面有天涯用户账户被窃事件；电商企业融资越来越多，售价越来越低，重复着融资—烧钱—赔钱的怪圈；成百上千的团购网站先后倒闭等。因此，互联网创业需要创业者有全面的、强大的素质与能力来应对创业过程中来自各方面的风险。

6.2　商业模式的构建

6.2.1　商业模式的构建过程

市场千变万化，企业想要在市场中拥有自己的一席之地，首先要具备合理、独特、有效的商业模式。可见，商业模式的构建是企业的重中之重，其过程可归纳为以下的关键六步。

1. 战略定位

清晰的战略定位是构建商业模式的基础，也是企业发展的源泉。社会快速发展为创业者提供了大量的创业机会，在这样的大环境下，企业更应该在纷繁缭乱中明确自己的战略定位。企业对客户的界定、对产品的提供、对市场的把握是战略定位的核心部分。

（1）客户界定　客户是商品或服务的接受者，客户界定即对目标消费人群的确定，优秀的商业模式一定有其特定的客户群体。客户界定是战略定位的基础，为此后企业研究客户的需求、提供其满意的产品并进行推广、技术创新等提供了明确的方向。

【案例6-1】

聚美优品是目前中国最受欢迎的化妆品团购平台之一，公司以女性需求为主导来锁定具体的团购项目。目标用户为年轻时尚的女性群体，专业为女性美丽提供服务品团购，成立至今已拥有5000万注册用户。

（资料来源：编者根据相关资料整理而成）

聚美优品自成立之初就对企业的目标客户进行了明确的界定，并据此制定了详细的用户开发策略、客户服务模式、产品策略等。公司以女性需求为主导，在客户开发方面一直致力于多渠道开发顾客，奖励会员推广和现金返现推广都非常符合女性心理。在客户服务方面，聚美优品也尽可能做到有亲和力，保持良好的企业形象；在产品设计方面，聚美优品网站及App设计均以玫红色为主打色调，深受女性消费者的喜爱；在商业模式方面，从最开始的每日一团到如今的每日多团，不仅给了消费者更多的选择，也吸引了更多的女性。

（2）产品提供　所有交易能够达成，一定是企业提供的产品与用户的需求相契合。然而在商业快速发展的今天，产品种类虽然越来越丰富多样，却也越来越趋于同质化。因此，企业要想留住客户，必须提供更好的产品以满足用户的需求，即产品要具有难以模仿性和难以替代性。这需要企业不断改进技术和创新，为用户提供物质和心理的双重满足。

【案例 6-2】

苹果公司的产品系列从 iPod、iMac、iPhone 到 iPad 不断地推陈出新，引领潮流。更重要的是，在微软 Windows 操作系统和 Intel 处理器独霸市场的时候，苹果依然坚持推出了自己独立开发的系统和处理器。步入移动互联网时代，电子设备移动端的重要性正在慢慢提升，并将逐步超越甚至替代 PC 端，因此苹果公司对产品追求完美的坚持也为自己赢得了未来广阔的增长空间。

（资料来源：编者根据相关资料整理而成）

（3）市场定位　市场定位立足于客户界定和产品定位，更着眼于市场发展。市场定位依赖于客户、竞争者以及市场大环境三方面。这要求企业能够洞察客户的真实需求，对竞争对手有充分的了解、认识和分析，对市场环境有足够把握。清晰且正确的市场定位能够让企业在充分饱和或相对饱和的市场中获取竞争优势。

【案例 6-3】

Snapchat 是一款由斯坦福大学两位学生开发的一款"阅后即焚"照片分享应用。利用该应用程序，用户可以拍照、录制视频、添加文字和图画，并将它们发送给应用上的好友列表。该应用最主要的功能是所有照片都有一个 1~10s 的生命期，用户拍了照片发送给好友后，这些照片会根据用户所预先设定的时间按时自动销毁。而且，如果接收方在此期间试图进行截图的话，用户也将得到通知。由于 Snapchat 满足了人们尤其是年轻人乐于分享的欲望，但同时又减少了内容被永久性记录所产生的压力和紧张，Snapchat 对客户需求的准确捕捉，使需求得到满足，因而获得了市场广泛的认可。该公司已于 2017 年 3 月 3 日在纽交所上市。

（资料来源：编者根据相关资料整理而成）

2. 关键资源能力的构建

关键资源能力是指企业按照其商业模式运转所需要的相对重要的资源和能力。资源是指公司所控制的，能够使公司设计和构建的战略得以实施，从而提高公司效果和效率的特性，包括全部的资产、能力、竞争力、组织程序、企业特性、信息、知识等。能力是企业协作和利用其他资源能力的内部特性，由一系列活动构成。关键资源能力的构建使企业能将这些资源和能力进行系统的整合及合理的调度。它是一个企业发展的支撑点，有利于企业获得持续性竞争优势。

企业关键资源能力的构建应注重以下四个要素：

1）资产，资产包括企业的金融资产、实物资产、无形资产等。资产是企业能够由构想变为实体的基础。

2）人，即企业的创业团队、领导人、专业技术人才等，它是企业的核心。

3）能力，包括研发能力、技术能力、品牌设计能力、创新能力、组织能力、管理能力等。好的能力是一个企业的优势所在。

4）关系网，即在市场中与企业产生关联的人和各种有形或无形的事物等，包括利益相关者及其资源、渠道、信息等。完整的关系网使企业能够良性循环发展。关键资源能力构建是商业模式构建的有效基础和强力支撑。

【案例 6-4】

小米公司近几年迅速地崛起得益于其强大的宣传能力及营销能力。早期的小米公司对产品研发的投入占比很小，第一代小米就是通过对产品的性价比进行大力宣传，并倡导选择高性价比产品的消费习惯，然后结合饥饿营销的方式赢得了较好的市场反应。在此之后的第二代、第三代甚至第四代产品均如法炮制，使得小米迅速占领市场，并成为智能手机市场上一流的大公司。在获得巨大的成功之后，小米开始投入大量的资源进行产品的技术研发，以寻求公司长期发展的支撑力。目前，小米已经拥有了自主研发的手机芯片。

（资料来源：编者根据相关资料整理而成）

3. 盈利模式设计

确定了战略定位，聚合了关键资源能力后，作为一个企业，如何从中获得利润呢？盈利模式就是要解决企业自身如何获得利润的问题。盈利模式的设计是商业模式顺利推行和快速见效的重要组成部分，更是企业快速发展，持续获得利润的重要保障。盈利模式该如何设计呢？其构建应主要分为以下三种方法：

（1）显性与隐性构建法　显性盈利模式是指消费者可见的供应模式，以及利益相关者之间容易搭建起来的交易结构；隐性盈利模式是指消费者未直接接触、需要调查分析了解的模式。显性盈利模式和隐性盈利模式见表 6-1。

表 6-1　显性盈利模式和隐性盈利模式

公司	显性盈利模式	隐性盈利模式
麦当劳	直接售卖产品盈利 收取加盟费盈利	大批量采购降低成本获得价格优势从而增加盈利
苹果公司	卖手机、平板电脑等产品盈利	与应用程序 App 分成； 与移动运营商分成

（2）成本和收入构建法　我们可以设定成本支付和收入来源两个维度，横坐标表示收入来源分别来自于直接顾客、直接顾客和第三方顾客以及第三方顾客；纵坐标表示成本来源，即成本由谁支付，可以分为来自于企业、企业和第三方伙伴、第三方伙伴以及零可变成本。这样就产生了 12 个区域，即 12 种盈利模式，见表 6-2。

表 6-2　盈利模式分区

收入来源 成本来源	直接顾客	直接顾客和第三方顾客	第三方顾客
企业	盈利模式 1	盈利模式 2	盈利模式 3
企业和第三方伙伴	盈利模式 4	盈利模式 5	盈利模式 6
第三方伙伴	盈利模式 7	盈利模式 8	盈利模式 9
零可变成本	盈利模式 10	盈利模式 11	盈利模式 12

(3) 基于产品模式的构建法　基于产品模式的构建法，即用一个非盈利甚至免费的产品去吸引客户，并在这个过程中逐步培养客户的使用习惯，在使用习惯养成后，设计一系列的后续盈利产品，让消费者继续使用，形成一条完整的消费链条，并通过不断地升级和转换，最终形成一套连续的盈利模式。尤其在互联网行业，这种方法普遍适用。

【案例6-5】

腾讯公司作为国内互联网企业巨头，它做的是即时通信工具，由于提供给用户使用的网络聊天软件QQ是免费的，因此获得了大量年轻用户群。这些可以提供长期利润增长的顾客群，使得它很容易在新推出的各项业务中取得成功，比如网络游戏、博客、门户网站等。许多QQ用户愿意为它的互联网增值服务掏钱，例如虚拟的衣服、道具、宠物、皮肤等，这些产品的边际成本几乎为零。而这项收入，在2006年就达到18亿元，占公司总收入的65%。也就是说，腾讯主要是靠"售卖体验"来盈利。还有Google，它原本是做搜索的，但它的搜索服务等功能是免费的，其99%的收入来自于第三方投放的广告（即出售使用者的注意力）。

（资料来源：编者根据相关资料整理而成）

4. 业务统筹安排

(1) 确定业务边界　很少存在只有一种业务的企业，大多数企业的业务都是多样化的。一般来说，企业的业务有核心业务和边缘业务，有短期业务和长期业务，有盈利业务和亏损业务。大量业务的划分使得企业的业务边界日渐模糊，不利于企业有效运行。业务统筹安排就是让企业在"盈利模式设计"的引领下，清晰界定公司业务边界，确定各种业务的类型、特点、时间安排、层次推进等，以此确保盈利模式设计的实现，这也是企业规避风险的一种方式。

一般而言，在企业发展的初始阶段，应当选择自己最具优势的业务。在企业发展的初始阶段，资源较少，没有稳定的客户群体，因此应当将资源集中于自己最具优势的业务，以求赢得市场。随着企业逐步发展壮大，拥有的资源越来越多，就可以开始将资源慢慢分散，以降低单一行业的经营风险。

【案例6-6】

饿了么刚刚进入外卖行业的时候，美团和百度这两家大企业也开始进入了这个领域。这两大企业在互联网行业成名已久，对刚刚入门的饿了么来说，面临的巨大压力可想而知。然而，这两家企业虽然掌握了许多的资源，但是它们经营的业务也非常繁多，它们不可能集中太多的资源在一个新的而且竞争激烈的领域。饿了么正是看准了这一点，集中自己的全部资源于外卖行业，并与两大公司展开了激烈的市场竞争。最终以其庞大的线上订单量获得了资本市场的认可，稳固了自己的市场份额。

（资料来源：编者根据相关资料整理而成）

(2) 确定业务结构　确定业务结构要求公司应界定好核心业务和边缘业务，界定好近期业务和远期业务，对业务开展的类型、层次和要点进行合理布局，以便更好地推进业务提升。优秀的企业能够对其业务结构进行优化界定和统筹安排，以实现企业的长远发展。

5. 财务结构设计

（1）投融资安排　财务结构安排是商业模式设计的重要层面，其涉及企业投资的来源、对融资的必要安排，同时也会影响到企业经营理念、发展速度和运行策略等。这一部分在本书第 9 章重点介绍。

（2）现金流管理　现金流量是企业的"动脉"，任何一个企业要想做大做强都离不开现金流量的支撑。企业做大的很多，很快结束的也很多，人们只看到阿里巴巴光鲜的一面，但也应该知道失败的企业非常多，正所谓"剩者"为王。

现金流量管理贯穿企业的生存与发展全过程，其主要内容包括：经营活动现金流管理、应收账款管理、应付账款管理、存货周转管理、商业信用管理等。

现金流量管理要求经营决策者在"增长、收益、现金流"之间及平面把握协调发展。同时，现金流量管理也不能孤立进行，它应与企业的现金管理方式、公司组织结构、营销模式、资源配置策略，特别是会计基础体系的建立、供应链财务管理等密切联系、和谐发展。

【案例 6-7】

"刷单"是互联网电商企业通常采用的一种所谓"快速增大销售额"的做法，也是一种有力的竞争手段，但经常使用无异于饮鸩止渴。许多电商企业在初期发展中，增长速度很快，但基本都在大幅亏损，经营活动现金流量净额长期为负值，大量应付账款或长短期借款，甚至高利贷堆积，同时存在大量库存积压或商返货品。

（资料来源：编者根据相关资料整理而成）

6. 商业价值实现

（1）创造核心竞争力　不同的企业，其核心竞争力也有所不同。比如，在网络搜索领域，搜索引擎强有力的搜索能力（技术）是企业的核心竞争力，确保用户能够准确、快捷、全面地搜索到所需要的信息，尤其是纵深领域的垂直搜索；在即时通信和社区网站领域，企业的核心竞争力是用户黏性，网络外部效应产生的用户规模壁垒；综合门户的核心竞争力是其内容的新颖性、准确性和及时性；网络游戏则是侧重于游戏给用户带来的体验，推出新产品的速度和质量。企业要想在激烈的市场中生存并实现其商业价值，必须创造自己的核心竞争力使之与众不同。

（2）商业价值放大　商业模式设计应考虑企业商业价值的放大作用，企业可以通过资本运营方法提升企业资产价值，可以通过引入投资增强自有资本，可以通过有序投资实现利润增长，可以通过上市等进行转型……种种运作均能够放大企业的商业价值。商业价值的放大能够推进企业的跨越式发展。

【案例 6-8】

2016 年 12 月，小米公司在最新一轮的筹资活动中，筹集到 10 亿美元，由科技投资基金 All-Stars Investment 领投，这也预示着小米的市值估价将达到 650 亿元。

（资料来源：编者根据相关资料整理而成）

6.2.2　商业模式画布的应用

商业模式画布（图 6-1）是用来描述和分析企业、组织和个人如何创造价值、传递价值、获得价值的基本原理和工具，从用户细分、客户关系、渠道通道、价值主张、关键业务、核心资源、重要伙伴、成本结构、收入来源这九个关键词描述了企业（产品）如何创造价值、传递价值、获取价值的基本原理。商业模式画布使得商业模式可视化，使用统一的语言讨论不同的商业领域。商业模式画布不仅能够提供更多灵活多变的计划，而且更容易满足用户的需求。更重要的是，它可以将商业模式中的元素标准化，并强调元素间的相互作用。

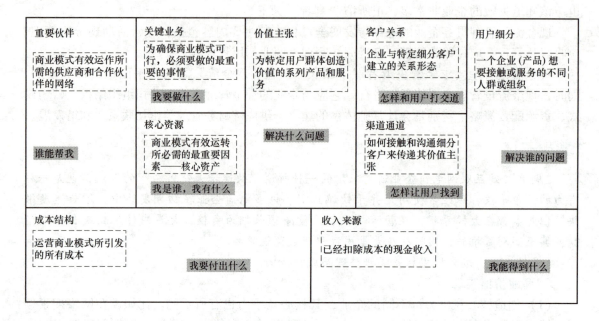

图6-1　商业模式画布模板

1）价值主张：用来描绘为特定客户创造价值的系列产品和服务。

很多时候，我们问自己或者团队，做生意做产品是为了什么？我们大部分人的回答往往是：为了赚钱，为了完成KPI，这可能不是价值主张最佳的表达方式，这种回答更多的是本我主义，不能够将要做的事情的价值和意义准确友好地传达给对方。赚钱是为了更好地生活，为了给消费者或用户带去更好的产品和服务，这个可以理解，但其实对于价值主张更多的是需要以利他主义的角度去传达，我们能为用户创造什么价值。

2）用户细分：用来描述一个企业想要接触和服务的不同人群或组织。

我们在为谁创造价值？谁是我们最重要的客户？这是产品经理首先要解决的问题。任何企业不能单凭自己的人力、财力和物力来满足整个市场的所有需求，任何一款产品都没有办法解决所有用户的所有需求，必须在细分群体上有所取舍。用户细分不仅是描述产品的定位，更决定一款产品的发展方向。找寻到哪些用户是能为企业带来盈利的，哪些用户不能，并锁定那些高价值用户。因为资源是有限的，必须在有限的条件下取得有效的市场竞争。找到那些有高价值的用户，并满足这一群体的需求，就是进行用户细分的最终目标。

3）关键业务：用来描绘为了确保其商业模式可行，企业必须做的最重要的事情。

4）渠道通道：用来描绘公司是如何沟通接触其客户细分而传递其价值主张的。

5) 客户关系：用来描绘公司与特定客户细分群体建立的关系类型。
6) 核心资源：用来描绘让商业模式有效运转所必需的最重要的因素。
7) 重要伙伴：让商业模式有效运作所需的供应商与合作伙伴的网络。
8) 成本结构：运营一个商业模式所引发的所有成本。
9) 收入来源：用来描绘公司从每个客户群体中获取的现金收入（需要从创收中扣除成本）。

6.3 商业模式与其他管理要素

6.3.1 商业模式与盈利模式

商业模式不同于盈利模式，前者追求市盈率，即企业价值回报，而后者注重利润率，即产品价值回报。以当当网的成功为例，在 2008 年之前，当当网近十年未实现盈利，待上市之后，其市值达到 30 亿元，可见其创始人并不是靠盈利模式赚钱，而是依靠股权价值。两者的关系更确切的表述是商业模式内含盈利模式，一个企业的价值包括股权价值、专利价值、品牌价值等，盈利模式只是其中的一个部分。

6.3.2 商业模式与价值链

商业模式的本质，是价值链。价值链是在一个特定行业、企业或业务领域内产生价值的各项关键活动的有序组合，通过这些关键活动的开展，能够使企业业务领域得以有效运营，不断循环、周而复始。

价值链环节可以分为内、外两大部分。其"外在"环节直接和消费者需求相对应，是商业模式的核心部分。其内容主要包括：①对产品和服务的定义；②对终端形态和售卖方式的界定；③对交易方式的界定。价值链"内在"环节则是企业在内部和合作伙伴之间所形成的关系，主要包括：内部各部门之间的组织形式或协作方式、外部合作伙伴之间的合作方式、地域价值渠道的选择三个部分。

商业模式创新的关键在于价值链的创新，只要能够做到价值链各个环节的改造和颠覆，就会创造出无穷无尽的创新方式。在价值链运行的全过程中，通过对原料采购、设计生产、分销渠道、营销广告、销售消费、售后服务等环节进行环环相扣的差异化，最终整个价值链的差异化就形成了企业真正意义上的差异化经营，只有这样才能形成独特的商业模式，并真正构筑起企业的核心竞争力。

另外，价值链中每一环节的创新都具有"乘数效应"，企业在不同的商业环境和竞争格局之下，塑造价值链的每一环节都应与其前后若干环节相对应，每一环节又存在多种选择，这就是商业模式复杂的原因。因此我们可以理解为何有的企业靠打价格战赢了，而有的企业却两败俱伤。企业必须遵守价值链的规律，才能享受其带来的"乘数效应"。

6.3.3 商业模式与战略规划

战略规划是指依据企业外部环境和自身条件状况及其变化来制定和实施战略，并根据对实施过程和结果的反馈和评价来调整、制定新战略的过程。商业模式和战略规划都要涉及诸多重要选择（如价值链等），而且这些选择一旦做出并实施，就具有较强的稳定性和持续性。从因果关系上讲，两者互为因果。企业核心竞争能力的打造，支持企业产品独特增值模式的实现。企业产品的增值模式，要求企业战略尤其是竞争战略的制定必须以产品的增值模式为基础。从设计目标上讲，两者保持一致。企业战略的制定是要培育企业的独特竞争优势，从而进行最有利于自身的战略选择。商业模式设计中的企业产品的独特增值方式，也是要培育企业的独特竞争优势。从设计方式上讲，战略设计更加体系化。比如 PEST 分析、波士顿矩阵、SWOT 分析等分析工具，并未出现在商业模式理论中，也很难在商业模式设计中应用，但我们也看到最近有经济学家在进行商业模式设计量化分析的尝试。

两者的区别在于：战略规划的内涵大于商业模式。从事前角度看，战略是对商业模式的选择，一个企业创立之初可能会设计多个备选的商业模式，战略规划会通过对不同的备选商业模式进行评估，最后决定采用其中的一种。从这个意义上讲，商业模式可以视作企业的战略工具，为企业做出适当的战略决策提供有益的支持。一旦企业的战略规划有变，其商业模式一般也会做相应调整。从事后角度看，商业模式反映的是企业已经付诸实践的战略规划。战略规划也会根据商业模式的实施情况决定是否对其进行调整或者创新，以便商业模式更好地实现战略规划的目标并适应市场发展。

6.4　互联网企业的商业模式

6.4.1　六种商业模式

1. 工具型商业模式

随着互联网的发展，信息交流越来越便捷，志同道合的人也更容易聚在一起形成社群。在这种情况下，互联网将散落在各地的星星点点的分散需求聚拢在一个平台上，产生了新的共同需求，并形成了规模，体现了重聚的价值。

如今互联网正在催熟新的商业模式，即"工具＋社群＋电商/微商"的混合模式。例如，在最开始，微信只是一个社交工具，它先是通过其工具属性、社交属性、价值内容的核心功能过滤到海量的目标用户，然后加入了朋友圈点赞与评论等社区功能，继而添加了微信支付、精选商品、电影票、手机话费充值等商业功能。微信的发展过程正是这种混合模式的实际体现。

互联网电商有一句话："流量、成交、转化率。"微信具有天然的社交网络服务（Social Networking Services，SNS）和社交属性，因此可以通过与客户之间的关系维护大幅度提高产品的转化率。微信借助手机通讯录将用户捆绑在一起，由于手机通讯录里面都是比较亲密的熟人、朋友，在微信用户的带动下，很多原本不知道该业务的人也开始成为微信用户。这种"病毒营销"的模式快速扩大了微信的用户群。不仅如此，微信还面向名人、政府、媒体、企业等机构推出合作推广业务的公众平台，在帮助这些机构减少宣传成本、提高品牌知名度的同时也实现了微信自身的推广，进一步扩大了微信用户的规模。后来相继推出的个人公众号，更是掀起了自媒体时代的潮流。

工具如同一道锐利的刀锋，它能够满足用户的痛点需求，用作流量的入口，但它无法有效地沉淀粉丝用户。社群是关系属性,用来沉淀流量;商业是交易属性,用来变现流量价值。三者看上去是三个不同的方向,但其内在融合的逻辑是一致的,而只有这三者有机地结合,才能够真正让适合企业的商业模式产生巨额的盈利。

2. 长尾型商业模式

长尾型商业模式是在长尾理论的基础上建立的。长尾理论是网络时代兴起的一种新理论,由于成本和效率的因素,当商品储存、流通、展示的场地和渠道足够宽广,商品生产成本急剧下降以至于个人都可以进行生产,并且商品的销售成本急剧降低时,几乎任何以前看似需求极低的产品,只要有人卖,一般都会有人买。这些需求和销量不高的产品所占据的共同市场份额,可以和主流产品的市场份额相当,甚至更大。

【案例6-9】

1995年,美国人杰夫·贝佐斯创办了一家网络书店,跻身为网络上率先经营电子商务的公司之一。这家网络书店运营火爆,在开张后的短短一周内,就收到了价值12 000美元的订单。两年后的1997年5月15日,这家网络书店的股票成功上市,股票代码AMZN。这就是如今享誉全球的亚马逊。

能取得如此巨大的成功,贝佐斯靠的就是零库存战略。在刚开业的时候,亚马逊将由供货商开列的150万册书籍的名录全部放在了网上。每当有顾客下单时,亚马逊便立即向供货商发出订购消息,再将收到的书转发给顾客。在这样的战略下,亚马逊的库房里常常保持着仅有几十本等待转发的书籍的极低库存量。

1997年,亚马逊上市融资后,便开始有策略、一步一步地扩展自己的经营领域。从最初的音像出版物,到玩具、软件、游戏等小商品和信息产品,再到服装、运动产品、钟表、珠宝首饰等多档次的消费品;2000年,亚马逊向第三方的企业和商户开放了销售平台,欢迎第三方入驻;2007年后,亚马逊开始发展自有品牌的消费电子产品,推出了"Kindle"电子书阅读器等广受好评的新产品。从"地球上最大的书店"到"地球上最大的超级卖场",贝佐斯的发展眼光正带领着亚马逊不断腾飞,其成为"世界最大的以顾客为中心的企业,人们可以从这里找到和发现他们希望在线购买的任何商品"这一企业愿景,也正在不断成为现实。

(资料来源:编者根据相关资料整理而成)

在以上的案例中,巨大的长尾给亚马逊带来了超额的利润,并一举打破了传统商业模式20%的重度消费者购买80%产品的营销理论,而让80%的轻度消费者成了利润来源的主力军。

长尾型商业模式主要是媒体行业从面向大量用户销售少数拳头产品,到销售庞大数量的利基产品的转变,虽然每种利基产品相对而言只产生小额销售量,但利基产品销售总额可以与传统面向大量用户销售少数拳头产品的销售模式相媲美。通过C2B实现大规模个性化定制,核心是"多款少量"。所以,长尾模式需要低库存成本和强大的平台,并使得利基产品对于兴趣买家来说容易获得。

3. 平台商业模式

平台型商业模式的核心是打造足够大的平台,使产品更加多元化和多样化,更加重视用户体验和产品生态衍生的闭环设计。

企业可以通过建立平台的形式扩大企业的规模，原因有二：①这个平台是开放的，可以整合全球的各种资源；②这个平台可以让所有的用户参与进来，实现企业和用户之间的零距离接触。

在互联网时代，用户的需求变化越来越快，越来越难以捉摸，单靠企业自身所拥有的资源、人才和能力很难快速满足用户的个性化需求，这就要求打开企业的边界，建立一个更大的商业生态网络来满足用户的个性化需求。而平台商业模式可以用最快的速度汇聚大量资源，充分满足用户多元化和个性化需求，所以平台模式的精髓，就在于打造一个多方共赢互利的生态圈。

1688批发网，即阿里巴巴旗下大型企业采购的B2B平台。其最初也是从纯粹的商业模式出发，与大量的风险资本和商业合作伙伴相关联，进而构成如此庞大的网上贸易市场；此外，阿里巴巴还在充分调研企业需求的基础上，将企业汇聚的信息整合分类，形成该网站独具特色的栏目，使企业用户获得最有效的信息和服务；同时，阿里巴巴还以免费会员制吸引了大量企业注册成为平台的用户，从而汇聚商流，活跃市场，会员在浏览信息的同时也带来了源源不断的信息流和无限商机。

4. 免费型商业模式

"互联网+"时代是一个"信息过剩"的时代，也是一个"注意力稀缺"的时代，怎样在"无限的信息中"获取"有限的注意力"，成了"互联网+"时代的核心命题。

注意力稀缺导致众多创业者们开始想尽办法去争夺注意力资源，而互联网产品最重要的就是流量，有了流量才能够以此为基础构建自己的商业模式，所以说互联网经济就是以吸引大众注意力为基础，然后去创造价值，最后转化成盈利。

很多互联网企业都是以免费、优质的产品吸引到很多普通用户，然后通过发布新产品或升级服务的方式寻找到付费用户，并在此基础上构建商业模式，如360安全卫士、QQ等。互联网颠覆传统企业的常用打法就是在传统企业用来赚钱的领域免费，从而彻底把传统企业的客户群带走，继而转化成流量，然后再利用延伸价值链或增值服务来实现盈利。

【案例6-10】

2009年，奇虎360杀毒在杀毒软件行业率先推行永久免费下载，也因此极大地获取了市场份额。根据统计数据，2016年度，360安全卫士以91.76%的市场份额占据行业榜首，而360杀毒则以73.91%的市场份额排名第二。"卫士+杀毒"组合已经成了当下国内PC的主流安全配置，大量的用户群同时也带来了巨大的经济效益。随后，360相关平台级产品（包括360安全浏览器、360软件管家、360手机卫士等）也陆续发布，平台还通过销售广告位来获取在线营销服务利润。其次，通过依靠搜索引擎转介服务获得流量收入也是360业务的一个组成部分：通过与360合作，企业可以以付费方式将浏览器导航主页默认搜索引擎改为该企业的搜索引擎；同时，360还提供互联网增值服务（网页游戏）与远程技术支持（人工杀毒、人工管家等）。

（资料来源：编者根据相关资料整理而成）

克里斯·安德森在《免费：商业的未来》中归纳基于核心服务完全免费的商业模式：一是直接交叉补贴，二是第三方市场，三是免费加收费，四是纯免费。如果有一种商业模式既可以统治未来的市场，也可以挤垮当前的市场，那就是免费的模式。

5. 跨界型商业模式

不管做哪个行业，真正构成威胁的对手往往是那些行业之外你看不到的竞争对手。互联网为什么能够如此迅速地颠覆传统行业呢？因为它利用了高效率来整合低效率，对传统产业的核心要素进行整改与分配，并以此来提升整体系统效率。互联网企业通过减少中间环节，减少很多不必要的损耗，提高效率，降低成本。因此，对于互联网企业来说，只要抓住传统行业价值链条当中的低效或高利润环节，利用互联网工具和互联网思维，重新构建商业价值链就有机会获得成功。所以，我们不应该仅仅把互联网当成一个工具，应该思考的是怎样提高组织效率、如何改善服务水平，获得更大利润。所以传统企业在转型过程中很容易受到资源、过程以及价值观的束缚及阻碍。

【案例6-11】

小米究竟是一家怎样的公司？硬件公司或是互联网公司，这个争议一直不断。

上市前夕，雷军致股东的信里这样解释："小米不是单纯的硬件公司，而是创新驱动的互联网公司。具体而言，小米是一家以手机、智能硬件和IoT平台为核心的互联网公司。"

很明显，就算小米之前不能称之为互联网公司，那么今后的小米也一定会是家互联网公司。

从近几年的布局来看，小米与BAT走的路方向不同，但是他们的最终目的都是一样，就是将人工智能更多地运用到生活实践当中。

这盘棋，就是以小米手机为内核衍生出来的生态圈，往外一层是充电宝等手机配件，再往外一层就是电视空调等家居设备，接着往外一层是签字笔、毛巾、运动鞋等生活用品，接着往外，到出门了还有小米的电动车。

这是一个完美的家居闭环。

可以想象一下，以后家里的家电产品都贴有米家的标签，我们手握着小米手机对我们的家实行远程操控，让电饭锅自己煮饭，让洗衣机自动洗衣，扫地机器人开始打扫，炎炎夏日我们一开门家里的空调已经将室温调至适宜的温度，厨房里的智能家电已经为我们烹饪好饭菜……

（资料来源：编者根据相关资料整理而成）

6. O2O商业模式

二维码是线上和线下的关键入口，将后端蕴藏的丰富资源带到前端，O2O和二维码是移动开发者应该具备的基础能力。

O2O是Online To Offline的英文简称。O2O狭义理解就是线上交易、线下体验消费的商务模式，主要包括两种场景：一是线上到线下，用户在线上购买或预订服务，再到线下商户实地享受服务，目前这种类型比较多；二是线下到线上，用户通过线下实体店体验并选好商品，然后通过线上下单来购买商品。广义的O2O就是将互联网思维与传统产业相融合，未来O2O的发展将突破线上和线下的界限，实现线上线下、虚实之间的深度融合，其模式的核心是基于平等、开放、互动、迭代、共享等互联网思维，利用高效率、低成本的互联网信息技术，改造传统产业链中的低效率环节。

6.4.2 互联网商业模式与传统商业模式的不同

互联网已经成为整个社会的底层架构和标配，其带来的"第三次工业革命"颠覆了各行各业，企业商业模式的演进和改造依赖于互联网发展产生的以下效应：

1. 网络效应

互联网就是上网，也叫触网。淘宝就是把义乌小商品市场搬到互联网上；京东产生了B2C模式，把中关村卖计算机的商场搬到网上。这一触网以后，就产生了互联网第一个效应——网络效应。

网络效应是指企业的价值随着它用户数的增长，呈现出几何级数增长。如果在营销的过程中能够导入网络效应，企业的产品销售就能快速爆发。以滴滴公司为例，滴滴曾经率先推出了"红包优惠券"，具体做法是：用户打到车以后给他30张优惠券，如果他发到朋友圈，就有30个朋友都能够一起分享到优惠，他们打车的时候可以使用；朋友使用以后，还能拿到优惠券，再进行发布，其他用户（包括第一个用户）依然可以领取，再使用，再发布……滴滴所做的就是利用互联网的网络效应，一张优惠券发给30个人，这30个人帮它发给另外30个人……很快就在几天内传达到上亿的人数，实现快速发布。

2. 互动粉丝效应

当网络效应可以发展更多用户数的时候，就会产生互动粉丝效应。当企业的用户数累积的时候，在企业的用户中间一定能找到合适的粉丝群。以小米为例，小米的销售大多归功于它将近7000万的粉丝群体，当他们的粉丝无形之中成为销售人员的时候，销售成本就大幅度下降了，这就是互联网的粉丝效应，这就是为什么小米用四年时间做成了一家估值650亿美元的公司。

3. 用户规模效应

用户规模效应是指企业利用一个侵略性的价格（极端就是免费、补贴），找到一个具有普遍性需求的细分市场，大量获取基础用户，待基础用户数量突破临界点后，网络效应显现，此时通过对高价值用户收费或寻找第三方买单的方式获取收入。例如，360用免费策略把杀毒软件的客户抢过来，然后给他们装360安全浏览器，然后做搜索；网络游戏对普通用户免费，对少数有钱的玩家出售道具来收费。

4. O2O 网络效应

当网络上形成上述几种商业模式以后，许多企业会选择线上的东西进入到线下。京东与10余座城市的上万家便利店合作，布局京东小店O2O，由京东提供数据支持，便利店作为其末端实现落地。例如，京东与獐子岛集团拓展生鲜O2O，为獐子岛开放端口，獐子岛提供高效的生鲜供应链体系。另外，京东还与服装、鞋帽、箱包、家居家装等品牌专卖连锁店达成优势整合，借此扩充产品线、渠道全面下沉，各连锁门店借助京东精准营销最终实现"零库存"。

5. 生态效应

所谓企业生态效应，是指当企业在单一领域内获得上述效应，以此（即同样的用户群及其数据）作为支撑，逐渐涉足多领域，进行多点模式作战。阿里巴巴布置它的生态效应，从支付到银行，后面还有保险，都会开始介入，最后阿里巴巴就不再是一个简单的电商公司了，而是一个以用户群和大数据为中心的同心圆公司。

6.4.3 商业模式的误区

互联网时代的大环境，为形形色色企业的商业模式创新提供了层出不穷的机遇与条件。随着这方面实践的增加，人们对商业模式构建、创新的知识经验也在不断积累。与此同时，也不可避免地出现了一些误区。如果我们对此不加注意，以下的几种误区就可能对企业的商业构建产生十分不利的后果。在此主要介绍以下六种误区：

1. "互联网+"就是传统业务电子商务化

在很多人看来，"互联网+"就是原有业务加上一个电商平台。其实不然，"互联网+"之所以对商业模式创新带来革命性冲击，就在于它对商业模式的每一个板块的重塑，尤其是顾客对解决问题方案板块的重塑，带来了无穷的机会和层出不穷的新条件。所谓极度体验，就是指在互联网的技术支持下，人们创造性地组合线上与线下资源（即O2O），创造出前所未有的新型工作情景，带来前所未有的顾客体验。因此，"互联网+"不是原有业务和电商平台的简单相加，而是以创造崭新体验为目标，以重塑顾客工作情景为中心而展开的商业模式创新构建。

2. 照搬外国模式

众所周知，中国互联网在过去几十年走了一条C2C（Copy to China）的路，几乎所有知名互联网应用都可以在美国找到它的影子，许多创业者利用美国和中国之间的趋势时间差，把一些硅谷热门的初创公司的商业模式移植到中国，而这些走"C2C"模式的企业，却也很容易遭遇到水土不服的尴尬。

"今夜酒店特价"初期学习的是美国红极一时的Hotel Tonight公司。Hotel Tonight在美国每个城市只做3家酒店，这种精品酒店模式可确保每个酒店都能获得大量的订单，从而加强话语权。今夜酒店特价发展初期，同样采用了每个城市只做少数几家精选酒店的方法，但实际效果却不如预期，公司也于2016年被京东收购。究其原因，今夜酒店特价的模式照搬外国模式而忽略了中美酒店市场的巨大差异和其他不同（如国情、行情等）。

3. 先圈用户不考虑商业化

不少互联网初创者经常释放这样的观点：我们现在只为了抢占市场，先圈住客户，然后再考虑商业模式。即现阶段不考虑收入，不考虑商业化，不考虑成长问题，先笼络一定的客户再说。在市场既有规模较小的情况下，不少创业者在前期通过烧钱来培育市场，然而一些看似通过烧钱烧出来的用户，和企业黏合度并不大，并且此举还造成了市场的恶性竞争。互联网企业不能只盯着用户数量，任何一个好的商业模式归根结底是要制造成长。

4. 对竞争形势把握不准

对于变化速度以分钟计算的互联网行业，对创业者最大的威胁便是竞争，许多优秀的项目都因为竞争而被行业中的"第一名"带走了。在中国的互联网行业中，因为有BAT，即百度（Baidu）、阿里巴巴（Alibaba）、腾讯（Tencent）三巨头的存在，初创者的竞争环境非常残酷。类似BAT这样的大公司资本雄厚，拥有极强的技术力量、社会资源、人才团队，因此对于初创者而言在构建商业模式时，务必要考虑到这些潜在竞争对手的挤压，合理分析和判断竞争环境及形势，千万不要抱有幻想。

如何避免踏入这一误区？企业定位时可以选择将市场细分，然后在细分市场中大展拳脚。比如汽车之家就在汽车这样一个信息高度不对称的行业中，实现了社群垄断；知识问答类的"知乎"，让用户在有任何奇葩问题产生时第一时间就能想到它。

5. 商业模式创新可以取代产品创新

这两年由于互联网的存在，商业模式创新几乎成了一种时尚，对很多企业而言，商业模式创新好像是一剂魔力无边的万用灵药，可以让一个企业起死回生。

这也是一种错误的观点。其实商业模式创新只是一种企业创造价值的方法，而价值的最终载体还是产品和服务。目前很多企业陷入困境并非是因为它们的商业模式有缺陷，而是因为它们的产品和服务有缺陷。产品和服务有缺陷，商业模式再优秀、再新颖也无济于事。所以，一个企业要想真正获得持久的竞争力，首先还是要大力研发，打造出优秀的产品，同时进行过程和服务创新，把当前提供的用户价值中的明显缺陷全部消除，然后再考虑商业模式创新。

以IBM为例，IBM的成功不仅仅是商业模式创新，更重要的是它不断研发，不断推出具有竞争力的强大产品和服务。IBM每年投入60亿美元进行研发，在过去18年里，IBM在申请技术专利上全美国排名第一，共有近6000项。

6. 忽视了用户需求

用户需求是互联网商业模式的基础。很多传统企业在向"互联网+"转型时都极其容易出现这个问题，当然这并非说非传统企业在做互联网创业时就没有这类问题。做互联网产品，因其特质往往试错成本较低，这更适合产品在短期内上线测试，征求客户的反馈意见，了解客户对待产品的状态后再不断进行升级调整。

"闭门造车"在互联网产品转型和创业上是最大的误区，过去微软耗费多年研究Vista操作系统时，自认为满意的产品却并没有得到用户的良好反馈，因为在过长的研发周期中，用户的想法、需求概念已经发生了变化，当产品正式推出时已经并不符合用户的根本需求了。

用户需求驱动是产品的起点，绝大部分失败的产品不是死在路上，而是死在一开始。小米、滴滴等一系列优秀的互联网产品做起来时，其实是因为它们牢牢地把握了用户的需求。

本章要点回顾

- 商业模式是企业创造价值、实现价值的核心商业逻辑，是企业的内在本质。
- 商业模式的构建主要包括战略定位、资源整合、盈利模式设计、业务统筹、财务结构设计、商业价值实现等环节。
- 商业模式不同于盈利模式，商业模式追求市盈率，即企业价值回报，盈利模式注重利润率，及产品价值回报。
- 工具型、长尾型、平台型、免费型、跨界型、O2O型是互联网创业的主要商业模式。
- 长尾型商业模式主要通过C2B实现大规模个性化定制，核心是"多款少量"，需要低库存成本和强大的平台基础。
- 互联网经济是以吸引大众注意力为基础，去创造价值，然后转化成盈利。
- 互联网企业不能只盯着用户流量，任何一个好的商业模式本质上是要能够盈利并持续成长。

第 6 章 互联网商业模式的发展历程

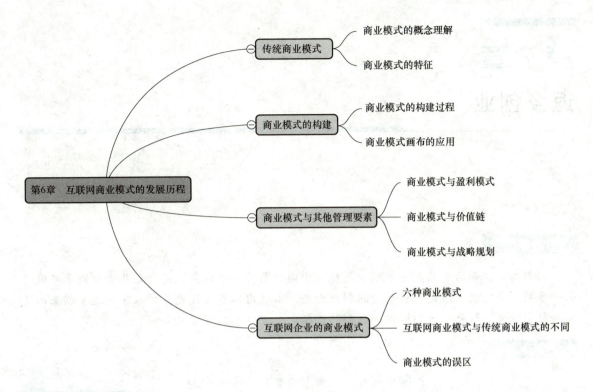

💡 本章思考题

1. 互联网商业模式的基本类型有哪些?
2. 你认为创业中应该避免哪些误区?
3. 创业的盈利模式有哪些?
4. 如何做出合理的商业规划?

第 7 章
返乡创业

内容提要

回归乡土，而后创业。返乡创业是极具中国特色的一个词条，是指创业者回到家乡进行的一系列创业活动，这是一种新型的创业形态。本章内容旨在让更多的人了解返乡创业的定义和社会意义，给创业者们提供一种新的选择。

导入案例

返乡创业，从阿里员工到餐饮业 CEO

"返乡，把思念变为相见。"

——良食餐饮联合创始人刘侠威在微博中这样写道。

1987 年出生，就职于阿里巴巴，著有畅销书《电商 3.0》《移动社交电商》和《人格化电商》的刘侠威于 2016 年辞职回到家乡郑州，创办河南良食餐饮管理有限公司（简称良食餐饮），先后开创了热干面品牌"拌调子"和"成碗"。

为什么是餐饮业？

刘侠威返乡创业的原因简单又戳心——

- 老家在商丘。
- 在郑州上的大学。
- 妻子一直在郑州。
- 女儿出生了。

刘侠威一开始的创业方向还是从事互联网和电商领域这个"老本行"，但并没有取得成功。

对郑州进行深入的市场分析后，刘侠威发现餐饮是一个不会被替代的行业，于是毅然跨界进军餐饮业。

"我们河南有一个很大的优势就是人多，这对于餐饮行业来说，顾客资源是很广的。而且，我们的供应商、物流配送等也在不断地完善。这几年郑州整个餐饮行业的市场氛围和环境，以及创业者的感觉都特别棒。可以说，郑州不亚于中国任何一个地方，我甚至认为，郑州可以被评为全球餐饮创业和孵化餐饮项目的沃土。"刘侠威这样评价自己的家乡。

为什么是热干面？

餐饮是一个不会被取代的行业，也是一个相对饱和的行业。怎样打造一个有竞争力的品牌？品类很重要。多方调研后，刘侠威团队定下了五个选择标准：
- 群众基础好。
- 尚无成熟品牌。
- 市场大，未饱和。
- 易复制、易标准化、可外卖。
- 可代表中国推出国门。

根据这五个原则，刘侠威团队在全国各地奔走考察，发现武汉小吃热干面是个不错的选择：一则全国各地都有售卖热干面的小摊，受众甚广；二则目前市面上并无成熟的注册品牌，大有可为。于是，刘侠威迅速启动，着手打造一款"热干面"领军品牌。

做一碗良心面

刘侠威为公司取名为"良食"，是因为公司的使命是"坚守良食餐饮，传递净快美好。"他誓言要做出一碗自己和家人都可以放心吃的良心面。

作为一个餐饮"小白"，本身对厨艺并不熟悉的刘侠威，亲自带领团队到武汉学习，在追求地道口味的同时，坚持采用良心食材。

"拌调子"热干面正式面世前，200多次配方尝试让刘侠威几乎"吃到吐"。直到现在，"拌调子"已经升级到3.0版本，刘侠威团队仍未停止创新。

未开先火，强势圈粉

多年的电商运营经验让刘侠威深知网络的力量，本来已有1万余微信好友，曾是畅销书作家的他还在店铺开张前撰写了一篇自己的餐饮创业故事，文章被疯狂转发，超过20万人次阅读。

2016年9月26日，"拌调子"热干面第一家店在郑州开业。万万没想到，后厨准备了60份面，37平方米的店面，现场却去了约200人。

免费试吃、媒体测评、转发送卤味、微信群红包、微博宣传等一系列活动让"拌调子"迅速打开市场。

国庆七天试营业期间，共卖出4000多碗热干面，接到200多个加盟咨询电话，精准曝光率达到100万+，"圈粉"无数。

新潮的包装、正宗的口感进一步增强了"拌调子"热干面的"固粉"力。

吃出"仪式感"

面条外卖不是一件容易的事，很难保证口感。而刘侠威通过不断地钻研，保证了外卖的热干面口感与到店一样，除此之外，还有神秘配方。

每份"拌调子"外卖，除了拌面和配料外，还配备三个精美的小包装盒，不同颜色的盒子里装着不同的酱料。包装上分别印着如下几行字：
- 第一步：卤不要钱，先倒为敬。
- 第二步：销魂麻酱，紧随其后。
- 第三步：绝味浇头，压轴登场。

吃面吃出"仪式感"，真是有料又有趣。

老板，请再"成碗"热干面

良食餐饮在2018年年底推出第二个热干面品牌"成碗"，有了"拌调子"的成功铺垫，在一家店未开的情况下，刘侠威就启动招商会，成功签下27家门店，一个月内7家"成碗"热干面火速开店。

刘侠威这样说道："两个品牌的差异化，在于定位与产品个性。"
- "拌调子"定位于购物中心市场，面向中高端消费市场。
- "成碗"定位于街边门店，面向中低端消费市场。

开店万家，成就万家
- 2017年9月，"拌调子"开放加盟。
- 2018年12月，"成碗"投入市场。

截至2019年2月，"拌调子"和"成碗"两个品牌已有30多家河南省内外店面，每天服务食客上万人次。

刘侠威的2019年目标是：
- "拌调子"新开17家店，稳扎稳打，提升品质。
- "成碗"新开100家店，扩大规模。

刘侠威说："他们可能从郑州或别的地方，回到家乡开一个自己的小店，过着还不错的日子。看到他们也返乡创业成功，这对我和我的团队来说，是一件更有价值的事情。"

"我们预判，到2027年，中国可能成为全球最大的经济体。届时将会是品牌出海的一个好机会，也是中餐走向海外的好机会。"正如良食餐饮所倡导的企业理念，刘侠威期待有一天，自己的热干面品牌能够像麦当劳、KFC一样走向全球，成为中国餐饮的代表。

（资料来源：编者根据相关资料整理而成）

案例评价

作为一家返乡创业企业，刘侠威的良食专注于正宗味道的坚持和良心食材的研发，力图帮助更多加盟商返乡创业，致力于打造代表中国走向世界的美食连锁模式。它通过严谨的市场调研，选择了区域市场空白品类，坚持以产品创新为内核，面向不同消费层次开发新的细分市场，充分利用互联网思维，容易迅速打开市场。良食餐饮的创业之路是一种典型的返乡创业思维，打破了区域格局，项目选择、产品研发、营销模式、市场拓展等各个环节，都值得深入分析、思考和借鉴。

思考题

1. 返乡创业对一个创业者来说，有哪些优劣势？
2. 从刘侠威的案例中，能够得到哪些启示？
3. 为"成碗"品牌的推出进行一次市场分析。

本章要点

- 返乡创业的定义。
- 返乡创业的社会意义。
- 返乡创业的优势和误区。
- 返乡创业的几大方向。
- 返乡创业的准备。

> 学习目标
> - 了解返乡创业的社会意义。
> - 了解返乡创业的政策支持。
> - 了解返乡创业的项目选择。
> - 了解返乡创业应做的准备。

7.1 认识返乡创业

7.1.1 基本概念

返乡创业是极具中国特色的一个词条，是指创业者回到家乡进行的一系列创业活动。家乡是指从小生长的地方或祖籍所在地，创业者回到自己家乡所在市、县、乡镇等行政区域进行创业活动，归国人员回到祖国进行创业活动都属于返乡创业。

返乡创业的主体人群是农民工、中高等院校毕业生、退伍军人、科技人员、企业主、留学归国人员等。据农业部统计，目前返乡创业者已逾 700 万人，其中近七成为农民工，其次占据较大比重的依次是大学毕业生和退伍军人，其中大学毕业生返乡创业占比逐年增加。

返乡创业者创办的企业主要是中小微企业，八成以上为新产业、新业态、新模式和产业融合项目，五成以上都运用了互联网等现代化手段。

7.1.2 返乡意义

20 世纪 80 年代末 90 年代初，中国出现了"外出打工"热。我国农业生产一直以来大多以家庭经营为主，生产规模较小，生产周期较长，投入劳力较大，经济效益较低。因此，当人们的温饱问题基本解决，农业产品需求就逐渐饱和。"种地"收入的减少，让许多农民子弟离开家乡，奔向沿海城市，寻找其他致富之路。改革开放 40 年来，农民工的辛苦付出为中国这场盛大的蜕变做出了巨大贡献。

中华文明的基础是农耕文明，中国文化是乡土文化，中国人讲究安土重迁，有着浓重的故乡情结。每年春节来临之际轰轰烈烈的返乡大军，刘慈欣的科幻小说《流浪地球》，余光中的现代诗《乡愁》，无一不体现着中国人对家乡深深的眷恋。

【案例 7-1】

"亲爱的弟弟，尽快回来吧，现在家乡发展机会很多"
——回国当"渔夫"的青田华侨陈光美

亲爱的弟弟：

你出国转眼已经 12 年了，哥知道你在国外很辛苦，虽然事业有成，但家人天天都盼着你回国来发展创业。

特别是父母整天都说："要是光美也在家里做事就好了，一家人可以在一起吃饭团聚。"但他们又不敢明说，怕你担心他们。

说实在的，我非常想念我们以前在国内的日子，经常聚会喝酒，一起去父母家里看父母。弟弟，哥哥是真的怀念过去的日子啊！

虽然我们兄弟姐妹都事业有成，但总是感觉少了点什么，也许这就是彼此之间的思念吧！

真想回到过去，也许这一天不久就会来临，因为我得到确切消息，你关注已久的千峡湖生态洁水渔业项目，很快便会拿出来拍卖了。

你要尽快回国准备相关资料参与竞拍，如果竞拍成功，你就可以回来创业了，我们一家人就可以开心地在一起了。

接信后尽快回来，现在家乡发展得很快，有很多机会，如果这个项目不成功，也可以投资其他项目。

尽快回来吧，小弟！

想你、爱你的家人
哥哥代笔
2016年7月7日晚

这是2016年7月7日，陈光美的哥哥给远在欧洲的弟弟的一封信。那时陈光美在意大利从事国际贸易，在比萨开了一家生态农场，靠着灵活的头脑和青田人特有的冲劲，打拼出了一番事业，正是这封家书，让陈光美毅然选择回国创业。

陈光美，1970年11月出生，浙江青田人，归国华侨。2004年，他辞掉公务员工作出国闯荡；2010年后，回到家乡投资创业，现为当地某渔业公司董事长。

（资料来源：根据"学习强国"App里"百姓家书"相关视频、文字整理而成）

家乡，不仅是成长的故土，更是心灵的归属。

国家统计局《2018年国民经济和社会发展统计公报》显示，2018年全国农民工总量28 836万人。而2018年我国大学生毕业面临就业数量达860万人；2018年部队退役人数在40万人以上。近年来，随着国家的多项扶持政策出台，不少就业、创业者开始选择"逃离北上广"，一大波"返乡者"开始涌现。单就农民工来说，2018年农民工总量比2017年同期增长0.6%，而其中外出农民工17 266万人，增长0.7%；本地农民工11 770万人，增长0.9%，就业难已是一个不可回避的问题。

"大众创业，万众创新"是在就业难的大环境下能够解决好这个问题的有效办法和措施。盘活现有工作岗位，鼓励各群体返乡创业，变外出打工为家门打工，变被动就业为主动创业，以创业推动就业。

创业，创的是更美好的生活。

返乡创业，更是一件功在当代，利在千秋的事。

1. 安居乐业，照顾老小

长时间的外地务工，造成了许多现实问题，对老人的赡养和照顾不够，对儿童的教育和培养不足，引发家庭内部问题，同时影响三代人，也在一定程度上成为社会不安定因素。

随着农民工的年龄逐渐增大，在外地继续工作的机会和收入呈逐年下降趋势。最终也得回到故土。

在本地工作，离家更近，更容易对后代的教育和家庭关系的维护起到很好的作用。

同时，中国人讲究落叶归根，与其年老了才回到故乡过着清贫的生活，何不在年轻时就扎根故乡，服务故乡，创造一番事业呢？如果在家乡能有一席之地，谁还愿意在外颠沛流

离呢？

鼓励返乡创业，就是鼓励安居乐业，岁月静好。

2. 增加就业机会，助力脱贫攻坚

紧跟时代步伐，鼓励返乡创业，是本地化的需要，也是本地经济发展的需要。在家乡创业，收入与外出打工相比有过之而无不及，同时还能带动本地就业，带动乡邻共同致富。

对家乡的熟悉和资源优势，使得返乡创业人群更能将当地资源和人文乡情紧密结合，发展特色农产品、非遗传承等行业，通过对本土特色产品的挖掘、升级和品牌化，实现市场对接，形成完整产业链，为家乡今后的发展扎下根，服务乡村振兴。

现在，很多城市都对农民工返乡创业给予了很多的政策支持。例如，创业一次性补贴政策，贷款贴息政策等。

"穷则独善其身，达则兼济天下"，采取建立成功人士信息库，发放返乡创业邀请书，鼓励在外务工人员返乡创业，带动乡邻搭上创业致富的快车，助力脱贫攻坚。

【案例7-2】

北大"猪肉王子"2013年4月回校谈创业，曾一度引起全国轰动。

陈生，广东湛江人，1984年毕业于北京大学经济学院。曾任职于广州市委办公厅和湛江市市委，现为广东壹号食品股份有限公司、天地壹号饮料股份有限公司董事长。

陈生说："很多人说卖猪肉给北大丢脸，我觉得猪肉卖得好，也是本事，职业没有高低贵贱之分，只是安身立命的行当，我一看猪肉就知道好不好吃，这是我的优势。"

陈生经调查得知，在中国市值超10亿美元的企业中，有30家是互联网企业，1178家是非互联网企业。互联网企业只占比2.7%，与非互联网企业的比例是1∶39。

因此，陈生认为"传统行业才是创业主战场"，于是他把方向瞄准猪肉市场。

陈生2007年在广州卖起了猪肉，创立了猪肉品牌"壹号土猪"。他的店在两年的时间里迅速铺开，成为广东最大的猪肉连锁店。

2013年10月，"壹号土猪"正式进军北京市场。

他为乡亲提供猪苗和猪栏，总共220多户乡亲，1000多口人，平均每户一年能赚10万元。

"我知道穷的滋味，几个亿放在我的口袋里只是一个数字符号，不如帮助家乡村民致富。"陈生如是说。

（资料来源：编者根据相关资料整理而成）

陈生凭借其敏锐的洞察力，对市场的精准把握和对家乡优势资源的充分利用，不仅在传统行业中养出了一头"独角兽"，而且带动了千余村民在家门口就业致富。

统计数据显示，我国每年还有新增的600多万农村剩余劳动力。当前这部分农民工很大程度依靠外出打工增加收入，抛家别子，上不能对父母尽孝、下不能对孩子尽到教养责任，致使许多家庭被爱所弃，处于风雨飘摇之中。

尤其是，打工之路上的农民工年老之后的权益保障等问题面临很多困境。通过打工来就业，某种程度上而言，是短期的、持续性较低的一种方式。

而创业则不同。返乡创业，一方面能够帮助一代农民工解决自身的就业问题，提高收

入；另一方面，创业所带动的就业岗位能够以几何级数量翻倍，具有强大的可持续性，解决的不仅仅是一个人或者一代人的就业问题，其辐射度可以延续几代。除此之外，农民工返乡创业还能带动东西部产业转移，推动中西部城镇化。

7.1.3 优势所在

创业是一个艰辛而未知的旅程，它的成功得益于天时、地利、人和的综合作用，三者缺一不可。通过鲁冠球的演讲和经历，我们不难发现，创业者"返乡"更占优势，主要体现在以下三点：

1. 政策优势

通过鲁冠球的创业轨迹不难发现，万向集团的发展壮大得益于国家的每次改革和政策，而他的准确解读保证了他把握住了每个稍纵即逝的机会。1997年，应邀赴美国杜兰大学演讲时，有记者问鲁冠球："万向发展最大的体会是什么？中国农民跨世纪发展最需要什么？"他用了两个词语回答："政策、科技"。

而今，我国政府高度重视和明确呼吁"返乡创业"，中央和地方都出台了相关政策，给予返乡创业极大的支持和帮扶。返乡创业环境远远好过鲁冠球创业的年代，可以说回到家乡创业，已经占据了政策上的先天优势。

2. 天然优势

鲁冠球回到家乡，与6名老乡一起合办农机修配厂是创业的起点，这是因在外地创业很难而快速建立起的一种信任关系。随后，企业的不断发展壮大、人才扩充、成本调控，都离不开家乡根深蒂固的人脉关系和地理优势。

故乡与个人之间存在着千丝万缕的联系，创业者回到家乡有着人缘、地缘、资源等天然优势。由于对某个地区历史、文化和人群生活习惯等方面的熟悉和了解，特别是在区域内具备相应的人脉资源，所形成的相对外来个人或群体的优势，就称为地缘优势。对于市场分析和产品开发，可以更省时、省力，也更精准，这对创业者找准行业和市场切入点是极为有利的。

3. 技术优势

鲁冠球在外三年的铁匠学徒生涯让他作为早期接触到机械工具，掌握了核心技术的那一批人，由此形成的行业经验和对新技术的敏锐感知正是他成功的关键所在。

对于返乡创业者来说，不管是已经成功的企业家，还是在外地做生意、打工的农民工，抑或是曾在外读书生活的大学毕业生、退伍军人，回到家乡后，他们的理念、资讯、技术、文化等认知都相对先进，已经具备了一定的创业优势。

7.1.4 避开误区

返乡创业的良好环境，为广大的返乡创业者创造了百年难遇的机会。但机会与风险总是并存的，不应当盲目乐观。现在对返乡创业认知中普遍存在四大误区，希望返乡创业者引起重视，及时加以纠正，以免对企业的创办和管理产生不利后果。

1. 返乡创业仅限农业

"返乡"的"乡"指的是"家乡"，不一定是"乡村"。同时，即便是"乡村"，创业方向也不再局限于农业。返乡创业者应把眼界放宽，结合自身的知识、技能、经验和资源，立足当地，寻找市场空白，选择合适的行业进行创业。

【案例7-3】

1997年，马云带着团队奔赴北京，为外经贸部中国国际电子商务中心工作。14个月后，他决定回杭州。

马云对团队成员说："我给你们三个选择：第一，留在北京机关里，工作很稳定，工资也不错；第二，我推荐你们去雅虎、新浪、搜狐，工作比较稳定，工资也很高；第三，跟着我回杭州创业，但每个月工资只有700元，10个月内没有休息日，我们租不起房子，所以只能在我家里上班。10个月后如果创业失败，我们各奔东西。你们考虑三天，然后再告诉我。"

团队成员们选择了跟他回杭州，这就是有名的"阿里十八罗汉"。

（资料来源：编者根据相关资料整理而成）

马云团队选择了从北京回到家乡杭州进行创业，缔造了电商传奇"阿里巴巴"。

随着互联网的发展，地域的局限性已被逐渐打破，小小的地方也可以有大大的梦想，有心有力的返乡创业者，在各行各业都大有可为。

2. 返乡创业稳赚不赔

返乡创业本质也是创业，不能想当然地认为它就一定能成功。数据表明，绝大部分的初创企业都失败了，几乎所有行业和领域都是如此，返乡创业也不例外。

返乡创业一方面会得到更多的扶持，面对更多的机会，但随着返乡创业的人越来越多，也有可能面对的是更残酷的市场，更严峻的竞争。

如果想通过返乡创业维持生计，建议慎思慎行，问问自己是否真的已经做好突出重围的准备了。

3. 返乡创业投资很小

通常情况下，返乡创业的办公地点、人工、水电成本都会相对较低，拿农业来说，如果是家庭作坊式的创业，投资就更微乎其微了。然而，一旦要规模化生产，就需要买地、建房、雇大批员工，这样的投资少则百万，多则上千万。

同时，农产品的生产是需要一个较长周期的，推到市场前还可能遭遇各种未知问题。这样看来，农业反倒是一个投资大、回报慢的项目。如果项目没有成功，将血本无归。

因此，不建议盲目进入一个项目，要深入调研，综合考量自身是否具备足够的条件去进行相关创业。

4. 过分依赖政府扶持

充足的资金是创业资源中不可或缺的一项，九成以上的返乡创业者都缺资金，这也是很多项目走不下去的原因。

国家和各地方都出台了返乡创业扶持政策，但如果返乡创业者太过依赖扶持，就会陷入怪圈。毕竟，补贴和扶持更倾向于优秀的初创者或已成功者。返乡创业者想靠各项扶持与补贴来维持企业并非易事。

与其笃信"背靠大树好乘凉"，不如转换思维，牢记"打铁还需自身硬"。在面对资金问题时，自筹、众筹、合伙、融资都是不错的选择。

7.2 返乡创业正当时

7.2.1 政策支持

习近平指出:"乡村振兴,人才是关键。要积极培养本土人才,鼓励外出能人返乡创业,鼓励大学生村官扎根基层,为乡村振兴提供人才保障。"农民是乡村振兴的主力军,要就地培养更多爱农业、懂技术、善经营的新型职业农民。要通过富裕农民、提高农民、扶持农民,让农业经营有效益,让农业成为有奔头的产业,让农民成为体面的职业。要营造良好的创业环境,制定人才、财税等优惠政策,为人才搭建干事创业的平台,吸引各类人才返乡创业,激活农村的创新活力。要注重建立引导和鼓励高校毕业生到基层工作"下得去、留得住、干得好、流得动"的长效机制,让大学生"愿下来,又留得住"。

近年来,国家出台了一系列优惠政策鼓励返乡就业创业,各级地方政府也紧随其后,结合自身发展出台相应优惠政策,极力打造优质健康的返乡创业生态体系。实施乡村振兴战略,坚持农业农村优先发展,支持和鼓励农民就业创业,十九大报告中聚焦中国"三农"问题,进行了一系列新部署和新安排。

对打算返乡创业的群体来说,熟悉这些优惠政策,在创业过程中将达到事半功倍的效果。

现将主要相关政策及其部分内容摘录如下:

1. 国家政策

(1)《乡村振兴战略规划(2018—2022年)》(中共中央、国务院2018年9月发布)坚持市场化方向,优化农村创新创业环境,放开搞活农村经济,合理引导工商资本下乡,推动乡村大众创业万众创新,培育新动能。

1)培育壮大创新创业群体。推进产学研合作,加强科研机构、高校、企业、返乡下乡人员等主体协同,推动农村创新创业群体更加多元。培育以企业为主导的农业产业技术创新战略联盟,加速资金、技术和服务扩散,带动和支持返乡创业人员依托相关产业链创业发展。整合政府、企业、社会等多方资源,推动政策、技术、资本等各类要素向农村创新创业集聚。鼓励农民就地创业、返乡创业,加大各方资源支持本地农民兴业创业力度。深入推行科技特派员制度,引导科技、信息、资金、管理等现代生产要素向乡村集聚。

2)完善创新创业服务体系。发展多种形式的创新创业支撑服务平台,健全服务功能,开展政策、资金、法律、知识产权、财务、商标等专业化服务。建立农村创新创业园区(基地),鼓励农业企业建立创新创业实训基地。鼓励有条件的县级政府设立"绿色通道",为返乡下乡人员创新创业提供便利服务。建设一批众创空间、"星创天地",降低创业门槛。依托基层就业和社会保障服务平台,做好返乡人员创业服务、社保关系转移接续等工作。

3)建立创新创业激励机制。加快将现有支持"双创"相关财政政策措施向返乡下乡人员创新创业拓展,把返乡下乡人员开展农业适度规模经营所需贷款按规定纳入全国农业信贷担保体系支持范围。适当放宽返乡创业园用电用水用地标准,吸引更多返乡人员入园创业。各地年度新增建设用地计划指标,要确定一定比例用于支持农村新产业新业态发展。落实好减税降费政策,支持农村创新创业。

（2）《国务院办公厅关于支持农民工等人员返乡创业的意见》（国办发〔2017〕47号文件） 支持农民工、大学生和退役士兵等人员返乡创业，通过大众创业、万众创新使广袤乡镇百业兴旺，可以促就业、增收入，打开新型工业化和农业现代化、城镇化和新农村建设协同发展新局面。

要坚持普惠性与扶持性政策相结合，坚持盘活存量与创造增量并举，坚持政府引导与市场主导协同，坚持输入地与输出地发展联动，通过促进产业转移、推动输出地产业升级、鼓励输出地资源嫁接输入地市场、引导一二三产业融合发展、支持新型农业经营主体发展等渠道带动返乡创业。

《意见》同时提出了支持返乡创业的五方面政策措施：一是降低返乡创业门槛；二是落实定向减税和普遍性降费政策；三是加大财政支持力度；四是强化返乡创业金融服务；五是完善返乡创业园支持政策。

（3）《国务院关于印发全国农业现代化规划（2016—2020年）的通知》（国发〔2016〕78号文件） 建立创业就业服务平台，强化信息发布、技能培训、创业指导等服务。加大政府创业投资引导基金对农民创业支持力度，中小企业专项资金要按规定对农民工和大学生返乡创业予以支持。实施农民工等人员返乡创业行动计划，开展百万乡村旅游创客行动，引导有志投身现代农业建设的农村青年、返乡农民工、农村大中专毕业生创办领办家庭农场、农民合作社和农业企业。

（4）《国务院关于印发"十三五"脱贫攻坚规划的通知》（国发〔2016〕64号文件） 实施农民工等人员返乡创业培训五年行动计划（2016—2020年），推进建档立卡贫困人口等人员返乡创业培训工作。到2020年，力争使有创业要求和培训愿望、具备一定创业条件或已创业的贫困家庭农民工等人员，都能得到1次创业培训。

（5）《国务院关于印发"十三五"国家科技创新规划的通知》（国发〔2016〕43号文件） 加大"星创天地"建设力度，以农业科技园区、高等学校新农村发展研究院、科技型企业、科技特派员创业基地、农民专业合作社等为载体，通过市场化机制、专业化服务和资本化运作方式，利用线下孵化载体和线上网络平台，面向科技特派员、大学生、返乡农民工、职业农民等打造融合科技示范、技术集成、融资孵化、创新创业、平台服务于一体的"星创天地"，营造专业化、社会化、便捷化的农村科技创业服务环境，推进一二三产业融合。

（6）《中共中央国务院关于深入推进农业供给侧结构性改革加快培育农业农村发展新动能的若干意见》（中共中央、国务院2016年12月发布） 健全农业劳动力转移就业和农村创业创新体制。完善城乡劳动者平等就业制度，健全农业劳动力转移就业服务体系，鼓励多渠道就业，切实保障农民工合法权益，着力解决新生代、身患职业病等农民工群体面临的突出问题。支持进城农民工返乡创业，带动现代农业和农村新产业新业态发展。鼓励高校毕业生、企业主、农业科技人员、留学归国人员等各类人才回乡下乡创业创新，将现代科技、生产方式和经营模式引入农村。整合落实支持农村创业创新的市场准入、财政税收、金融服务、用地用电、创业培训、社会保障等方面优惠政策。鼓励各地建立返乡创业园、创业孵化基地、创客服务平台，开设开放式服务窗口，提供一站式服务。

（7）《国务院关于推动创新创业高质量发展打造"双创"升级版的意见》（国发〔2018〕32号文件） 深入推进农民工返乡创业试点工作，推出一批农民工返乡创业示范县和农村创新创业典型县。进一步发挥创业担保贷款政策的作用，鼓励金融机构按照市场化、商业可持续原则对农村"双创"园区（基地）和公共服务平台等提供金融服务。安排一定比例年度土地利用计划，专项支持农村新产业新业态和产业融合发展。

（8）《国务院关于做好当前和今后一段时期就业创业工作的意见》（国发〔2017〕28号文件） 促进农民工返乡创业，大力发展农民合作社、种养大户、家庭农场、建筑业小微作业企业、"扶贫车间"等生产经营主体，其中依法办理工商登记注册的可按规定享受小微企业扶持政策，对吸纳贫困家庭劳动力就业并稳定就业1年以上的，地方可酌情给予一定奖补。鼓励金融机构按照商业化可持续发展原则，运用扶贫再贷款优先支持带动建档立卡贫困户就业发展的企业及家庭农场、专业大户、农民合作社等经济主体。适应新生代农民工就业创业特点，推进职业培训对新生代农民工全覆盖，创新培训内容和方式，多渠道、广领域拓宽就业创业渠道，引导新生代农民工到以"互联网＋"为代表的新产业、新业态就业创业。推动农村劳动力有序外出就业，对人力资源服务机构、劳务经纪人等市场主体开展有组织劳务输出的，给予就业创业服务补贴。加大对贫困人口特别是易地扶贫搬迁贫困人口转移就业的支持力度，确保他们搬得出、稳得住、能致富。

（9）《国务院办公厅关于建设第二批大众创业万众创新示范基地的实施意见》（国办发〔2017〕74号文件） 支持农民工返乡创业。鼓励和引导返乡农民工按照法律法规和政策规定，通过承包、租赁、入股、合作等多种形式，创办领办家庭农场林场、农民合作社、农业企业、农业社会化服务组织等新型农业经营主体。通过发展农村电商平台，利用互联网思维和技术，实施"互联网＋"现代农业行动，开展网上创业。返乡下乡人员可在创业地按相关规定参加各项社会保险，有条件的地方要将其纳入住房公积金缴存范围，按规定将其子女纳入城镇（城乡）居民基本医疗保险参保范围。鼓励双创示范基地设立"绿色通道"，为返乡下乡人员创新创业提供便利服务，对进入创业园区的，提供有针对性的创业辅导、政策咨询、集中办理证照等服务。

（10）《农业农村部关于大力实施乡村就业创业促进行动的通知》（农加发〔2018〕4号文件） 力争到2020年，培训农村创业创新人才40万人，培育农村创业创新带头人1万名，宣传推介优秀带头人典型300个；培育100名国家级、1000名省级和1万名市县级农村创业创新导师；建设300个国家农村创业创新园区（基地）、100个全国农村创业创新人员培训基地。建立促进就业创业的政策体系、工作体系和服务体系，促进乡村就业创业规模水平明显提升。依托返乡创业培训五年行动计划、新型职业农民培育工程、农村实用人才带头人和大学生村官示范培训、农村青年创业致富"领头雁"计划、贫困村创业致富带头人培训工程、农村创业致富女带头人等项目，有针对性地开展创业创新人才培训。开展农村创业创新"百县千乡万名带头人"培育工作和百万人才培训行动，以农民合作社、家庭农场、专业大户、农业企业和纯农户、兼业户和职业户为重点，培育一批新型农业经营主体和新型职业农民；以科技人才、企业家、经营管理和职业技能人员等人才队伍为主，培育一批乡村复合型人才；以农村创业创新带头人、科技人员、企业家、创业辅导师等为重点，培育农村创业创新导师队伍；以农村创业创新项目创意大赛、农村创业创新成果展览展示等为载体，选拔培育一批优秀创意项目和创业者，对接优质资源要素，激发就业创业热情。

此外，《国务院办公厅关于支持返乡下乡人员创业创新促进农村一二三产业融合发展的意见》（国办发〔2016〕84号文件）《中共中央国务院关于加大改革创新力度加快农业现代化建设的若干意见》（中发〔2017〕1号文件）《国务院关于进一步做好新形势下就业创业工作的意见》（国发〔2017〕23号）《国务院关于印发"十三五"促进就业规划的通知》（国发〔2017〕10号）等多个文件都对返乡创业进行了具体要求和部署，可见国家对促进返乡就业创业工作的决心和力度。

2. 地方政策

深入贯彻落实党中央、国务院和省委省政府打赢脱贫攻坚战的重大决策部署，促进贫困劳动力和农民工就业创业。各省市地方政府也出台相应政策，鼓励返乡创业。以四川省为例，就出台了《关于印发促进返乡下乡创业二十二条措施的通知》（川办发〔2018〕87号），明确了22条细则并具体到负责部门，现附原文如下：

为全面贯彻党的十九大精神，认真落实乡村振兴战略和就业优先战略，进一步扩大就业渠道、促进城乡协调发展，增强大众创业、万众创新活力，鼓励和支持农民工、大学生和复员转业退役军人等人员（以下简称"返乡下乡创业者"）返乡下乡创业，制定以下措施。

一、返乡下乡领办（创办）家庭农场（林场）、农民合作社、农业企业、农业社会化服务组织等新型农业经营主体和服务主体，经依法登记注册的可按规定享受小微企业扶持政策。达到农业适度规模经营标准的，可按规定享受相关扶持政策。返乡下乡创业者引进项目、资金和技术的，按当地招商引资相关政策给予优惠和奖励。返乡下乡创业企业回迁或购置生产设备，且符合产业发展方向的，有条件的地方可给予一定补贴（责任单位：农业农村厅、经济信息化厅、省林草局、省市场监管局、省经济合作局、财政厅。列首位的为牵头单位，下同）。

二、创新土地流转模式，鼓励承包农户依法采取转包、出租、互换、转让及入股等方式流转承包地。有条件的地方，可对返乡下乡创业者从事适度规模经营流转土地60亩以上的给予奖补，具体标准和补贴年限由各地政府确定。返乡下乡创业者流转土地开展粮食种植达到30亩以上的，按规定享受种粮大户补贴政策（责任单位：农业农村厅、自然资源厅、财政厅、省林草局）。

三、将村庄建设用地整治复垦腾退的建设用地指标用于保障返乡下乡创业等农村发展用地。完善农业农村新增建设用地保障机制，按不低于省上下达年度新增建设用地计划总量的8%予以单列，用于支持农村新产业新业态发展。其中，对从事森林康养、休闲农业和乡村旅游等业务的农业经营主体，其辅助设施建设用地可再增加3%。农林牧渔业产品初加工工业项目用地，可按不低于所在地土地等别相对应工业用地出让最低价标准的70%确定土地出让底价。将符合条件的返乡下乡创业者纳入城镇住房保障范围和住房公积金制度范畴，支持返乡下乡创业较为集中的开发区和产业园区因地制宜发展公租房（责任单位：自然资源厅、住房城乡建设厅、农业农村厅、财政厅、省林草局）。

四、鼓励建立返乡下乡创业农村电子商务服务平台，并由各地根据实际情况对场地租金和网络使用费等给予一定比例的补贴，补贴期限一般不超过3年。鼓励支持返乡下乡创业者从事养老服务工作、兴办养老机构，可享受养老服务业发展相关优惠政策（责任单位：商务厅、财政厅、民政厅）。

五、返乡下乡创业者开展农业、林木培育和种植、畜牧业、渔业生产以及农产品初加工用电，按国家相关规定执行农业生产电价（责任单位：省发展改革委、国网四川电力）。

六、对提供创业孵化服务的创业园区（孵化基地），各地可根据入驻返乡下乡创业的项目数量和孵化效果，从就业创业补助资金中给予一定标准的奖补（责任单位：人力资源社会保障厅、财政厅）。

七、返乡下乡创业者符合贷款条件的，按不超过10万元发放创业担保贷款；合伙创业或组织起来共同创业符合条件的，贷款额度可适当提高。创办小微企业符合条件的，可给予最高额度不超过200万元的创业担保贷款。财政部门按规定对创业担保贷款贴息。积极开展信用乡村、信用园区建设，建立信用乡村、信用园区推荐免担保机制。返乡下乡创业者或其创办的企业经担保机构审核评估或信用乡村、信用园区推荐后，可以降低反担保门槛或取消反担保（责任单位：人行成都分行、四川银保监局、省地方金融监管局、人力资源社会保障厅、经济信息化厅、科技厅、财政厅）。

八、将省对88个贫困县（市、区）实施的返乡创业分险基金并入当地创业担保贷款担保基金。省财政对各地实施创业担保贷款分险奖补，对返乡下乡创业者创业担保贷款损失，按照各地担保基金实际分险金额的70%给予奖补，奖补资金全额用于补充各地创业担保贷款担保基金（责任单位：财政厅、人力资源社会保障厅、人行成都分行、四川银保监局、省地方金融监管局）。

九、加强政府设立的各类产业发展基金和投资基金对返乡下乡创业项目的支持。有条件的地方可通过财政出资引导社会资本投入，设立返乡下乡创业扶持基金，为创业者提供股权投资等服务。对在境内主板、中小板、创业板和境外资本市场首发上市融资的企业，以及在新三板、天府（四川）联合股权交易中心交易板挂牌的企业给予一次性费用补助（责任单位：人力资源社会保障厅、经济信息化厅、省发展改革委、四川证监局、省地方金融监管局、科技厅、财政厅、商务厅、农业农村厅、省林草局）。

十、财政部门按当年新发放返乡下乡创业者创业担保贷款总额的1%，奖励创业担保贷款工作成效突出的经办银行、创业担保贷款担保基金运营管理机构等单位，用于补助其工作经费。各地在分配奖励资金时，可对主要以基础利率或低于基础利率发放贷款的经办银行给予适当倾斜（责任单位：财政厅、人行成都分行、四川银保监局、省地方金融监管局、人力资源社会保障厅）。

十一、鼓励农村承包土地经营权、农民住房财产权、农村集体经营建设用地使用权（以下简称"三权"）抵押融资试点县（市、区）的创业者利用"三权"进行抵押贷款。支持创业者利用林权抵押贷款。支持符合条件的创业者利用林权抵押和土地流转收益保证贷款业务进行融资（责任单位：人行成都分行、四川银保监局、省地方金融监管局、自然资源厅、农业农村厅、省林草局、财政厅、人力资源社会保障厅）。

十二、鼓励保险公司以信用保证保险为载体，采取"政府+银行+保险"合作融资模式，为创业企业融资提供增信支持。保险公司可通过保单贷款等方式，为创业企业发展提供资金支持；农户和农业企业可通过农业保单质押等形式从金融机构获得贷款增信服务。鼓励保险机构积极开发地方特色农业保险品种，各地可根据本地财力情况给予保险费补贴（责任单位：四川银保监局、农业农村厅、财政厅、省林草局）。

十三、依法落实国家促进创业的减税降费优惠政策（责任单位：四川省税务局）。

十四、对首次创业且正常经营1年以上的返乡下乡创业农民工、首次创办小微企业或从事个体经营且正常经营1年以上的就业困难人员以及符合条件的创业大学生，按规定从就业创业补助资金中给予一次性创业补贴（责任单位：人力资源社会保障厅、财政厅）。

十五、返乡下乡创业者创办的企业，招用贫困家庭劳动力签订1年以上劳动合同并为其缴纳社会保险费的，按招用人数给予企业1000元/人一次性奖补；招用就业困难人员签订1年以上劳动合同并为其缴纳社会保险费的，按规定给予企业岗位补贴和社会保险补贴；招用毕业年度高校毕业生签订1年以上劳动合同并为其缴纳社会保险费的，按规定给予社会保险补贴。补贴资金从就业创业补助资金中列支（责任单位：人力资源社会保障厅、财政厅）。

十六、符合条件的大学生返乡下乡创办企业吸纳就业，并按规定缴纳社会保险费的，按其吸纳就业（签订1年以上期限劳动合同）人数，给予创业吸纳就业奖励。具体标准为：招用3人（含3人）以下的，每招用1人奖励2000元，招用3人以上的，每增加1人奖励3000元，最高奖励总额不超过10万元（责任单位：人力资源社会保障厅、财政厅）。

十七、实施返乡下乡创业培训专项行动和创业带头人培养计划，根据返乡下乡创业者特点和创业不同阶段的需求，依托符合条件的普通高校、职业院校（含技工院校）、培训机构，分类组织开展创业培训或创业提升培训，使每位有意愿的创业者都能接受一次政府补贴的创业培训或创业提升培训。创业者或创业企业管理者参加创业培训和创业提升培训，取得培训合格证书的，按规定从就业创业补助资金中给予培训补贴（责任单位：人力资源社会保障厅、财政厅）。

十八、支持返乡下乡创业企业创建技能大师工作室，对成功创建国家级和省级技能大师工作室的，按规定从就业创业补助资金中分别一次性给予10万元、30万元经费补助。支持新型职业农民通过弹性学制在中高等农业职业学校接受教育，推广校企合作、订单培训、定向培训，注重职业素养、实用技术等培养，培育适应返乡下乡创业需求的知识型、技能型、创新型劳动者。将返乡下乡创办的新型农业经营主体纳入引智成果示范推广项目范围，对符合条件的从引智专项资金中给予补助（责任单位：人力资源社会保障厅、教育厅、科技厅、农业农村厅）。

十九、实施引才回乡工程，建立有效激励机制，以乡情乡愁吸引企业家、专家学者、技能人才等回乡服务。支持各地在返乡下乡创业集中地区设立专家服务基地，开展返乡下乡创业急需紧缺专业技术人才研修，深入推进科技特派员制度。深入实施"三支一扶"计划等高校毕业生基层服务项目，为返乡下乡创业提供技术和信息服务。服务期满且考核合格的高校毕业生，可通过考核方式聘用为服务地乡镇事业单位工作人员。返乡下乡创业企业招用的高层次人才，可参照当地人才引进政策给予支持。对为返乡下乡创业长期提供服务的专家，在项目申报、职称评聘、岗位聘用以及各类重点人才选拔培养奖励项目等方面给予适当倾斜（责任单位：人力资源社会保障厅、教育厅、科技厅）。

二十、依托各级公共就业服务机构，实施返乡下乡创业服务能力提升行动，建立创业服务平台，组建创业指导专家服务团队，开发创业项目库，开展创业大赛、创意大赛、创业大讲堂、创业训练营等活动，为创业者提供市场分析、创业咨询、项目推介、开业指导等创业服务。对创业失败的创业者按规定进行失业登记，及时提供就业服务；对符合就业困难人员条件的，提供"一对一"就业援助，按规定纳入社会保险和社会救助体系（责任单位：人力资源社会保障厅、民政厅）。

二十一、鼓励返乡下乡创业者建立就业创业社会组织。各地可使用就业创业补助资金，以政府购买服务的方式充分发挥社会组织力量，为创业者提供创业专业服务（责任单位：人力资源社会保障厅、民政厅、财政厅）。

二十二、按规定评选打造一批省级返乡下乡创业示范市（州）、示范县（市、区）、示范园（孵化园），并给予一定的资金奖励。按规定开展省级创业明星、创业实体评选表彰活动。符合条件的创业者可按程序推荐为村干部及劳模候选人（责任单位：人力资源社会保障厅、财政厅、民政厅、省总工会）。

四川省人民政府办公厅
2018 年 11 月 17 日

3. 专项活动

（1）春风行动 由国家劳动和社会保障部发起、专门为进城农民工提供就业服务的"春风行动"，在全国各地相继启动，内容包括为农民工提供就业机会、保障农民工的合法权益以及整顿劳动力中介机构等。

"春风行动"让众多农民工共沐春风。据统计，在全国 660 多个大小城市中，务工的农民将近 1.4 亿人，他们干着苦、脏、累的工作，为城市的发展和进步做出了重要贡献。但长期以来，找工作难、保护自身权益难、融入城市难等难题，一直困扰着农民工。

2019 年 2 月 12 日至 3 月 17 日，人力资源社会保障部、国务院扶贫办、全国总工会、全国妇联在全国开展"2019 年春风行动"，以促进转移就业，助力脱贫攻坚。活动将通过开展主题宣传、组织招聘活动、加强就业服务、引导返乡创业、推进就业扶贫、强化权益维护等措施，支持农村劳动力就业创业。重点围绕强化就业服务加以推进，主要包括多渠道搜集岗位，提前发布信息，开展多种形式的招聘活动，做好"面对面"线下现场服务和"点对点"线上信息推送，积极引导市场机构参与。同时，聚焦提高劳务组织化程度和"三区三州"等深度贫困地区推进就业扶贫，切实帮扶一批贫困群众实现就业。活动还将强化创业服务和创业培训，加强政策落实，帮助解决实际问题，积极引导返乡下乡创业；发布虚假招聘案例警示信息，加强企业用工指导，积极维护农民工权益；开展各类宣传活动，宣传"劳动最光荣、幸福靠奋斗"，激发劳动致富内生动力。

作为农村人力资源大省，这是河南连续第 14 年开展"春风行动"，目前河南农村劳动力转移就业累计已达到 2997.14 万人次，全省农民工返乡创业 124.12 万人，带动就业 778.11 万人。

而另一个劳务输出大省四川，2019 年 2 月中旬至 3 月中旬，由四川省人社厅、四川省扶贫开发局、四川省总工会、四川省妇联在全省范围内开展了以"促进转移就业，助力脱贫攻坚"为主题的"春风行动"专项活动。

各地通过大力开展专项活动，加大了就业政策宣传力度，提升了务工群众技能水平，促进了城乡劳动者多渠道稳定就业。

春风行动期间，四川省共计发放宣传资料 696.8 万份，组织专场招聘活动 2267 场；提供公共就业创业服务 209.1 万人（次）；组织参加职业技能培训 6.7 万人；提供劳动维权和法律援助 7 万人；帮助城乡劳动者实现就业 188 万人，其中建档立卡贫困人员 8.6 万人。

（2）返乡创业试点 国家发展和改革委员会、财政部、国土资源部等十部委联合评选返乡创业试点并下发通知，目前全国已确立 3 个批次共 341 个国家级返乡创业试点。

重点扶持对象：农民工、中高等院校毕业生、退役士兵、科技人员等，高校毕业生、企业主、农业科技人员、留学归国人员等，家庭农场林场、农民合作社等新型经营主体。

重点扶持地区：第一批、第二批、第三批国家级返乡创业试点。

第7章 返乡创业

2017年12月，政策将首次创业且正常经营1年以上的返乡创业农民工纳入一次性创业补贴支持范围，将"政府+银行+保险"融资模式推广到返乡下乡创业企业。

推进试点地区相关工作开展，不仅有重点投资，更有政策扶持。国家将在整合资源、盘活存量的基础上，对各试点地在政策、项目和渠道对接等方面给予支持。

创造更多就地就近就业机会，加快培育经济社会发展新动力，促进脱贫工作稳步向前，推进民生改善有重大意义。

通知明确要求要围绕农民工等人员返乡创业面临的场地短缺、基础设施不完善、公共服务不配套以及融资难融资贵、证照办理环节多等突出问题，重点做好园区资源整合、服务平台和服务能力建设等工作。

2016年2月，国家发展和改革委员会与阿里巴巴集团在京签署"返乡创业试点县发展农村电商合作协议"，商定在未来三年内国家发展和改革委员会将加强统筹规划、综合协调，不断改善试点地区创业环境，推动、引导试点地区先行与阿里巴巴集团农村淘宝项目合作。阿里巴巴集团将以农村淘宝及关联公司为先行军带动试点地区发展本地化农村电商业态，打造集渠道建设、电商平台、双向流通、人才培育聚合为一体的农村电子商务生态链和生态圈，并确定了首批国家级返乡创业90个试点县名单，返乡创业试点在全国各地开花，为更多创业就业人员返乡提供激励和保障。

《发改委同意116个县（市、区）开展支持农民工等人员返乡创业试点的通知》（发改就业〔2016〕2640号）公布第二批结合新型城镇化开展支持农民工等人员返乡创业试点地区名单：

河北：阜城县、临西县、滦平县、南和县

山西：文水县、岚县、侯马市、武乡县、泽州县

内蒙古：托克托县、五原县、阿荣旗、准格尔旗、土默特右旗

辽宁：葫芦岛市南票区

吉林：梨树县、农安县、敦化市、延吉市

黑龙江：穆棱市、绥滨县、兰西县

江苏：句容市、连云港市赣榆区、邳州市、启东市、宿迁市宿豫区

浙江：丽水市莲都区、遂昌县

安徽：阜南县、太和县、濉溪县、太湖县、庐江县、无为县

福建：长汀县

江西：遂川县、于都县、赣州市南康区、乐平市、萍乡市湘东区、贵溪市

山东：平度市、滕州市、菏泽市牡丹区、高青县、昌乐县

河南：南乐县、夏邑县、沈丘县、平舆县、方城县、禹州市

湖北：天门市、麻城市、云梦县、枝江市、郧西县、钟祥市

湖南：湘潭县、宁乡县、慈利县、衡阳县、安乡县、道县

广东：怀集县

广西：大化瑶族自治县、荔浦县、贺州市平桂区、来宾市兴宾区、钟山县

海南：琼海市、澄迈县

重庆：垫江县、江津区、永川区、黔江区、合川区

四川：遂宁市船山区、阆中市、剑阁县、邛崃市、绵阳市安州区、宜宾市南溪区

贵州：清镇市、正安县、六盘水市钟山区、荔波县、台江县
云南：南华县、普洱市思茅区、陆良县、祥云县、蒙自市
西藏：工布江达县、山南市乃东区、芒康县
陕西：扶风县、澄城县、商南县、延安市宝塔区、咸阳市杨陵区
甘肃：高台县、渭源县、兰州市红古区、白银市平川区、定西市安定区、山丹县
宁夏：贺兰县、青铜峡市、盐池县
新疆：库尔勒市、库车县、阿图什市、吉木萨尔县、巴里坤县

《关于同意河北省大名县等137个县（市、区）结合新型城镇化开展支持农民工等人员返乡创业试点的通知》（发改就业〔2017〕1848号）公布第三批结合新型城镇化开展支持农民工等人员返乡创业试点地区名单：

河北：大名县、临城县、阳原县、肃宁县、宽城县
山西：交城县、方山县、曲沃县
内蒙古：林西县、奈曼旗、固阳县、正蓝旗、乌兰察布市集宁区
辽宁：桓仁县、朝阳县、朝阳市龙城区
吉林：和龙市、辉南县、集安市、辽源市龙山区
黑龙江：海林市、鸡东县、密山市、勃利县
江苏：丰县、沛县、沭阳县、金湖县、如皋市
安徽：临泉县、望江县、亳州市谯城区、潜山县、定远县、石台县、宿州市埇桥区
福建：连城县、武平县、古田县
江西：泰和县、井冈山市、瑞金市、定南县、兴国县、南城县、上栗县、萍乡市安源区、全南县、石城县
山东：沂源县、汶上县、新泰市、沂南县、庆云县、滨州市滨城区、曹县
河南：鹿邑县、博爱县、新蔡县、鲁山县、项城市、虞城县、原阳县、孟津县、台前县、清丰县
湖北：监利县、阳新县、松滋市、房县、黄梅县、随县
湖南：平江县、桃源县、益阳市赫山区、泸溪县、江华县、桃江县、湘阴县、祁阳县
广西：全州县、靖西市、容县、融安县
海南：文昌市
重庆：奉节县、渝北区、璧山区
四川：沐川县、三台县、苍溪县、通江县、宣汉县、万源市、泸州市纳溪区、罗江县
贵州：玉屏县、施秉县、独山县、兴义市、龙里县、普定县
云南：保山市隆阳区、镇雄县、砚山县、凤庆县、石屏县、昭通市昭阳区、巍山县、永平县
西藏：林芝市巴宜区、曲水县、加查县
陕西：眉县、铜川市耀州区、铜川市印台区、延川县、定边县、镇巴县、西乡县、石泉县、洛南县
甘肃：临洮县、临泽县、酒泉市肃州区、临夏县、古浪县、皋兰县、榆中县
宁夏：彭阳县、银川市西夏区、吴忠市利通区
新疆：托克逊县、博乐市、察布查尔县

7.2.2 七大方向

中国作为农业大国，劳动密集型产业从东部向中西部转移过程中，产业本身及其配套产业，都蕴藏着巨大的商机，返乡创业具有很大的发展空间。

返乡创业的主体是农民工、大学毕业生、退伍军人等，返乡创业者大多选择自己优势项目农业作为切入点，因此农业类为基础的第一产业创业仍是主流，也涵盖了第二、第三产业。归纳起来返乡创业主要可分为以下七大方向：

1. 规模化种养及加工

根据国家公布的最新数据，农业已经逐渐打破传统家庭式经营，走入规模化经营时代，自动化设备、种养技术、先进管理理念的引进和采用让规模化变为可能，土地流转政策为农业种养打破家庭壁垒，进入合作化生产带来了新的活力。

以粮食、蔬菜、中药材、水果、茶叶等为代表的种植业，以猪牛羊、鸡鸭鹅、兔子、肉鸽、鱼类等为代表的养殖业，规模化经营都已初见成效。主打健康的生态养殖、有机农业、生态农业的品牌化打造、个性化定制，也表明了我国农业现代化转型升级正在加速发展。

与此同时，农副产品的精深加工，有助于增加产品的附加值，使农副产品的保存打破时间性和地域性，有利于实现农副产品利益最大化，近年来也得到了返乡创业者的良选。

被称为"影响企业家的企业家"的褚时健再度创业，也是选择的这一类别。

【案例7-4】

一手打造红塔集团的"中国烟草大王"褚时健曾被判无期徒刑，后改判有期徒刑17年，可谓跌至谷底。

万万没想到，74岁高龄的褚时健再度创业，经过严格的市场调研和分析，选择了和妻子一同回到家乡，承包了哀牢山种橙子。这种湖南种苗挂果需要六年时间，而褚时健信心满满，门外汉的他一心扑到上面。

褚时健高龄创业大获成功，世上从此多了一种叫"褚橙"的水果，而他，也再次成为创业界传奇。后来，在快满90岁的时候褚时健宣布退休，将褚橙产业传给了儿子褚一斌。

王石对这位传奇人物给予了高度评价："衡量一个人成功的标准，不是看这个人站在顶峰的时候，而是看这个人从顶峰跌落谷底之后的反弹力。"

（资料来源：编者根据相关资料整理而成）

2. 农村电商

农村电商通过互联网进行农特产品销售、向农村售卖商品、从事农村物流、向农村出售服务、汇集农村资源等业务，是不少大学毕业生和在校大学生创业者选择的项目。

农村电商通常采用的方式是与各大互联网电商平台淘宝、京东、拼多多等达成合作，也有自主开发的供应平台。近年来微信的普及使用，不少中青年返乡创业者也采用微信、微博等手段进行销售。网络的普及化、手段的多样化、物流的便捷化，为农村电商类返乡创业创造了良好的生存环境。

【案例 7-5】

大学生夏明宇发现家乡会理的石榴是个不错的商机，于是采用淘宝、微店等平台对接客户，利用朋友圈、公众号、微博、直播频道等多渠道进行宣发，参加展会、订货会、"互联网+"等各级创新创业大赛扩大影响力，增大产品曝光度。

2018年8月17日，习近平总书记在给首届"青年红色筑梦之旅"大学生的回信中写道："把激昂的青春梦融入伟大的中国梦，用青春书写无愧于时代、无愧于历史的华彩篇章。"夏明宇正是"收信人"之一。

目前，夏明宇的公司在会理县已有三大合作基地，年产值1100万元。从最初的销售石榴变为多种类柔性农特产品供应链服务，成功完成转型升级。

（资料来源：编者根据相关资料整理而成）

3. 休闲农业

休闲农业近几年得到了各级政府和农业主管部门的支持，用地政策进一步确权与惠民，如鼓励利用集体建设用地和闲置宅基地整理结余的建设用地用于休闲农业，各类补贴也在持续加大。

党的十九大报告明确提出实施乡村振兴战略，提出发展多种形式适度规模经营，培育新型农业经营主体。2018年中央一号文件指出："实施休闲农业和乡村旅游精品工程，建设一批设施完备、功能多样的休闲观光园区、森林人家、康养基地、乡村民宿、特色小镇。"

政策的风向标为休闲农业的发展指明了方向。返乡创业者利用乡村天然优势，结合当地特色，建设农家乐、休闲农庄、民宿、养老院、乡村旅游、田园综合体，在各地都有许多成功案例。

【案例 7-6】

寒可钊是文昌镇人，退伍后返乡创业，投资400余万元兴建农家乐。总面积达2000多m^2，一楼是餐饮，可承接70桌宴席，二楼主要是茶楼和KTV。

为美化农家乐环境，他又根据当地气候条件，在农家乐旁边租了30亩土地，进行猕猴桃、葡萄、樱桃、桃、苹果、雪梨等多种果树种植，给前来农家乐消费的客人提供春天赏花、夏秋采果的游乐项目。

他又利用大寨水库资源养殖成品草鱼3.7吨、鲫鱼4.8吨、鳖1.7吨，新增游客垂钓休闲项目。寒可钊正在筹备修建可供70人住宿的旅社，以进一步完善农家乐服务功能。

（资料来源：编者根据相关资料整理而成）

4. 基础设施建设

为发展农村生产和保证农民生活，政府各部门近年来优化和改建公共服务设施。不少返乡创业者紧跟政策，抓住机遇，投入土地综合治理、路政改造、土坯房改造、棚户区改造、农村电路改造、园林绿化等基础工程建设。

【案例 7-7】

峨眉山市普兴乡张岩村青年王敏，年少时在江浙一带拜师学艺，学会了制作竹叶青、红茶、黄茶、白茶、青茶等名贵茶的制茶方法。

2008年，王敏学成返乡，试图在茶叶领域干一番事业，无奈财力不足。

"5·12"汶川大地震后，四川很多地区都在进行灾后重建，王敏顺势而为，将创业思路转投到建筑工程上，数年时间便挖到了第一桶黄金。

（资料来源：编者根据相关资料整理而成）

5. 科教文卫

随着我国社会消费水平的提升，农业现代化、基础教育、农村医疗、文化需求得到了全面发展，创业者的眼界已不再拘泥于传统农业。

以新知识、新技术为核心的科教文卫型返乡创业已越来越多。

【案例7-8】

家在苍溪县龙山镇的唐利良，见证了城乡教育差距后毅然回乡，成立启梦教育辅导工作室。

该工作室开展学习辅导、兴趣特长培养、习惯培养等多项业务，同时提供免费升学咨询和家庭教育咨询。现已与北京高校和教育集团达成合作，建立专业的PPTS个性化诊断系统，提供更优质的教育资源。

随着业务的扩大，唐利良引进了高校示范毕业生和城市的优秀教师，为家乡吸引更多的优秀教育工作者。

6. 服务业

国民对生活品质的要求逐年增高，第三产业的发展也水涨船高。

从事餐饮、家政、美容美发、月嫂、养老、社区服务等相关创业，一直以来都是创业者比较青睐的创业项目。

互联网时代的到来，服务业的客户需求更多元化、要求更个性化，这为在外积累了一定见识的返乡青壮年和大学生提供了更大的发挥空间。

【案例7-9】

小孙是绵阳人，高职院校电子信息类毕业生，曾担任系学生会副主席，先在某大型电商平台工作，后跳槽到成都某大型连锁房产中介。

一直在省城寻找创业机会的他，工作之余多方调研，把创业项目锁定在了家政服务。

经多方考虑后，小孙并没有选择在成都创业，而是回到了家乡绵阳。他在家附近租了一间门面，创办了家政服务公司，雇用了几名保洁阿姨从事家政清洁。

一开始订单很少，小孙思索后做了两项措施。先是与一家创意纸品签订协议，取得了区域经销权，承诺送货上门服务，用家家户户必用的纸品打开市场。

闲暇之余，小孙利用专业优势自己编制微信小程序和公众号，利用互联网扩大宣传。

现在小孙的家政服务公司已经有了较为稳定的客户。

7. 自媒体等新兴行业

近年来随着4G通信的发展，各大直播平台、音视频App的普及，美图软件、音视频剪辑软件的易上手化，自媒体门槛已经大大降低，让不少普通人也能轻松制作和上传音视频和图文资料，成为主播、网红。

据悉，我国短视频总月活跃用户已破 7 亿，2018 年国内网络主播总数已超过 2000 万人。

快餐文化盛行的互联网时代，自媒体为获取流量，博人眼球的内容层出不穷，竞争越来越激烈。于是，一些自媒体创客开始转换思路，回到家乡、扎根家乡，从自己再熟悉不过的家乡风土人情中，寻找灵感，形成差异化风格。

【案例 7-10】

大年初三，刚回家过年没几天的小苹打开手机，开启了自己新一年的"吃播"之旅。与过去不同的是，这次直播的地点并不在装修精美的直播间，而是她的家乡——茂名化州的旧巷子里。

这一次，吃播家乡成了小苹回乡过年时的小小尝试。但让她没想到的是，在直播、短视频中分享化州糖水的内容，却意外收获了不少打赏、点击，粉丝们的互动也十分积极。

"有人质疑我是女神变村姑，但更多人或是想回忆，或是想了解这种糖水文化。"她在留言中经常要向粉丝一一解答化州糖水的种类，也让很多人了解了广东糖水并非"糖加上水"那么简单。

从现状来看，农业仍是返乡创业的主体类型，而农民工本身在技术水平、创新能力、创业实践方面仍存在短板。农业靠天吃饭的局面并没有发生质变，土地产出率、资源利用率、劳动生产率低下等问题比较突出。这也造就了许多商机，势必会有更多掌握知识和技术的大学生和其他社会人士投入到返乡创业大军中，农业现代化升级转型和返乡创业企业结构优化仍大有空间。

对于创业者来说，选择返乡创业要审慎而为。首先要理性，创业不能是一时的冲动或者随大流。要基于对自身优势的充分认知，考虑自己可以利用到的各种资源，包括所在地区的特色资源和家庭关系资本等，权衡风险，然后选择合适的方向或项目。在创业过程中，天时、地利、人和缺一不可。

以市场需求为导向，以擅长领域为切入点，与当地战略发展产业结合，打造差异化项目。

7.2.3 六点建议

返乡创业有其独特性，很大程度上受到创业所在地市场需求、政府扶持力度、区域发展规划、金融环境等多方因素影响，为帮助创业者少走弯路，在此提出六点建议：

1. 端正理念，环保先行

建设生态文明是中华民族永续发展的千年大计。生态环境的恶化早已成为全球共同关注的问题，牺牲我们赖以生存的生态环境的经济建设无异于杀鸡取卵。

早在 2005 年 8 月，时任浙江省委书记的习近平同志在浙江湖州安吉考察时就提出了"绿水青山就是金山银山"的科学论断。2017 年 10 月，习近平在十九大报告中指出，坚持人与自然和谐共生，必须树立和践行绿水青山就是金山银山的理念，坚持节约资源和保护环境的基本国策。

近年来，国家越来越重视生态保护工作，每年都出台与环保相关的政策法规。就拿养殖行业来说，2016年出台的《畜禽养殖禁养区划定技术指南》给行业带来巨大变革，许多不符合条例规定的养殖场接受整顿甚至关闭。

环保部宣传教育司巡视员刘友宾在发布会上表示，我国是畜禽养殖大国，随着畜禽养殖业的发展，环境污染问题凸显。据农业部门统计，我国畜禽粪污年产生量约38亿吨，40%的畜禽粪污未得到资源化利用或无害化处理，给环境带来严重影响，已经成为农村的突出环境问题。环保部将依法行政，指导和督促地方依法做好畜禽养殖污染防治工作。"对环保不达标的企业，将予以整治，促其改造升级；对合法经营企业，环保部门将给予大力支持，维护其合法利益。"

由此可见，农村创业者务必深刻理解和遵从国家相关环保政策法规，在追求"金山银山"的同时，首先保护好绿水青山，走向经济和生态互融共生的社会主义生态文明新时代。

【案例7-11】

27岁的陈泉江，毕业于山东建筑大学软件开发专业，带着和同学一起研发的"大众智能环保平台"软件回到家乡临沭县自主创业，当起全镇养殖场的环保员。

小陈为农户铺设三级过滤管道，通过线上预警+线下排污的方式进行养殖场粪便粪水的处理，预处理完变为有机肥的原料，交由有机肥生产商进行下一步生产。

小陈的平台开办至今，还没有实现盈利。但家里人、创业团队和合作养殖户的支持让他有信心坚持下去。镇政府表示，在符合法规的情况下会帮助他们加大宣传力度和支持力度。

镇上已有3/4的养殖场与小陈建立了合作，但小陈觉得还不够，他的愿景是与全镇及周边乡镇的养殖户全建立合作，为环保农业做出贡献。

（资料来源：编者根据相关资料整理而成）

2. 熟悉当前政策，抓住机遇

只有熟悉政策，运用好政策，规避不利因素，才能事半功倍。创业者不仅要看清眼下的风景，更应紧跟市场经济和国家发展战略，分析和认清发展趋势，顺势而为，才能让企业走得更远更稳。创业前应做好充分调研，找到正规渠道熟悉国家和地方政策，做到心中有数方才下手。虽然国家和各地方政府均出台了政策大力扶持返乡创业项目，但各地具体情况各不相同，涉及具体问题还需具体了解。

以农业种养为例，土地资源直接影响项目的规模化程度。假设每亩地租金在五六百元，那么100亩地就需要五六十万元。了解政策的话，就会知道部分农民合作社可以采用"土地入股"和"土地分红"的形式，对创业者而言，这可以大大降低投入成本。

3. 精准把握时局，顺势而为

鲁冠球说："只有时势造英雄，没有英雄造时势。"返乡创业遇到了前所未有的大好时机，但误闯误撞多半会失败。只有看清局势，掌握核心要领，才能创业成功概率。

以农业现代化为例，自动化技术、信息技术、生物技术为代表的高精尖技术与农业领域不断融合，以农用无人机、农用机器人、半自动采收系统、自动空气循环系统等为代表的科技农业，以转基因技术、航天育种技术、分子育种技术、节水技术等为代表的高技术农业，都是大势所趋。返乡创业者如能积极主动整合相关资源，早一步占领相关领域，就能事半功倍。

4. 全面评估自己，切忌盲目跟风

创业初期，模仿往往是最容易上手的事情。但适合别人的，不一定适合你。

360公司董事长周鸿祎说："今天凡是别人已经做成功的事，成功者比你更有实力，很难实现颠覆。只有和别人不一样的，才有可能实现突破。就像他当年做杀毒软件一样，别人收费，360免费，就是这些与众不同的创新，才让360在当时超越了对手。"

仔细剖析自身情况——从适不适合创业，适合哪类项目，是否具备启动资源，是否已做好充分准备，是否能承受风险等各方面进行评估。

建议选择自身可调动既有资源丰富的行业，切忌跟风入行、盲目创业。

5. 运用互联网思维

将互联网思维运用到产品研发、市场调研、营销、物流等各个环节，采用多元化渠道推广，扩大客户数量，培养客户忠诚度。

以农产品企业来说，农村淘宝、淘乡甜是不错的选择，它包括F2C模式和C2F模式。F2C模式是将农产品从田间直供餐桌，实现产地、产区和供应链的全程可控，C2F模式是依据消费者需求定制而进行生产的订单农业。

6. 进行风险预测，别把鸡蛋放在一个篮子里

《礼记·中庸》中写道："凡事预则立，不预则废"。创业是一个实践的过程，期间可能会遇到各种意料之外的情况。返乡创业之前，不应将过去的故乡印象和在外地的经验直接套用，而应综合考量当时当地的创业环境，预知风险，未雨绸缪，考虑好应对策略，准备翔实的创业方案和应急预案，将可能遭遇的风险危害降到最低。

最好是先深入当地行业实践，有一个试水的过程，一旦行得通，再考虑加大投入。避免盲目入市、血本无归。

本章要点回顾

- 返乡创业是极具中国特色的一个词条，是指创业者回到家乡进行的一系列创业活动。
- 返乡创业的主体人群是农民工、中高等院校毕业生、退伍军人、科技人员、企业主、留学归国人员等。
- 返乡创业，更易实现安居乐业，岁月静好。同时增加就业机会，助力脱贫攻坚。
- 创业是一个艰辛而未知的旅程，它的成功得益于天时、地利、人和的综合作用，三者缺一不可，创业者返乡具备三大优势。
- 机会与风险总是并存的，返乡创业普遍存在四大认知误区，创业者应尽力避开。
- 国家出台了一系列优惠政策鼓励返乡就业创业，各级地方政府也紧随其后，结合自身发展出台相应优惠政策，极力打造优质健康的返乡创业生态体系。
- 返乡创业主要可分为七大方向。农业类为基础的第一产业创业仍是主流，也涵盖了第二、第三产业。
- 返乡创业有其独特性，很大程度上受到创业所在地市场需求、政府扶持力度、区域发展规划、金融环境等多方因素所影响。六点建议可帮助创业者少走弯路。

第7章 返乡创业

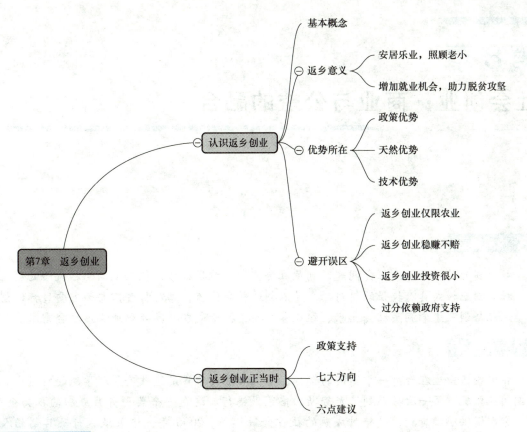

💡 本章思考题

1. 返乡创业的意义是什么?
2. 返乡创业有哪些优势?
3. 返乡创业应避开哪些误区?
4. 返乡创业的政策扶持有哪些?
5. 返乡创业的七大方向是哪些?

第8章
社会创业：商业与公益的融合

📝 内容提要

社会创业是指为解决社会问题、满足社会需求、维护社会价值而主动承担风险的创业模式。社会创业模式具有较强的针对性，是以创造社会价值、满足社会需要为首要目标的创业活动。社会创业者们洞悉社会需求、组织各种要素，低成本、高效率地满足社会需求。

📖 导入案例

乔琬珊，出生在台湾一个富裕的家庭，考上哈佛大学肯尼迪政府管理学院的研究生。求学期间，乔琬珊第一次接触到了尤努斯的格莱珉银行。这是一个典型并且成功的社会企业，它为穷人提供小额贷款，是一种成熟的扶贫金融模式。2006年，格莱珉银行及其创始人尤努斯一起获得了诺贝尔和平奖。用商业模式解决社会问题，帮助有困难的人，这令乔琬珊激动不已，正是从这时开始，创办一家社会企业的想法便悄悄地在她心中发芽。2006年研究生毕业前的最后一个学期，乔琬珊和同学来到了青海、西藏，却发现那里的牧民一辈子守着一片草原、一群牦牛，一直过着原始般的生活。身临其境的乔琬珊不得不相信，藏民们明明手握着珍贵的资源，却只能获取微薄的收入。受到触动的乔琬珊开始去搜集各种报告，对牦牛进行研究：粗毛可以做帐篷和绳子，细毛可以做衣服和毯子，牛奶可以做酥油和奶酪……这些被称作"高原之舟"的牦牛，其实浑身是宝。

从青海、西藏回来之后，乔琬珊确定了初步的创业构想——开发高品质的牦牛绒纺织品，提高牧民的生活水平，并确立了品牌名 SHOKAY（藏语"牦牛绒"）。2007年，SHOKAY 终于运作起来并有了清晰的产业模式——直接从牧民手中收购牦牛绒，使牧民的年收入提高了30%，有了长期、稳定的生活来源。从牧民手中收购牦牛绒，交给工厂进行清洗、染色，然后捻制成纱线，来自上海、纽约等地的设计师专门设计出款式新颖的服装与配饰，设计图样被交到上海市崇明岛上近70名织娘手中——这个由下岗女工和当地农村妇女组成的编织小组，将这些设计变成实实在在的商品。最终，这些时尚的衣服、帽子、围巾等将在全球10几个国家，超过100家以出售创意和公益产品的特色店铺中进行销售。凭借 SHOKAY 的商业构想和活动，乔琬珊被福布斯评选为"中国前30名30岁以下的创业者精英"，SHOKAY 成为中国最具特色的社会企业。

从2006年创业开始，SHOKAY 已经走过了12个年头，成为"世界上第一个聚焦于牦牛的可持续时尚品牌"，目的是将西部贫困地区、城市边缘的新农村和高度发达的都市乃至国际市场以牦牛绒产业链的方式衔接起来，资源分享、优势互补。在创立和发展过程中，SHOKAY面临非常多的困难与挑战。第一，SHOKAY的定位。一开始，乔琬珊把SHOKAY定位于开发牦牛绒的社会企业，社会企业的概念确实让SHOKAY斩获各大创业比赛的大奖，但社会企业并没有给SHOKAY带来较多的成长，反而带来更多的质疑与猜测。企业家会说，你的模式很特别，但能赚钱吗？慈善组织会说，你们做的公益还不够。乔琬珊认识到，关心社会企业的人基本上是关心慈善的人，他们也许会非常认同我们的理念，但是不一定会消费，他们并不是SHOKAY的目标人群。2012年开始，乔琬珊开始将SHOKAY定位于可持续时尚，目标人群定位于关心时尚的人，致力于成长为具有社会意识的纺织品品牌。第二，在打通和连接牦牛绒产业链方面，SHOKAY遇到特别多的挑战，主要是观念上的困难，因为牦牛绒对整个市场来说都是从零开始，无论是加工商还是消费者对它都没有基础的认识，需要花费大量的精力去教育和培育。起初，加工工厂的师傅都是凭着自己的经验和感觉去做。但不同的师傅有不同的经验，因此产品的质量很难把控。因此，一批成品会被一遍一遍返工，力求用科学的方法进行批量生产，很少有厂家能够坚持下来。如果从追逐利益最大化的角度，SHOKAY完全可以避开源头，从生产厂家购买材料；也可以省掉手工编织的环节，直接交给工厂。但乔琬珊没有这么做，正如她所言："我希望，我的工作不只是带来收入，而是让无助的人，看见可持续的希望。"

（资料来源：编者根据相关资料整理而成）

案例评价

SHOKAY的案例告诉我们一个有趣的现象，在传统非营利公益组织和传统商业企业之间，出现了一个新的组织形式——社会企业。社会企业强调用商业手段解决社会问题，利用商业创新思维与手段创造社会价值，同时实现社会目标和商业目标。近年来，伴随着全球经济达到前所未有的高度，环境保护、老龄化、食品安全、弱势群体等社会问题却日益凸显，仅依靠政府、市场或非营利组织的力量已无法有效解决。社会企业凭借着解决社会问题的创新方式在全球蓬勃发展，逐渐成为一种突破政府失灵、市场失灵、公益失灵，解决社会发展困局的创新思维和实践。2006年印度社会创业者穆罕默德·尤努斯因其创办的"穷人的银行"——格莱珉小额信贷企业获得诺贝尔和平奖，从而在全球掀起了社会创业的浪潮。

今天的中国，在社会和经济方面依然面临严峻的挑战。如何调动全社会的力量，协同政府创造性地解决社会问题，走出社会与经济均衡发展的新路，这是关系国计民生的重大课题。社会企业因应这一时代的发展需要正在中国迅速崛起。社会企业作为一种用符合企业家精神的方式来创新地和可持续地解决社会问题的组织，正在成为促进中国社会与经济持续均衡发展的重要力量。本章将重点介绍社会企业的概念与特征、社会企业在中国的兴起，以及社会企业的主要模式创新及可能面临的挑战等。

思考题

1. 根据SHOKAY的创业故事，分析社会创业所需要经历的几个过程？
2. 结合SHOKAY的创业案例，谈谈你对社会创业的认识？

📖 **本章要点**

- 社会企业的概念与特征。
- 社会创业者。
- 社会企业的模式创新。
- 社会企业在中国的兴起。

👤 **学习目标**

- 了解社会企业的概念与特征。
- 理解社会创业者的概念与特征。
- 掌握社会企业的模式创新。
- 了解社会企业在中国的兴起。

8.1 社会企业的概念与特征

8.1.1 社会企业的概念内涵

英国是最早提出社会企业的国家,也是目前公认的社会企业最为发达的国家。1972年英国贸易与工业部(Department of Trade and Industry)将社会企业定义为:"社会企业是把社会目标放在首位的企业,其盈余主要是用来再投资于企业本身或社会/社区,而非为了替股东或企业持有人谋取最大利益。"英国社会企业联盟(The UK Based Social Enterprise Coalition)给社会企业下了一个简单的定义:"运用商业手段,实现社会目的。"这一定义虽然简单,但是概括了社会企业最具特殊性和最鲜明的特点。在欧洲社会企业的概念讨论中,比较有代表性的描述主要集中在经济合作与发展组织(Organization for Economic Co-operation and Development, OECD)。经济合作与发展组织在1994年的报告里认为,社会企业是介于公私部门间的非营利组织,其目的不是利润最大化,而是依据企业战略实现一定的经济目标和社会目标,具有一种为社会边缘和失业问题带来创新性解决办法的能力,因此社会企业除采取商业企业经营手法外,也兼具非营利组织强烈的社会使命感。1998年,美国斯坦福大学Dees教授在哈佛商业评论中提出著名的:"社会企业光谱(Social Enterprise Spectrum)",指出社会企业是在纯慈善(非营利组织)与纯营利(私人企业)之间的连续体。表8-1展示了社会企业与传统慈善组织和商业组织的区别。例如,从制度逻辑来看,社会企业融合了社会公益逻辑和商业逻辑,是一种典型的混合组织(Hybrid Organization)。传统的商业企业和慈善组织都具有相对单一的组织目标,而社会企业具有获取商业利润和创造社会价值的双重目标。就目标实现手段来看,商业组织完全是市场化驱动,慈善组织偏向使命驱动,而社会企业两者兼具,既有市场化驱动也有使命驱动。就组织形式来看,社会企业可以是非营利机构,也可以是商业企业,或者同时具有两种组织形式。就收入来源来看,商业组织是市场化收入,慈善组织大多依靠捐赠或补助,而社会企业可以同时有捐赠和市场化收入。

表 8-1　Dees（1998）社会企业与传统慈善组织和商业组织的区别

维　度	非营利组织	社会企业（混合组织）	商业企业
制度逻辑	社会公益逻辑	商业逻辑 + 社会公益逻辑	商业逻辑
目标	单一目标：创造社会价值	双重目标：社会价值创造 + 商业利润获取	单一目标：利润最大化
手段	使命驱动	使命驱动 + 市场驱动	市场驱动
组织形式	非营利机构	非营利机构，或商业企业，或专门的社会企业法律身份	商业企业
收入来源	外部捐赠	捐赠，市场化收入	市场化收入

　　Alter（2007）在 Dees（1998）的基础上提出了更为详细的社会企业光谱图（图 8-1），指出传统的非营利组织和传统的营利性企业之间有多种组织形式，社会企业是兼具社会可持续和经济可持续的新型组织形态。传统的非营利组织也可以参与创收活动，也可以把商业活动融入组织战略和运营中从而成为社会企业。纯营利性的企业可以开展企业社会责任活动，也可以把社会企业责任活动提升到战略层面成为社会负责任型企业，也可以明确企业的社会问题和社会使命成为社会企业。

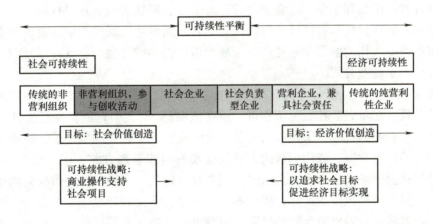

图 8-1　社会企业光谱图

　　2018 年，中国人民大学赵萌教授基于对国内外百余家社会企业的调研提出以要素组合视角来判定社会企业（赵萌和郭欣楠，2018）。他们指出以往研究基于二元视角（社会企业的商业属性和社会属性）来界定社会企业有诸多不足，比如二元分析视角无法解释社会企业群体内部的差异，也无法清晰表现出同类型社会企业在创造社会价值方面的细微不同。表 8-2 显示了判定和区分社会企业的元素组合：社会企业界定框架包括判定性标准和区分性标准。判定性标准回答一个组织是不是社会企业的问题，包括社会导向的组织使命、变革机会的识别能力、社会问题解决模式的创新性、社会目标的稳健性；区分性标准回答组织属于哪类社会企业的问题，包括组织形式、收入模式和分红模式。

表 8-2 通过元素组合判定和区分社会企业

标准类别	标　准	核心元素	子　元　素
判定性标准	社会导向的组织使命	社会元素	社会使命/价值、社会目标/影响
	变革机会的识别能力	社会元素、能力元素	社会目标/影响、机会识别
	社会问题解决模式的创新性	社会元素、商业元素、能力元素	社会目标/影响、财务可持续、创新性
	社会目标的稳健性	社会元素、保障元素	社会目标/影响、治理结构、利润分配模式
区分性标准	组织形式	社会元素	非营利属性
	分红模式	保障元素	利润分配模式
	收入模式	商业元素	收入来源、财务可持续

8.1.2 社会创业者

社会创业者是发起和创立社会企业的人，他们怀揣着为社会带来积极改变的愿景而创业，他们以社会价值为核心使命也能实现经济可持续发展，用自己的创新模式为社会上的弱势群体提供有效的产品和服务。社会创业者以解决社会问题为组织首要目标，通过符合企业家精神的方式，创新性地和可持续地解决社会问题，同时在发展过程中社会目标不会受商业利益、股东利益最大化的捆绑而轻易产生漂移。他们创办的社会企业既可以是创办一家社会组织也可以是一家商业公司。

现有研究表明，社会创业者具有以下特征："风险承担、创新性、机会识别、资源利用、远见性、社会变革者、社会价值创造、道德使命感。"其中，创新性是指社会创业者在创立和发展社会企业的过程中采用新的创意和想法重新定义社会问题，或打破现有规则或规范，提出创新的解决方案，或用创新的方式改变现有组织管理方式，建立新的组织模式等；社会价值是指社会创业者要解决社会问题，创造社会价值。风险承担是指社会创业者和商业创业者类似，具有承担风险的偏好，持续不断地识别、定义和开发创业机会。在资源利用方面，社会创业者虽然面临资源受限的局限，但其更容易遵循效果逻辑，从利用手头资源开始逐步识别和开发机会。另外，部分研究指出社会创业者具有远见、战略性眼光和道德使命感。

中国社创之星执委会秘书长陈迎炜领衔调研和发布了中国社会企业家的调查报告《生生不息：中国社会创业家新生代数据画像》。基于中国102家社会创业家新锐的调查数据，报告发现崇高而热切的使命是成就社会事业最重要的特质（图8-2），一半以上（74%）的创始人认为自己对于社会问题的解决具有强烈的热忱，"非做不可"。同时，调查发现，创始人认为成就社会创业最重要的特质分别是创新精神（52%）、激情（47%）、远见卓识（39%）、持之以恒（38%）、积极乐观（32%）。从调查中，我们也看到关怀、变革驱动、授权赋能、动员能力上重要度并不高，都在10%左右，而商业敏锐度排在最后。

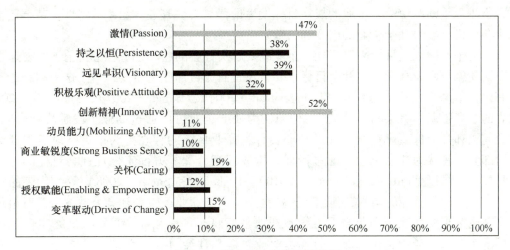

图 8-2 社会创业者的关键特征

【案例 8-1】

本章开篇案例中的乔婉姗就是一位具有强烈社会使命感的社会创业者,她曾多次强调,SHOKAY 原本可以选择更为轻松和更能盈利的发展路径,但是为了改善西藏和青海牧民的生活条件,为了为下岗女工和农村妇女创造更多的就业机会,SHOKAY 选择了一条更为艰难但更有意义和社会价值的路。正如她所言:"我希望,我的工作不只是带来收入,而是让无助的人,看见可持续的希望。"

同样,来自杭州老爸评测的创始人魏文锋作为一位具有 18 年工作经验的检验认证工程师,敢于变革。传统检测认证行业的收入主要来源于生产企业,认证机构的利益往往被生产者所捆绑,甚至为不良企业做背书。作为孩子的家长,他从塑料包书皮开始坚定不移地站在家长一边,致力于"让孩子远离有毒有害产品",通过众筹的方式募集检测费,由此开创了良币驱除劣币的发展路径,取得显著的社会效益和经济效益双丰收。

8.1.3 社会企业特征:双重逻辑和双重组织目标

多元制度逻辑理论视角认为社会企业是一种新兴的混合组织。他们强调社会企业既不是传统的非营利组织也不是传统的商业组织,而是打破了商业部门和非营利部门的边界,是一种新兴的组织形态,商业逻辑和社会公益逻辑的混杂是社会企业概念的本质内涵。其中,商业逻辑强调商业化实践、效率与利润最大化;社会公益逻辑强调民主自治、解决社会问题与创造社会价值。两种制度逻辑的共存与混杂意味着社会企业既需要追求实现商业利润和社会价值的双重目标,又需要连接多个具有不同利益诉求的利益相关者,这导致社会企业面临着较高的制度复杂性,使其创立和发展过程充满了独特的挑战与机会。一方面,混杂性赋予了社会企业明显的优势如通过跨越不同组织的边界,连接到多个利益相关者,增强其对外部资源的掌控力,以及促进社会企业内部的创新,为社会问题提供高效且可持续的解决方案;另一方面,混杂性是一把双刃剑,在赋予社会企业资源和创新的同时,也给社会企业的运营和管理带来了超乎寻常的困难与挑战,使社会企业变得异常脆弱。商业逻辑和社会公益逻辑在组织目标及实现手段方面的诉求往往是冲突的,这给社会企业带来严重的内部张力,轻则引发权力争斗，重则会使社会企业的战略目标发生偏移，失去其混合组织的特性，甚至还会演化成生存危机，导致社会企业的破产和失败。

就社会企业的双重目标来看，社会企业既要解决社会问题，创造社会价值，又要通过各种商业活动创造商业利润。是社会目标重要，还是商业目标更为重要，对于这一问题，现有研究有两种争论：一种是以 Dees（1998）、Dart（2004）、Haugh（2007）、Yunus 等（2010）为代表的学者强调"社会目标优先"，他们认为社会企业可以通过商业手段解决社会问题，但社会问题和社会价值是社会企业的核心目标，商业目标的存在是为了更好地实现社会目标。这部分学者认为社会企业要通过治理结构或利润分配等方面来保证社会目标的优先实现；另外一种是以 Battiliana 和 Dorado（2010），Besharov 和 Smith（2008）等为代表的学者强调社会企业社会目标的均衡，他们认为社会企业内部商业逻辑和社会公益逻辑都对组织目标的实现至关重要，社会企业需要持续不断地平衡商业目标和社会目标，最终实现双重目标。但事实上，社会企业并不能时时均衡商业目标和社会目标，而是在发展过程中有所侧重，但最终目的是实现双重目标。

【案例 8-2】

中和农信是一家专注农村市场的小微金融机构，其主要宗旨是为那些不能充分享受传统金融机构服务的农村中低收入群体，量身定制小额信贷、保险、投资、电商等多方位服务，以帮助他们发展产业、增加收入、实现美好生活。从 1999 年作为中国扶贫基金会下面的小额贷款项目到如今专业的小额信贷机构，甚至正在转变成为一家专业的互联网金融集团，中和农信二十多年的发展历程显示社会企业在平衡商业目标和社会目标的过程中非常简单。其内部工作人员透露："2008 年，当我们计划从一个 NGO 项目转型成为一个公司的时候，我们的一些赞助方担心，我们可能过于注重财务表现，并可能减少对客户的培训。他们问：'你不是说你对待金融和非金融服务同样重要吗'……在实践中，始终保持社会目标和商业目标 70% 对 70% 是不现实的，在不同的发展阶段，我们需要有不同的重点和优先。"

8.1.4 社会企业的分类

目前，社会企业大多集中在教育、助残、就业、养老、扶贫、环保、文化/艺术、食品安全、农业、生态教育、紧急救助、健康保障等领域（《社会企业调研报告》，2018）。Santos、Pache 和 Birkholz（2017）从商业模式角度对社会企业进行了分类，并指出每种类型社会企业组织设计模式的关键点。表 8-3 显示，他们把社会企业的商业模式分为两个维度：客户是否为受益人和社会价值是否自然溢出（即社会价值的实现是随着组织实践自然体现还是需要企业额外干预），区分出四种类型的社会企业。第一种类型：市场混合体型，是指社会企业的客户也是其社会目标的受益人，在提供给客户产品和服务的同时自然而然地创造了社会价值，这种类型的社会企业通常是采用完全商业化的模式为低收入群体提供必要的产品或服务，如清洁水、健康护理、能源或保险等。同时，市场混合体社会企业由于客户与受益人是同一个群体，在运行过程中目标偏移的风险相对较少，商业化的运作也容易吸引到外部投资，实现可持续增长。第二种类型是桥接混合体型，是指社会企业的客户与受益人是两个完全不同的群体，但社会价值通过提供产品或服务自然溢出。桥接混合体型社会企业的例子有"黑暗中心"，一家雇佣盲人为普通人提供黑暗空间体验的社会企业，其受益人是雇佣的盲人，而客户是愿意进行黑暗体验的普通人，该社会企业的社会价值可以通过为客户提供黑暗空间体验服务的过程中自然溢出。桥接混合体型社会企业由于受益人和客户相互独立，在运营过程中可能面临重视客户体验而弱化盲人员工利益，出现目标偏移。第三种类型是交融混合体型，是指社会企业的客户与受益人重合，但社会价值的创造非自然溢出，而需要社会企业额外干预。交融混合体型社会企业的例子有：为低收入群体提供贷款服务的小额信贷社会企业，需要贷款服务的低收入群体即使社会企业的客户也是受益人，但社会价值不只是通过借贷服务来创造，而是需要社会企业后期对低收入群体如何合理利用贷款进行指导和干预。这种类型的社会企业具有相对较高的目标偏移风险，比如社会企业可能更看重借贷交易和服务，弱化后期的指导和干预。第四种类型是耦合混合体型，是指社会企业的客户与受益人相互独立，且社会价值的创造需要额外干预。通常来讲，耦合混合体型社会企业例子有：为失业群体或残疾人群体提供就业机会和就业培训的工作整合型社会企业（Work Integration Social Enterprise，WISE）。这种类型的社会企业往往是最复杂且难以管理的社会企业，因为他们不仅要同时满足客户和受益人完全不同的诉求，同时其社会价值的创造还需要额外干预，比如除了为失业群体和残疾人群体提供就业机会，社会企业还需要额外的努力去培训和提升受益人群体的工作能力与水平，从而使他们能够适应社会。因而，耦合混合体型社会企业面临的目标偏移风险最高，而且获取外部融资难度大，财务可持续性不高。

苗青（2017）在《社会企业：链接商业与公益》一书中将社会企业分为三种类型：使命中心型、使命相关型和使命无关型。其中，使命中心型社会企业是指社会企业的商业活动以社会使命为中心，商业活动与社会项目融为一体，使用自我融资模式推进使命实现，使命中心型社会企业通常也称为嵌入式社会企业，是指社会企业往往将产品生产、服务提供与就业机会结合，为弱势群体提供工作机会；使命相关型社会企业是指社会企业的商业活动与社会使命相关，商业活动的收入用来支持社会企业成本或营业费用，使命相关型社会企业也称为整合式社会企业，社会服务商业化是主要特征；使命无关型社会企业是指商业活动与社会使命无关，使命无关型社会企业具有分离性，商业活动收入仅支付社会项目成本和运营费用，也被称为外部式社会企业。

表 8-3　社会企业分类（Pache et al, 2017）

	客户即受益人	客户非受益人
社会价值自然溢出	市场混合体（Market Hybrid） 例子：为底层人群提供能源或医疗服务的社会企业 目标偏移风险：低 财务可持续性：较容易	桥接混合体（Bridging Hybrid） 例子：为残疾人提供就业岗位的社会企业 目标偏移风险：中等风险 财务可持续性：中等
社会价值有条件溢出	交融混合体（Blending Hybrid） 例子：为低收入群体提供贷款服务的小额信贷社会企业 目标偏移风险：中等风险 财务可持续性：中等难度	耦合混合体（Coupling Hybrid） 例子：为失业群体提供工作机会和培训的工作整合型社会企业 目标偏移风险：高 财务可持续性：难度大

8.2 社会企业的模式创新

社会企业的模式创新是指社会企业如何设计其商业活动和社会公益活动，二者在多大程度上实现嵌入和融合。总体上来看，社会企业的模式创新分为两种类型：

1. 社会价值的创造与商业模式相互独立

这种模式表明，社会企业社会价值的产生与商业活动是完全独立的两个系统，社会价值的创造并没有实际参与到企业的经营行为中，而是通过企业额外的捐赠智力、财力和物力而实现的。社会价值和商业活动相互独立的模式意味着社会企业对社会问题的解决往往是相对表面的，而没有真正深入到社会问题里面，从根本上找到应对之策。

【案例8-3】

在2008年一次前往阿根廷的旅途中，TOMS创始人布雷克·麦考斯（Blake Mycoskie）亲眼见证了当地儿童成长所面临的艰难处境，孩子们甚至没有像样的鞋子来保护双脚。为了给孩子们提供帮助，他创立了TOMS品牌，并承诺顾客每购买一双新鞋，公司将向一位有需要的孩子赠送一双新鞋。在意识到One for One®理念亦可服务于其他需求后，TOMS在2011年推出TOMS眼镜，2014年推出TOMS Roasting Co. 咖啡品牌，以及在2017年推出TOMS包袋和TOMS公路双肩包系列。根据One for One®承诺，消费者每购买一件TOMS产品，TOMS都会帮助一位有需要的人，改善他们的生活，具体包括帮助他们恢复视力，为他们提供安全的饮用水，推行安全的分娩方式，以及协助霸凌防范和应对计划的实施。

2. 社会价值的创造与商业模式相互整合

这种模式对社会企业的运营管理提出更高的要求，因为社会企业价值的创造是嵌入在商业价值链条中的。由于商业价值链条有很多环节构成，社会价值的创造可以体现在任何一个或多个环节。图8-3展示了一个基本的商业价值链条，社会价值的创造可以体现在消费端如消费者，可以体现在企业内部如员工，可以体现在生产端如供应商等。

图8-3 社会企业社会价值嵌入商业活动中的模式

1) 社会价值的创造体现在消费端，即社会企业的受益人和商业消费者是重合的，社会企业通过正常的商业活动即可产生社会价值。例如，以"每个智慧公益都有灵析"为使命的社会企业——"灵析"。他们的目标客户和受益人都是当前国内的公益组织，为了提供公益组织的信息化水平，帮助公益组织提供管理和运作效率，灵析为公益组织提供超高性价比的信息化解决方案。他们通过创新设计、技术与数据力量，帮助公益组织解决筹款、传播、活动与数据管理等方方面面的问题。

2) 社会价值的创造体现在企业端，即社会企业的创造受益人可以是社会企业的员工，这意味着社会企业通过提供就业机会和就业培训来创造社会价值。社会企业的受益群体可以是障碍人群如肢体残疾、视障者、听障者、无家可归者、边缘青少年、前罪犯、妇女等。例如，喜憨儿洗车中心是一家专门雇佣障碍人群从事洗车业务的社会企业，其商业客户是公众，而受益人是难以融合社会的障碍群体如自闭症患者、唐氏儿患者等。雇佣盲人在黑暗中对话体验馆工作，为普通人体验黑暗提供引导和服务，其商业客户是公众，受益人是盲人。在这种模式下，社会企业的商业活动和社会公益活动是重合在一起的，社会企业需要额外的社会公益活动来提升受益人的工作能力或帮助受益人更好地适应社会。例如，喜憨儿洗车中心专门设有职业能力培训中心，就是为了专门对喜憨儿的工作能力进行专业化训练，以保证他们能够胜任工作。同时，喜憨儿洗车中心还设有喜憨儿之家，对喜憨儿进行持续的康复和养老服务。

3）社会价值的创造体现在生产端，即社会企业的受益群体参与到企业的生产过程或者作为供应商为社会企业提供原材料或服务。例如，SHOKAY，一家专注于用牦牛绒生产和销售时尚产品的社会企业，受益人包含两个群体：一个是青海、西藏的牧民，SHOKAY 培训牧民如何梳理出高品质的牦牛绒，并购买牦牛绒提高他们的收入；二是上海崇明岛上的女工，她们负责帮助 SHOKAY 将生产出来的牦牛绒线编织成时尚产品。分享收获也是通过对合作农户进行培训，教会他们如何更好地有机种植，从而提高他们的收入。

8.3 社会企业在我国的兴起

8.3.1 社会企业在我国兴起的背景

在我国，随着经济的快速发展，环境保护、食品安全、弱势群体等社会问题也日益凸显出来。为了解决这些问题，从 20 世纪 90 年代，公益组织的数量开始明显增加，也开始出现了社会企业的早期形态。宏观来看，我国经济发展从粗放式，逐步转向精细化、可持续化发展，在这一转型过程当中，对创新社会治理有非常迫切的需要。总的来说，社会企业在我国的产生可以归纳为基于以下四个背景：

1. 政治背景：政府职能转变

我国的社会企业伴随政府职能的转变出现和发展。在社会领域中，政府职能转变的主要途径包括简政放权、吸纳社会力量参与治理、将部分公共服务职能交由具备条件的社会力量承担等，逐步形成多主体协同共治。为顺利推进政府职能转变，政府购买服务、公益创投等社会治理新机制应运而生，一些地方政府进行社会企业模式的探索和试点，通过颁布社会企业相关政策等顶层设计，加快推动社会企业发展。正是在政府由全能政府向有限政府转变的过程中，在政府主动让渡部分公共服务职能的情况下，社会企业作为公共服务职能的承接载体获得了发展空间。

2. 经济背景：经济体制改革

随着我国经济体制改革的不断深化，国家与市场、国家与社会的关系发生了调整和变化，原有的行政化、一体化的社会逐步走向市场化和多元化。在这个背景下，政府与非营利组织的关系发生了重大转变，政府改变了与非营利组织的隶属关系，使原来依附于行政组织体系的非营利组织趋向独立。在经费来源方面，多数非营利组织无法再持续获得政府的直接拨款，而转向自筹经费。面对巨大的筹资压力，很多非营利组织逐渐向社会企业转型，开始通过企业运营模式向市场提供产品和服务，以弥补自身资金来源的不足，增强组织的自我发展能力，为社会企业兴起提供了内在动因。

3. 社会背景：社会结构转型

当前我国正在经历包括城乡结构、就业结构、产业结构、社会阶层结构等在内的全方位的社会结构转型。在这一整体性的社会变迁过程中，社会流动加快，社会分化加速，社会问题不可避免地逐渐增多，尤其是失业问题、贫困问题、养老问题、环境污染问题等日益凸显，随之产生了大量相关的社会需求。从社会创新中寻找解决社会问题的有效方案、处于社会和市场交叉地带的社会企业便顺势出现。近年来，一些社会企业活跃在就业促进、扶贫开发、社区服务、环境保护、灾后重建等领域，运用商业手段探索解决社会问题，逐步形成将社会公益与市场机制相融合的新模式。对于我国社会企业来说，社会转型时期出现的纷繁复杂的社会问题和社会需求是其发展的关键推动力。

4. 文化背景：企业社会责任的推广

企业社会责任近年来备受瞩目，从世界范围来看，履行企业社会责任已渐成潮流。在我国，企业社会责任已受到社会各界的关注，越来越多的企业家已经开始重视承担社会责任。企业家们意识到，履行企业社会责任能够产生良好的社会效益，有助于提升知名度和竞争力。许多企业积极设立公益创投基金，通过项目资助、培训、评奖、比赛等方式支持社会企业发展。一些具有强烈社会责任感的企业家采取直接创办社会企业，投身于社会企业的实践。商业精英的参与不仅为社会企业提供了实际支持，也引发了公众对于社会企业的讨论和关注，使社会企业的理念逐渐被更多人接触并了解，为我国社会企业的兴起提供了文化氛围和土壤。

8.3.2 社会企业在我国兴起的过程

从 20 世纪 90 年代开始，我国的公益组织的数量开始明显增加，也开始出现了社会企业的早期形态。例如，解决残疾人就业的福利企业、中国社会科学院研究员杜晓山在 1993 年创立的提供农村小额贷款的机构"扶贫经济合作社"；2002 年，经济学家茅于轼、汤敏等人兴办培训中西部贫困妇女从事家政服务的富平家政学校，可视为中国社会企业的早期实践。北京社科院研究员马仲良提出解决下岗职工、弱势群体就业的"社会经济"新论可视作社会企业的早起理论探索（徐永光，2017）。丁开杰（2007）介绍，我国最早对社会企业问题进行系统介绍的文章是北京大学刘继同教授节译经济合作与发展组织起草的研究报告《社会企业》。

在我国实践领域，近 10 年来"社会企业"逐渐成为一个被熟知概念。刘玄奇（2018）在《中国社会企业发展简史（2008—2018）》中，对我国社会企业的发展历程进行了总结和回顾，其中功不可没的重要推动者包括英国 SFSE 培训项目、国内第一节社企研究中心 SERC、香港社企民间高峰会、南都基金会及友成基金会等。英国大使馆文化教育处（英国文化协会）于 2009 年正式在全球范围内推出的社会企业家技能培训项目（SfSE），除中国之外还包括其他 13 个国家，旨在向希望解决社会问题或已经付诸实践的社会企业家、非政府机构从业者、社区领导者和年轻人提供技能培训、导师计划、英国的专业支持及对接社会投资机会。该项目培训了超过 3200 名社会企业家，极大地普及了社会企业相关理论和实践经验，2018 年 3 月在中国正式结束。上海社会企业研究中心（SERC）创建于 2008 年，是国内第一家社会企业研究中心。SERC 完成了 80 个案例，在上海财经大学开设硕士和 MBA 的"社会创业"学分课程。连续多年组织社会创业和社会投资高峰论坛，并在 2013 年博鳌亚洲论坛上发布了第一份中国社会企业白皮书《中国社会企业与影响力投资发展报告》，提出社会企业定义的三个要素：目标设定、运营模式和利润分享方式。社企民间高峰会于 2008 年由香港政策研究基金会创立，2009 年参会人数 400 余人，2010 年 800 余人，近几年每年都有 2000 到 3000 名参会者，社企民间高峰会已成为具有国际影响力的社企盛会。十年时间，香港社企高峰会已成为社企运动之中民间与政府间的重要桥梁，从香港走向世界。南都基金会成立于 2007 年，其使命是"支持民间公益"。重点支持中国社会企业与社会投资论坛，如北京乐平公益基金会的共益企业（B Corp）推广、清华大学 X-Lab 社创硅谷启动和运作等项目。2017 年，南都基金会成为中国社会企业与社会投资论坛轮值主席，发起首届中国社会企业奖评选，极大地提高了社会企业的舆论关注度。友成基金会成立于 2007 年，是国内首家由中国大陆、中国香港和中国台湾的著名企业家发起，以构建以人为本的和谐社会为目标、以参与式资助为主要运作模式的创新型非公募基金会，是第一家以发现和支持社会创新领袖型人才为使命的基金会。十年来已累计支出 3.7 亿元人民币用于打造社会创新的生态系统。并于 2018 年联合几十家投资机构、研究机构和企业组织，正式发起成立了社会价值投资联盟（China Alliance of Social Value Investment，CASVI）。影响力投资主要目标是改善社会底层的民生或者通过投资行为实现正面的社会和环境效应，最终受益人群是"金字塔底端"。

通过诸多国内外慈善机构、专业培训机构、基金会、学者、商业领袖以及越来越多社会企业从业者的不断努力，社会企业在我国得以快速兴起且发展迅速，并正在逐步缩小与英美等国家的差距，为创新社会治理、解决社会问题做出着积极的贡献。

8.3.3 社会企业在我国的认证

由于目前我国社会企业的标准难以统一，各地区对社会企业的法律保护和政策支持还处于发展完善的状态，因此社会企业的认证显得尤为重要。建立社会企业的身份识别机制，通过认证授予社会企业的合法性是关键。目前，我国社会企业的认证工作主要由北京社会企业发展促进会和中国慈展会共同推动实施，认证的标准主要包括："是否有效解决社会问题"和"是否提升公共服务水平"，在认定企业的机构资质、社会目标优先、创新解决方法、解决问题效能、行业影响等方面具有基本标准，以保证认证机制能够稳定社会目标，推动社会企业获得更多的社会认可。中国慈展会在社会企业认证上始终秉持"政府引导，社会参与，独立运作，专业服务"的理念，贯彻民间独立运作、择优评选的原则。社会企业在中国的发展呈现势如破竹之势，通过整理中国慈展会 2018 年收集到的已通过认证的社会企业资料、夏璇（2019）在中国慈展会官方网站发表的《中国社会企业三大概览：数量、多样性、活跃领域》、慈善蓝皮书《中国慈善发展报告（2018）》以及 2017 年《大中华区社会企业调研报告》等相关资料内容，可以从以下三个方面了解到目前我国社会企业的发展现状。

1）通过慈展会认证的社会企业数量增长明显。2017 年，中国慈展会首届社会企业认证开始，经公开招募收到 87 家机构申报，经专家评审，最终 7 家机构正式成为第一批通过认证的机构；2018 年，第二届社会企业认证启动，共有 174 家机构申报认证，18 家机构通过认证；2017 年第三届社会企业认证显现出更大的影响力，申报机构数目达 710 家，是 2016

年的3.3倍，是前两届数目总和的2.3倍，最终认证通过了108家社会企业。2018年9月底结束的第四届认证中，申报机构数为821家，通过认证数量为110家。

2）通过慈展会认证的社会企业地域分布逐渐广泛。2017年，通过社会企业认证的仅有7家机构，分别来自广东省江门市、辽宁省大连市、甘肃省兰州市和上海；2018年，18家机构通过认证，它们分别来自广东省的广州、深圳和佛山市、四川省的成都市、福建省的福州市、浙江省的宁波市以及北京；2017年，通过认证的108家机构呈地毯式铺开在全国19个省/直辖市的28座城市；到2018年，累计收到申报及通过认证的地区达到全国27个省/直辖市/特别行政区的48座城市，社会企业在我国的地域分布稳步扩大。

3）通过慈展会认证的社会企业涉及领域愈发多元化。社会企业的核心使命是社会问题的解决以及社会价值的创造，及时识别社会问题并通过创新的方法去解决，是社会企业家精神的一大要素。如图8-4所示，我国的社会企业在2017年只涉及2个活动领域，即无障碍服务（87.7%）和医疗卫生（8.3%），到2018年9个活动领域，2017年13个活动领域，到2018年8个领域，社会企业的所服务的领域和群体覆盖到更多的社会问题层面，反映出更多的社会问题需要通过更创新的方式去解决，社会企业在解决社会问题上的巨大潜力。

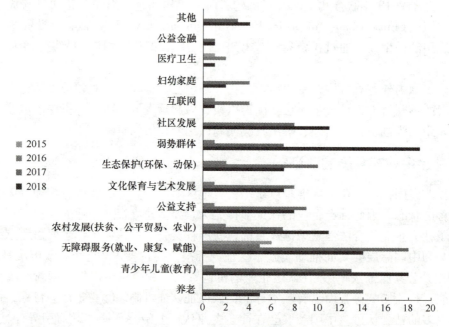

图8-4 通过慈展会认证的社会企业服务领域（2015—2018年）

本章要点回顾

- 社会企业是把社会目标放在首位的企业，其盈余主要是用来再投资于企业本身或社会/社区，而非为了替股东或企业持有人谋取最大利益。
- 社会创业者是发起和创立社会企业的人，他们怀揣着为社会带来积极改变的愿景而创业，他们以社会价值为核心使命也能实现经济可持续发展，用自己的创新模式为社会上的弱势群体提供有效的产品和服务。
- 社会企业具有双重逻辑和双重组织目标的特征。

■ 社会企业既要解决社会问题，创造社会价值，又要通过各种商业活动创造商业利润。

■ 社会企业的模式创新是指社会企业如何设计其商业活动和社会公益活动，二者在多大程度上实现嵌入和融合。

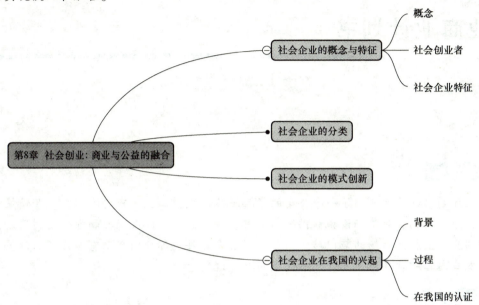

本章思考题

1. 社会创业的概念和特征是什么？
2. 社会创业的分类有哪些？
3. 社会创业的模式怎样进行创新？
4. 社会创业在中国的相关情况？

本章参考文献

［1］苗青. 社会企业：链接商业与公益［M］. 杭州：浙江大学出版社，2014.
［2］刘玄奇. 中国社会企业发展简史（2008—2018）［J］. 中国发展简报，2018.

第 9 章
创业商业计划书

📝 内容提要

商业计划书详尽地介绍了一个公司的产品服务、生产工艺、市场和客户、营销策略、人力资源、组织架构、对基础设施和供给的需求、融资需求,以及资源和资金的利用。商业计划书是创业者们打开市场的敲门砖,商业计划书中的每一部分内容都有其存在的价值与撰写要点,本章内容即旨在对商业计划书的撰写要点进行分析。

📖 导入案例

"家政女王"玛莎

看过《破产姐妹》的人应该都记得,麦克斯和卡洛琳两人见到"家政女王"玛莎·斯图尔特时有多激动吧?其实,在现实生活中,玛莎也是一个大写的传奇:从打工者到失业者,再到亿万富婆;从家庭主妇到家政女王,再到监狱囚犯;从监狱囚犯到董事长,再到全美第二大女富豪……如今,78 岁的她,是"打不倒的家政女王"。

很多人认为,成功人士和我们最大的差别在于他们很早就定下了自己的人生目标并且不懈追求。没错,玛莎很早就决定要当一个世界顶尖模特并且也不懈追求了,结果却碰壁了。然后,她去做了一个优秀的股票经纪人,业绩非常好。后来市场剧烈波动,她所推荐的股票害惨了周围的亲朋好友。所以,又碰壁了。于是,她考虑去当房产经纪人。她想,她擅长布置家庭,同时又是个成功的推销员,房地产销售工作和她对于建筑、景观美化和家居装饰的热爱简直是绝配。另外,她还考了证书,但是她没有主持过一个售房接待日,也没有卖出去一处房产,就悄无声息地退出了这一行。

也就是说,她并不是天赋异禀,一拍脑袋说:"我是一个家政奇才,我将为此奋斗一生。"她和我们所有人一样,摸索评估,再摸索再评估,最终做出了决定。不过,她应该不会花太多时间徘徊、迷茫和抱怨。她和我们最大的区别就在于:可怕的行动力。

时势造英雄,时势也很重要,甚至比个人能力重要得多。如果说个人能力是一个点的话,时势就是一条线。点画得再好,线是向下的也无济于事。玛莎看到,20 世纪 70 年代到 80 年代的美国,越来越多的女性开始走出家门去工作,她们两头作战,生活也因此变得更加繁忙。时代变迁,女性不再整天待在家里围着灶台烹饪。于是,她为这些家庭提供类似于我们现在所说的"熟食"和"半成品"。这在当时绝对属于"刚需"。注意,这里的关键词不是别的,而是"看到"这两个字。不是别人,而是玛莎·斯图尔特"看到"了。

整个过程是怎样的呢？玛莎的传记中写道："玛莎为了说服店铺老板，特地举办了一次午餐，然后打动了店铺老板。她还与商店分享她的餐饮利润。店铺开张后人气大涨，她把活外包出去，由分包商来供应他们最拿手的部分。后来，由于卫生部门干预，玛莎组织人马安装了一个执照和设施齐全的厨房。有一次记者采访她时，她抢了功劳，导致了她的合作关系结束。她并没有告诉雇员真实的原因。"

……

问：她是怎么准备的？答：精心准备，力求完美。

问：为什么人气大涨？答：产品符合甚至引导市场需要。

问：分包说明了什么？答：她懂得资源整合为自己节约时间和精力，把力使在刀刃上。

问：卫生部门为什么来干预？答：事业从来不会一帆风顺，困难总是有的，面对困难，她设法应对。另外，她应该看到机会先行动了再说，然后慢慢把欠缺的补上。

问：她抢功劳好吗？好像不地道？答：成功路上，需要放弃一定的人际关系安全感。让所有人喜欢注定是平庸的。她可能好大喜功也有可能早有预谋以这样的方式结束合作。

这才是做事业的人的真实面貌，没有那么多情怀。传记中提到：她对于学术问题或政治问题丝毫没有兴趣。相反，她更情愿利用时间去进一步推动她和她丈夫的事业。务实和专注才是王道，它需要被落实到每天的细节中。

从1990年开始，她向时代集团递交了一份商业计划书，准备创办一本名为《尖杂志玛莎·斯图尔特家居》的杂志。最初，时代集团对它并不看好。然而，正式出版后该杂志却非常畅销，固定读者就达到了210万人。3年后，她推出了《玛莎·斯图尔特家居》电视系列节目。1997年，玛莎坐上了以自己名字命名的公司董事长兼CEO的宝座。两年后的1999年10月19日，公司顺利在纽约证交所上市。

在过去20多年的时间里，玛莎通过电视、广播、杂志以及数十本著作，向全球超过千万户家庭传授烹饪、持家、装潢、育子方面的经验和秘诀。她主持的节目被翻译成日语、葡萄牙语等多个版本，在全球300多个电视台和广播电台播出。她撰写的专栏被200多家报纸刊出。在美国，她的影响可以用"渗透到毛孔"来形容。从早到晚，玛莎公司的产品都有可能映入人们的眼帘：睡袍、咖啡桌、杂志、电视节目等。不得不说，玛莎在公司商业计划方面，做得十分出色。

玛莎说，她以前的电视节目以及玛莎·斯图尔特公司的商业模式可概括为几个词"美丽""指导""教益""实用"。这其实也正是她的成功秘诀。

（资料来源：从失业到身价上亿的"家政女王"http://www.sohu.com/a/230266055_99995192）

案例评价

如今，玛莎彻底红遍美国。"玛莎·斯图尔特"不单单是一个名字，而是一种生活方式，渗透到每个美国人的日常生活中：你穿的可能是玛莎牌睡袍，喝的是玛莎礼盒里的绿茶，随手抽出的杂志是《玛莎生活》，看的电视节目是玛莎访谈或者玛莎教你怎么烹饪……美国《商业周刊》形容，玛莎是近几年来美国企业界少有的"复出传奇"之一。而如何确定公司的产品服务、生产工艺、市场和客户、营销策略、人力资源、组织架构、对基础设施和供给的需求、融资需求，以及资源和资金的利用等，玛莎也是在不断探索中越加理智。不被挫折打倒，反而越加灿烂，玛莎的故事也是一个东山再起的故事。

> **思考题**
>
> 1. 对于"家政女王"玛莎在产品服务和资源利用方面的独特之处，你有哪些认识？
> 2. 结合玛莎的经历，谈谈你如何认识商业计划书在创业者创业过程中的作用。
> 3. 玛莎身上创业者的品质，最打动你的是什么？
> 4. 玛莎的创业对我们认识获取外界资金支持与创业的发展过程有哪些认识？

> **本章要点**
>
> - 商业计划书的概念。
> - 商业计划书的作用。
> - 商业计划书的书写原则。
> - 商业计划书的构成因素。
> - 财务分析的要点。
> - 市场分析的方法。

> **学习目标**
>
> - 了解商业计划书的书写规范。
> - 理解商业计划书在创业中的重要作用。
> - 掌握商业计划书的书写方法。

9.1 创业计划书——创业的指路灯

9.1.1 创业计划书的概念理解

商业计划书是一份全面说明创业构想以及如何实施创业构想的文件，它讲述的是一个所要创立的企业是什么以及即将成为什么的故事。

创业计划书是一份全方位的商业计划书，其主要用途是全面展示创业计划内容，以便使投资方对企业或者项目做出评判，从而帮助企业获得融资。它描述并模拟了创办企业相关的内外部环境条件与要素特点，为业务的发展提供了指示与衡量标准。通常，创业计划书是结合了市场营销、财务、生产、人力资源等职能计划的综合体。

创业计划书首先是一颗探路石，是大多数投资方或第三人接触创业团队以及创业项目的第一手资料。这就要求创业计划书无论是从内容上还是装订上，都要反映出一个创业团队的精神面貌，展现其核心竞争力——一个团队所拥有的、能够经得住时间考验的、具有延展性的能力。将创业计划书递交给投资方就是将探路石扔出去的过程。一颗优秀的探路石能够帮助创业团队在创业的洪流之中，探明一个能够继续发展的方向，甚至找到一个能够合作的伙伴。

其次，创业计划书是创业路上的指路灯。如今，我国的创业环境优良，国家政策的支持力度前所未有，创业团队比比皆是，创业项目也是五花八门。在这样复杂多变的环境下，创业者如何坚持创业的方向，如何根据现有的环境以及自身条件对创业计划做出合适的调整，如何在自己所选的创业项目上进行不断的扩展，都需要创业计划书来进行指导。

指路灯，"不仅仅让你能看见你的目的所在，更能让你看清到达目的地之前的路是怎样的"。一份优秀的创业计划书就是这样一盏创业路上的指路明灯，不仅能够帮助创业团队明确自己的创业目标，还能够详尽地指导创业团队，使他们的行为拥有正确的目标导向，并且能够根据不同的创业环境、技术要求、自身条件等实时地进行调整。

9.1.2　商业计划与商业模式

商业模式是探讨一种生意的可能性，而商业计划则是阐述一个项目的执行细节。

对于商业模式，其关注点可能在于收入来源、主要成本、资金投入、盈利起始时间等，但对于商业计划来说，商业模式只是其中的一个小节，它探讨的不仅仅包括商业模式的所有内容，还包括项目落地执行的所有细节，而这其中的任何一个细节又会对商业模式造成影响。例如，项目执行过程中的风险控制，产品生产过程中的质量把控等，都是影响成本的多少、资金投入的多少等商业模式的关键因素，进而对商业模式产生影响。

所以，在准备创业的时候，不仅要多思考商业模式，搞清楚项目的收入来源是哪些，主要成本产生在哪些环节，什么时候开始可以盈利这些问题，还要进一步确定，在创业的不同时间团队需要做什么，怎么去做，如何做得更快、更好，如何去找投资，如何实现预想的商业模式等，而要回答这些问题就得写出商业计划来，一点一点整理自己的创业思路，一步一步落实自己的创业计划，也唯有如此才能更让投资人看清你是如何能够确保成功的。

9.2　商业计划书的特征和要求

9.2.1　商业计划书的特征

一份标准的商业计划书最显著的特征就是6C规范，即Concept（概念）、Customers（顾客）、Competitors（竞争者）、Capabilities（能力）、Capital（资本）、Continuation（延续经营）。

Concept（概念）——要让别人知道所售目标商品是什么。

Customers（顾客）——目标顾客的范围要很明确。例如，顾客是面向男性还是女性，是否有年龄限制，是否有学历要求等。

Competitors（竞争者）——目标商品与市场上已有的类似产品或可替代产品之间的竞争分析。例如，市场上是否有过此类商品出售，是否存在替换品，与商场上所有竞争者的关系是直接的还是间接的等一系列问题。

Capabilities（能力）——对目标商品是否了解，如果在目标商品的生产过程中，供应链出现任何问题，是否可以及时地自行解决或者其商业合伙人是否具备及时处理问题的能力。

Capital（资本）——资本多是现金，也可以是有形或无形资产。创始人要非常清楚资本的全部情况。例如，资本的来源、数量、已拥有的数量、可借贷的数量等。

Continuation（延续经营）——当事业步入正轨并顺利进行时，未来的发展计划也需要及时更新。

9.2.2 商业计划书的要求

一份好的商业计划书在保证内容结构完整的基础上，还需达到一些要求来让这份计划书更加完整。具体要求如下：

1. 内容翔实

创业计划书的读者不仅仅是创业者本身，还有投资方。对于不参与创业过程的投资方来说，一份翔实的创业计划书就相当于一双眼睛，能够以上帝视角看见创业整个过程的进展状况。所以，创业计划书首先要内容详细，能够让投资方了解团队及项目全部信息，了解其投资的理由，并且能够预计创业计划书呈现出来的未来所能获得的利润情况。其次就是内容要真实，不能采用虚假的数据。如果创业计划书中存在虚假的数据，一经查实，就会给创业团队带来无法估量的打击，该团队的诚信度就会下降，之后便很难再寻求合作。

2. 数据丰富

创业计划书中有很多需要进行预测的内容，包括市场需求、市场现状、目标市场以及目标顾客群体等，这时候需要较为详细丰富的数据来支撑所得出的结果，增加展出结论的可信度，让投资方能够看到创业团队缜密的思维以及创业项目完善的运作体系。

3. 体系完整

创业计划书应当有合理的结构和完整的体系，才能够让投资方在创业计划书中迅速地找到自己关注的内容和想要了解的信息。清晰合理的结构，能够让读者及时迅速地查找到自己所需要的信息；丰富完整的体系，则能够保证投资方能找到想要了解的内容，没有遗漏也不会过于烦琐。

4. 装订精致

一本封面很精致的书，才会让人有翻开的欲望，创业计划书也是如此。一个封面精美的计划书能够激起读者的阅读兴趣，同时拥有良好的第一印象。但是，创业计划书的封面也不宜太过复杂和花哨，以免喧宾夺主。把握好这个度是十分重要的，一般来说，以简洁的风格设计封面较为保险。

9.3 商业计划书的撰写

9.3.1 介绍基本情况

1. 公司介绍

公司概况包括注册时间、注册资本、公司性质、技术力量、规模、员工人数、员工素质等。公司发展状况包括公司的发展速度、有何成绩、有何荣誉称号等。

一个完善的公司介绍，形式如下：

【案例9-1】

公司概况：云墨网络科技有限责任公司（简称云墨公司），根据《中华人民共和国公司法》相关法律、法规设立股东大会，由股东会选任董事长及董事会成员，由董事长兼任总经理，下设技术部、财务部、市场部、公关部（图9-1）。

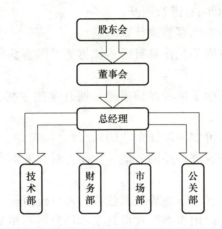

图9-1　云墨网络科技有限责任公司组织架构图

公司发展状况：第一年，由项目组成员组成创业团队，分管公司各部门事宜，由创业团队队长担任总经理，其余队员分别负责市场、网站维护、开发、财务等部门的工作；第二年，完善现有业务，保持现有业务平衡增长，主力完善吾爱科技公司结构；第三年，扩展市场，发展业务，完善教育、生活各类服务，主力打造老年人一站式服务平台。

随着企业的发展和壮大，公司人员的增多，我们将重建组织结构：将设立董事会，下设总裁、副总裁。副总裁分管财务部、销售部、策划活动部、公共关系管理部、技术部五大部门。各部门经理各司其职，协力合作。

案例中的公司的组织结构仅供参考，具体组织架构及人员安排应视实际情况做出相应调整。

2. 技术方案

技术方案是为研究解决各类技术问题，有针对性、系统性地提出的方法、应对措施及相关对策。内容包括科研方案、计划方案、规划方案、建设方案、设计方案、施工方案、施工组织设计、投标流程中的技术标文件、大型吊装作业的吊装作业方案、生产方案、管理方案、技术措施、技术路线、技术改革方案等。在专利文献中，技术方案是指清楚完整地描述发明或实用新型解决其技术问题所采取的技术特征组合。

【案例9-2】

云墨技术方案

本设计首次将工业生产中普遍运用的砂带磨削技术运用于脱墨装置，提出全新的脱墨理念，具有结构简单、轻便、即时等特点，可以直接将其安装在办公室，实现一张纸的多次使用，无形中节约了三倍的纸张成本和处理废纸过程中的人力、物力、财力成本。在节约纸张的同时，也节约了纸张再生的中间过程。长远来说，本产品投产具有较广大的市场前景，能够促进全民节能减排意识和能源的节约。

3. 产品与服务

（1）主要内容　一般而言，这部分应包括以下内容：产品的基本信息、产品的特性、产品的市场竞争力、产品的研究和开发过程、发展新产品的计划和成本分析、产品的市场前景预测、产品的品牌和专利、独特的客户价值及支撑产品和服务的能力等。

一般而言，可以围绕以下问题进行展开：

1）企业的产品或服务能为顾客解决什么问题？

2）与竞争对手的产品或服务相比具有哪些优劣势？顾客为什么要选择本企业的产品或服务？

3）企业为自己的产品采取了何种保护措施，拥有哪些专利、许可证，或已与申请专利的厂家达成了哪些协议？

4）企业的产品或服务定价如何保证企业的利润？

5）企业采取何种方式去改进产品的质量、性能，对开发新产品有哪些计划？

（2）撰写技巧

1）重点阐述产品的特性、竞争优势及其独特的客户价值。

2）若产品数量较多，可以用表格形式将其基本信息进行陈列，并重点介绍主导产品的特点及其优势。

3）在产品和服务的"背后实力"说明的撰写过程中，应根据实际需求进行内容的选择，不要追求面面俱到，而应该突出产品和服务的优势及独特价值，以及突出影响产品和服务的关键成功要素，如研发能力、原材料供应、质量控制、售后服务体系等。

4）注意与商业计划书中其他部分中内容的协调，如公司概况中涉及的产品和服务介绍、研发与生产中涉及的知识产权等内容。

5）撰写者在对产品或服务进行说明时，要准确详细，同时也要通俗易懂，使非专业的投资者也能看明白。这就要求在撰写商业计划书时，应尽可能减少专业名词的使用，对其中必须出现的专业名词要进行透彻的解释。

【案例9-3】

（1）产品实物展示（图9-2）

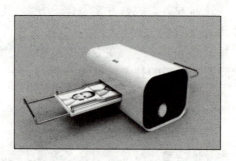

图9-2　云墨网络科技有限责任公司产品实物图

（2）产品功能简介（图9-3）

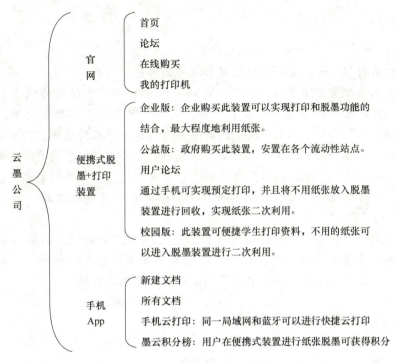

图 9-3　云墨产品功能介绍

9.3.2　业务介绍

商业计划书中的市场分析部分主要包括四个部分，目标顾客市场描述与分析、STP 分析、竞争分析（波特五力模型）和 SWOT 分析。

1. 目标顾客市场描述与分析

市场环境部分，主要明确产品或服务市场的现有情况及态势，详细了解竞争对手情况及顾客和供应商特征等。

（1）市场情况　市场情况主要是通过对目标市场的调查，明确这一市场的规模、增长趋势和特点。它决定了新创办企业在这一市场的发展潜力，是否有足够大的发展空间，是否会吸引其他企业大批加入，导致竞争进一步加剧。

（2）竞争情况　从竞争对手的现状，包括数量、构成等数据，显示新创企业在这一行业立足的可能性，以及通过何种途径闯出立足之地。分析自己的优劣势分别在哪里，如何保持优势，弥补劣势，保持优势的资本是什么。

（3）顾客分析　顾客分析就是确定企业产品或服务的目标市场顾客，分析企业的产品或服务会被哪些人所接受，这些人数量有多大，潜在消费群有多大，这些分析将为企业制订营销计划提供依据。

（4）供应商分析　这里的供应商是指与新创企业有联系的关系单位或长期合作单位。要对其进行实力、信用、价格等方面的评估，在此基础上选择合适的供应商。

在介绍市场环境时，要充分体现大学生对市场调查结果的综合运用，不但要分析调查数据，更要从数据中分析出自己企业的潜在优势，让数据为企业服务。

【案例9-4】

云墨公司目标顾客市场描述与分析

本公司针对云打印——脱墨一体机的目标市场顾客的定位有：

企业——企业办公室用纸量巨大，本公司的一体机可以将打印过的纸张实现脱墨再打印，用来再次打印一些不太重要的文件、资料，或者是脱墨后当草稿纸使用，经过多次试验，本产品可以实现纸张的二三次脱墨，或者是用来取代碎纸机的功能，将机密文件上的字迹消除，也可以通过我们的云打印，让你不离开座位，也可以打印你想要的文件。

打印店——功能上可以完全取代现有的打印机，提供将废旧纸张脱墨再生，并且实现再次打印的服务，也可以使用云打印功能，将需要打印的资料通过我们的App在我们的一体机上打印出来。

政府——作为一种公共基础设施投入市场，放置在人流量比较大的地铁站、公交车站等，可以在任何时候通过"云打印"打印自己想要的东西；也可以在等待的时候，通过云打印，打印一篇自己想看的故事，看完后将纸张放入一体机自动脱墨即可。

2. STP分析

（1）市场细分（Segmenting）

1）地理位置因素。根据国家相关文件指示，结合本公司的产品特性及环境适应性制定了三个阶段的市场细分。在初期，公司的主要发展市场为华中地区；在中期，随着产品性能的提升，本公司将转移部分市场到华南和西北；在公司后期，市场和产品都相继成熟，腾翼科技将尝试接收全国范围的工程质量检测项目。

2）行业因素。公司产品主要是对锚杆进行测量。针对工程中锚杆运用强度和精度要求，本公司将把重点消费市场放在路桥建设、矿井油田、大坝施工、城市建筑上。

（2）目标市场（Targeting） 据本公司推出的产品单一性的特性，在进入市场阶段时，主要采取选择专业化的市场覆盖模式来进入细分市场。将符合本公司目标和资源的细分市场作为目标市场，有效地分散经营风险。

1）选择目标市场——国内工程建筑企业。公司创立初期，将华中地区工程建筑企业作为重点目标市场，集中公司各方面资源，以最快的速度打进市场。稳定市场后，本公司将选择性地面向国内油田企业，以西部为突破口，为公司创造信誉，赢得口碑。

在已有成熟市场的基础上，目标市场部分转移至北部工程建筑市场。

2）确定核心目标客户——工程百万元以上的建筑企业。我们把公司的核心目标客户定为年销售额在百万元以上的工程企业，在质量检测方面，他们更需要高精度、高准确度的产品支持。

（3）市场定位（Positioning）

1）市场定位分析。潜在竞争优势——成本优势，公司在原材料采购上质量水平已经达到军工级水平，使得本公司能以相同的价格水平销售更高一级质量水平的产品；企业核心竞争优势——与主要竞争对手相比，本公司在产品开发和服务质量两方面具有明显差别利益的优势。

制定发挥核心竞争优势的战略——前期，通过关系营销和网络营销策略传导核心竞争优势，借助政府形象巩固加深本公司在市场上的位置；后期，深入品牌策略。

2）市场定位战略。产品差别化战略——LX-10E+锚杆锚固质量检测仪的自动判断功能是最主要区别其他竞争对手的特性，本公司率先推出这款具有较高价值和创新特征的产品，使得本公司拥有一种十分有利的竞争优势。

服务差别化战略——公司将向目标市场提供与竞争者不同的个性化服务。把服务要素融入产品的支撑体系，公司设置个性化锚杆检测仪研发室，满足个性化需求者。

【案例9-5】

某款太阳能发电智能压缩垃圾桶的STP分析

1. 市场细分

定位潜在的消费者群体：我们选择按照消费者的消费动机和处于的消费场景细分市场，可大致将潜在的消费场景分为以下几个部分：

1）城市花园、街道干道、大型商业圈等公共场所
2）社区及高端小区
3）飞机场、动车火车汽车站
4）高档宾馆和其他服务场所
5）中产阶级及以上家庭

2. 目标市场

顾客价值分析（产品属性）（表9-1）

1）包装：新颖外壳包装，引领城市发展，特色垃圾桶外壳不仅为城市风光增光添彩，也帮助人们垃圾分类，推进绿色环保建设。

2）价格：价格优势领先，大大超越市场平均水平，使智能垃圾桶不再被束之高阁而真正走入人们的生活，改变城市环境。

3）绿色环保：优化城市环境，节约电能、车辆运输费、人工成本等资源，做到环保清洁，绿色生活。同时，该垃圾桶的制造材料及制作过程都十分绿色环保，致力于为地球分担负担。

4）功能：

a. 太阳能供电：环保箱内置有太阳能电池板、蓄电池，阴天晴天均可保证设备电力充足。

b. 垃圾压缩：可将垃圾压缩至1/4体积，其容量可达普通环保箱的3倍。原来清洁人员每天收集一次垃圾，如今只要每周收集1~2次。有效提高垃圾运载率、降低垃圾转运频率、节省垃圾运输费用、改善交通拥挤状况和消除清运中的二次污染等。

c. 垃圾分类：设有可回收、不可回收两个类别，外形设计帮助人们分类投放。提高可回收物的利用，实现源头减量。

d. 垃圾满溢物联网通知：产品内置传感器和物联网模块，当环保箱投满之后会自动连接物联网，通过网站可以实时反映出环保箱的状态，并推送信息至相关工作人员客户端，提醒及时回收垃圾。

e. 客户端浏览：环保箱配有专属的IOS、Android客户端，可以随时随地了解区域内环保箱的工作情况，直观明了。

f. 线路规划：需回收垃圾时，在Android、IOS客户端中，系统会通过云计算，显示出最优的环保箱清理回收路径，使垃圾回收更高效。

表 9-1 某款太阳能发电智能压缩垃圾桶顾客价值分析

产品属性	价格	功能	包装	绿色环保
权重	0.4	0.35	0.15	0.1

产品属性	花园街道	社区小区	飞机场火车站	宾馆	家庭
价格	2	2	3	2	3
功能	3	2	3	3	2
包装	2	2	1	3	3
绿色环保	3	2	2	1	1

（打分：1~3分，3分表示对此属性的要求最高；价格项得越高代表对价格越敏感）

3. 市场定位

（1）竞争强势分析（表9-2）

1）普通垃圾桶。

2）市面现有功能不同垃圾桶（自动开关装置、杀毒杀菌等）。

3）市面现有功能相似垃圾桶。

表 9-2 某款太阳能发电智能压缩垃圾桶竞争强势分析

产品属性	普通垃圾桶	差异垃圾桶	相似垃圾桶	CV 垃圾桶
价格	7	3	1	3
功能	1	2 或 3	7	7
包装	1	2	3	7
绿色环保	1	2	7	7

（打分从1到7，表示优势程度，7表示最具优势以及市场竞争力）

Touch the sky 始终全面贯彻创新、协调、绿色、开放、共享五大发展理念，着力于提供和实施智能环保解决方案，针对国内城市普遍存在的垃圾分类难、垃圾远途运输、垃圾堆放污染和焚烧二次污染等问题，从"绿色环保，装点城市"出发，设计形成解决方案，提供云平台管理服务和与之配套的太阳能环保箱。以低价高质垃圾桶形成了特有的无可替代的市场竞争力，在种类繁多、竞争激烈的垃圾桶市场也必将取得一席之地。

（2）细分市场吸引力分析（表9-3）

表 9-3 某款太阳能发电智能压缩垃圾桶细分市场吸引力分析

	普通垃圾桶	差异垃圾桶	相似垃圾桶	CV 垃圾桶
花园街道	7	2	3	4
社区小区	3	3	2	3
飞机场火车站	4	2	3	2
宾馆	4	4	3	4
家庭	4	4	2	3

（打分从1到7，表示优势程度，7表示最具优势以及市场竞争力）

3. 竞争分析（波特五力模型）

五力分析模型是迈克尔·波特（Michael Poter）于20世纪90年代初提出，用于竞争战略的分析，可以有效地分析客户的竞争环境。

五力分别是供应商的讨价还价能力、购买者的讨价还价能力、潜在竞争者进入的能力、替代品的替代能力、行业内竞争者现有的竞争能力。五种力量的不同组合的变化最终将影响行业利润潜力变化。

【案例9-6】

云墨公司竞争分析（波特五力模型）

1. 供应商的讨价还价能力

一般来说，满足如下条件的供方集团会具有比较强大的讨价还价能力：供方行业为一些具有比较稳固市场地位而不受市场激烈竞争困扰的企业所控制，考虑到公司成立不久，并且由于产品功能上与传统打印机功能有所重叠，可能会被供应商强势讨价还价，即原料的购置成本可能会偏高。

2. 购买者的讨价还价能力

购买者主要通过其压价与要求提供较高的产品或服务质量的能力，来影响行业中现有企业的盈利能力。一般来说，满足如下条件的购买者可能具有较强的讨价还价力量：购买者的总数较少，而每个购买者的购买量较大，占了卖方销售量的很大比例；卖方行业由大量相对来说规模较小的企业所组成；购买者所购买的基本上是一种标准化产品，同时向多个卖主购买产品在经济上也完全可行；购买者有能力实现后向一体化，而卖主不可能前向一体化。

针对云墨公司的产品的性质，以及公司目前没有知名度，不被消费者熟知，这些都决定了被购买者讨价还价的力度会比较大，但是由于云墨公司产品的独特性，使得购买者无法向其他公司购买相同的产品。因此，会有一个幅度不太大的讨价还价。

3. 潜在竞争者进入的能力

新进入者在给行业带来新生产能力、新资源的同时，将希望在已被现有企业瓜分完毕的市场中赢得一席之地。云墨公司作为行业的新进入者，不会是进入打印机行业的最后一个公司，如何在打印机行业还没站稳脚步的同时，面对后面加入打印机行业的其他公司可能会对公司造成威胁的状况，确实是云墨公司应该考虑的。

4. 替代品的替代能力

从目前云墨公司及其他打印机厂商所面对的情况来看，威胁主要来自电子产品的飞速发展。这也是最近几年打印机销量持续下降的原因之一。由于计算机、手机、iPad等电子产品的普及，传统纸质资料受到冲击，人们更多地通过电子办公，阅读电子书籍，使得打印品的需求降低，这是无法逆转的趋势，但是传统纸质材料有它存在的必要性，这一必要性使打印机的存在成为必须。云墨的产品适应时代的发展，在打印机的基础上增加了脱墨功能，同时与计算机、手机、iPad等电子产品产生关联，利用这些产品上的App，可以在云墨的机器上实行云打印功能，使打印变得有趣味性。

5. 行业内竞争者现有的竞争能力

现有企业之间的竞争常常表现在价格、广告、产品介绍、售后服务等方面，其竞争强度与许多因素有关，目前打印机的主要厂商有：惠普、爱普生、佳能、三星、联想、方正、珠海赛纳等。

在整个激光打印机市场关注度中，惠普一家独大，暂时没有品牌能与之抗衡，消费者对惠普的品牌认可最高。第二梯队品牌是佳能和三星，也属于传统老牌厂商。在这个梯队中，重视市场的三星和重视技术的佳能竞争最激烈。联想在黑白激光打印机市场中表现不错，具有一定的竞争力，但是彩激市场关注中未进前五。而富士施乐市场关注度形势并不看好，与其重视技术研发的策略有较大关系。柯美在彩激市场中表现一般，不过在彩色数码复合机市场上具有绝对主力的实力。

（1）惠普　优势：作为打印机行业的龙头老大，惠普市场关注度高，具备最齐备的产品线，这同时也造就了惠普与其他打印机厂商最大的优势——高端整体解决方案的技术能力和交付上。

不足：作为市场关注度最高的打印机企业，在纸质打印受到电子产品的冲击的情况下，惠普受到的影响会相对较大。

（2）佳能　优势：佳能的"按需定影"技术，经陶瓷加热器直接加热薄型定影胶片，热量会立刻传送到定影单元，无须预热，待机状态下"零"秒响应打印任务。同时，定影器仅在打印中消耗电能，节省能耗，并且有助于提升快速打印性能。佳能的照片的打印和处理技术更加成熟。

不足：在同款机器中价格偏高，功耗较大，后期成本较高。

（3）三星　优势：三星"一键省墨"技术通过电平降低硒鼓对墨粉的吸附力，使硒鼓所吸进的墨粉量变少，通过控制每个打印点的尺寸而达到节约墨粉的效果。尤其是三星利用其强大的 ASIC 半导体技术，因此能实现在省墨方式下达到同正常打印一样的打印效果。

不足：耗材较贵，预热时间较长。

整体来看，在五力分析模型中，对云墨公司而言，在打印机行业最主要的竞争来源于其他主要竞争对手的竞争态势。如何有针对地制定包括营销、产品、服务等各个环节的竞争战略，适应全球发展趋势，将是云墨公司发展的关键。

4. SWOT 分析

所谓 SWOT 分析，即基于内外部竞争环境和竞争条件下的态势分析，就是将与研究对象密切相关的各种主要内部优势、劣势和外部的机会和威胁等，通过调查列举出来，并依照矩阵形式排列，然后用系统分析的思想，把各种因素相互匹配起来加以分析，从中得出一系列相应的结论，而结论通常带有一定的决策性。

运用这种方法，可以对研究对象所处的情景进行全面、系统、准确的研究，从而根据研究结果制定相应的发展战略、计划及对策等。

S（Strengths）是优势，W（Weaknesses）是劣势，O（Opportunities）是机会，T（Threats）是威胁。按照企业竞争战略的完整概念，战略应是一个企业"能够做的"（即组织的强项和弱项）和"可能做的"（即环境的机会和威胁）之间的有机组合。

（1）分析环境因素　运用各种调查研究方法，分析出公司所处的各种环境因素，即外部环境因素和内部环境因素。外部环境因素包括机会因素和威胁因素，它们是外部环境对公司的发展直接有影响的有利和不利因素，属于客观因素；内部环境因素包括优势因素和弱点因素，它们是公司在其发展中自身存在的积极和消极因素，属主观因素。在调查分析这些因素时，不仅要考虑到历史与现状，而且要考虑未来发展问题。

优势（Strengths）是组织机构的内部因素，具体包括有利的竞争态势，充足的财政来源，良好的企业形象，技术力量，规模经济，产品质量，市场份额，成本优势，广告攻势等。

劣势（Weaknesses）也是组织机构的内部因素，具体包括设备老化，管理混乱，缺少关键技术，研究开发落后，资金短缺，经营不善，产品积压，竞争力差等。

机会（Opportunities）是组织机构的外部因素，具体包括新产品，新市场，新需求，外国市场壁垒解除，竞争对手失误等。

威胁（Threats）也是组织机构的外部因素，具体包括新的竞争对手，替代产品增多，市场紧缩，行业政策变化，经济衰退，客户偏好改变，突发事件等。

（2）分析步骤

1）罗列企业的优势和劣势，可能的机会与威胁。

2）优势、劣势与机会、威胁相组合，形成 SO、ST、WO、WT 策略。

3）对 SO、ST、WO、WT 策略进行甄别和选择，确定企业目前应该采取的具体战略与策略。

4）将分析结果在 SWOT 分析图或 SWOT 分析表上进行定位。

常见的 SWOT 分析图（图 9-4）和 SWOT 分析表（图 9-5）结构如下：

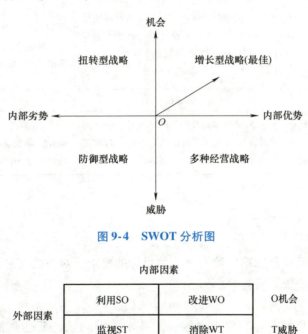

图 9-4　SWOT 分析图

外部因素 \ 内部因素	S优势	W劣势	
	利用SO	改进WO	O机会
	监视ST	消除WT	T威胁

图 9-5　SWOT 分析表

（3）成功应用 SWOT 分析法的简单规则

1）必须对公司的优势与劣势有客观的认识。

2）必须区分公司的现状与前景。

3）必须考虑全面。

4）必须与竞争对手进行比较，比如优于或是劣于你的竞争对手。

5）应该保持 SWOT 分析法的简洁化，避免复杂化与过度分析。

6）应该随机应变，具体情况具体分析。

【案例 9-7】

云墨公司 SWOT 分析（表 9-4）

表 9-4 云墨公司 SWOT 分析表

外部因素 \ 内部能力	Strengths	Weaknesses
	✓ 成本低 ✓ 操作简易 ✓ 周期短 ✓ 再生速度快 ✓ 体积小、便携、便安装 ✓ 项目的创新性	✓ 初研阶段经验不足 ✓ 缺乏外部美工考虑 ✓ 部分技术攻克难度大 ✓ 并非全自动智能化 ✓ 适合的纸张有一定局限 ✓ 纸张再生次数有局限
Opportunities	SO	WO
✓ 节能减排的趋势 ✓ 与竞争对手目标市场不同 ✓ 目前此技术的空白 ✓ 产品替代品缺少 ✓ 办公成本降低的激励	✓ 抓住政策环境，利用社会对减能增效的需求；抓住客户需求，打造节能环保科技，同时充分利用成本优势	✓ 逐步开始新技术的研发，探讨如何实现基本功能后实现全自动、电脑控制。加强产品节能、低成本、便捷等优势的宣传
Threats	ST	WT
✓ 大厂回收利用有规模优势 ✓ 无纸化科技的发展 ✓ 人们接受新事物的难度	✓ 突出本科技产品的环保性、突出即时环保的理念；抓住细分市场，对准需求用户	✓ 继续投入研究，实现更加便捷和自动化，降低成本；提高对不同纸张的适应度，逐步增加纸张的修复工艺

9.3.3 未来规划

1. 经营计划

经营计划是指根据经营战略决策方案有关目标的要求，对方案实施所需的各种资源，从时间和空间上所做出的统筹安排。

2. 研究与开发计划

说明具体研究、开发内容和要重点解决的技术关键问题，要达到的主要技术、经济指标，提供成果的形式及社会、经济效益。

3. 财务分析与融资需求

（1）财务分析的方法　财务分析是以会计核算和报表资料及其他相关资料为依据，采用一系列专门的分析技术和方法，对企业等经济组织过去和现在有关筹资活动、投资活动、经营活动、分配活动的盈利能力、营运能力、偿债能力和增长能力状况等进行分析与评价的经济管理活动。它是为企业的投资者、债权人、经营者及其他关心企业的组织或个人了解企业过去、评价企业现状、预测企业未来做出正确决策提供准确的信息或依据的经济应用学科。

1）比较分析法。比较分析法是指通过对比两期或连续数期财务报告中的相同指标,确定其增减变动的方向、数额和幅度,来说明企业财务状况或经营成果变动趋势的一种方法。

比较分析法的具体运用主要有重要财务指标的比较、会计报表的比较和会计报表项目构成的比较三种方式。

2）比率分析法。比率分析法是指通过计算各种比率指标来确定财务活动变动程度的方法。

比率指标的类型主要有构成比率、效率比率和相关比率三类。

3）因素分析法。因素分析法是指依据分析指标与其影响因素的关系,从数量上确定各因素对分析指标影响方向和影响程度的一种方法。

因素分析法具体有两种：连环替代法和差额分析法。

（2）财务分析的工作内容

1）资金运作分析：根据公司业务战略与财务制度,预测并监督公司现金流和各项资金使用情况,为公司的资金运作、调度与统筹提供信息与决策支持。

2）财务政策分析：根据各种财务报表,分析并预测公司的财务收益和风险,为公司的业务发展、财务管理政策制度的建立及调整提供建议。

3）经营管理分析：参与销售、生产的财务预测、预算执行分析、业绩分析,并提出专业的分析建议,为业务决策提供专业的财务支持。

4）投融资管理分析：参与投资和融资项目的财务测算、成本分析、敏感性分析等活动,配合上级制订投资和融资方案,防范风险,并实现公司利益的最大化。

5）财务分析报告：根据财务管理政策与业务发展需求,撰写财务分析报告、投资财务调研报告、可行性研究报告等,为公司财务决策提供分析支持。

（3）融资需求

1）资金需求计划：为实现公司发展计划所需要的资金额,资金需求的时间性,资金用途。

2）融资方案：公司所希望的投资人及所占股份的说明,资金其他来源,如银行贷款等。

（4）投资者的退出方式　当投资者能够获得的利润无法达到其预期,资本的退出就是必须考虑的问题。目前有两种常见的创业投资退出方式：

1）首次公开发行（IPO）。对于风险资本,IPO通常是最佳的退出方式,通过公开发行股票,创业投资公司将持有的股票在公开市场上抛售,获取高额回报。但是,要做到这一点,所培育企业必须经营状况良好,财务结构健全,且具有持续成长的潜力,并符合政策、法律对企业上市的规定。实践证明,只有部分创业投资项目能以这种方式退出。

2）出售,包括股份转让和股票回购。股份转让又称企业并购。如果公司已具有相当规模,且所做的产品或服务对其他大公司有一定互补性,那么大公司就可能会来收购。如果该大公司是一家上市公司,那么风险企业被收购与公开上市的结果就非常接近。采用这种类似于公开上市的方法来进行被收购,对创业投资者来说也是很好的退出方式。特别是在我国证券市场处于发展初期,市场体系不完善,主板市场上市渠道不通畅等现实条件的制约下,更要注重通过并购实现风险资本的退出。

9.4 如何针对不同的投资人来撰写 BP

9.4.1 投资人的七种类型

对于创业者而言，商业计划书不仅仅能够帮助自己整理创业的思路，更重要的是，一份优秀的商业计划书足以能够成为见投资人的敲门砖。如何写出一份让风险投资人眼前一亮的商业计划书，除了项目自身、商业计划书的内容和结构之外，更重要的一点是，需要对投资人的胃口。

商业计划书更像是创业者呈现给投资人的一道菜，他喜欢吃甜的，你就不要给他咸的；他喜欢辣的，你就给他一份与众不同的辣。只有让投资人觉得眼前一亮，甚至表现出喜欢的商业计划书，才有进一步合作的可能。

下面，对投资人进行简单的分类：

1. 价值增值型

这类投资人经验比较丰富，不少人是退休人士。他们选项目不是注重行业，而是注重机会。他们认为机会比行业更重要。因为他们有丰富的投资经验和较强的项目鉴别能力。因此，他们做出的投资不是专业化，而是多元化。

2. 富有型

这类投资人只对自己了解的东西投资，且对项目的地理位置有偏好。投资决策主要依靠自己的判断和调查。他们普遍对于投资回报的期望值较高，要求达到70%。而要达到这么高的投资回报率，一般只能投向企业发展的早期阶段。这类投资人往往都希望投资者集体拥有对公司的控制权，并在一定程度上参与公司的管理。这类投资人往往既做过投资者，也做过创业者。他们深知创业的艰辛，因而对创业者都很有同情心。

3. 个人投资型

所谓联合体，并非是一种正规的投资组织，而是一种短期的、松散型的投资合作。合作期一般为3~9年。投资中也有合有分，有些项目是各自独立进行的。这类投资者较多关注早期阶段的投资，为了尽快变现，经过一定时期的孵化，即使没有孵化出理想的企业，只是孵化出了一条像样的生产线，通过让这条生产线能收回可观的现金，投资也是成功的。

4. 合伙人投资型

这类投资人在投资中喜欢合作和团队精神。他们之间已经建立了一些联合投资者的关系，或试图建立起关系网络。在这类网络体系中，单个人以隐蔽的身份充当买者。在他们的投资团队中，往往有领头的投资者，由这种领头的投资者搜寻投资机会，向联合投资者建议投资机会。投资人比较希望在被投资企业中担任董事长的职位。

5. 家族型

这类投资人的特点是，家族成员的资金被集中起来，由一位大家信任的、对投资比较内行的家族成员掌控并同意进行投资决策。这一类投资者的投资规模变化幅度较大。由于家族成员中有值得信赖的投资高手，一般都寻求处于发展早期阶段的创业投资，通过项目的成长，能获得较高的回报率。

6. 社会责任型

这类投资人非常强调投资者的社会责任。他们认为，投资的目的就是培育公司。既然如此，就应手把手地帮助某公司，并和它建立起亲密无间的关系。这类投资者所投资的对象，主要偏重于那些致力于解决主要社会问题的风险企业，如环保、能源等。这类投资者往往继承了一大笔财富，因而赚钱不是第一位的。但在支持那些有较好社会效益的项目的同时，也希望获得合理的投资回报。遇到较大的项目，自身力量不够，也会寻找与一些富有者进行联合投资。投资者的这种社会责任感，可能来自他自身的优良品质，也可能是来自减轻厄运的愿望，甚至是来自对以前某种不义之财的负罪感。如果投资者的配偶或子女已死于某种疾病，那么投资者很可能希望投资于某个研究治疗方法的机构；如果投资者的前辈有过不光彩的历史，那么他们会希望通过这种天使投资补偿以前通过不光彩手段夺取的财富。

7. 管理型

所谓管理型投资人，也就是出钱买管理岗位。即投资的目的是谋求一个职位。管理型投资人的年龄一般是在 47 岁左右，以前或是公司管理者，或是公司业主，或是经验丰富的执行官。他们"下岗"后，通过投资购买一次"最后工作机会"。这些人一般会分阶段投资。投资并获得管理岗位后，很少追求对公司的控制权。为了使管理岗位能够长久，他们更关心与创业者拥有共同的见解。

9.4.2 针对每种投资人类型撰写商业计划书的侧重点

商业计划书联系着创业者与投资方，作为沟通的媒介，商业计划书首先在语言上需要尽量简单朴实而不能生涩僵硬，一些陌生的产品概念与生僻的专业词汇也应该尽量减少。其次，投资人看商业计划书就像在与一个人交谈，不仅仅要看商业计划书里面的事实、数据和资料，还要看出写这份商业计划书的是一个怎样的人或团队，是乐观自信还是盲目自负，是实事求是还是夸夸其谈，是思维严谨还是漏洞百出，是富于创新还是谨慎保守。所以，创业者应该尽可能亲自撰写出能反映团队真实情况的商业计划书。

以下则是针对不同的投资人在撰写商业计划书时不同的侧重点：

1. 多元丰富

撰写商业计划书时，要注重要点亮点的归纳，突出其中的多种鲜明特点，比较容易吸引价值增值型和个人投资型的投资人。

2. 渴求管理

撰写商业计划书时，对团队的管理方面提出一些问题，或者说希望得到专业管理人士的帮助类的特点，比较容易吸引富有型、合伙人投资型、管理型的投资人。

3. 回报快

撰写商业计划书时，在不虚构的情况下，不夸大其词地说明本项目回报快、盈利快、利润回报快的特点，有利于吸引个人投资型和家族型的投资人。

4. 早期待发展

撰写商业计划书时，突出企业早期的需求，以及处于早期待发展的现状，提出一定的计划以及存在的少量问题，比较容易吸引富有型、合伙人投资型、社会责任型投资人。

除了根据对每种类型的投资人的特点的分析归纳，在商业计划书中有针对性地添加一些特点，作为亮点来吸引投资人的投资之外，也不可以脱离之前所提及的几点最基本的商业计划书的要求和规范。最主要的是，不能为了吸引投资，在商业计划书中加入不实信息，一定要在实际的基础上，提炼自身的特点亮点。

本章要点回顾

- 商业计划书是一份全面说明创业构想以及如何实施创业构想的文件。
- 创业计划书是描述与模拟创办企业相关的内外部环境条件和要素特点，为业务的发展提供指示图和衡量业务进展情况的标准。
- 执行摘要、公司简介、产品服务、推行策略、管理团队、财务分析是创业计划书的基本构成要素。

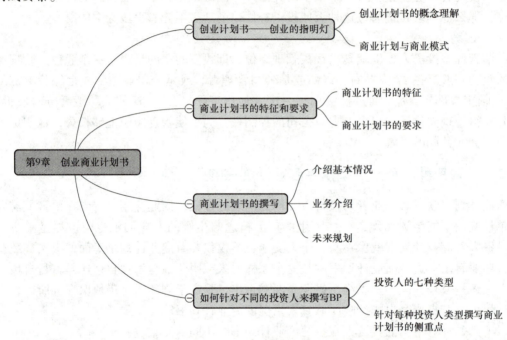

本章思考题

1. 商业计划书的作用是什么？
2. 商业计划书的要素有什么？
3. 商业计划书的6C规范指的是什么？
4. 两种因素分析法是什么？
5. 财务分析的工作内容有哪些？
6. 财务分析的方法有几个？分别是什么？
7. 市场分析可用那些方法？

本章参考文献

云墨科技有限责任公司商业计划书.

第 10 章
产品设计与产品上线

内容提要

产品设计是指将人的某种目的或需要转换为一个具体的物理或工具的过程；是把一种计划、规划设想、问题解决的方法，通过具体的操作，以理想的形式表达出来的过程。产品上线帮助将设计的产品推广到市场，为广大消费者所知。理解认识产品设计与产品上线，对成功创业具有重要意义。

导入案例

美团王兴的 10 年创业故事

他是校内网的创始人，却没能等到网站上市收获财富。他推出了中国第一个微博网站，却意外关停被新浪抢夺先机。他被业界称为"史上最倒霉连环创业客"，却屡败屡战。他就是美团网 CEO 王兴。

这个来自福建龙岩的大男孩儿，一直是传统意义上的"三好学生"。1997 年，他被保送到清华大学电子工程系无线电专业，毕业后拿到全额奖学金，去了美国特拉华大学读硕士。2004 年，他毅然中断学业回国创业，先后创办校内网、海内网、饭否网、美团网等多家网站。一路走来，他始终扮演着创造者，却少有成为受益者，一次次失败，又一次次从失败中崛起，从崛起中发展，纵情向前，他始终充满激情。

创业 10 年，王兴用极客精神改变了商业，他同时也被商业所改变。

王兴晒账户的方式是千团大战时代一场最漂亮的公关——美团在行业寒冬到来之际展示了自己健康的现金流，这其实也是亮出了美团在账面背后的肌肉——高效的管理和综合运营效率。

在 2007 年年底创办校内网之前的近两年，王兴折腾过"多多友"等好几个创业项目，也犯了很多错误。"那两年我们做了好多产品，但从来没去推广。说好听点是靠口碑传播，说难听点就是压根儿不敢也不知道怎么传播。"王慧文说。

2007 年年底，校内网上线，初期就有 300 人的校园大使，在高校中做推广，以至于后来王兴美团时期的销售副总裁就是当初校内网线下推广团队的一员。"我觉得很多人误会我们，以为我们是产品做得好，其实是推广做得好。"王慧文说。

就连王兴对于 O2O 的初体验也是始于那个看似纯线上创业的校内网时代。

校内网的早期没有任何收入，唯一一笔广告收入来自当时清华东南角的阿目眼镜。"现在回头看，他就是 O2O——开在没什么客流、房租便宜的六楼，依靠互联网来给他引流。"王兴说。

2009 年，校内网因为融资失败，王兴被迫以 200 万美元的价格卖给陈一舟，两年之后，校内网获得了软银 3.4 亿美元的融资。今天去回顾那件事，王兴显得平静——"员工是需要拿工资的，SNS 前途非常大，但是需要时间很长，需要投入很多钱，可能没法直接赚钱。"

在一次次的磕磕碰碰中，王兴始终保持着初心和永不停歇的折腾，学习着商业智慧。青春永远不白费，所有的积累都是在为将来的爆发积蓄能量。

几年后，经过决策，王兴选取了电影、外卖和酒店三大行业为发力点。例如，最先深度拓展上市的猫眼电影，不仅可以在线选座，还可以看影评，2013 年的交易量达 9000 万张，全国每 10 张电影票中就有一张出自美团。几乎可以说，猫眼电影已经成为电影发行商不可忽略的渠道，在猫眼电影上做宣传越来越平常化。

一个细节可以反映王兴如何做垂直行业。猫眼电影的负责人徐梧在推出此业务前拜访了北京每一家电影院和院线经理。哪些电影院用了 4K 屏幕，每家电影院的分辨率是多大，徐梧都了然于心。

王兴认为，美团与商户合作的深度是解决信息沟通成本的最好方式。仅知道影院的合作方式远远不够，每家影院有几个屏幕、多少座位，每个时段放哪些影片，美团搭建的平台就是通过产品把需求和供给匹配。"我们干的事情很有社会意义。按照经济学的规律，假设在一个完美的世界中信息沟通成本为零，竞价的过程瞬间发生，你总可以找到一个价格，把所有的供给完全消耗掉。那时均衡的状态是最好的，可避免很多重复建设。"这是王兴理想中 O2O 解决的资源配置问题。

另一匹意外的黑马是酒店业。根据美团内部的数据，美团的酒店业务规模已经超过去哪儿，在去哪儿的酒店业务部已经竖起了对抗美团的横幅。王兴选取酒店业重点拓展的核心秘诀在于团购是预付模式，所有的账都会经过平台，颠覆了去哪儿、携程、艺龙等 OTA 的到付模式，这实际上是在引领消费者的消费习惯。

2013 年年底，美团外卖也开始上线。但饿了吗、阿里巴巴淘点点、大众点评等众多外卖 App 已经在这一领域展开厮杀。"只要大家遵守游戏规则，最后在一个公平的市场里面看消费者选择谁，这是我喜欢市场经济的原因，消费者用钱投票是最民主的。"不管王兴是否能在这种新的商业形态中成功，当大家都在谈互联网颠覆的今天，一个完全相信"技术和创新"力量的人正在主动深入传统企业寻求融合。

王兴这样总结他正在做的事："互联网正在改变金融和教育行业，优酷想用互联网改变电视，天猫、淘宝、京东在改变超市和百货商场，美团要做的是通过互联网去改变本地吃喝玩乐产业。从校内到饭否到美团，表面上看做的事情不一样，本质还是相信互联网根本性的变革力量。"

他依然相信"科技创新和市场的自由竞争会改变一切"，但这些商业世界微妙的关系也让王兴的思想发生着改变。他在微博上写道："我曾经也认为自己要永远'站在弱者这一边'并颇为自豪，后来多经历了一些事情，才知道正确的是'站在规则这一边'，不是谁（以弱者身份）来闹谁就有理就能得利，否则，最终所有人都是受害者。"

（资料来源：美团创始人王兴：打造千亿美团的野望 https://www.qianzhan.com/investment/detail/317/150520-a3ee8372.html）

📖 案例评价

王兴的每次创业过程,都可以看成他观照自我和外界希望发生的某种变化:"创业对我来说是改变世界的方式,我希望活在一个更希望生活的世界里,但我等不及让别人去打造这个世界。"这个奇妙的作用力正在发生:美团之所以能成功,不仅仅是因为王兴改变了商业,而在于他也被商业所改变。虽然曾经屡战屡败,但它为每一次的产品设计,积累了新的经验;而在产品上线与推广中,大胆创新,为不凡之事,其实有着"柳暗花明"的契机。

💡 思考题

1. 如何理解科技创新和市场自由竞争在产品设计与产品上线中的作用?
2. 如果面对失败的产品上线,作为创业者应该采取什么态度?
3. 如何理解创业资源(如资金、人力等)和成功的产品设计与上线之间的关系?

📖 本章要点

- 产品设计的第一环——市场调研。
- 早期的产品设计。
- 新产品上线的注意事项。
- 如何实现产品迭代。

👤 学习目标

- 了解产品设计与上线的基本过程。
- 理解市场调研的重要性。
- 掌握产品设计、上线和迭代的方法。
- 熟悉早期产品设计的注意事项。

10.1 市场调研——产品设计之前不可缺少的部分

10.1.1 市场调研的重要性

市场调研即市场调查与市场研究的统称,是一种把消费者及公共部门和市场联系起来的特定活动。市场调研所得到的信息,将被用以识别和界定市场营销机会和可能产生的市场营销问题,制定、改进和评价营销活动,监控营销绩效,增进对营销过程的理解。

市场调研实际上是一项寻求市场与企业之间"共谐"的过程。市场调研犹如房子的根基,如果根基与上层建筑不匹配,哪怕再一掷千金,也只是在修葺一个外表华丽的"空中花园",不堪经历市场的"地震"。目标市场的先天不足,就注定了企业无法获得足够的利润,以支持自身的全面发展。

因为市场营销的观念意味着消费者的需求应该予以满足,所以公司内部人士一定要聆听消费者的呼声,通过市场调研,"倾听"消费者的声音。当然,营销调研信息也包括除消费者之外的其他实体的信息。

市场调研是为其后开展的市场营销活动收集信息，而市场营销是在创造、沟通、传播和交换产品中，为顾客、客户、合作伙伴以及整个社会带来经济价值的活动、过程和体系，其主要是指营销人员针对市场开展经营活动、销售行为的过程。因此，开展市场营销活动就意味着消费者的需求应该予以满足，所以在进行市场调研的时候，参与调研的工作人员必须"倾听"消费者的声音，判断出消费者的真实需求。当然，营销调研信息也包括除消费者之外的其他实体的信息。

接下来，让我们一起来看一个市场调研方面的经典案例。

【案例10-1】

1998年对于史玉柱的人生来说是一个重要的转折点。这一年，在身边的人大多不认同的前提下，史玉柱踏入了保健品市场。在大多数人都认为这个市场已经达到饱和时，史玉柱依然坚持答案需要从市场调研中寻找。江阴——地处苏南的一个县级市成了史玉柱的调研地点。虽然是县级市，但江阴离上海、南京都很近，人们的购买力很强。江阴的药房、农村，每天都有史玉柱和他的团队的身影。这些地方的空巢老人较多，也成为史玉柱聊天谈话的一大宝地。老人们被史玉柱问得最多的问题就是："你吃过保健品吗？""如果可以改善睡眠，你需要吗？""可以调理肠道、通便，对你有用吗？""可以增强精力呢？""价格如何，你愿不愿用它？"通过调查，史玉柱的商业直觉让他敏锐地意识到这个市场并未饱和，而是存在着很大的、还未被开发的商业机会。他信心满满地给自己的团队鼓劲，并着力推进自己的创业计划。后来，就有了红遍大江南北的脑白金。这一迅速占领全国市场的保健品牌，也帮助史玉柱二次创业成功。

2004年，史玉柱又开始了自己新一轮的创业计划。这次，他决定转战网络游戏行业。跟上一次跻身保健品行业最初的时刻一样，这位"迟到者"依然没有被看好，因为当时，想要在游戏行业有所作为，就必须去从各大游戏厂商巨头的手中分一杯羹。这一次，史玉柱坚持的信念，依然来源于他充足的准备。在进入游戏领域之前，史玉柱咨询、拜访了许多游戏行业的专家以及网游行业的主管领导，最终他预判：至少在往后10年或更长的时间里，网络游戏的增长速度会保持在30%以上。同时，考虑到中国的游戏玩家比例仍然比较低，由此他得出结论——网游行业仍然有着巨大的增长潜力。到这里，史玉柱的准备工作仍然没有结束。他摇身一变成了游戏玩家，通过与其他玩家聊天来获取信息。短时间的聊天无法达到史玉柱的要求。在产品开发阶段，史玉柱与超过2000个玩家每人至少聊天2小时。从这4000多小时的聊天里，史玉柱洞悉了每一个玩家从网游中得到的乐趣，如激情、心跳、郁闷、欢畅、好奇、宣泄、霸气、权力和欲望等。在这样的充足准备下，广受玩家喜爱的《征途》横空出世。40多岁的史玉柱再次获得了成功。

（资料来源：编者根据《史玉柱的营销之道》整理而成）

该案例向我们展示了在实际情况下，市场调研的途径和重要性。如果没有详细而缜密的市场调研，脑白金和《征途》就可能不会如此成功。但了解史玉柱的人或许会说，因为史玉柱是浙大数学系毕业的并在统计局工作过，凡事先进行调研只是他的工作习惯而已。也有人会说，乔布斯发明苹果的时候并没有做过市场调研。

乔布斯在发明苹果之前有没有进行过市场调研我们不得而知。但是，对于许多初创公司而言，如果在不进行市场调研的情况下，就对自己产品的市场接受度过于乐观，想象着自己即将成为另一个乔布斯或比尔·盖茨，这种盲目的"自信"终将成为一颗定时炸弹。

治理国家尚把调研排在第一位，管理企业也是同样的道理。尤其是对于那些原始创新已较为困难，并极易被复制吞并的互联网创新企业来说，小到对一个功能按钮的设计，大到企业战略的制定、无一不需要战战兢兢、如履薄冰。

一次扎实的市场调研，将是一个企业良好开端的第一步，也将伴随着企业发展的每一步。对于互联网创新企业来说，针对用户需求进行产品设计是在制定和开展市场营销活动之前的。因此，市场调研的最佳时机也应该是在产品设计之前。

那么，在产品设计之前的市场调研需要实现哪些功能呢？

1. 找寻市场缺口

随着互联网技术的快速发展，留给创业者的剩余空间已经极为狭窄，如果不做市场调研就直接设计并生产新产品，然后再苦苦寻求市场，无疑是一场赌博。真正的创业思路应该是先通过调研分析市场，了解市场整体趋势、目标市场中的竞品的优劣、消费者尚未被满足的需求、是否有可细分市场等信息，然后根据数据进行理性分析找到市场缺口，最后才是设计产品，让产品真正根植于市场中。

2. 戳中用户痛点

史玉柱特别重视研究消费者，他曾多次强调，"我从不琢磨领导们有什么爱好，只一心一意研究消费者。""谁消费我的产品，我就把谁研究透，一天不研究透，我就痛苦一天。"在市场调研的过程中，针对消费者的调研是非常重要的环节。如果能够在调研分析中找准用户的痛点，就能够在很大程度上让产品达到一鸣惊人的上市效果。

3. 制定产品战略

创业不是想当然地开发产品，然后丢到市场听之任之。前期的市场调研能够为产品定位、产品设计、产品推广、产品营销，哪怕是小到产品上市时机都有很好的借鉴意义。就好比打仗需要指挥部，前期市场调研便是产品战略制定的GPS，能够最大可能地防止产品设计之路走偏或走错。当然，调研中也会遇到一些"伪需求"，需要运用多种调研来避免由"霍桑效应"导致的伪数据结果。

10.1.2 市场调研的方向及注意事项

产品上市前的市场调研，可以主要围绕以下几个方面展开：市场趋势、行业市场、消费群体、竞争对手、自我能力等。

1. 市场趋势

创业不是一时兴起，所有创业者一定都希望自己的企业能永葆长青，那首先就要对市场趋势有一定依据的预判。例如，史玉柱在得到未来30%的市场增长的预测后，才开始网游产品的研发。在市场趋势的研判中，要拥有长远的眼光，并不是所有的市场空白都具有发展趋势，而要看空白的可持续性。可能某种产品很有市场空间，在一定时间内消费者也很需要，但是这个产品可能不是未来的趋势。例如，比较有争议的共享充电宝，虽然迎合了当下的"共享"热潮，也能解决消费者一时的燃眉之急，但是面对消费者越来越注重信息安全、手机电池容量也越来越大的趋势，共享充电宝的未来市场并不被看好。

2. 行业市场

市场规模有多大，定位是什么，也是决定产品设计的基本问题。例如，研发盲人手机，这肯定是盲人群体的刚需，而且市场上竞争产品少，但是市场规模可能很小，这就需要通过调研了解市场空间到底有多大。再比如老年手机，市场空间很大，但是产品对老年人的定位是哪个年龄段，哪些老年人会购买功能简单、字大、音量大的老年手机，哪些老年人只是需要一款字体较大的智能手机。这些都将决定产品的设计。

此外，在行业市场的调研中，还应了解类似产品在国内外的发展情况，以及国家和地方政府有无对该行业的扶持政策或明令禁止的情况。

3. 消费群体

互联网产品的模仿速度非常快，这也导致了互联网产品的趋势是进一步的人群细分，以提供更好的个性化服务和差异化竞争。马化腾在一次内部分享中提到，腾讯善于做产品，世人皆知。但其实我们更多的时候应该少提"产品"和"功能"，多谈"服务"和"特性"。而服务的对象是消费者，消费群体需要什么样的服务，这个服务有哪些特性，整体服务流程是怎样的，整体服务成本是多少。这些都需要对消费群体进行定量和定性的分析来获得。

然而，在对消费群体的调研中，一定不能忽视"霍桑效应"带来的伪需求。20世纪40年代，雀巢咖啡研制出速溶咖啡并投入市场，但购买者寥寥无几。在问卷调查中，很多家庭主妇表示，不愿意购买速溶咖啡是因为不喜欢速溶咖啡的味道。但是，在口味测试中，主妇们大多不能区分出速溶咖啡和豆制咖啡。那原因究竟是什么呢？在间接调研中发现，家庭主妇认为购买速溶咖啡的主妇是懒惰的、邋遢的、生活没有计划的女人。所以并不是产品有问题，而是人们的购买动机的原因。

因此在调研中，一定要准确把握消费群体的"痛点"。心理学家表明，痛点、抱怨往往能够反映消费者真实的想法。戳到"痛点"，离真相就不远了。

4. 竞争对手

初入行业，借鉴和学习是快速接近对手的好办法。一是宏观上，对现有市场上的同质产品做竞品分析，了解竞品定位、用户、业务、盈利、公司情况等，在调研中找到自身产品的立足点；二是针对选择出来的有目的性的竞品，深入使用，理解当中的真实意图，找到问题，并在日后产品设计中避免此类问题出现。

商业中往往很难从表面现象发现对手真实的产品意图，可以通过多种方法和途径进行深入分析。例如，关注对手的产品发布会，到现场和对方友好交流；调研对手的客户，了解客户对其产品的看法和需求等。最终目的都是能够深入理解竞争对手的内在思路，用他山之石以攻玉。

5. 自我能力

产品的设计必须与自身能力相匹配，不能被创业的热情冲昏头脑。有些时候不怕神一样的对手，反而怕千里之堤毁于蚁穴。在做市场调研时，也一定不要忘记对自身团队进行客观的评估，清楚内部挑战和风险、团队能力和企业战略的匹配性。㊀

10.1.3 市场调研方法概略

市场调研的最终目的是深入了解市场，让产品的设计更加适应市场需求。所以，市场调

㊀ 杨林. 互联网产品调研和竞品分析的方法有哪些？https://www.zhihu.com/question/63329615/answer/239616301

研一定不能流于数据表面。创业者在市场调研分析时要把自己的角色转变为一名产品经理，头脑清醒地为产品设计掌舵。在此列举"更快的马"的案例。

【案例10-2】

调研用户的反馈：

用户A：我觉得骑马不舒服，太颠簸。

用户B：我觉得骑马太危险。

用户C：我觉得养马太麻烦了。

此时，反馈的表面信息显示：用户需要一个速度快、不颠簸的马车，还要配一个好的养马师傅。这只是在已有市场上的服务优化。深入分析后，可以合理推论，用户需要的是一种快速、舒适的交通工具。除了快速舒适，用户还需要哪些深层次需求？比如彰显自我，比如更便捷的操作……

市场调研不是一次单纯的数据收集和累积，而是如何让其服务于产品设计，帮助创业者想清楚、想明白自己的产品是什么？是简单地复制优化，还是像亨利·福特制造汽车、乔布斯发明iPhone那样用产品改写世界。

1. 调研方法

市场调研是一项需要具备方法和技术的工作，涉及内容十分广泛，在此仅简略提及。如果创业者有足够的经济实力，可以委托专业调研机构开展调研。如果创业者资金有限，建议认真开展自我学习，亲自走入市场，获得第一手资料。

在产品设计前期，将会涉及的调研方法有用户访谈、问卷调研、用户测试、用户反馈及数据分析等。

2. 方法运用

调研方法既可以"单打独斗"，也可以出一套"组合拳"。可以根据调研阶段、调研目的进行灵活搭配。

（1）产品需求分解阶段　首先可以采用用户访谈的方法，在消费群体中进行少量抽样，对消费者进行定性分析。在确定产品方向后，再将问卷调研和用户访谈相结合，把访谈中发现的问题整理成客观题目，对更大一轮范围用户进行调研，进一步明晰用户需求。

（2）产品细化过程　通过调研结果，将用户需求与产品功能相匹配，整理出希望赋予产品的功能、操作、服务等；然后可进行再一轮的定量调研，让用户进行功能的取舍和优化级的判断；最后进入产品研发阶段。

（3）产品研发测试　在初步研发的产品中部署相应的功能反馈入口，邀请目标核心客户进行功能的使用及测试，在各个反馈功能跳出的窗口让用户进行反馈。既对产品进行了测试，也同时完成了问题反馈，并通过各类后台数据，对产品进行上线前的最后优化。

（4）战略制定　产品设计的过程也不能忽略整体运营战略的制定。运营战略与产品定位、核心功能、产品形态、目标人群等密不可分，这些都将决定着产品的上线时间、推广策略、用户挖掘等。

10.2 早期的产品设计

10.2.1 网络产品设计流程

经过前期的市场调研和数据分析，作为一个创业公司，需要从何处入手开始产品设计呢？首先，应该明确一个中心，那就是"以人的需求为中心"，这也是本章从开始到最后一直在强调的，围绕这个中心，至少路不会走得太偏。在早期的产品设计流程中，可以简略概述为三个部分：概念设计、交互设计和视觉设计。

1. 概念设计

概念设计是正式设计流程开始的第一步，也是最重要的一步。在这一步里，要根据市场调研的数据分析，来明确整个产品或某一功能究竟要为用户解决什么问题，给他们带来什么体验。进一步的话，还可以初步确立整个产品的发展路径。这些内容可以通过一份较为完整的产品需求文档，来向团队更好地展示未来的工作。一个完整的产品需求文档会包括产品概览、使用场景、Epics、User Stories、项目规划、更改日志、Open issues 等。如何"以人的需求为中心"制定相关内容，后文也提供了一些具体方法。

2. 交互设计

交互性是互联网最主要的特性，用户使用任何一个互联网产品都是"人-机对话"的过程，"对话"的愉悦性、舒适度、是否会再一次"对话"，都取决于产品交互性设计是否友好。例如，当下的产品登录，有的需要邮箱/电话/用户名登录，并且只有这样的通道可以进入；有的产品则提供给用户更多的可能，设置了 QQ、微博、微信等快速登录通道。在不影响大局的情况下，人们往往会喜欢拥有更多的自主选择的权利。交互设计涵盖信息架构、关键流程设计、明确屏幕流程、具体界面设计、创建模型等。

3. 视觉设计

视觉设计是人们接触产品的第一感官。搭建好产品内核部分后，需要明确视觉设计原则。在视觉设计上有必须遵循的原则——清晰、一致性。此外，还有根据产品自身的设计原则、简洁、个性等。确立产品相关的设计原则主要依赖于两点：一是了解产品的最终用户究竟希望能够通过产品来实现什么样的价值；二是团队本身希望传递出什么样的产品感觉。视觉设计所传达的内容是有意义的，比如蓝色代表理性、红色代表热情，在视觉设计中切记单纯地用"好看""不好看"来评判，而是根据需求来进行符合产品定位和用户定位来进行视觉设计。

10.2.2 根基要稳

1. 5W1H1V 法

经过前期的市场调研，创业者拿到了一手数据及相应的分析结果。那么这些数据和分析是有效的吗？可以看看是否足以能够回答这样几个问题：

1）Who（人员）——谁是你的用户？产品或功能为谁设计？

2）What（产品）——用户可以用你的产品或功能做什么？产品或功能可以为用户解决什么问题？

3）Why（目的）——用户为什么用你的产品，而不用别的？为什么需要这个功能？和其他产品有什么区别？

4）Where（场所）——用户在哪里会使用你的产品或功能？

5）When（时间）——用户在什么时候会用这个产品或功能？

6）How（方法）——用户如何使用这个产品或功能？

7）Value（价值）——产品的价值在哪里？

以上7个问题可以总结为5W1H1V方法，犹如产品设计早期的航海图，指挥着产品设计走向。下面以迅雷网游加速器为案例，来解析这一方法的运用。

【案例10-3】

1）Who——网游用户（拥有庞大的用户群）。

2）What——加速游戏，解决延时、掉线、登录慢等问题（网游用户最关注的问题）。

3）Why——迅雷网游加速器可免费使用、加速快、安全方便、签到送礼等（与其他产品的差异）。

4）When——玩网游、页游、对战时（用户使用频度监控）。

5）Where——在家、网吧等（可对运营策略产生影响）。

6）How——下载迅雷网游加速器—登录游戏—选择区服—启动加速—再启动游戏即可（产品的可操作性优劣将影响用户黏度）。

7）Value——获得游戏用户群，提供增值服务等（价值是产品的终极目标）。○

5W1H1V法探讨的问题，一定是客观地依据对消费者和市场的调研得来的答案。部分创业者会对自己"YY"出来的用户需求抱有一厢情愿的乐观，认为自己的想法必然就是多数人的需求，觉得自己抓住了痛点，发现了市场机会。纵然这样的想法也可以套用上述方法，但这将是一个主观条件下难于成立的前提。

【案例10-4】

一位创业者利用已有的传统资源，组建了一个团队（资源和团队跟所做项目的核心能力需求不太相关），并花费十几万元外包制作了一个App，以期解决"移车问题"。实现途径为：用户通过车牌号注册App，遇到停车位被其他车辆阻挡的情况，打开App，根据车牌搜索车主信息，联系其来移车。诚然"移车问题"是有车一族的痛点，但是"大家都愿意来注册"是一个一厢情愿的想法。至于"政府肯定支持"和"用户量上去之后"更是没有合理的前提。这位创业者忽视了一个重要问题——用户如何获取，这是一个不可逾越的难题。

（资料来源：编者根据相关资料整理而成）

源于创业者自身需求的想法，能否代表多数消费者的需求？有用户需求是否意味着就有市场机会？因此创业者切勿让自己的想法说服了自己，陷入自我欣赏的漩涡无法自拔。脸书（Facebook）的产品设计总监Julie Zhou曾说，经验主义会阻碍你在头脑风暴的过程中诞生好

○ 互联网产品设计的5W1H1V分析法. 老曹. 人人都是产品经理. http://www.woshipm.com/pd/13130.html

想法。在早期的产品设计中,每一步都要冷静、客观,一切从消费者出发,这是设计出好产品的基础。

2. "Z"字法

在产品设计的早期阶段,是一个产品从无到有,在立与破中反复不断修正的过程。犹如我们获得了一块翡翠原石,需要精心打磨来发现里面石料的好坏,然后再根据石料的色泽、形状来决定如何更好地利用这块石料。在产品设计中如何更好地对产品进行调试、完善,依然需要在各个核心阶段对用户需求进行采集。良仓孵化器创始人、阿里产品专家苏杰总结了一套"Z"字法,如图10-1所示。

(1)定性与定量 定性研究偏向于了解,这可以帮助你有目的性地找出原因;定量研究偏向于实证,可以通过数据帮你发现某些现象。制定量会"以标代本",看到问题却不知根结在哪里;只定性会"以偏概全",可能被部分样本的特殊情况一叶障目。因此,二者需要有机结合,"人们认知新事物的过程通常都是从定性到定量再定性再定量,并且螺旋上升,而了解和证实也是在不断迭代进化的。"㊀

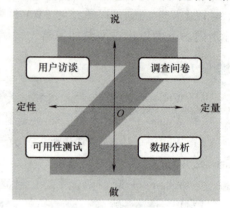

图10-1 "Z"字法

(2)说与做 前文提到了"霍桑效应",人们怎么说和怎么做可能是不一致的,但依然要听消费者怎么说,看他们怎么做,因为说能够表现目标和观点,做代表着实际行动。虽然"耳听为虚,眼见为实",但通过如何说可以了解背后的原因,这样才能找到人本身的原因,从根本上解决问题。

如图10-1所示,按照"Z"字行走的顺序,开展需求收集,可以为早期的产品设计保驾护航。毕竟,用户需求是产品设计的原动力,在早期设计过程中,反复进行"Z"字行走,既可以确保产品少走偏路,也可以帮助设计人员更好地完善产品功能。

10.2.3 从0到1的核心是什么

彼得·蒂尔在《从0到1》一书中说,每次我们创造新事物的时候,都会使世界发生从0到1的改变。这种从0到1的垂直进步较难想象,人们需要尝试从未做过的事。创业者们往往朝圣那些从0到1的产品——PayPal、Facebook、Google、iPhone等,但大部分时候,往往是搬照已取得成就的经验——直接从1跨越到N。一个产品从无到有,是创业者自身从0到1的超越,这个过程中的核心是什么?乔布斯说:"这就是我的秘诀——专注和简单。简单比复杂更难,你必须努力让你的想法变得清晰明了,让它变得简单。但是,到最后,你会发现它值得你去做。因为一旦你做到了简单,你就能搬动大山。"

【案例10-5】

"实习僧"项目是大学生创业项目的成功案例,用另一种更吸引人的表述来说,它更是

㊀ 苏杰. 人人都是产品经理 [M]. 北京:电子工业出版社,2010.

一次顺理成章的偶然。2013年，作为学校就业与创业协会会长的黄林海急需一个品牌项目为协会成员提供锻炼机会。经过一番策划与讨论，一个致力于为大学生就业提供帮助指导的公益项目在黄林海的主导下应运而生了。该项目旨在打造提供就业信息及中间对接服务的学生与企业的双向平台。自诞生起一年多来，平台已被不少投资机构看好。收到许多合作意向的黄林海也逐渐产生了创业的想法。在整合已有数据资源和调研国内外类似产品后，黄林海开始着手将这个公益项目商业化。当时，招聘领域的行业巨头已经存在，实习生正品又是一个很小的切入口，前景的不确定性让黄林海的想法并没有得到太多人的支持。面对反对的意见，黄林海依然坚定地执行着自己的计划。他通过一系列的市场调研来向诸多怀疑者以及自己的合伙人论证该计划的可行性。他分析得出了目前主要竞争对手的共同的薄弱环节——实习。经过几年的奋斗，"实习僧"成功了。如今的"实习僧"已成为全国最大的实习生在线招聘平台，完成了数千万元的A轮融资。

（资料来源：编者根据相关资料整理而成）

"实习僧"在众多招聘网站中寻找了一个看上去较窄的入口，但是这个入口的背后却是全国2000多万的在校大学生和不容忽视的海外留学生。创业者黄林海在一直坚守着"实习"这个产品核心，并在企业稳定发展后，寻求的是如何将"实习"招聘做大做强，从未偏离这个航道。创业者在掌舵一个产品从无到有的过程中一定要注意以下几点：

1）抓住主要矛盾，明确产品的核心价值。从0到1的道路有许多条，但方向一定不能错。

2）产品的核心功能一定是最能稳定客户需求的那一项，也就是用户会花全部时间在上面的功能。非核心功能往往会浪费团队的主要精力，即使是超人精力也是有限的，集中力量攻坚克难也将有效地保持团队士气。

3）保持克制，不要总想大而全的产品。再成功的创业者有时候也会犯错，会指示下面的人说，为什么不做这个功能，为什么不做那个功能；而做了许多与核心需求无关的事，导致在产品成形前就已经走了样。

4）一个方向尝试失败再探寻另一个方向，绝不同时尝试两个方向。许多失败的项目都是在做的时候希望"关照"多个方面，结果做出来一个"拧巴"的产品，偏离了最初的想法。

10.2.4 转向需谨慎

没有一家企业能在创业之初就推出一个设计完美的产品，也没有任何一个创业者是在一条笔直的康庄大道上直接抵达赚钱的彼岸的。经过前期的一系列准备，创业者可以摸清楚大的市场方向，但是推出的产品以什么样的方向和什么样的形式更能适应市场，一定会经过不断地摸索、返工和修订，所以请一定做好试错的准备。

在产品早期设计过程中一旦发现错误，要尽快进行研判，该错误是技术性错误还是方向性错误。如果是技术性错误，便要及时改正，减少产品中的BUG；如果是方向性错误，不要急于否定自己，而要看它是否偏离了基于前期调研定下的大方向，如图10-2所示，只要还在大致的市场方向区间，就不要轻易放弃。对于创业初期的管理者，半途而废不仅会锉削士气，产生巨大的心理压力，还会造成不必要的资源浪费。当你想要放弃已经走上设计流程的产品时,先冷静下来,多方考量,再做出谨慎的决定。当然,这个思考周期是要计入产品设计的时间成本的,犹豫不决将会错失最佳机会。

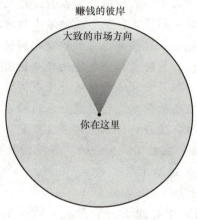

图 10-2 初入市场○

即使你的主干产品已经基本成形,也不要自信满满地试图在一开始就多方面开花。要知道以搜索引擎起家的谷歌,虽然还做了其他十几款不同的软件产品,如自动驾驶汽车、安卓手机、可穿戴装置,但是企业107%的收益仍来自搜索引擎广告。也正是凭借搜索引擎这一核心优势,"谷歌"已经作为一个动词被编入《牛津英语大词典》了。

10.2.5 简单出发

天天基金网站界面如图10-3所示。

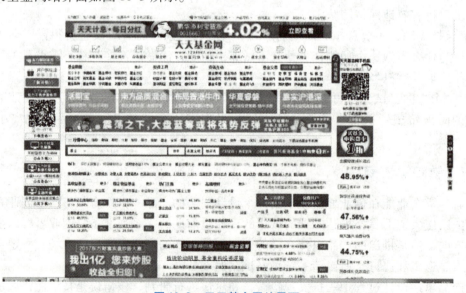

图 10-3 天天基金网站界面

百度搜索网站界面如图10-4所示。

○ 黄海均. 如何把握产品迭代的节奏感 职人社(专栏)https://zhuanlan.zhihu.com/p/22023564.

第 10 章 产品设计与产品上线

图 10-4 百度搜索网站界面

看到上面两个网站界面，你会更喜欢使用哪个？在信息量过剩的今天，用户更喜欢那些能够直接击中他们需求的产品。复杂的、多选项的产品会给用户带来干扰，以及接受信息的心理压力。所以，当用户面对那个不是非用不可的产品时，会很容易选择放弃继续操作；即使非用不可也会感到烦躁不安。在早期的产品设计中一定要做减法。当你为一个功能，哪怕是一个小小的按钮取舍不定的时候，不要问："为什么去掉它"，尝试去问问："为什么要留着它"。留着它会不会带来什么坏处，如果不要会不会有什么影响。

1. 界面上的减法

界面要尽量简洁友好，让核心功能处于首界面的显著位置，用户可以立即找到解决问题的通道。而风格美观是第二位的。

2. 技术上的减法

早期设计的互联网产品，在没有验证用户需求的情况下，尽量使用现成的工具，尤其是架构灵活、扩展性好、承载能力强的代码框架、模板、开源项目等，以降低技术成本。也许部分"技术宅"创业者更倾向于自己开发，这可以等有了用户基础之后再重构。

3. 功能上的减法

依然如前文所述，坚守产品的核心功能，不要盲目跟风。曾经有创业者做了一款留学 App，为准备出国留学的学生提供学校招生信息和申请指导。当代购火起来的时候，他立刻增加了代购和支付功能。试问，该 App 的目标用户是准备留学的人群，用户都出国了，还有谁需要代购呢？

正如乔布斯所说："创意来自于我们对 1000 种东西说不，从而确保我们不会误入歧途或陷入太多琐碎的事务。我们总是在思考我们能够进入的新市场，但是只有学会拒绝你才能集中精力关注真正重要的事情。"

215

10.3 新产品上线的注意事项

10.3.1 产品测试

新产品上线要做好充足的准备,其中一个连接产品设计和产品上线的环节便是产品测试。一般来看,互联网产品会经历三个测试阶段:内部技术测试、内测和公测。在大型网络游戏的设计推广中,往往会经历这三个阶段,大多数会通过内测和公测来积累用户群体。其他的网络产品则根据情况酌情考量。

1. 内部技术测试

这一阶段由公司内部的测试组成员和用户代表来完成,重点在于发现重大的错误及漏洞,并在测试结束后进行修改。通过内部技术测试,公司相关工作人员要熟知产品的每一个功能点,以便快速准确地应对日后用户的各种反馈。

2. 内测

产品在正式上线前,可以进行一定时间的内线测试,邀请目标用户群使用该产品,主要目的是帮助完善产品细节。在内测阶段,一定要尽可能地真实还原用户群的使用环境,这样才可能收集到更多关于产品正式上线后的可能性,未雨绸缪方能临阵不乱。

3. 公测

这一阶段也可以说是产品的正式运营阶段,常见于网络游戏中。以游戏运营商为例,往往通过公测集聚人气,配合大量的宣传推广和广告投入,使游戏人数达到高峰。通常在为期数个月的公测和宣传期后,游戏已经聚集了大量的人气。此时,运营商才会开始实施商业化行为。[①]

10.3.2 数据统计

经过前期一系列的调研、设计、开发、测试之后,产品终于上线了。虽然经历了一系列的验证,但也不代表这个产品就完美无缺,放在网络上,就可以高枕无忧地坐收渔利了。产品的后台需要保持工作人员24小时在线,一是观察数据,二是随时解决问题,如果第二天一觉醒来才发现产品系统瘫痪了,那将失去一批用户。数据观察的过程也是一个对产品进行验证的过程,数据所代表的是用户行为和产品之间的关系,如产品核心功能的用户点击率怎样?如果很低,是用户没有耐心走到那一个功能,还是什么环节的缺点影响了使用?根据点击率与合理的猜想,可以帮助找到相应不完美的环节进行改进。因此,要有目的地跟踪数据,而不是盲目地收集数据。

互联网产品上线后,需要关注哪些数据,在此仅做简单罗列,具体情况还应具体分析(表10-1)。

---

① 运营一款新的网络游戏需要进行哪些内部及外部的测试. https://www.zhihu.com/question/20316015/answer/14733809.

表 10-1 产品上线后数据统计内容

类别	数 据	具 体 内 容
用户相关数据	设备终端	用户使用产品的终端设备是什么，PC 端和移动终端的占比分别是多少，移动终端里 IOS 和 Android 设备的占比分别是多少
	网络及运营商	用户使用设备时的网络环境是什么，WiFi、2G、3G、4G 占比多少，运营商占比是多少
	使用时间段	用户使用产品的时间段
	用户属性	用户基本信息，年龄、性别等比例（目的是确定产品实际的用户群体，验证与产品定位的目标用户是否一致，是否需要有所调整）
产品相关数据	新增用户数	新增加的注册用户数或安装用户数
	活跃用户数	一段时间内启动或登录过应用的用户，可按日、周、月不同周期统计
	用户留存率	可按次日留存率、周留存率、月留存率统计（留存率：用户在某段时间内开始使用产品，一段时间后，仍然继续使用该产品的用户被认作留存用户，这部分用户占时间段内新增用户的比例为留存率）
	单次使用时长	用户每次自启动产品开始算起，单次使用产品的时间长度
	使用频次	每日、周、月启动产品的次数
	最高在线用户数	自产品上线后的最高在线用户数和所在时间
	浏览量和访问用户数	每个页面的总浏览量和访问的用户数量
	使用页面数量	用户会跳转至的页面层级为多少，每个页面的到达率为多少
	转化率	用户进行了相应的动作后的访问量占总访问量的比重
	任务完成率	用户完成一个任务的完成率，如下载完成率、安装完成率、注册完成率等
	错误数量	用户在使用产品的过程中是否会出现错误，出现错误的数量是多少，频次如何
	错误摘要	在出现的错误里，错误的详情描述是什么
	用户反馈	用户对产品使用的反馈信息
商业数据	日/周/月均流水	产品的日/周/月平均营收
	平均付费	单个用户的平均付费单价，即客单价

10.3.3 产品推广

俗话说："酒香不怕巷子深"，但在互联网世界里，产品同质率高、复制速度快、更新速度迅猛，好的产品也怕被默默无闻淹没在信息大潮中，眼睁睁看着被后来者抢先时机。所以在很多时候，互联网产品做出来不代表就能最终做起来。因此在产品上线之初便要产品自身和运营推广两条腿走路，这是由互联网的特性所决定的。

㊀ 整理于《产品上线后需要关注哪些方面》，https://www.zhihu.com/question/52438750/answer/132214155

10.4 产品的更新迭代

10.4.1 速度要快

何为迭代？迭代是重复反馈过程的活动，其目的通常是逼近所需目标或结果。前文图 10-2 展示了创业初期的情形，那么从创业起步到达赚钱的彼岸，要经历一段混沌期。已知的是市场大的趋势方向，你只有在混沌中，根据调研做出一种可能性的产品，并快速地拿一版出来试试，毕竟做已知的互联网产品是几乎赚不到钱的。初创的产品发布出去，是否解决了用户的问题呢？用户的反馈会告诉你，他们在乎什么，不在乎什么，还需要什么。根据反馈来调整方向，再做一版，再听反馈，又一次进行调整优化。这一次次的产品优化，就是产品迭代，也正是在这种迭代中，产品才有可能找到正确的方向。

下面，通过案例来看看支付宝的发展历程。

【案例 10-6】

马云于 2004 年 12 月创立的浙江支付宝网络技术有限公司是一家国内独立的第三方支付平台。目前，支付宝在多个领域都取得了令人瞩目的成就，其实名用户也已超过 3 亿。支付宝的发展历程可简略概述如下：

根植淘宝（2003—2004 年）

2003 年，仅仅作为支付工具被淘宝平台推出的支付宝，最开始充当的只是淘宝网资金流工具的角色，用以降低网上购物的交易风险。随着淘宝网的发展，支付宝也有了源源不断的用户流。2004 年，阿里巴巴管理层开始考虑将支付宝作为一个独立的产品，成为所有电子商务网站一个非常基础的服务。同年 12 月，支付宝从淘宝网被拆分出来，作为网站正式上线。

独立支付平台（2007—2011 年）

作为独立产品的支付宝的发展之路顺风顺水。2007 年 2 月，支付宝推出全额赔付制度。同年 3 月，与中国工商银行达成战略合作伙伴协议，在原有基础上进一步加强双方电子商务领域、支付领域合作的范围和深度，随后又与中国农业银行、VISA 等达成战略合作协议。当时，网络消费远没有现在发达，使用支付宝产品的也只有淘宝网的客户。以整个互联网电子商务的发展为目标的支付宝，首先从网游、航空机票、B2C 等网络化较高的外部市场开始切入。2006 年年底，支付宝独立支付平台的身份开始被外界所接受。

之后，支付宝继续朝全平台发展目标前进。2007 年，支付宝与南方航空等外部企业达成合作，淘宝已不再是支付宝的单一使用对象，除淘宝外的外部商家交易额占到全年的 30% 左右。同时，支付宝开始针对商家（淘宝网和阿里巴巴网站的交易除外）展开收费。

2008 年 8 月，支付宝用户数突破 1 亿，占网民总数的 40%。10 月支付宝宣布正式进入公共事业性缴费市场；与卓越亚马逊等独立 B2C 展开合作，成为其平台支付方式之一；同时，支付宝跳出 PC 端服务，推出 WAP 手机版，布局移动领域。

2009 年 7 月，支付宝宣布用户达到 2 亿。相比于 2008 年，在不到 1 年的时间里，支付宝用户实现翻番。外部商家也爆炸级增长。同年 12 月，外部商家数增长至 410 万家。

2010年11月，支付宝开始着手建设无形的开放平台，"聚生活"战略随之启动，迈出了从"缴费服务"向"整合生活资源"战略转型的步伐，实现市县级的水电煤缴费、信用卡还款、缴纳罚款、学费、行政类缴费及网络捐赠等多项服务。同年12月，支付宝用户突破7.7亿大关。

获批第三方支付牌照（2011—）

2011年7月，支付宝获得由中国人民银行颁布的首批第三方支付牌照，这也意味着其一直以来的第三方支付无序状态的结束，也标志着支付宝新的征程的开始。

2011年10月，支付宝推出手机支付产品——条码支付，向线下支付市场进军。

2012年7月，支付宝获得基金第三方支付牌照，开始对接基金公司。

2013年10月，余额宝服务正式上线。12月，支付宝宣布将联合快的打车大规模进军北京出租车支付市场。

2014年1月，支付宝公司宣布正式进军海外O2O。

……

（资料来源：编者根据相关资料整理而成）

在国内，支付宝创造性地改变了人们的生活方式，是一个将被载入互联网发展史册的经典产品案例。也许正是它的创造性变革，其发展历程不易被复制，却能给我们许多启发。产品是应一定的需求所产生的能解决问题的方案，而人们的需求是在不断发展的，要解决的问题也是在不断变化的，因此解决问题的方案就得随之改变，那么产品也需要与时俱进——尤其是在发展迅猛的互联网产业中，产品更要及时迭代。产品迭代一是要从用户需求出发解决问题，不断优化用户体验，让产品提档升级；二是要扩展市场渠道，寻求可复制、可规模化的商业模式——支付宝便是以网络支付为起点，不断快速辐射扩展至可能的市场领域——产品需要通过合理优化的商业模式帮助企业从用户手中获取利益。

产品迭代是一个过程，除非产品消亡，这一过程将不会停歇。对于互联网企业来说，产品迭代开发是一种分摊成本，降低产品开发失败风险的方式。在迭代的过程中，每一次可以投入较小的成本，尽快获取用户反馈，来验证产品是否符合市场需求。所谓船小容易调头，如果符合市场，就坚持走下去，探寻新的优化；如果不符合，可以果断放弃寻求新的方向。成功的产品不会一蹴而就，每一次验证的答案也不会都是成功，在微软的改变中，只有1/3的想法产生了积极变化，而亚马逊100%～100%的想法没有能够改善他们想改善的目标[⊖]，但是从整体过程来看，迭代是能够加速整个产品开发过程的。

10.4.2 存在感要强

在网络世界，总是不乏新奇玩意儿。哪怕是一款十分经典的游戏，玩久了也会疲劳，定期推出新的玩法、地图、副本，才能很好地提升用户活跃度。当然，这里所说的迭代也不仅仅是单纯地无关痛痒地修复BUG，而是有计划、讲策略的整体性递进式的产品开发。当用户的需求不断得到满足，使用体验不断得到优化，他们才会对你的产品产生期待，甚至产生

⊖ 布鲁斯 A 汉德生，乔治 L 拉科. 精益企业：成功实施精益化管理的实践指南［M］. 北京：企业管理出版社，2005.

依赖。好比大批的"果粉"在每年的10月便翘首以盼iPhone的新品发布会，这种期待引发的蝴蝶效应，足以抵付一笔相当可观的广告投入。产品就是在不断的迭代中刷存在感，只有坚持，产品才能真正深入用户内心。毕竟人们永远无法对一成不变的事物保持长久的兴趣。那么如何刷存在感呢？

1. 快速响应

产品设计是一对多的较量——设计人员是有限的，而用户是多样的，所以，推出的产品难免会有用户不满意的地方。及时响应用户的反馈，至少在印象分上会提升不少，非常利于用户的留存。例如，MIUI每周一次发版，用户上周提的需求这周就实现了，上周提的BUG这周就修复了，这种巨大的参与感赢得了早期ROM发烧用户的簇拥。在产品迭代过程中，可以按固定的频率进行，这样能够给用户定时的期待，好比电视剧每集最后所埋下的伏笔。

2. 把握节奏

产品迭代每一步的步子迈大了，会拖慢迭代频率，增加研发风险；步子迈小了，无法提升用户兴趣。企业要根据整体规划主线，把握迭代的节奏。针对研发，每次迭代集中在一个关键功能的研发上，在制定好的迭代周期内攻坚完成，而不要过多地随意加功能，让产品变得臃肿。针对用户，可以大版本、小版本交替出现，既让用户感受到产品"主线"，又感受到产品在一段时间一直在强化核心场景，以延长产品热度和生命周期。⊖

10.4.3 市场调研不能停

前文以5W1H1V法的提问来判定调研结果的有效性，在产品迭代的过程中同样少不了市场调研，毕竟每次迭代的效果如何，还是要用事实说话。在产品迭代的过程中，市场调研与产品迭代呈螺旋式开展。在产品迭代的调研中，可以通过五个问题来衡量每次迭代是否成功：

1. 新功能是否足够受用户欢迎

如何衡量受欢迎程度，可以参考"功能活跃比"，即使用某个功能的活跃用户占同期活跃用户数的一个比例。该指标也只能作为参考，不能仅从这一个方面就得出衡量结果。

2. 用户是否会重复使用我们的新功能

吸引用户使用新功能的因素有很多种，但是能够让用户长期重复使用新功能只有一个因素，那就是这个新功能满足了用户的需求，给了他们很好的使用体验。因为在日常实际情况中，用户是流动的，有的用户不用了，但又有新用户加入，所以很难是同步使用率来衡量新功能效果。因此，可以通过重复使用率和用户留存，以及功能活跃比，来得到一个相对客观的结果。

3. 这次迭代对用户留存的整体影响如何

目前，这一问题可以通过一些主流的产品数据分析或用户行为数据分析的平台来实现。

4. 如果改版是为了优化某个使用流程，那么这个流程的转化率是否得到了提升

转化是指潜在用户完成一次推广企业期望的行为，比如潜在用户体验了新功能后在网站上提交了订单，或者在网站上停留了一定的时间，或者使用了特定的功能等。转化率是指在

⊖ 刘炯. 如何把握产品迭代的节奏感. 职人社，2017.

一个统计周期内，完成转化行为的次数占推广信息总点击次数的比率。

例如，一个内容类产品，发布了文章、图片或视频。企业预期是用户看后觉得好会分享到其他社交平台上，可通过查看从阅读到分享再到分享完成三个步骤，比较分析改版后转化率是否有提升。如果没有提升，便要找寻背后的原因。

5. 深入了解用户到底在如何使用我们的产品，以及改进的功能

前面四个问题，已经基本能够从客观数据判定本次迭代是否成功。为了能够给下次迭代做准备，还需要进一步挖掘一些数据。首先，新功能的使用情况到底如何？可以从活跃和留存两方面进一步分析。其次，用户在使用产品时都做了什么。如果产品改动较大，用户使用产品时做的事，是否发生了一些变化？这需要迭代前后的数据进行对比，寻找差异。如果发现有变化，这个变化是否正是迭代的预期，还是有待分析的。然后，用户在哪一环节结束了使用？例如，一个 Web 产品，用户通过搜索引擎到首页，然后就结束了。这时候，便需要从产品的角度进行分析，首页文案的引导、按钮的摆放、颜色、布局等方面，是否需要进一步优化。

以上的分析看上去有些烦琐，却能够帮助企业从中发现问题，总结经验，改变认知，以便用更优化的产品更好地应对市场的变化。

本章要点回顾

- 市场调研是一项寻求市场与企业之间"共谐"的过程。
- 市场调研能够帮助产品设计实现以下功能：找寻市场缺口、戳中用户痛点、制定产品战略。
- 产品设计前的市场调研主要围绕市场趋势、行业市场、消费群体、竞争对手、自我能力等方面开展。
- 市场调研方法有用户访谈、问卷调研、用户测试、用户反馈及数据分析等，可在产品需求分析阶段、产品细化过程、产品研发测试、战略制定等阶段，根据需要灵活组合使用。
- 早期产品设计要"以人的需求为中心"，进行概念设计、交互设计和视觉设计。
- 早期的产品设计是从 0 到 1 的过程，要抓住主要矛盾，明确产品的核心价值，不要做大而全的产品，也绝不要同时尝试两个方向。
- 在早期产品设计过程中要做好试错的准备，发现错误要理性研判，不要过度犹豫错失时机，也不要盲目沮丧轻易改变方向。
- 产品测试是连接产品设计和产品上线的连接环节，可进行内部技术测试、内测和公测。
- 产品上线后，要注重收集用户数据、产品数据和商业数据，及时解决产品出现的问题，并通过数据分析用户行为和产品之间的关系，进行产品验证和产品优化。
- 产品迭代是产品通过不断反馈进行调整优化，不断逼近所需目标或结果的过程。这一过程可以分摊开发风险和成本，加速整个产品开发过程。
- 产品迭代不是简单地修复 BUG，而是有计划、讲策略的整体性递进式的产品开发，可通过快速响应、把握迭代节奏来增进产品在市场的存在感。
- 产品迭代的过程中，依旧需要对迭代产品进行成功与否的考量。

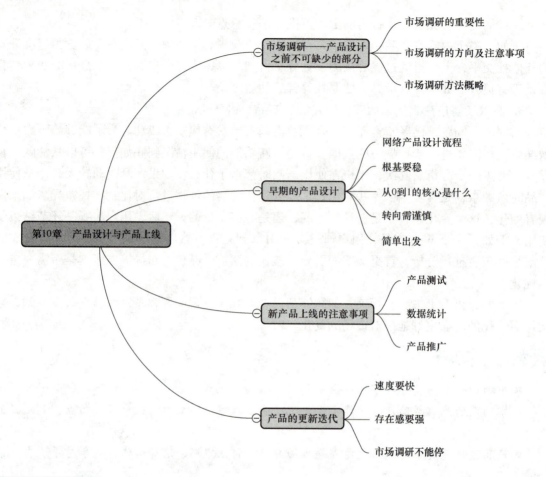

本章思考题

结合"《王者荣耀》的崛起",回答以下问题。

1. 在《王者荣耀》中,你觉得产品的哪些设计契合了当时的市场?
2. 根据案例,结合本章所讲内容,请总结分析《王者荣耀》作为产品,成功的因素有哪些?
3. 请用5W1H1V法对《王者荣耀》进行简单的产品分析。
4. 《王者荣耀》产品上线前是否做了充足的市场调研和用户分析?互联网产品上线后需要跟进哪些数据?
5. 《王者荣耀》的用户定位是什么?是否足够明确?
6. 《王者荣耀》的产品迭代过程给了你哪些启示?你觉得该如何把握产品迭代的节奏感?

《王者荣耀》的崛起

2017年3月,一款手游App《王者荣耀》上市,推出之后一时风头无两,虽然争议不断,但是作为一个成功的互联网产品,还是非常具有分析借鉴价值。

产品简介

产品slogan:7V7英雄公平对战手游。

收费模式：售卖点券，换取英雄、皮肤和其他小道具。

操作方式：触控和触摸遥感。

产品介绍：《王者荣耀》是全球首款7V7英雄公平对战手游，包含多样模式可体验。游戏时间短，考验个人操作和团队配合能力，不做养成和体力值设定，凭技术决定胜负。

产品定位：基于微信、QQ社交关系链基础上的MOBA类手游。

市场分析

为什么《王者荣耀》取得了爆炸式的成功？先来看一下当时的市场概况。

根据艾媒咨询发布的《2015Q3中国手机游戏市场季度监测报告》显示，截至2015Q3，中国手游用户累计达到4.97亿人，环比增长1.2%，增速继续放慢，手机游戏用户规模已逐渐见顶。

在玩家付费比例方面，2015年第三季度，手游玩家的付费比例仍然极低，而且能够接受的单次付费金额大多数也是在70元以下。

在游戏类型方面，艾媒咨询数据显示，棋牌、酷跑、回合RPG、卡牌、休闲、角色扮演等红海市场游戏类型已趋于饱和，MOBA、3D动作、沙盒等蓝海市场有待探索（表10-2）。

表10-2 国内手机游戏市场规模

	2015年——红海市场		2016年——蓝海市场	
	已饱和市场	穿透中市场	以明确市场	需探索市场
游戏类型	棋牌 跑酷 飞行射击 回合RPG	卡牌 休闲益智 塔防	MOBA FPS枪战射击 ARPG	沙盒 战棋
市场规模	470亿元		770亿元+	

与此同时，英雄互娱牵头的中国移动电竞联盟，于2017年第三季度左右成立。此时，全球电竞爱好者的增长趋势和数量势不可挡，中国在全球电竞爱好者中的占比超过了70%。

总结以上分析，2015年第三节度，当《英雄联盟》《Dota 2》等端游的世界影响力已经达到顶峰时，手机端的MOBA类游戏连热门都算不上。而端游玩家中玩MOBA游戏的用户就超过一半，也就是说单单《英雄联盟》和《Dota 2》就为全球培养了超过17亿的MOBA用户。虽然这也与当时手机硬件水平有关，但是随着手机屏幕的增大和硬件水平的提高，MOBA类手游面对的是一片广阔的市场蓝海。

腾讯正是看到这个机遇，连出了两款MOBA类的新游戏，分别是《全民超神》和《王者荣耀》。由于在游戏模式和产品质量上远远超过《全民超神》，《王者荣耀》成为后来居上的"王者"。

用户分析和需求分析

1. 目标用户群分析

《王者荣耀》的用户群是从端游转换来的，我们先来看看《英雄联盟》的用户人群。用腾讯浏览指数搜索"英雄联盟"得出的数据显示，《英雄联盟》的用户年龄中11~20岁占比最多，其次是21~30岁。其中值得关注的是用户中的男女比例，数据显示女性占比不足

10%，这充分说明《英雄联盟》是一款具有挑战性和上手难度的游戏，把一大部分的女性用户排除在了门外。

在目标人群的选择上，《王者荣耀》团队没有选择和《英雄联盟》重合用户群，而是结合手机端游戏的特定和腾讯社交化的优势，考虑到MOBA类游戏的团队属性、极高的耐玩性和本身就非常受欢迎的特点，再次扩大用户群体，充分考虑上手简单和女性玩家的游戏基础等因素，开发出一款可以让几乎所有人快速上手的游戏，在保证门槛足够低的情况下，再利用匹配同水平玩家和自定义操作方式等一些游戏制度来留住高水平玩家和举办电竞比赛。

2. 核心用户群定位

虽然说门槛足够低，但是《王者荣耀》从发布开始就是以还原端游MOBA精髓的大旗来宣传的，一开始的核心用户就是从《英雄联盟》等MOBA类游戏转过来的端游核心玩家们。这些资深玩家能够接受游戏的要求就是要满足游戏习惯。因此《王者荣耀》从界面、英雄技能、操作习惯、地图等高度还原了《英雄联盟》。这样的设计稳定了这部分核心用户。那这些重度端游玩家为什么会买简单版手游的账呢？因为在他们的碎片化时间里，《王者荣耀》能够暂时替代。

3. 一般用户群定位

一般用户群就是那些通过朋友介绍或者是《王者荣耀》火到没人不知道了才下载来玩的用户。这些用户也具有明显的特征和需求：他们年轻，愿意尝试新鲜事物；把游戏当作一种消遣，希望通过游戏来满足一定的社交需求；通常在无聊或者碎片化时间玩一会儿游戏。他们对游戏产品的需求就是精致化、碎片化、社交体验、公平需求、一定的游戏需求。

产品迭代

《王者荣耀》团队几乎一个月对版本和功能进行一次大的更新，同时还有优化和更新游戏性，新增英雄和皮肤等。团队能够及时针对市场和游戏的目标做出调整和改进，也是帮助产品短时间内取得好成绩的一个要素。除了游戏本身外，《王者荣耀》主要更新的方向是社交、玩法和电竞。在玩法上，既模仿端游的各种功能，又没有完全抛弃手游十分流行的PVE冒险模式。在社交方面，社交功能是所有MOBA类游戏中根本没有的，这是因为手游和端游的社交模式不同，手游基于一定的现实社交圈，通过手游很大程度上可以将游戏转变为现实生活中人与人社交的一部分。《王者荣耀》走的就是一条游戏+社交的道路。

产品功能

功能来源于需求，虽然《王者荣耀》看似有很多的功能，但是它所针对的核心需求和它希望达成的目标却是从一开始就非常明确的，在经过充分的市场调研确认好目标用户的需求之后，设计团队所要做的，就是发现目标用户在他们隐藏的需求之下，所需要的具体的功能是什么，然后尽可能地去做好这些功能。一款手游如果每个功能都是为了解决用户需求，真正把用户体验放到第一位，就能够保证游戏的品质和口碑了。而接下来要做的，就是把它推出到市场，让市场来检验。

当然，《王者荣耀》的成功也不仅仅只在于此，这款游戏从立项开始，就有将近170人的团队，这在一定程度上保证了游戏本身的质量。但是，团队在这款游戏设计的初始阶段也面临着重大的选择：一是游戏模式到底应该是什么样的；二是要针对的目标用户到底应该是谁。最终他们做出了选择，但其实做出选择的并不是他们，而是用户，他们唯一需要选择的，就是到底是跟着用户的需求走，还是要强行改变用户的习惯来适应他们，最终他们选择了第一种,并且在后来的无数次选择中,都坚持选择了跟着用户的需求走这一选项。

所有的选择都已经做完了,胜负就此分出。

(资料来源:整理于佳人如梦.《王者荣耀》手游产品分析报告:崛起的王者荣耀,胜负就是这么简单. 人人都是产品经理 http://www.woshipm.com/evaluating/618965.html)

本章参考文献

[1] 田婷. 史玉柱营销之道 [M]. 北京:中国法制出版社,2017.
[2] 苏杰. 人人都是产品经理 [M]. 北京:电子工业出版社,2010.

第11章
创业企业管理之财务管理

> **内容提要**
>
> 21世纪是数字信息和财经主导的时代，越来越多的人认识到财务管理对企业的重要性。财务管理已贯穿企业生产经营的方方面面，它是企业制定决策、实施决策的基础和依据。要搞好企业财务管理，创业者必须充分认识和运用企业资金运动的规律，牢固地树立财务管理的一些经典理念，然后才能灵活地付诸实践、指导实践。

> **导入案例**
>
> ofo再次遭遇资产冻结 小黄车还能站起来吗？
>
> 2019年2月23日，ofo共享单车公司再次被冻结资产。根据天眼查信息，天津科林于2018年1月20日向天津市滨海新区人民法院申请财产保全，请求冻结拜克洛克的银行存款145万元或查封其他等额财产。法院裁定立即开始执行。
>
> 从2018年开始，共享单车领域开始进入资本寒冬，而作为共享单车的领军者，也没能躲过凛冽的寒风侵袭。大量用户押金未退，资产多次被冻结。今天，我们来回顾一下ofo的兴衰史。
>
> ofo共享单车由戴威创立于2014年，是国内首家共享单车公司，首创提出无桩共享单车出行模式，刚开始致力于解决大学校园的出行问题。
>
> 2015年6月，ofo共享计划推出，在校园推出"共享计划"，向学生回收单车作为共享单车。最开始主要是在校园内服务师生，当时戴威宣称要在北大内推出10 000辆共享单车，并面向北大师生招募2000位共享车主，这时候的共享单车还算是名副其实的共享经济。
>
> ofo这一共享单车模式也很快得到认可，2015年10月在北大校园日均订单已经有4000单，并获得了第一笔900万元的融资。不过刚刚获得融资的ofo的扩张速度依旧不是太快，主要还是集中在校园。
>
> 2016年1月，ofo接受"朱啸虎"和"金沙江创投"的投资，朱啸虎也积极帮戴威做说客，拢到王刚、真格基金，制造共享单车的风口。的确如此，ofo迎来了资本的热潮。
>
> 2016年ofo逐渐向全国20多个城市的200多所高校推广，在校园里积累了80万用户，日均订单达到20万。到2016年10月，ofo正式走出校园，进军城市市场。背后是大量资本的急速推动，仅在2016年几个月时间里，ofo就经历了5轮融资，累计融资金额超过了2亿美元。

无论是学者还是业内人士，都认为共享单车拥有千亿级的市场。ofo 因有效解决了人们出行最后一公里难题，受到人们的欢迎和资本市场的青睐。ofo 随后进行了多次资金规模庞大的融资，获得爆发式扩张增长。

2016 年 12 月 23 日，ofo 首次发布海外战略，在美国的旧金山以及英国伦敦展开试运营阶段，之后又进入新加坡、日本、以色列、哈萨克斯坦、马来西亚等国家，海外市场逐渐打开。

但是，从 2015 年创业至今，ofo 一共经历大小十轮融资，三年来，戴威花掉了太多不该花的钱。

有员工说："举个例子，比如说我们有一批车锁，可能要从北京邮到某一个地区，ofo 绝对不会去走邮政或者其他快递，我们绝对走顺丰，而且是快速的那种，其实时间上并没有要求。"

ofo 拿到融资还没有多久，就有媒体爆出 ofo 公司高管都配了特斯拉。在日常运营中，ofo 一辆价值大约 600 元成本价的 ofo 自行车坏掉，也得不到及时的维修。2017 年 3 月到 7 月间，ofo 采购了 1200 万辆自行车，需要支付 72 亿元人民币，如此巨大的花销决策被做出，却毫不顾忌此后的资金存量。

在经历一段辉煌之后，ofo 因融资失败陷入资金断裂的僵局，而私自挪用用户押金填补财务危机是 ofo 最不明智的举措，因为这不仅没有缓解企业本身的债务问题而且还加剧了 ofo 的负面舆论倾向。ofo 小黄车最终落入衰败境地，虽然 ofo 小黄车的创始人戴威集合各方力量进行自救，但因为运营机制的不成熟以及后期运维服务的不到位失去了很多融资方，这样的结局也引发了业内深思。

根据公开报道，仅 2018 年就有至少 9 家公司将 ofo 告上法庭，包括百世、德邦等物流公司，以及凤凰等自行车制造商。

目前，ofo 尚未找到更有效的变现手段，近 1 亿元财产又遭到法院冻结，如果没有外部融资，用户押金的退还会更难。

2018 年，法院对东峡大通（北京）管理咨询有限公司（ofo 运营主体）做出了"限制消费令"，限制该公司及其法定代表人、主要负责人戴威不得实施高消费及非生活和工作必需的消费行为。具体限制包括：ofo 公司和戴威不得乘坐飞机、列车软卧、轮船二等以上舱位的交通工具；不得在星级宾馆、酒店、夜总会、高尔夫等场合消费；不得买房买车旅游；子女不得就读高收费私立学校等。

对此，用户方面关心的押金怎么退，什么时候能退，资金冻结对退还用户押金的影响，以及目前退押金的进展情况 ofo 未予以说明。但是，目前可以看到 ofoApp 上面依旧在正常营运，甚至还有月卡在售卖，对于 ofo 未来的发展，你怎么看呢？

（资料来源：云掌财经/邓欢欢 http://www.sohu.com/a/21077730101_37103100）

案例评价

企业自诞生之日起便伴随着财务风险运动，贯穿于其生产经营的全过程。迈入 21 世纪知识经济的时代，迎来了科学技术和互联网的快速发展，得益于此，社会掀起了共享经济的热潮，并因此催生出了众多的共享企业。然而，共享企业在应对新形势经济下的财务风险却暴露出许多的问题和不足之处，因此对相关企业财务风险的研究显得十分必要。ofo 共享单车财务风险的产生主要是由于风险防范控制机制不健全、融资结构不合理，同时在应对市场信息变化时出现滞后与解读浅显的情况，加之社会信用的缺乏等。针对这些问题，借鉴国内外成功企业的经营经验，分析 ofo 应对风险时所采取的举措，可以为企业应对财务风险提供对策和建议。

思考题

1. 从 ofo 的案例中，你可以发现创业过程的哪些典型特征？
2. 为什么财务管理问题能够在很大程度上导致 ofo 的失败？
3. 如果让你为 ofo 设计一套财务管理方式，你有什么建议？

本章要点

- 启动资金筹集。
- 风险投资。
- 融资准备。
- 合理的股权关系。
- 创业资金风险。

学习目标

- 了解寻找投资人的方法。
- 了解融资的基本过程。
- 理解互联网资金风险。
- 理解风险投资的概念。
- 掌握合理的股权结构的建构方法。

11.1 树立财务观念——站在企业的高度看财务

21 世纪是数字信息和财经主导的时代，越来越多的人认识到财务管理对企业的重要性。财务管理已贯穿企业生产经营的方方面面，它是企业制定决策、实施决策的基础和依据。要搞好企业财务管理，创业者或职业经理人必须充分认识和运用企业资金运动的规律，牢固地树立财务管理的一些经典理念，然后才能灵活地付诸实践、指导实践。

1. 预则立，不预则废——树立财务预测与预算的理念

财务管理是指企业组织的四大财务活动，即筹资、投资、运营、分配，以及处理四大财务活动中发生的诸多财务关系的一项综合性的管理工作。财务管理的目标是实现所有者（股东）财富最大化。财务管理的实施步骤包括财务预测、财务决策、财务预算、财务控制及财务分析和考核。

财务预测是财务管理的首要环节，是指根据企业财务活动的历史资料，并结合当前正在影响财务活动的若干个因素，运用科学的预测方法对企业未来财务活动的发展做出预测和判断，最终找出未来财务活动发展变化的诸多可能性。然后在此基础上做出应对各种可能变化的规划或计划，即编制财务预算。公司理财中一定要树立起财务预测与预算的理念，要有防患于未然的规划意识。理念是行动的先导，有备方能无患。

然而，一般企业的财务管理还是停留在"头痛了才去医头，脚痛了才去医脚"的事后控制阶段，缺乏防患于未然的财务预测意识，导致的结果就是管理人员成天扮演"救火员"的角色，到处扑火，而一旦碰到特大火灾，公司的所有财产就会灰飞烟灭；或者讳疾忌医，等到病入膏肓才想到去看"企业医生"，但往往错过了治疗的最佳时机。可见，事后诸葛亮于事无补，防患于未然才能从根本上解决问题。正确的管理思路应该是先从企业的战略出发，规划好企业的财务战略，建立健全财务制度、预算管理制度和内部控制制度，按胜任力模型选择合适的财务人员，加强财务知识的培训普及工作，强化财务预测与预算的理念，做到事前有规划、事中有控制、事后有分析，才能把财务风险消灭于萌芽状态当中，为企业的健康发展保驾护航。

2. 有价值的创意可以增加企业财富——树立"创新"创造价值的理念

财务管理的目标是追求股东财富的最大化，尤其是追求股东财富的增加值最大。要使财富增加，关键是要创造价值。怎么才能创造价值？有价值的创意能有效实现财富的增加。

财务管理的首要任务就是要使股东价值最大或企业价值最大化。为了达到此目标，必须在开源节流两方面狠下功夫。首先说开源，所谓的开源就是要广开财富增加的来源，那么，怎样才能找到财富增加的源泉呢？有价值的创意能有效实现财富的增加。譬如自由女神像翻新后留下的废料按照平常的做法是把它卖给收破烂的，能收回一点残值也就算了，但经过犹太人的包装改造以后，平淡无奇的东西也成了价值不菲的收藏品。而两筐卖不出去的苹果系上红彩带加上"情侣苹果"这一充满创意的命名，一下子就脱销，还比原来多赚了7倍。可见，卖产品不要光盯着产品本身，要跳出产品以外寻找价值创造的闪光点、创新点，才能做到"开源"有术，财源滚滚。

3. 减少成本就等于增加财富——确立成本控制的"精益管理"理念

要实现财务管理的企业价值最大化目标，要使股东的财富增加，除了"开源"还得"节流"。所谓节流就是节约流出、支出，流出支出即"成本"，节流即控制成本，控制企业的支出，成本控制是企业增加盈利的根本途径，因此对成本进行精益管理是另一发财之道。

企业要时刻关注其每一项经济活动能否实实在在创造价值，要把所有不能创造价值的流程进行精简、合并、优化，甚至剔除掉，以便更好地节省时间成本和费用成本，把更多资源进行有效安排，进而创造出更多的企业价值。"精益五原则"包括价值、价值流、流动、拉动、尽善尽美。在企业运作中要从精益角度出发，从设计、采购、库存、生产、品质、销售、现场等入手，对成本运作进行剖析和改善，同时结合成本的规划，完善成本控制，实现节流，在不影响价值创造的基础上节约开销，降低生产成本，使企业增加利润，增强竞争力。

4. 行之有效的财务制度是财富创造的保障——树立制度是基础的理财理念

制度是指均衡企业中各利益相关者责权利关系的一系列规范的总称。财务制度分为广义和狭义两种。广义的财务制度是指用来规范企业与各相关方面经济关系的法律、法规、准则及办法的总和。狭义的财务制度又可称为企业内部财务制度，是指与企业财务有关的制度，是由政府企业管理部门制定的用来规范企业内部财务活动、处理企业内部财务关系的具体规章制度，如财务管理制度、财务核算制度等。广义的财务制度是狭义的财务制度实施的外部环境，狭义的财务制度是广义的财务制度在企业内部的具体及延伸，其作用是维系企业的存在并保障企业的发展。

不同的管理制度会带来不同的效果，财务管理也不例外，只有一开始就把财务制度制定好，才能保障企业的健康发展。

11.2 如何找到投资人——启动资金的筹集

11.2.1 寻找投资人的四种途径

投资是指特定的经济主体为了在未来可预见的时间内获得收益或者资金增值，在一定时间内向一定领域投放足够数额的资金或者实物的货币等价物的经济行为。作为寻找投资商的企业来说，投资就意味着要争取一定的货币进入企业，再通过生产经营活动取得相应的利润，向投资者支付应得利润。

在如今经济全球化的背景之下，资本的争夺也变得无比的重要，投资人指的就是投入现金购买某种资产以期待获得利益的自然人或者法人。创业者在创业初期往往缺少相应的资金来维持企业的正常运作，找到投资人至关重要。想要寻找投资人，主要通过以下四种途径：

1. 注意报纸、杂志，以及各种媒体

在各种报纸、杂志及媒体之中，会出现大量的投资商寻找项目的信息，随着互联网的不断发展，网络媒体逐渐深入人们的日常生活之中。在这样的背景之下，一些项目方也会在一些网络媒体中主动发布找寻投资商的信息。如果要在本地进行筹资的话，在了解了当地投资商更倾向于在哪种媒介中获取信息之后，进行有效率的信息发布，在看到合适的投资商发布的信息之后也要懂得把握机会。当前，随着经济的不断发展，全国各地的企业筹资也不再局限在本地，越来越多的企业选择在全国范围内进行筹资。例如，快递的信息单上会印上招商信息。

2. 适当地参与商业聚会

参加各种创业人群及投资商的聚会，不仅仅是在聚会上扩展自己的人脉，了解自己的同行竞争对手，也是在为自己寻找合适的合作伙伴，即愿意投资的投资商。

3. 在同行的朋友中寻求帮助

这时候需要团队中的成员在相应的领域建立相应的人际关系网络，寻找投资商除了公众视线中以外，还能在同行的朋友那里得到一部分社交媒体上面难以找到的信息。由于先进入市场，得到的信息会更加的全面，有关于投资商的评价也会更加真实可信。

4. 找到投资中介

投资中介就好像是房屋中介一样，通过各种信息的整合，为合适的公司企业寻找合适的投资商。但是值得注意的是，一定要找到正规的中介，对于创业中的公司来说，中介起到了很大的作用，能否收到融资有时候意味着企业是否能在市场中站稳脚跟。

不难看出要找到投资商不仅需要捕捉信息的能力，还需要广阔的人脉。在没有人脉的情况下，想要建立合适的人际网络，团队成员的人格魅力就显得格外的重要。作为市场的新手，应该时刻保持谦虚好学的态度，不卑不亢，既要明白自身的不足，不恃才傲物，也要明白自身的优势，不能妄自菲薄。

11.2.2 兜售发展阶段，而不是产品

PayPal 收购的移动支付系统 Zong 的联合创始人官希尔·弗格森（Hill Ferguson）曾建议说："要有关于你的产品的一个清晰的愿景，以及它在未来会是什么样子。但是，也要将各个发展阶段和各个时期的进度目标呈现给投资者，而不是像大多数人一样单纯出售愿景。"

"因为你有一个愿景和执行路径，这不仅会给予投资人更多的信心，而且它也将有助于让你自己富有责任感。"希尔·弗格森说。

你拿到的启动资金其实总是会比你所认为需要的少。但你必须努力独力发展你的企业，直到你能获利或者成功地获得第二轮资金。

11.2.3 正确认识与投资人的关系

随着经济全球化的不断推进，公司的上市将会面临更多的挑战及规范，而这些公司的投资将会更加重要，不再是短期的、有目的性及功利性的，而是长久的、进入企业管理战略的行为。

投资者关系管理（Investor Relations Management，IRM）这个概念诞生于美国 20 世纪 70 年代后期，其含义既包括上市公司（包括拟上市公司）与股东、债权人以及潜在投资者之间的关系管理，也包括在与投资者沟通的过程中，上市公司与资本市场各类中介机构之间的关系管理。

具体而言，投资者关系管理是指运用传播及营销的原理，通过管理公司同财经界和其他各界进行信息沟通的内容和渠道，以实现相关利益者价值最大化并如期获得投资者的广泛认同、规范资本市场运作、实现外部对公司经营约束的激励机制、实现股东价值最大化、保护投资者的利益，以及缓解监管机构压力等。

投资连接着投资方和筹资公司，那么如何建立良好的投资关系，如何更好地进行融资合作，创业公司在创业初期根基不稳之时、中期蓬勃发展之时、后期更新完善之时，投资都是在企业管理中较为重要的部分。

好的投资者能够给创业者厘清投资思路，充分全面地认识自身，根据现有情况进行更加稳妥的投资行为。在市场中，与经验欠缺的创业者相比，投资者接触的项目更多，了解的事物也更加的全面，信息渠道也更加的广。在这样的情况下，投资者能够更准确地选定投资项目，使创业者能够规避一定的风险，多了成功的保障。

在现代的市场经济中，企业的竞争不只是产品市场的竞争，还包括资本市场的竞争，当企业竞争变成一个包含产品竞争以及资本竞争的全面竞争之后，投资者的关系则变成了企业在资本市场保持其竞争优势的关键。

11.3 如何获得后来资金——筹资与融资

11.3.1 几种筹资方式介绍

1. 商业信用筹资

商业信用筹资是指利用商业信用进行的融资行为，具体形式应包括应付账款、应付票

据、预收账款等。商业信用筹资的基本方法有两种：一种是卖方向买方提供赊销而形成的信用，从买方的角度看，是一种利用应付账款的筹资渠道，商品的加价部分是买方筹资的成本；另一种是卖方给予现金折扣获取买方提前付款而形成的信用，从卖方的角度看，是一种利用预收账款或者减少应收账款的筹资渠道，现金折扣是卖方筹资的成本。

这种筹资方式的优点主要体现在：商业信用容易取得，企业有较大的机动权，企业一般不用提供担保。但相应的也存在缺陷：商业信用筹资成本高，容易恶化企业的信用水平，受外部环境影响大。

2. 留存收益筹资

留存收益筹资是指企业将留存收益转化为投资的过程，将企业生产经营所实现的净收益留在企业，而不作为股利分配给股东，其实质为原股东对企业追加投资。筹资渠道主要包括：盈余公积，即有指定用途的留存净利润；未分配利润，即未限定用途的留存净利润。留存收益筹资在这里有两层含义：一是这部分净利润没有分给公司的股东；二是这部分净利润未指定用途。

留存收益筹资的优点有：

（1）不发生实际的现金支出　不同于负债筹资，不必支付定期的利息，也不同于股票筹资，不必支付股利。同时还免去了与负债、权益筹资相关的手续费、发行费等开支。但是这种方式存在机会成本，即股东将资金投放于其他项目上的必要报酬率。

（2）保持企业举债能力　留存收益实质上属于股东权益的一部分，可以作为企业对外举债的基础。先利用这部分资金筹资，减少了企业对外部资金的需求，当企业遇到盈利率很高的项目时，再向外部筹资，而不会因企业的债务已达到较高的水平而难以筹到资金。

（3）企业的控制权不受影响　增加发行股票，原股东的控制权分散；发行债券或增加负债，债权人可能对企业施加限制性条件。而采用留存收益筹资则不会存在此类问题。

与此同时，留存收益筹资也存在一些局限性：

（1）期间限制　企业必须经过一定时期的积累才可能拥有一定数量的留存收益，从而使企业难以在短期内获得扩大再生产所需资金。

（2）与股利政策的权衡　如果留存收益过高，现金股利过少，则可能影响企业的形象，并给今后进一步的筹资增加困难。利用留存收益筹资需要考虑公司的股利政策，不能随意变动。

3. 短期借款

短期借款（Short Term Loan 或 Short Term Loans）是指企业根据生产经营的需要，从银行或其他金融机构借入的偿还期在一年以内的各种借款，包括生产周转借款、临时借款等。与之相对应的是长期借款。对我国的会计实务而言，短期借款是指企业为维持正常的生产经营所需的资金或为抵偿某项债务而向银行或其他金融机构等外单位借入的、还款期限在一年以下（含一年）的各种借款。短期借款主要有经营周转借款、临时借款、结算借款、票据贴现借款、卖方信贷、预购定金借款和专项储备借款等。

4. 长期借款

长期借款（Long Term Loans）是指企业向银行或其他金融机构借入的期限在一年以上（不含一年）或超过一年的一个营业周期以上的各项借款。我国股份制企业的长期借款主要是向金融机构借入的各项长期性借款，如从各专业银行、商业银行取得的贷款。除此之外，还包括向财务公司、投资公司等金融企业借入的款项。

按照付息方式与本金的偿还方式,可将长期借款分为分期付息到期还本长期借款、到期一次还本付息长期借款和分期偿还本息长期借款。

长期借款的优点包括筹资迅速、借款弹性大、成本低、发挥财务杠杆作用和易于企业保守财务秘密;缺点是筹资风险大、使用限制多和筹资数量有限。

11.3.2 创业者如何选择筹资方式

筹资必须考虑的因素主要是筹资数量、筹资成本、筹资风险和筹资时效四个方面:

筹资数量是指企业筹集资金的多少,它与企业的资金需求量成正比,因此必须根据企业资金的需求量合理确定筹集数量。

筹资成本是指企业取得和使用资金而支付的各种费用。主要包括筹资过程的组织管理费,筹资后的利息或股息、租金等支出,筹资时所支付的其他费用。筹资成本是企业选择筹资渠道、筹资方式、筹资时间的基本标准。

筹资风险是指某一事件的不确定性。筹资风险是指企业在筹资过程中,由于使用借入资金引起自有资金收益发生变动的可能性,或引起到期不能偿还债务的可能性。

筹资时效是指企业各种筹资方式的时间性灵活性如何。即需要资金时,能否立即筹措;不需要时,能否即时还款。通常,期限越长,手续越复杂的筹款方式,其筹款时效越差。

创业者可根据自身情况综合考虑后选择一种最适合的筹资方式。

11.3.3 融资的必要性和前期准备

对于创业企业来说,寻求融资主要是因为经营性长期资产投资项目,这种长期资产投资项目一般可以分为五种类型:

1. 新产品的开发或者现有产品的后延开发

这时往往需要新的研发设备以及产品制作设备,同时还需要大量的原材料等,创业企业在创业初期一般并无较多的流动资金,难以在短时间内运转大量的资金,而市场瞬息万变,如果不能准确地把握住时机,一旦被竞争对手抢先,便落于人下了。

2. 设备或者厂房的更新项目

企业通常会更换现有已损坏的设备,以用来维持甚至提升企业生产率,但是创业企业在初期不会大量地更换现有设备,所以大多数的创业筹资在此时都是以购买设备为主的。

3. 研究与开发项目

在新产品进行生产进入市场之前,必须经过产品研发团队的研发,在不断的实验之中,大量的资金投入是不可避免的,所以创业企业往往需要在研究开发新项目时筹集资金。

4. 勘探项目

企业在进入市场之前和初入市场之后,由于对市场现状的了解较为模糊,所以需要对企业现状进行一定的勘探,了解实情以便于进行详细的规划。

5. 其他项目

其他项目包括劳动保护措施的建设,污染控制设备的购买,这些决策虽然与直接的营业收入无关,但是也决定了企业的生存与发展。

在了解了所需融资的项目类型之后,根据该项目的类型及规模进行项目评估,了解所需融资的项目资金整体大致多少，后续资金如何周转等。对于项目价值的评估方法主要有以下四种：

（1）净现值法 净现值是指特定项目未来现金流入的现值及未来现金流出的现值之间的差额，按照这种方法，所有未来现金的流入及流出都应该用资本成本换算成为现值，然后用换算后的流入现值减去流出现值，得出的便是投资的报酬，根据投资报酬与筹资时所付利息进行比较来决定是否要选择融资来进行该项目。

（2）内含报酬率法 内含报酬率是指能够使未来现金流入量现值等于未来现金流出量现值的折现率。

（3）回收期法 回收期是指投资引起的现金流入累积到与投资额相等所需要的时间，它代表的是收回投资所需的年限。回收的年限越短，项目越有利。

（4）会计报酬率法 计算简便而且应用范围很广，计算时会使用会计报表上的数据，以及普通会计的收益及成本观念。会计报酬率一般使用年平均净收益除以原始投资额，但是这种方法的缺点是使用账面收益而不是现金流量，就表明忽视了折旧对现金流量的影响，忽略了净收益时间分布对项目经济价值的影响。

了解了项目所需资金以后，接下来就是对投资方的了解。投资方在找投资项目时往往会考虑以下几个问题：①团队成员。一个创业团队能否获得大的利润，能否带来客观的收益，都建立在优秀的人才之上。团队内成员的经历及团队的背景都十分的重要。②产品及商业模式。公司盈利的来源是产品的售卖，产品如何吸引顾客，将会面临怎样的市场，如何实现盈利都是投资商关注的问题。③投资方应该承担怎样的风险。所谓风险越大，利润越大，但是一个项目所需投资方承担的风险是否值得进行投资也是投资方需要衡量的内容之一。④对于未来的规划。投资人给项目投资的原因是为了获取收益，除了了解公司的过去及现状以外，投资人还关心企业的未来，比如融资以后的钱会怎么用，需要多少钱，用来做什么。

在做好这样的准备之后，企业要做的就是开始寻找投资商并且请求融资合作了。

11.4 如何合理使用资金——钱要用在刀刃上

11.4.1 选择合适的商业模式

好的商业模式应该是简单的，只需要一次创意的，可以低成本扩张的，有门槛的。

1. 两类赚钱的商业模式

有的商业模式做起来很顺畅，有的做起来很累，这就是好坏商业模式的差别。一般而言，越容易入手的商业模式门槛越低；做起来越容易的商业模式，倒下去的时候越快。

其实一个公司赚不赚钱应该从第一天就可以看出端倪。一般认为，只有两类公司是可能赚钱的：一类是从创立的第一天就赚钱的公司，公司卖出的每件产品都赚钱，而且有办法越卖越多，卖出规模；另一类是需要累积到一定的用户规模才能爬过盈亏平衡点，但是用户增长的速度很快且没有天花板的公司。除此之外的模式，也许能够赚到钱，但无法赚到非常多的钱。

2. 好的商业模式应该具备哪些特点

唯有简单才能够被各级下属所执行，唯有可复制才能放大规模效益。一般来讲，好的商业模式有以下几个特点：

（1）产品简单　针对用户的一个强需求，将用户体验做到极致。商务通就是从记电话这个用户小小的强需求开始的，而当时惠普的掌上计算机包括日程、word 等一系列的复杂功能，但商务通的销量是惠普的百倍。

（2）前提要简单　一项业务如果要以三个以上的条件为前提，那基本上是不可行的，一个商业模式如果环节非常复杂，更是不可执行的。分众的模式是谈楼宇、装电视、卖广告，非常简单，所以执行起来速度很快。拉卡拉的模式是谈商户、装 POS 机，也非常简单，所以执行起来也非常快。

（3）一次创意型　好的商业模式都只需要一次创意，凡是需要不断创意的生意都是难度极高的。例如，拍电影，你连拍 11 部赚钱的电影，也无法保证下一部也是赚钱的，成败完全取决于你下一次的创意，这种生意风险很大。

（4）可以低成本扩张　需要巨额投入来拓展市场的商业模式风险很大，商务通和好记星的广告不能停止，否则就意味着销量逐步下滑，需要一直投入，扩张成本很高。

（5）要有一定门槛　没有门槛或者门槛很低的商业模式意味着率先尝试的人如同第一个吃螃蟹的人，倘若成功，大家便蜂拥而上，与你一起分享胜利的成果；反之，则是你一人承担失败的痛苦。

3. 商业模式是否成立需要验证

社会科学是一门实践科学，并且计划和实际执行往往差别很大，未经验证很难确定一个商业模式是否可行。一个商业模式，经过验证和未经过验证差别非常大。

有两类商业模式风险很大。一类是系统性解决方案型商业模式，其特点是业务需要多个前提条件，而原则上需要三个以上前提的商业模型基本上是不成立的，因为即便每个前提都能够达成110%，三个前提你都达成的可能性也只有70%，这类商业模式赚钱只是理论上的可能。

还有一类风险很大的超越逻辑的商业模式。逻辑是商业模式的基础，不符合逻辑的模式成功是极偶然的，而失败是必然的。多年来，我们看到过很多绚丽的商业泡沫冉冉升起随后却轰然破灭，盖因如此。其实很多人对于团购的质疑也在于此，消费者来团购是因为团购便宜，一旦团购网站降低折扣或者商家完成推广后恢复正常价格，那用户还会来吗？如果不来，那烧钱累积起来的用户有价值吗？

11.4.2　正确看待风险投资

风险投资（Venture Capital，VC），也有人称之为创业投资。广义的风险投资泛指一切具有高风险、高潜在收益的投资；狭义的风险投资是指以高新技术为基础，生产与经营技术密集型产品的投资。按美国全美风险投资协会的定义来说，风险投资是由职业金融家投入到新兴的、迅速发展的、具有巨大竞争潜力的企业中的一种权益资本。从投资行为的角度来讲，风险投资是把资本投向蕴藏着失败风险的高新技术及其产品的研究开发领域，旨在促进高新技术成果尽快商品化、产业化，以取得高资本收益的一种投资过程。从运作方式来看，是指专业化人才管理下的投资中介向特别具有潜能的高新技术企业投入风险资本的过程，也是协调风险投资家、技术专家、投资者的关系，利益共享，风险共担的一种投资方式。

风险投资的六要素分别为：风险资本、风险投资人、投资目的、投资期限、投资对象及投资方式。

1. 风险资本
　　风险资本是指由专业投资人提供的快速成长且具有很大升值潜力的新兴公司的一种资本。风险资本通过购买股权、提供贷款或既购买股权又提供贷款的方式进入这些企业。由于国情的不同，不同国家的风险资本的来源也不尽相同。但是，大多数的风险资本主要来源于个人或者家庭、国外资金、保险公司资金、年金、大产业公司资金等，金融市场使得资金所有人的风险资本得以更好地进行配置。

2. 风险投资人
　　风险投资人通常分为四类：同为企业家而向别的企业进行投资，通过投资获利，资本属于自身所有而非受托管理的风险投资家；通过风险投资，基金一般以有限合伙制为组织形式的风险投资公司；代表母公司利益进行投资，主要将资金投向一些特定行业的产业附属投资公司；投资年轻公司以帮助公司迅速启动的第一批投资人，也被称为"天使投资人"。

3. 投资目的
　　投资虽然属于股权投资的一种，但是却并不是为了获得企业的所有权，也不是为了对企业控股获得经营权，而是通过投资和提供增值服务将投资企业做大，然后通过公开上市、兼并收购或者其他方式退出，在产权流动中实现投资回报。

4. 投资期限
　　风险投资人帮助企业成长，最终寻求渠道将投资撤出，以实现增值。投资资本从投入被投资企业到撤出投资为止，所间隔的时间长短被称为风险投资的投资期限。作为股权投资的一种，由于企业中资金的增值需要一定的时间，风险投资的期限一般较长，其中，创业期风险投资通常在7~11年内进入成熟期，而后续的投资大多只有几年的期限，大多数的投资公司都会选择在适当的时机撤出投资，完成增值。

5. 投资对象
　　风险投资的产业领域主要是高新技术产业，这样的企业由于前期自身拥有的资本太少，而高新技术产业有一定的回报周期，需要大量的投资资本注入。

6. 投资方式
　　从投资的性质来看，投资的方式有三种：直接投资，提供贷款或贷款担保，提供一部分资金或担保资金同时投入一部分资本购进被投资企业的股份。不管是哪一种投资方式，风险投资人一般都附带提供增值服务。除这三种以外，还有一种常见的投资方式是将风险资本长期投入被投资企业，这样既可以降低投资风险，也有利于资金的周转；另一种不常见的是一次性投入，在此投入之后，往往很难也不愿意继续提供后续资金支持，这种方法一般被风险资本家及天使投资人使用。
　　风险投资是权益资本而非借贷资本，对于风险投资看重的高科技创新企业来说，虽然该资本价格昂贵，但是与将安全放在第一位的银行相比，风险投资更容易获得，甚至是高科技创新企业唯一的资金来源。
　　风险投资偏好高风险项目，追逐高风险背后隐藏的高收益高回报，在较长期且流动性差的权益资本中寻求资本增值，更放眼于企业未来的发展，管理团队的水平及其创新精神，更倾向于投资新兴且高速成长的产业。
　　而风险资本虽然给企业带来大量的资金以维持其发展，但是风投并不是慈善，当企业项目没有适当的后续发展潜力，风险投资者看不到资本增值的潜力，即使是高新技术产业也很难得到风险资本。

所以，想要得到风险资本，得让投资人看到管理团队的水平及投资方案的潜力，否则投资家不会对企业注入资本，让自己的资金打了水漂。

11.5 如何做好利润分配——兼顾各方利益

11.5.1 利润分配的几大原则

利润分配应遵循以下原则：

1. 依法分配的原则

企业利润分配的对象是在一定会计期间内实现的税后利润。税后利润是企业投资者拥有的权益，对这部分权益的处置与分配，应当以《公司法》为核心的有关法律都有明确的规定和要求，充分反映了国家制定的利润分配中的各种限制因素；并制定了缴税、提留、分红的基本程序。企业的税前利润首先应按国家规定做出相应调整，增减应纳税所得额，然后依法缴纳所得税。税后利润的分配应按顺序弥补以前年度亏损、提取法定公积金、公益金，再向投资者分配利润。

2. 利润激励的原则

在保障投资者应分配利润的前提下，如何确保经营者和职工的利益，则应通过利润分配时确定的激励政策，以提高职工的主人翁意识，调动职工的积极性，是现代企业管理层面临的重要而又特别的课题。我国现行法规规定，在税后利润应当提取公益金，用于职工集体福利设施的开支；在现行企业中，使用税后可供分配利润对具有一定工作年限或做出较大贡献的职工发送红股，使员工也成为企业的主人参与企业利润的分配。这种红股虽然在其转让、继承等方面做了一定的限制，但对提高职工的归属感和参与意识无疑具有积极的意义；也有部分企业试行的"内部职工股"与"期权"，是一种积极有效的探索。

3. 权益对等的原则

企业在利润分配中应遵守公平、公正、公开的原则，企业的投资者在企业中只有以其股权比例享有合法权益，不得在企业中谋取私利，企业的获利情况应当向所有的投资人及时公开，利润的分配方案应交股东会讨论，并充分考虑小股东的意见，利润分配的方式应当在所有股东中一视同仁。

4. 利润分配顺序分配原则

利润分配顺序分配原则包括：①支付被没收的财物损失、各项税收滞纳金及罚款；②弥补以前年度亏损；③提取法定盈余公积金；④提取公益金；⑤向投资者分配利润。

11.5.2 合理的股权结构

股权即股票持有者所具有的与其拥有的股票比例相应的权益及承担一定责任的权利。而股权结构是指股份公司总股本之中，不同性质的股份所占的比例极其相互关系。

股权结构是公司治理结构的基础，公司治理结构则是股权结构的具体运行形式。不同股权结构决定了不同的企业组织结构，从而决定了不同的企业治理结构，最终决定了企业的行为与绩效。股权结构有不同的分类。一般来讲，股权结构有以下两层含义：

（1）股权集中度　股权集中度即前五大股东持股比例。从这个意义上讲，股权结构有三种类型：一是股权高度集中，绝对控股股东一般拥有公司股份的70%以上，对公司拥有绝对控制权；二是股权高度分散，公司没有大股东，所有权与经营权基本完全分离、单个股东所持股份的比例在11%以下；三是公司拥有较大的相对控股股东，同时还拥有其他大股东，所持股份比例为11%~70%。

（2）股权构成　股权构成即各个不同背景的股东集团分别持有股份的多少。在我国，就是指国家股东、法人股东及社会公众股东的持股比例。从理论上讲，股权结构可以按企业剩余控制权和剩余收益索取权的分布状况与匹配方式来分类。从这个角度讲，股权结构可以被区分为控制权不可竞争和控制权可竞争的股权结构两种类型。在控制权可竞争的情况下，剩余控制权和剩余索取权是相互匹配的，股东能够并且愿意对董事会和经理层实施有效控制；在控制权不可竞争的股权结构中，企业控股股东的控制地位是锁定的，对董事会和经理层的监督作用将被削弱。

企业具有什么样的股权结构对于企业的类型、发展、组织结构的形成都具有重大的意义，在如今这个瞬息万变的市场当中，随着社会环境及科学变革的到来，企业的股权结构也会随之相应地变化，因此股权结构其实是可变的、动态的。

当公司的大股东之间的股权比例相当接近，没有其他小股东或者其他小股东的股权比例极低的情况时，我们称之为平衡股权结构。如果股权结构不能达到平衡，将容易产生股东僵局或者公司控制权及利益索取权的失衡。

随着全球网络化的形成及新型企业的出现，技术和知识在企业股权结构中所占的比例越来越大，知识型经济将会成为未来的发展趋势，知识资本将会成为决定企业命运的最重要的资本。

在企业股权结构之中，所有的股权资源中最稀缺、最不容易获得的股权资源必然是在企业重占据统治地位的，而企业的利润分享模式及组织结构模式也会根据其占统治地位的资源决定。

当社会发生技术变革及生产方式改变时，为使企业更好地发展，股权结构如何进行适当的调整改变将会是企业重点考虑的问题。

11.6　如何解决财务危机——应对资金风险

11.6.1　创业资金风险的概念与特征

企业的经营必然存在风险，几乎所有的企业在市场经济条件下的经营活动都是不确定的，随着现在经济全球化的不断发展，企业所面临的风险也逐渐多样化，面临着各种竞争，对于企业的内部管理，以及财务管理提出了更改的要求。正所谓留得青山在，不怕没柴烧，企业的发展虽然是为了最终的盈利，但是如果企业没有进行良好的财务管理，也是不能够寻求更好发展的。

企业的目标首先是在竞争激烈的市场中生存下来，只能站稳脚跟之后才能进一步谋求发展以及获利。

凡事预则立，不预则废。要进行良好的财务风险管理，就要设定适当的财务风险管理目标，这样既能督促企业自身进行正确的发展，也能够评估在一定时间内的企业财务活动是否合理。财务风险管理目标按照其范围不同分为基本目标、分部目标、集体目标。

公司的管理目标是实现股东财富最大化，所以企业财务管理部门在组织、指导财务活动时，通过识别、测试企业资金运动过程中客观存在的风险，采取行之有效的防范控制措施，以最小的成本获得最大的安全保障。

为了实现财务风险管理目标，企业需要采取一系列相互连接的管理程序，这些程序的结合以及协调，形成了企业财务风险管理的基本环节，其中环节主要包括风险预测、风险决策、风险预防与控制、风险管理效果评价及风险损益处理五个管理阶段，它们共同构成风险基础管理工作的主要内容。财务管理部门在财务预测的基础上做出风险决策，将风险收益与控制风险所需的成本进行比较，确定企业应该做出怎样的风险决策，能够为实现财务目标及经营目标承受多大的风险，从而降低企业财务风险管理成本，提高财务风险管理的绩效。在风险决策之后，企业财务管理部门即相关部门会制订并选择合适的方案，进行风险预防及控制措施，使企业的发展向好的方面发展。而为了实现财务风险管理的目标并提高管理的效率，财务管理部门需要对各项管理措施的适用性、有效性进行分析、检查、评估，并据以不断的修正和调整计划，然后对风险结果进行财务处理，及时补偿风险损失并合理分配风险收益。财务风险管理的上述五个基本环节，是周而复始、循环往复的过程，共同形成一个完整的风险基础财务管理循环。

当完成上述五个环节形成的良好循环之后，财务风险管理才能循序渐进地达到预定的财务目标，如何掌握市场的动向，以及如何适当地对企业风险管理进行良好的调整，都是建立在环节循环之上的。

11.6.2 创业资金风险的应对方法和原则

财务风险控制方法主要有以下三种：

1. 防护性控制

防护性控制将风险预测联系起来，即在财务活动发生之前，就制定一系列的制度和规定，对于即将面临的风险进行防护的控制方法。

2. 前馈性控制

前馈性控制又称补偿干扰控制，是通过对实际财务系统运行的见识，利用科学的方法预测可能出现的偏差，并采取合适的措施，使得差异消除。

3. 反馈控制

反馈控制又称平衡偏差控制，是在认真分析的基础上，发现实际与计划之间的差异，确定差异产生的原因，采取切实有效的措施，调整实际财务活动或者调整财务计划，使得差异得以消除或者避免今后出现类似情况出现。

系统风险无法规避，而且随着经济社会的不断发展，人们的消费水平及消费观念在不断地改变，市场需求千变万化，全球经济化导致各国经济牵一发而动全身。在这种情况下，不同的企业根据自身实际情况进行调整，在适当的时间选择适当的方法对于风险进行预防和控制是很有必要的。

本章要点回顾

- 站在企业管理的高度，树立财务管理观念。
- 如何筹集创业启动资金。
- 融资的方式与前期准备。
- 合理使用资金与风险防控。
- 设置合理的股权结构。
- 财务风险的应对方法。

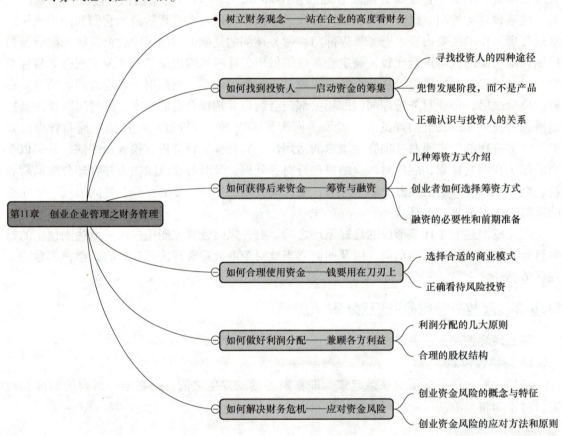

本章思考题

1. 为什么创业需要融资？资本对创业企业有哪些作用？
2. 为什么 ofo 会倒下？是商业模式的问题还是管理的问题？
3. 如何才能找到合适的融资渠道？
4. 作为创始人如何保护自己的控制权？

本章参考文献

[1] 李家华，等. 创业基础 [M]. 北京师范大学出版社，2014.
[2] 杰弗里·蒂蒙斯. 创业学 [M]. 人民邮电出版社，2007.

第 12 章
创业企业管理之运营管理

内容提要

一个企业之所以要制定战略,是因为企业的资源与能力是有限的,由于其能力等原因的不足,鱼与熊掌往往不可兼得。此时,企业的运营管理就显得极为重要了。如何良好地运营一个企业,发挥出企业团队的力量,是创业团队需要思考的问题。

导入案例

游子心故园情,归来创业富乡亲

1999 年大学毕业后,赵浩翔独自一人在广州闯荡。最早应聘到一家公司跑业务,因为勤奋努力,业绩不错,掘到了人生的"第一桶金"。2001 年,他在长沙开了一家化妆品公司和桑拿洗浴用品公司,效益良好。

让人意想不到的是,赵浩翔在自己事业发展形势大好之时却选择回到家乡发展,很多人无法理解。其实事业如日中天的赵浩翔选择在苍溪县发展的原因很简单。

其一,赵浩翔认为,自己身为苍溪人,反正都是创业,在家乡创业还能带动这个地区脱贫致富。

其二,苍溪有着得天独厚的资源,有创业所需的木材、富足的劳动力,以及县委政府的热情支持。

如今赵浩翔的发展越来越好,也印证了当初他的选择是正确的。现在的川湘木业有限公司主要进行网上营销。2010—2014 年,连续 5 年,在淘宝销售木桶成为"第一商家"。除此之外,赵浩翔还在天猫、阿里巴巴、京东等电商平台销售产品,在天猫开设了苍溪本地第一家川湘旗舰店。

但是销售木桶仅仅带动了一部分劳动力脱贫,数量实在有限,赵浩翔在进行过实地考察和仔细分析后,考虑到苍溪山清水秀的环境,以及现在人们对于食品安全日益增加的重视程度,最终决定通过电商平台,帮助苍溪的老百姓销售农产品,让他们直接获利,从土地上看到致富的希望。

2015 年 8 月,赵浩翔投资成立了四川土农民农业开发有限公司,利用电商平台销售苍溪地方特色产品,并申请了"苍山土农民"和"苍山农夫"两个产品商标。

2015 年 9 月,入驻淘宝和京东广元馆。公司在京东广元馆秒杀活动中,1 分钟即销售苍溪红心猕猴桃 3000 件。淘宝店铺从"0"开始,一个月时间得到 4 颗钻石的好评,公司整体经营情况良好。

2015年10月，在政府的关心下，他的公司免费入驻电商孵化园，得到办公场地、培训等方面的大力支持。

2015年12月，为引导苍溪县电商业务进农村，解决电商"最后一公里"问题，方便农民生产消费购物和销售农村土特产品，赵浩翔组建了苍溪县村村通物流有限责任公司。这是苍溪县第一家专为农村、企业、农民服务的专业快运公司。公司注册资本200万元。

未来2年内，他将在县城筹建1个物流分拣中心，建立1个电子物流信息平台，在各乡镇建立311个物流服务站，建立1000个物流服务点，覆盖全县所有行政村、自然村、交通要道。公司以"助力电商提速，方便生产生活，提供三农服务"为使命，将吸收整合现有物流、快递资源，建立快捷、方便、畅通、优质的第三方物流联合体，从而推动我县"电子商务进农村"，方便农户生产、消费、购物，让本地农村地方特产能方便快捷地走向全国各地，加速农村电子商务快速发展。

2016年，为进一步推动公司电子商务业务的开展，提升苍溪地方特产品质和形象，赵浩翔又投资注册了浩翔广告装饰公司，主要目的是帮助苍溪人民营造企业文化，提升公司外在形象，并为农民的土特产品设计个性化的包装，满足线上销售要求。目前运作情况良好。

2017年，赵浩翔的公司销售水果2000t，其中包括销售全县各地的猕猴桃，元坝镇的脆红李、红薯，六槐乡的橙子等，大约帮扶了几十个贫困户。2018年，他又整合了苍溪优秀电子商务人才，成立了专业电子商务营销团队，在天猫又开设了益味鲜农产品旗舰店。

和赵浩翔带着资金回乡创业不同，长得瘦小单薄的李霞，在外打拼几年后，并未能发家致富，倒是看到了一个巨大的商机。

在打工的地方，李霞的工友们听说苍溪的猕猴桃好吃，总让她帮忙捎带、购买，后来回到苍溪了，李霞还常常通过快递给工友们邮寄。考虑到现在电子商务的流行，李霞不禁问自己："为什么不从事电子商务经营呢？"

李霞是个雷厉风行的女人，说干就干，她从网上学习，请教资深电商，购买资料研究，开始尝试在微信公众平台销售，开起了自己的个人微店。尝到甜头后，她将目光盯上了更大的市场。通过多方考察和详细了解后，2014年12月，她大胆成立了苍溪县红欣源农业科技有限公司，主营苍溪红心猕猴桃及各类农特产品网上销售。经过多方联系、多方洽谈，她成功创立了三种电子商务销售模式：自媒体下的微营销，私人订制下的订单模式，大型销售平台的战略合作。

为了保证货源和质量，她在歧坪四蛮寨村流转承包土地120亩，建立了自己的猕猴桃基地，并与周边种植大户和贫困农户签约500余亩。仅2016年，通过众筹、微营销等方式，短短一个月时间，就在网上销售猕猴桃3万余盒，销售金额近300万元，全年销售400多万元，发货量4.5万件。

2017年，李霞已经和全国五家大型销售平台达成了合作协议。其中，和深圳欧佩薇商贸有限公司签订1000万元的销售订单，产品包括红心猕猴桃等各类水果，还有红薯、玉米饼、土鸡蛋和腊肉等苍溪特产。该公司还答应和李霞联手合作，主要针对贫困户、种养殖大户进行电子商务培训，使他们个个都成为电子商务能手，加大对苍溪特色农产品的宣传和销售。除此之外，李霞还准备在有一定产业基础的贫困村组，建立自己的特色农业合作社，公司牵头入股，大力推行有计划、有规模的特色农产品种养殖，并逐步建立可追溯生产体系。

带着创业初有小成的兴奋与开心，但随之而来的问题也让李霞颇为头痛。李霞说，苍溪电商大多单打独斗，在物流、宣传、包装等领域，造成了许多内耗。目前，李霞已经多方奔走游说，希望电商们团结起来，大家统筹规划，抱团发展，齐心协力推出苍溪的各类特色农产品，既助力农户脱贫，也壮大苍溪电商，不断地推动当地经济的发展。

案例评价

赵浩翔回到故乡，通过考察故乡的固有资源，利用得天独厚的土地优势，带动全县人民进行电子商务销售农产品，而李霞与全国五家大型销售平台达成了合作协议，将苍溪县的土特产销售至全国各地。赵浩翔与李霞的创业过程虽艰苦，但二者的创业过程都是企业运营中的成功案例。

思 考 题

1. 根据案例进行分析，赵浩翔和李霞两人的创业发展有何异同之处？他们选择的是哪种发展战略？
2. 结合本章内容，试说明案例中的运营方式。
3. 根据案例进行分析，赵浩翔和李霞是如何细分市场的？查阅相关资料，试任选一种战略外部环境的分析方法对案例进行简单分析。

本章要点

- 企业管理原则。
- 企业战略选择。
- 企业运营模式。
- 选择目标市场。
- 营销管理。
- 网上店铺。

学习目标

- 了解企业战略选择的方式。
- 了解企业运营模式。
- 了解企业不同时期的营销管理方式。
- 掌握企业管理的原则。

12.1 创业企业的管理原则

12.1.1 初创期企业的管理原则

初创期的企业往往会出现资金短缺、人才匮乏、业务开拓吃力等问题，所以初创期的企业对销售收入、现金流的渴望高于一切。在这一阶段，规范化、流程化、科学化，以及各种与管理相关的话题都显得不那么重要；在这一时期，企业唯一的重点就是把握住一切机会，能够尽快地积累第一桶金，让自己活下来。

管理过程学派创始人亨利·法约尔的管理理论是管理史上的一座重要里程碑，法约尔的管理理论具有极强的系统性和理论性，经过多年的研究和实验证明，虽然有利有弊，但总体上是正确的。下面，我们来看看法约尔的14条管理原则对初创期企业管理的建议。

1. 劳动分工原则（Division of Work）

法约尔认为，劳动分工属于自然规律。劳动分工不只适用于技术工作，而且也适用于管理工作。应该通过分工来提高管理工作的效率。但是，法约尔又认为："劳动分工有一定的限度，经验与尺度感告诉我们不应超越这些限度。"

初创企业的劳动分工合理而有效率是管理者不得不重视的方面，因为初创企业的核心员工较少，员工的工作积极性和工作效率都需要有一个合理的目标，才能使企业竞争力在创业初期有明显的上升。

2. 权力与责任原则（Authority and Responsibilities）

有权力的地方，就有责任。责任是权力的孪生物，是权力的当然结果和必要补充。这就是著名的权力与责任相符的原则。法约尔认为，要贯彻权力与责任相符的原则，就应该具备有效的奖励和惩罚制度，即"应该鼓励有益的行动而制止与其相反行动"。实际上，这就是现在我们讲的权、责、利相结合的原则。

没有规矩，不成方圆。初创企业的管理过程中，必然有权力的下放与权力的集中，权力带来的责任通过奖惩制度来保证，是初创企业平稳运行的砝码。

3. 纪律原则（Discipline）

法约尔认为纪律应包括两个方面，即企业与下属人员之间的协定和人们对这个协定的态度及其对协定遵守的情况。法约尔认为，纪律是一个企业兴旺发达的关键，没有纪律，任何一个企业都不能兴旺繁荣。他认为制定和维持纪律最有效的办法是：①各级好的领导；②尽可能明确而又公平的协定；③合理执行惩罚。

初创企业的纪律原则是保障企业安全的重要筹码，行动力强、敢闯敢冲的猛将型管理者运用严谨的纪律原则规范员工行为是企业下一步发展的前提。

4. 统一指挥原则（Unity of Command）

统一指挥是一个重要的管理原则，按照这个原则的要求，一个下级人员只能接受一个上级的命令。如果两个领导人同时对同一个人或同一件事行使他们的权力，就会出现混乱。在任何情况下，都不会有适应双重指挥的社会组织。与统一指挥原则有关的还有下一个原则，即统一领导原则。

初创企业很有可能是几个志同道合的人创业形成，但是在实际的工作中，必须有一个完善的指挥系统，保障命令的准确性。

5. 统一领导原则（Unity of Direction）

"对于力求达到同一目的的全部活动，只能有一个领导人和一项计划。人类社会和动物界一样，一个身体有两个脑袋，就是个怪物，就难以生存。"统一领导原则是组织机构设置的问题，即在设置组织机构的时候，一个下级不能有两个直接上级。

统一的组织机构使初创企业有一个工作指挥的中心，当所有的员工有着一样的目标时，才能使企业利益最大化。

6. 个人利益服从整体利益原则（Subordination of Individual Interest to the General Interest）

对于这个原则，法约尔认为这是一些人们都十分明白清楚的原则。但是，往往"无知、贪婪、自私、懒惰，以及人类的一切冲动总是使人为了个人利益而忘掉整体利益"。为了能坚持这个原则，法约尔认为，成功的办法是："①领导人的坚定性和好的榜样；②尽可能签订公平的协定；③认真地监督。"

在当今社会的发展过程中，个人利益与整体利益难免发生冲突，如何合理地解决冲突以及如何树立员工积极的利益观是初创企业面临的难题。

7. 人员报酬原则（Remuneration）

法约尔认为，人员的报酬首先要考虑的是维持职工的最低生活消费和企业的基本经营状况，在此基础上，再考虑根据职工的劳动贡献来决定采用适当的报酬方式。任何的报酬方式，都应该能做到以下几点：①它能保证报酬公平；②它能奖励有益的努力和激发热情；③它不应导致超过合理限度的过多的报酬。

对于普通的初创企业可能没有办法给员工提供很高的报酬，但在报酬分配上一定要做到公平公正，激发员工的努力和热情。

8. 集中原则（Centralization or Decentralization）

法约尔的观点是，组织的权力集中或分散的问题是一个简单的尺度问题，问题在于找到适合于该企业的最适度。提高部下作用的重要性的做法就是分散，降低这种作用的重要性的做法则是集中。

权力的集中与分散对于一个初创企业来说是管理者需要做好定位的方面，权力是集中还是分散会决定初创企业的发展方向。如果领导人的才能、精力、智慧、经验等允许他扩大活动范围，他则可以大大加强集中，把其助手作用降低为普通执行人的作用。相反，如果他愿意一方面保留全面领导的特权，一方面更多地采用协作者的经验、意见和建议，那么可以实行广泛的权力分散。

9. 等级制度原则（Scalar Chain/Line of Authority）

等级制度就是从最高权力机构到低层管理人员的领导系列。

实行等级制度原则就是要在组织中建立这样一个不中断的等级链，这个等级链有两个方面：一是它表明了组织中各个环节之间的权力关系，明确谁可以对谁下指令，谁应该对谁负责；二是这个等级链表明了组织中信息传递的路线，即在一个正式组织中，信息是按照组织的等级系列来传递的。

信息传递是初创企业发展的一部分，要想快速地发展，初创企业必须能保证有效清晰地信息传递。贯彻等级制度原则，有利于初创企业加强统一指挥原则，保证组织内信息联系的畅通。但是，如果过于严格地按照等级系列进行信息的沟通，则可能由于信息沟通的路线太长而使得信息联系的时间长，同时容易造成信息在传递的过程中失真。

10. 秩序原则（Order）

法约尔所指的秩序原则包括物品的秩序原则和人的社会秩序原则。关于物品的秩序原则，他认为，每一件物品都有一个最适合它存放的地方，坚持物品的秩序原则就是要使每一件物品都在它应该放的地方。

关于人的社会秩序原则，他指出，由于每个人都有自己的优势和劣势，社会秩序原则就需要确定最适合每个人能力发挥的工作岗位，并使每个人都在最能使自己的能力得到发挥的岗位上工作。贯彻社会的秩序原则，首先要对企业的社会需要与资源有确切的了解，并保持二者之间经常的平衡。

初创企业管理过程中管理者和被管理者都应该明确自己的定位，了解自己、了解企业需求才能用高的契合度工作。

11. 公平原则（Equity）

公平是公道加善意，在管理中要贯彻"公平"原则。所谓"公平"原则就是"公道"原则加上善意地对待职工。当然，在贯彻"公平"原则时，还要求管理者不能"忽视任何原则，不忘掉总体利益"。

公平是每一个企业的原则，更是初创企业必须重视的原则，树立公平的规章制度可以增强员工的归属感和依赖性。

12. 人员的稳定原则（Stability of Tenure of Personnel）

法约尔认为，要使一个人的能力得到充分的发挥，就要使他在一个工作岗位上相对稳定地工作一段时间，拥有一段熟悉自己工作的时间，了解自己的工作环境，并取得别人对自己的信任。人员的稳定是相对的，而人员的流动是绝对的，年老、疾病、退休、死亡等都会造成企业中人员的流动。因此，对于企业来说，就要掌握人员的稳定和流动的合适的度，以利于企业中成员能力得到充分的发挥。

初期创业的企业对人才的依赖性较强，在初创期企业追求稳定发展就必须保证人员相对稳定，这也需要管理者从各个方面取得员工的信任。

13. 首创精神原则（Initiative）

法约尔曾经说过："想出一个计划并保证其成功是一个聪明人最大的快乐之一，这也是人类活动最有力的刺激物之一。这种发明与执行的可能性就是人们所说的首创精神。建议与执行的自主性也都属于首创精神。"

人实现自我需求的满足感是激励人们的热情积极工作最有力的刺激因素。近几年来，大众创业、万众创新一直是国家的号召，而初创企业在建立之初就是因为首创精神而来，在前期发展中更离不开首创的精神。领导者需要极有分寸地，并且要有某种勇气来激发和支持大家的首创精神。

14. 团队精神原则（Esprit de Corps）

人们往往由于管理能力的不足，或者由于自私自利，或者由于追求个人的利益等而忘记了组织的团结。

团队是为了实现同一个目标而集合起来的团体，心往一处想，劲往一处使是初创企业快速壮大的必要途径。管理者需要确保并提高劳动者在工作场所的士气，培养个人和集体积极的工作态度。

12.1.2 成长期企业的管理原则

成长期企业在提升现有员工的能力与素质的基础上，需要引进那些有过大型企业从业经历或较高素质的管理者，并逐步规范员工行为及完善内部管理，渐渐去除初创期的草莽式行为。对成长期的企业而言，最好的管理者是既有行动力更有章法和规范的智慧型管理者，而不仅是行动力强的猛将型管理者，重要的是管理者会主动思考如何行动、如何更规范有效地行动。

成长期企业的管理原则有：

1. 准确判定可行性

检验管理的试金石是：是否实现了目标，是否完成了任务。当然，这个原则并不是在所有情况下都会适用，只有在不那么容易取得成果的情况下，这个原则是必要的、有效的。

2. 明确管理者定位

管理者应该理解自己的任务，不应该从自己的职位出发，而应该着眼于如何运用源于职位的知识、能力和经验来为整体效力。通过看一个人是看重职位还是看重贡献，不但能够判断出这个人是否是真正的管理者，还可以知道他对"管理"的理解程度的深浅。

【案例 12-1】

我喜欢跟一批人干活，不喜欢一个人干

创业初期，环顾周围的老师和工作人员，俞敏洪认为能够成为他的合作者的几乎没有，最终俞敏洪觉得合作者只能是他大学的同学。于是，他就到美国去了，跟他们聊天，刚开始他们都不愿意回来。当时王强在贝尔实验室工作，年薪 11 万美元，他一个问题就把俞敏洪问住了："老俞，我现在相当于 110 万元人民币，回去了你能给我开 110 万元人民币的工资吗？另外，就算你给我 110 万元，跟在美国赚的钱一样，我值得回去吗？"当时新东方一年的利润也就是一百多万元，全给他是不太可能的。俞敏洪认为，公司发展时期的三大内涵：第一是治理结构，公司发展的时候一定要有良好的治理结构；第二是要进行品牌建设，品牌建设不到位的话，公司是不可能持续发展的；第三是利益分配机制一定要弄清楚，到第三步不进行分配是不可能的，人才越聚越多，怎么可能不进行分配呢。

正是俞敏洪对企业的明确定位成就了多年以后人们耳熟能详的新东方教育集团。[①]

（资料来源：编者根据相关资料整理而成）

3. 专注少数真正重要的

许多管理者和管理著作似乎热衷于寻找所谓的什么"秘密"，其实这是一种冒险的行为。倘若真的有什么秘方，专注要点应该首当其冲。在管理中，精力分散、日理万机往往被视为一种有干劲和有效率的表现，但从反方面说明，具备专注要点的能力、技巧和纪律性，就是效率很高的典型表现。专注要点的关键在于专注少数真正重要的东西。

4. 利用优点

"利用优点"是指利用"现有"的优点，而不是那些需要重新建立和开发的优点，关键在于利用，而不是去克服什么"弱点"。但现实中的很多管理者总是致力于与之相反的方面：一方面致力于开发新的优点，而不是发挥现有的优点；另一方面是忙于克服弱点，而不是发挥优点。如果是这样，即使管理方法很有技巧，看上去也很科学，但造成的管理失误却是无法弥补的。

5. 相互信任

只要管理者能够赢得周围其他人的信任，包括下属和同事，那他管理的部门或组织的工

[①] 在慧致天诚举办的"改变企业命运的商业模式"公开课上，新东方教育科技集团创始人兼董事长俞敏洪对企业定位的看法。

作气氛就会是和谐的，或者说企业文化会是健康的。但如果缺乏信任基础，他为树立企业文化和激励下属所做的努力都是没用的，甚至会起到反作用。

6. 正面思维

正面思维的关键在于用正确的或创造性的方式思考，正面思维的原则能让管理者把注意力放在机会上。相当一部分人将管理者看作是解决问题的人。发现和抓住机会要比解决问题更加重要，即使一个部门或组织的所有问题都得到了解决，也远远没有意味着这个部门或组织抓住了它可以利用的机会。

12.2　企业战略的选择

一个企业之所以要制定战略，是因为企业的资源与能力是有限的，由于其能力等原因的不足，鱼与熊掌往往不可兼得。企业战略选择是以市场为主导的，在考量了市场的种种因素之后，基于自身才能选择合适的战略。

12.2.1　差异化战略

差异化战略被认为是将公司提供的产品或者服务差异化，形成一些在全产业范围中具有独特性的东西。差异化战略需要在企业就客户广泛关注的一些方面在行业内独树一帜，或者在成本差距难以进一步扩大的情况下，生产出比竞争对手功能更强、质量更优、服务更好的产品来体现其差异性。

实现差异化战略可以有很多方式：设计或品牌形象、技术特点、外观特点、客户服务、经销网络及其他方面的独特性。最理想的状况是公司使以上的几个方面都产生差异性。

如果差异化战略能够成功地被实施，就意味着企业在该行业中将会赢得高水平收益，但是波特认为，推行差异化战略有时会与争取占有更大的市场份额的活动相矛盾。这一战略与提高市场份额两者不可兼顾，在建立公司差异化战略的活动之中总是伴随着很高的成本代价，有时即使全产业范围内的顾客都了解到公司的独特优点，但也并不是所有的顾客都愿意或者有能力支付公司要求的高价格。一方面，一旦差异化战略取得成功，就会出现如下四个优点：

1）形成进入障碍。由于产品的特色，顾客往往会对该产品的服务产生很高的忠实度，从而该产品或者服务会具有强有力的进入障碍，潜在的竞争者想要进入这个行业与该企业竞争，就需要克服其独特性。

2）降低客户的敏感程度。由于产品的差异性，导致相同产品的竞争对手少，顾客对于该产品或者服务产生了一定程度的忠实性，当产品价格发生变化时，顾客对价格的敏感程度不高，生产该产品的企业就可以运用其产品的差异性，在行业竞争之中形成一个隔离带，降低竞争者的伤害。

3）增强讨价还价的能力。产品差异化战略可以为企业带来较高的边际收益，降低企业的总成本，增加企业对供应者讨价还价的能力。同时，购买者在别无他选的情况下，对价格的敏感程度又降低，企业可以运用这一战略削弱购买者讨价还价的能力。

4）防止替代品的威胁。企业产品实行差异化战略能够取得成功的前提在于该产品的差异性往往很难被复制，所以企业的产品往往会获得顾客的信任，在同类产品之中的竞争将会更具优势。

另一方面,差异化战略的实施也有以下风险:

1)性价比低。当顾客认为实施差异化的企业与成本领先者的价格差过于悬殊,此时企业所提供的差异化特征可能超过顾客所需要的。在这种情况下,企业就很难经得起竞争对手的挑战,因为竞争对手提供的产品在性价比上更能满足顾客的需求。

2)无法为顾客继续创造价值。如果竞争对手的仿效使得顾客认为竞争对手能提供同样的产品或服务,有时还以更低的价格,那差异化战略的价值就不大了。

3)降低顾客对企业差异化特征价值的评价。当顾客不断学习时,他们可能会觉得原本具有差异化特性的产品价格超过了其实际价格,不再值得为产品的差异化特性支付额外的成本。为了防范这种风险,企业必须持续有意义地在顾客愿意接受的价格上为他们提供差异化的产品。

4)出现盗版产品。那些以极低的价格向顾客提供差异化特征的产品盗版厂商已成为执行差异化战略的企业所越来越关注的问题。

12.2.2 低成本战略

低成本战略是指通过采取一整套行动,与竞争对手相比,以最低的成本提供具有某种特性的产品或者服务,这种特性是被顾客所接受的。除此以外,成本领先者的产品和服务必须具有有竞争力的质量(并且通常存在差异化),这样才能够为顾客创造价值。在这种战略的指导下,企业往往会成为所在产业中实现低成本生产的厂家。企业经营范围广泛,为多个产业部门服务甚至可能经营属于其他关于产业的生意,成本优势举足轻重。

一般来说,企业可以通过两种途径来实现低成本战略:以更低的价格销售现有产品或保持价格不变,但同时增添顾客认为重要的某种产品特性。成本优势的来源因其产业结构的不同而异,其中包括追求规模经济、专利技术、原材料的优惠等,有的企业会选择纵向一体化,即沿着产业链向前或者向后开展新的产业,占领新的环节。例如,在物流方面有竞争优势的企业,如果采取成本领先战略,会比采用差异化战略创造更多的价值。因此,正在寻找相对有价值的方法来降低成本的企业也许希望注重于内部和外部物流这类首要业务活动。这种情况下,许多公司会将运营(通常是制造)外包于有低薪资雇员的低成本公司。

如果一个企业能够取得并保持全面成本领先地位,那么只要将产品定价等于或者接近该产业的平均价格水平就会获得比其他企业更高的利润,这种战略竞争优势主要体现在以下五个方面:

1)处于低成本的位置可以有效抵御竞争对手的进攻。因为拥有成本领先者的有利位置,竞争对手就很难在价格上与其竞争,特别是在衡量这种竞争的潜在后果之前。

2)强有力的买方可以迫使成本领先者降低价格,但这个价格通常不会低于行业内第二个有效率的竞争者可以赚到平均利润水平。尽管强有力的买方可以迫使成本领先者把价格降到这个水平以下,但他们通常都不会选择这样做。因为更低的价格就会组织第二有效率的竞争者赚到平均利润,从而导致其退出市场。

3)成本领先者可以比其他竞争对手赚到更多的利润。当行业内原料成本大幅上涨时,成本领先者可能是唯一能够接受该价格并继续赚到平均利润或超额利润。

4)通过不断的努力使成本低于竞争对手,成本领先者往往非常有效率。因为不断提高的效率可以巩固毛利率，这种不断提高的效率对于潜在进入者而言，就成为一种重要的进入壁垒。

5）与行业内竞争对手相比，成本领先者对替代品来说也比较有吸引力。当替代品的特性和特征在成本和差异化的特性方面对一个成本领先者的顾客产生吸引时，替代品对这个公司来说就成为很大的问题。面临可能出现的替代品，成本领先者通常比其他竞争对手更加灵活。

然而，低成本战略也不是没有风险的，一个在成本上占领领先地位的企业不能忽视使产品别具一格的基础，如果忽视，可能会遭遇以下三种风险：

1）一旦成本领先的企业生产的产品被客户认为与其他产品在质量等方面有一定差距，那么企业的竞争力就会下降，甚至不得不降低产品的价格。尽管一个成本领先的企业是以其成本上的领先地位来取得竞争优势的，而它要成为经济效益高于平均水平的超群者，则必须与其他竞争厂商相比，在产品别具一格的基础上取得的价值相等或者价值近似的有利地位。

2）过分强调削减成本，可能会使企业陷入试图理解顾客"对竞争力的差异化水平"的感知误区。一旦竞争者利用差异化产品的适当组合，如低成本和好品质的组合，就很有可能给单纯强调低成本的企业造成威胁。

3）模仿是低成本战略的第三个风险。利用自身的核心竞争力，竞争者有时可以学会如何成功地模仿实施低成本战略的企业。当模仿发生时，成本领先者必须提升其提供给顾客的产品与服务的价值。

12.2.3 聚焦战略

聚焦战略是指企业集中力量于某几个细分市场，主攻某个特殊的顾客群、产品系列的一部分或者某个地区市场，而不是在整个产业或者整个市场范围内全面出击。它的本质是"对一个窄目标市场同产业平衡的差别的探索"。

由于一个企业拥有的资源、时间等条件的限制，企业往往很难在市场之中全面地展开自己的业务，聚焦战略可以使企业以更高效率、更有特色的产品和服务满足某一特定的战略对象需要，以便于在狭窄的市场范围内实现低成本、差异化或者两者兼行的竞争优势。因此，当企业想利用其核心竞争力以满足某一特定行业细分市场的需求而不考虑其他需求时，聚焦战略就比较合适，它也是目前市场上最好的营销战略之一。

在特殊的和独特细分市场上，企业往往采用成本聚焦战略或者差异化聚焦战略两种方式之一来实现业务聚焦。实际上，利用差异化聚焦战略（成本聚焦战略）所处理的业务活动与差异化战略（成本聚焦战略）所处理的业务活动也是相似的，唯一的差别是公司竞争的范围，企业专注于一个狭窄的行业细分。通过这两种聚焦战略，企业能够以极具竞争力的方式完成其主要和辅助的业务活动，以建立并且保持竞争优势的同时赚取超额利润。因而聚焦战略的优势与其聚焦业务的方式相关，也就是说，采用成本聚焦战略的企业往往能获得与采用低成本战略企业相同的优势。

然而，无论企业采取何种聚焦战略，都面临着与在整个行业内采用差异化战略或低成本战略的公司同样的一般性风险。除此以外，聚焦战略还具有一般性风险以外的三种风险：

1）竞争对手可能会集中在一个更加狭窄的细分市场上，从而使原来集中的资源不再集中。

2）在整个行业内竞争的企业可能会认为由执行聚焦战略的公司所服务的细分市场很有吸引力，值得展开竞争。

3）狭窄的竞争性细分市场中的顾客需求可能会与一般顾客的需求趋同。此时，聚焦战略的优势会被削弱或消除。

以上就是三种常见的企业战略，企业应该根据自己掌握的资源以及自身在竞争市场上的定位酌情选择合适的发展战略。

12.3 企业的运营模式

创业公司在初期招募员工吸引投资时，为自身未来的发展规划了宏伟蓝图，但是仅仅只以目标为导向而没有良好的运营模式来维持稳定运行，又怎么能持续地发展呢？

企业经营过程中的计划、组织、实施和控制，与产品生产和服务创造密切相关的各项管理工作，即企业的运营模式。运营过程就是劳动过程或者价值增值的过程，是一个投入、转换、产出的过程，也可以是对生产和提供公司主要的产品和服务的系统进行设计、运行、评价和改进的过程。

财务基础风险中有五个环节循环，同样，企业运营管理中也有五大职能有机联系的一个循环往复过程，它们分别是市场营销、生产运营、技术、人力资源管理、财务会计。

运营管理对象是运营过程和运营系统。现代运营管理所涵盖的范围越来越大，已从传统的制造业企业扩大到非制造业企业。其研究内容也不再仅仅局限于生产过程的计划、组织与控制，而是扩大到包括运营战略的制定、运营系统的设计以及运营系统运行等多个层次的内容。将运营战略、新产品开发、产品设计、采购供应、生产制造、产品配送直到售后服务看作是一条完整的"价值链"，对其进行集成管理。

如今，大多数的企业内部运营模式都具有相似的特点，趋同性说明这种结构模式具有一定的存在优势，所以以下的讨论基本以现有的大部分公司采取的模式进行。

从结构上看，主要分为五个方面：行政管理层面（主要职责是企业的规划、决策、管理、监督、考核、员工聘用，以及任免等人事处理、公关及企业形象管理、企业精神和文化建设）、销售层面（产品销售及推广、情报收集、形象推广、产品监测、库存管理、用户服务）、生产层面（"核心"，设备与原料的采购、使用及管理，生产组织、管理，生产人员的管理考核，库存管理、质检等）、技术层面（为生产以及销售提供技术支持及保障、技术创新及新产品开发、生产过程及生产产品的质检、技术人员的培训）、资金管理层面（资金使用的管理、监督、指导、考核、预警，融资及引资）。

企业运营模式主要依靠以上五个方面的协调发展，这种运营模式具有相对完整的基本经济社会结构，具有典型的计划经济特征。其需求具有单向性（不可选择性）和相互依赖性特征，各环节之间的连接十分的紧密。在交易过程中，该运营模式又具有高度的透明性与开放性，各环节、各部门、各方面都要对现有的信息进行整合、分析、共享。同时，该种运营模式又具有较强的针对性和快速灵活性，可以根据需要快速地调整生产和人员安排，改变生产模式，对于市场的变化可以做出积极的反应。

选择了合适的运营模式之后，企业下一个任务就是企业的财务利润应该怎样完成。

财务的盈利模式可以分为以下两种：财务管理利润和资本利润。企业不仅可以通过自己的营业赚取业务利润，还能通过管理创造利润，如通过整体结构的运行来降低企业的潜在成本等。在财务管理中，适当地降低成本就相当于间接地增加了企业的利润。企业通过资产重组、并购等资本的运作来形成企业利润。在某种程度上，财务管理的重要性甚至使得它将决定企业的成败兴衰。

财务利润通常是通过权责发生制进行计算的，其收入与支出要考虑其收益期，不同期间的收入与支出归属不同的时期算出利润，而不是用收付实现制来计算现金流量。

如果将企业比作军队，那么良好的运营模式意味着军队拥有了好的编制，财务利润即军队粮草，从哪里获得粮草，以及用什么样的方式合理获得，这些都是企业家需要严肃考虑的问题。

12.4 创业目标市场选择

12.4.1 行业及市场分析

对于企业来说，要在市场中取得一定的市场份额，首先要做的就是分析市场。分析市场营销环境的任务就是对于外部环境的众多因素进行研究调查，明确其现状以及今后的发展趋势，从中找出对于企业发展有利的机会及不利的威胁，根据企业的现状做出相应的反应，规避风险。

市场营销环境通常被分为微观营销环境和宏观营销环境。微观营销环境往往以企业为中心，与企业发展有关的因素都是需要考虑的，如竞争者的数量及实力、客户的需求、供应商的需求、公众形象等。而宏观营销环境则是以现在的社会环境为主，包括现有政策、人口现状、经济、自然、科技等宏观因素。

了解目前的市场营销情况之后，企业可以对现有状况进行分析，如人口出生率的不断上升提醒企业可以发展母婴产品，该市场将有利可图，而市场的范围又是相当广的，所以这时需要企业进行市场细分：

1. 地理细分

地理细分的变量主要包括地理位置、城市规模、地形和气候、人口密度、交通状况等。由于不同地区的人在生活方式等多种方面表现出不一致，企业在进行市场细分的时候，可以通过简单的地理细分，不同的区域使用不同的营销方案，制定不同的发展策略。处在不同地理环境下的消费者，对于同一类产品往往会有不同的消费需求与偏好。例如，在对自行车的选购方面，城市居民喜欢式样新颖的轻便车，而农村的居民注重坚固耐用的加重车等。

2. 文化细分

消费者由于受教育水平、宗教信仰、职业、收入等因素不同，其思维方式往往也有一定的区别。例如，老年人与年轻人在选择服装和食品的时候通常会有截然不同的选择，企业可以通过年龄层将市场分为老年人市场、青少年市场等。

3. 个人心理细分

按心理因素细分，就是将消费者按其生活方式、性格、购买动机、态度等变量细分市场。例如，由于社会阶层及生活方式的不同，消费者会产生不同的购买行为，年轻人渴望个性化、彰显自己的特质，中年人由于其经历而追求平稳朴实等。

4. 行为细分

由于消费者购买或者使用某种商品的时间、购买数量、购买频率、对品牌的忠诚度等不同，消费选择也就不同。例如，消费者会根据自己对产品的了解及尝试形成相应的消费群体，在之后选择其他商品时往往会选择同类商品或同品牌商品，这就是对品牌的忠诚度。

根据以上四个因素，企业可以根据自己的发展现状及发展目标选择适合自己的细分市场的方式，而细分市场就必须对市场有详细的了解才可进行。

行业及市场分析主要是创业者对特定行业和外部市场的现状及趋势调查和分析。下面重点介绍以下七种方法：

（1）PEST 分析法：战略外部环境分析　PEST 分析法是战略外部环境分析的基本工具，它通过政治（Politics）、经济（Economic）、社会（Society）和技术（Technology）角度或四个方面的因素分析从总体上把握宏观环境，并评价这些因素对企业战略目标和战略制定的影响。

PEST 分析法具体说明（表 12-1）及理论框架（图 12-1）如下：

表 12-1　PEST 分析法具体释义

主要因素	定　义	具体考察
政治法律环境	指对组织经营活动具有实际与潜在影响的政治力量和有关的法律、法规等因素。包括政治体制、政府稳定性、产业政策、相关法律法规、外交关系等方面	具体的影响因素主要有：企业和政府之间的关系，环境保护法，外交状况，产业政策，专利法，政府财政支出，政府换届，政府预算，政府其他法规等 对企业战略有重要意义的政治和法律变量有：政府管制，特种关税，专利数量，政府采购规模和政策，进出口限制，税法的修改，专利法的修改，劳动保护法的修改，公司法和合同法的修改，财政与货币政策等
经济环境	指一个国家的经济制度、经济结构、产业布局、资源状况、经济发展水平及未来的经济走势等	企业应重视的经济变量如下：经济形态，可支配收入水平，利率规模经济，消费模式，政府预算赤字，劳动生产率水平，股票市场趋势，地区之间的收入和消费习惯差别，劳动力及资本输出，财政政策，贷款的难易程度，居民的消费倾向，通货膨胀率，货币市场模式，国民生产总值变化趋势，就业状况，汇率，价格变动，税率，货币政策等
社会文化及自然环境	指组织所在社会中成员的民族特征、文化传统、价值观念、宗教信仰、教育水平及风俗习惯等因素。人口因素对企业战略制定有重大影响	值得企业注意的社会文化因素如下：企业或行业的特殊利益集团，对政府的信任程度，对退休的态度，社会责任感，对经商的态度，对售后服务的态度，生活方式，公众道德观念，对环境污染的态度，收入差距，购买习惯，对休闲的态度等
技术环境	技术要素不仅包括引起革命性变化的发明，还包括与企业生产有关的新技术、新工艺、新材料的出现和发展趋势以及应用前景	企业应重点考察：科技水平及发展趋势，科研能力，科技政策与机制，专利及其保护情况，产品生命周期

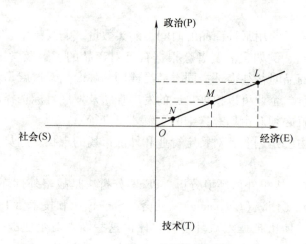

图 12-1　PEST 分析法理论框架

PEST 分析通常用于企业外部环境分析，通常采用矩阵式的方法，即坐标分成四个象限。以政治和经济两个坐标为例，政治环境和经济环境都好的情况下，就应该发展，如点 L；两者都不理想的情况下，就不能发展，如点 N。环境一好一坏时，就要适当考虑，可以发展也可以不发展，如点 M。

PEST 分析其信息收集是长期的、艰苦的。政府工作报告、行业协会的数据、专业论坛的观点、法律法规的变动……对于任何企业，PEST 中的某一项或者几项影响较大，所以要抓住重点，对一个或者几个方面深入分析，其他则可一概而过。

（2）SWOT 分析法：战略规划和竞争分析　SWOT 模型分析法是一种企业战略评估分析工具，通过对企业内外部条件的综合分析，识别和测试企业发展所具有的优势（Strength）和劣势（Weakness）以及存在的机遇（Opportunity）和威胁（Threats），从中识别必要的资源，将企业战略确立在优势发挥和劣势的消除的基础之上，形成不同的战略匹配。

SWOT 分析法（自我诊断法）是一种能够客观而准确地分析和研究一个组织现实情况的方法。利用这种方法可以从中找出对自己有利的、值得发扬的因素，以及对自己不利的、如何去避免的东西，发现存在的问题，找出解决办法，明确以后的发展方向。根据这个分析，可以将问题按轻重缓急分类，明确哪些是目前急需解决的问题，哪些是可以稍微拖后一点的事情，哪些属于战略上的障碍，哪些属于战术上的问题。SWOT 分析法很有针对性，有利于领导者和管理者在组织的发展上做出较正确的决策和规划。

SWOT 分析法是把企业内外环境所形成的机会、威胁、优势、劣势四个方面的情况，结合起来进行分析，以寻找制定适合项目实际情况的经营战略和策略的方法。在经营活动中，企业或项目的负责人要经常地运用 SWOT 分析法明确下列问题：我们的客户是谁？在哪里？产品是什么？应该提供什么样的服务？如何应付市场上不断出现的变化？存在哪些威胁和竞争对手？会发生什么样的竞争？如何扬长避短地取得竞争的优势？怎样改善自己？分析和明确这些问题的过程也是不断完善经营和竞争策略的过程，可以为企业的发展与壮大提供战略性指导。

（3）五力分析模型：行业竞争战略分析　五力分析模型是迈克尔·波特（Michael Porter）于 20 世纪 80 年代初提出的，对企业战略制定产生全球性的深远影响。五力分析模型用于竞争战略的分析，可以有效地分析客户的竞争环境。五力分别是供应商的讨价还价能力、购买者的讨价还价能力、潜在竞争者进入的能力、替代品的替代能力、行业内竞争者现在的竞争能力。五种力量的不同组合变化，最终影响行业利润潜力变化。

五力分析模型将大量不同的因素汇集在一个简便的模型中，以此分析一个行业的基本竞争态势。五力分析模型确定了竞争的五种主要来源，即供应商和购买者的讨价还价能力，潜在进入者的威胁，替代品的威胁，以及最后一点，来自目前在同一行业的企业间的竞争。一种可行战略的提出首先应该包括确认并评价这五种力量，不同力量的特性和重要性因行业和企业的不同而变化。

（4）市场营销调研分析　营销调研是指系统地、客观地收集、整理和分析市场营销活动的各种资料或数据，用以帮助营销管理人员制定有效的市场营销决策。这里所谓的"系统"是指对市场营销调研必须有周密的计划和安排，使调研工作有条理地开展下去。"客观"是指对所有信息资料，调研人员必须以公正和中立的态度进行记录、整理和分析处理，应尽量减少偏见和错误。"帮助"是指调研所得的信息及根据信息分析后所得出的结论，只能作为市场营销管理人员制定决策的参考，而不能代替他们去做出决策。

市场营销调研的作用有：
1）有利于制订科学的营销规划。
2）有利于优化营销组合。
3）有利于开拓新的市场。

市场营销调研的分类包括：
1）按调研时间分：一次性调研、定期性调研、经常性调研、临时性调研。
2）按调研目的分：探测性调研、描述性调研、因果关系调研。

（5）市场总量趋势调研分析　中国互联网产业的增长活力，主要体现在两个方面：一是在基础设施建设和普及上，移动互联网和宽带网络双双发力，成为互联网产业发展的新引擎。移动用户快速增加，手机上网比例已经超过台式电脑上网比例，宽带普及提速工程正式启动，宽带价格进一步下降，为应用的繁荣夯实了基础。二是在商业模式探索和应用推广上，电子商务、网上支付、即时通信、社交网络等各领域迅猛发展，促使以互联网为引领的信息消费成为中国扩大内需的新引擎。云计算、互联网、大数据是目前的IT新的产业和增长点。云计算成功地走向了商业化，这主要是在互联网领域里面体现出来的，很多互联网的企业的实践已经成熟地为用户提供了非常好的基于云计算的服务。互联网公司、IT企业及三大运营商、IDC等，纷纷推出云计算应用解决方案，构成了中国云计算服务的几大阵营。

（6）行业销售数据分析与预测
1）按周、月、季度、年的分类销售数据汇总。
2）月、年销售汇总数据的同比、环比分析，了解变化情况。
3）计划完成情况，以及未完成原因分析。
4）时间序列预测未来的销售额、需求。
5）客户分类管理。
6）消费者消费习惯、购物模式等。

（7）目标市场特征分析　分析目标市场的一个重要目的在于确认企业的机会和威胁，这些信息可以通过扫描、监测、预测及评估的方法来获取。

1）机会。机会是指那些存在于目标市场中的，如果能够开发出来，便能帮助企业获得竞争优势的情形和条件。举例来说，根据有关部门统计，我国60岁以上老年人口到2014年年底已达到2.1亿，占总人口的比例17.7%，并且到2037年将达到4亿人。企业可以瞄准这个市场，通过专门为这些人设计的产品和服务来满足他们的需求，这样一来，企业就能够利用这个细分市场人群的显著增长而获利。

2）威胁。威胁是指那些存在于目标市场中，可能妨碍企业获得竞争优势的情形和条件。例如，随着国内外对环境保护要求的提高，某些国家实施绿色堡垒，对于某些产品不完全符合新环保要求的生产无疑是一种严峻的挑战。

3）扫描。扫描包含了对目标市场总体环境各方面的研究。通过扫描，企业能够辨别出目标市场环境中潜在变化的早期信号，探测到正在发生的变化。扫描常常能够揭示模糊的、不完整的及无关联的数据和信息。因此，环境扫描对于企业在高度不稳定的环境中竞争极具挑战性，也至关重要。

同时，互联网也为扫描提供了大量的机会。例如，与许多互联网公司一样，亚马逊网站记录了大量访问其网站的个人的信息，尤其是当这个人购买了它的产品时。于是，当顾客再次访问其网站时，亚马逊可以显示顾客的名字并对其表示欢迎。亚马逊甚至会把与顾客以前购买的产品类似的新产品的相关信息发送给他们。

4）监测。分析师在监测时通过观察目标市场的环境变化，看能否从扫描的成果中发现某种重要的趋势。成功监测的关键在于企业从不同事件和趋势中发掘其背后含义的能力。例如，在美国，非洲裔美国人中的中产阶级数量持续增长。伴随着财富的增加，这一部分居民开始迫切地寻求投资机会。从事理财计划业务的公司可以监测经济领域的这一变化，以此判断一个重要的趋势正在以何种程度出现。

有效的监测要求企业能够明确重要的利益相关者。由于在企业的生命周期中，不同利益相关者的重要性在不断发生变化，因此整个过程中都应该关注企业的需求和利益相关者团体。对于处在高科技的不稳定竞争中的企业而言，扫描和监测不仅为企业提供了信息，也能够作为引进信息的手段之一，这些信息能够帮助公司了解目标市场，以及如何将企业开发的新技术成功商业化。

5）预测。扫描和预测关注的是某个时间节点上目标市场中的时间和趋势。所谓预测，是指分析师们通过扫描和监测探知的变化和趋势，对将来可能发生的事情及其速度形成的推断。例如，分析师们可能要预测一种新技术市场化所需的时间。

当然，准确预测事件和结果充满挑战性。举例来说，一家以快速交货著称的企业曾预测销售增长为27%，但实际却增长了47%。尽管总的来说是正面消息，但是这个增长却引发了供货短缺，该企业没有能力以原有的计划和方式去满足这些大量增长的订单，由此失去顾客的信任。因此，为了销售与需求一致，预测非常重要。

6）评估。评估的目标是要判断目标市场环境变化的时间点和变化趋势对企业战略管理的影响和显著程度。通过扫描、监测和预测，分析师们应该能够理解目标市场的总体环境。而下一步的评估主要是为了明确指出这些理解对企业的意义。没有评估，企业得到的仅仅是一些数据，尽管有趣，但对竞争又有何用？

即使正式的评估不够充分，对信息适当的解读仍然十分重要：研究发现，在战略和相应的组织变革方面，对于高级经理人而言，解读环境信息实际上比准确了解环境状况更为重要。因此，尽管收集和组织信息很重要，但投入资源对这些情报进行正确的解读也同等重要。而当信息收集起来后，评估目标市场的某种趋势是代表一个机会还是威胁就显得尤为重要。

12.4.2 市场细分与产品定位分析

1. 市场细分

目标市场是指营销者准备用产品或者服务以及相应的一套营销组合为之服务或者从事经营活动的特定市场。或者说，目标市场指的是企业为达到预期规划的经营目标而进入的并将从事营销活动的市场。

随着社会的发展，社会生产力的提升，以及科学技术的进步，人们的生活水平逐步提高，消费者的需求和欲望得到满足的条件越来越多，市场的需求变得越来越复杂和多样。而市场由于竞争者的增多以及资源的有限等限制原因，难以同时满足消费者的众多需求，消费者日益增长的需求与企业的发展之间产生了矛盾，这时就需要企业进行市场细分，然后选择自己的目标市场。

企业在寻找目标市场的时候，必须考虑以下几个因素：

（1）市场规模及发展潜力　进入市场以后的发展不是转瞬之间的，需要长远的发展以取得高额的回报，没有任何企业进入市场是为了退出市场，所以在选择目标市场的时候，往往需要选择规模合适，以及拥有一定发展潜力的目标市场，企业需要制订相应的中长期计划，不能盲目地选择过大的市场，也不能妄自菲薄地选择小的市场。同时，看清发展潜力，了解现有技术，明晰政府政策，知晓顾客动机，这样才能在竞争市场占到一席之地。

（2）市场的竞争现状　虽然某些细分市场具备了企业所期望的规模及发展潜力，但是往往缺少盈利的机会和空间，了解现有的市场分布状况，以及自己的竞争对手的状况有利于企业更加全面地了解目标市场，制订良好的发展计划。

（3）目标及资源　对于企业来说，制定企业目标是发展的要务之一，正如前文所说，我们在制定一个大目标之后，还要制定多个小目标。选择目标市场的时候，即使目标市场拥有合适的市场规模和发展潜力，同时竞争现状又十分乐观，如果不能契合企业的现有目标和资源的话，往往需要企业做出一部分的牺牲，甚至放弃该目标市场。如果仅仅是目标出现偏差的话，企业可以通过对企业目标的适当修改来契合市场，但是在进入市场之后的发展，往往需要考虑自身拥有的资源。如果资源跟不上的话，企业只能放弃该目标市场，否则，即使挤入目标市场，也难以得到良好的发展。

企业花费了大量的时间和精力进行市场细分，最终选择适合自己的目标市场。那么，对于企业来说有什么好处呢？一般有以下三点：

（1）有利于发掘市场机会　企业在进行市场细分的时候，往往对于每个细分市场的大小、规模、发展潜力等都有一定的了解，这时企业再考虑自身的现有状况选择，在一定程度上避免了损失，降低了自身的风险。

（2）有利于整合资源　选择企业合适的目标市场之后，企业通常需要跟进相应的资源，才能完成企业目标。选择目标市场之后，企业的发展将会更加明确，减少资源的浪费。

（3）有利于制订合理的发展计划　企业的发展计划不仅仅依托于现有的发展，还有今后的发展规划，选择合适的目标市场，有利于企业根据市场的现状制订相应的合理发展计划。

2. 产品定位分析

产品是指提供给市场用于满足需要和欲望的任何东西。企业提供给市场的产品有多种，包括有形商品、服务、信息、创意等。产品的概念十分广泛，表现形式多种多样，但是都具有相同的两个特征：具有使用价值和可以被交换。

（1）产品分类　依据其表现形式，产品分为有形产品和无形产品。有形产品是指有固定形态的产品，包括原材料、书本、食物等。而无形产品是指没有固定形态的产品，如信息、服务等。

依据消费者的购买习惯，产品分为便利品、选择品、特殊品、无需求品。便利品是指不需要货比三家的商品。例如，便利店的塑料手套及垃圾袋，这样的商品往往没有品牌效应，消费者在选择的时候不需要做过多的思考就能够选择。选择品是指需要货比三家的商品，由于其价格、性质等的影响，这一类的商品往往需要消费者通过多方比较才能做出购买行为，如衣物、食品调料等。

特殊品是指容易形成消费群体的产品，如苏宁的家电、苹果的电子产品，这些特殊的产品由于在该类型产品中的某一个企业产生了品牌效应，其口碑等会影响其消费者的行为。

无需求品是指暂时没有满足需求的产品，这样的产品通常是因为消费者的一时冲动，心血来潮地做出了购买的行为，或者是暂时没有需求的产品，如《辞海》等。

（2）消费人群分类　将产品进行细分以后，我们得知道产品是为了迎合怎样的消费人群。

例如，我们可以按照年龄将消费者市场分为老年市场、青少年市场、儿童市场等，相应的市场需要对产品进行适当的调整。在老年市场，难以推出色彩鲜艳、图案夸张的服饰，而在青少年市场，则难以接受千篇一律的风格。除此之外，还有价格分类等方式，企业可以选择适合自己的分类方式来对自己的产品市场进行分类。

下面，我们可以利用市场定位产品差异分析表（表12-2）对产品市场进行分类。

表12-2　市场定位产品差异分析表

调查人：＿＿＿＿＿＿＿　　　　　部门：＿＿＿＿＿＿＿
调研地点（卖场/超市）：＿＿＿＿＿＿＿　日期：＿＿＿年＿＿＿月＿＿＿日

项　目	竞争产品1	竞争产品2	竞争产品3	本公司产品	对比分析/差异描述
产品功能与特点					
产品零售价					
产品规格					
产品包装样式					
品质稳定度					
耐用程度					
故障率					
使用方便性（难易程度）					
产品生命周期（适应市场的期限）					
营销力度（包括销售方式、渠道等）					
广告投入（数量及方式）					

(续)

项　　目	竞争产品1	竞争产品2	竞争产品3	本公司产品	对比分析/差异描述
促销投入（活动、展示方式、展示数量）					
售后服务					
品牌影响力					
顾客对产品的评价					
当前销量					
当前市场占有率					

12.4.3 竞争对手分析

1. 竞争对手调查数据分析

一个企业的策略如果是根据竞争对手策略来制定的话，这个企业是没有持续性的，每个企业策略应该具有企业自身的特色。分析竞争对手的目的是了解对手，洞悉对手的市场策略等。我们可以用竞争对手分析的五个层次来说明，如图12-2所示。能准确地确定竞争对手，这是分析的最低层次，能分析出对手状况则是第二层次，最高层次是通过竞争分析制定策略后能够引导对手的市场行为。

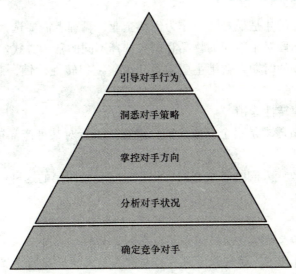

图 12-2　竞争对手分析的五个层次

2. 竞争产品调查对比分析（表12-3）

表 12-3　竞争产品对比分析表

品牌名称	产品名称	产品规格	产品图片	配置阐述		渠道定价	市场定价	预估销量	外观造型特征		客户反馈信息	
				基本配置	功能状态				造型风格特征	外观件特征	产品优势	产品痛点

（续）

品牌名称	产品名称	产品规格	产品图片	配置阐述		渠道定价	市场定价	预估销量	外观造型特征		客户反馈信息	
				基本配置	功能状态				造型风格特征	外观件特征	产品优势	产品痛点

12.5　创业企业的营销管理

12.5.1　初创期企业的营销管理

正所谓最适合自己的才是最好的，作为创新企业，管理者需要选择最适合的营销管理方式，在不同的发展时间段对于不同的物品和服务选择不同的营销方式。

初创期是打开市场的时期，营销主要着重于改善、扭转性营销，刺激性营销，开发性、引导性营销。

第一类：改善、扭转性营销

（1）需求状况　负需求是指全部或大部分潜在购买者对某种产品或服务不仅没有需求，甚至达到厌恶的状态。

（2）营销任务　改变人们的需求方向，将需求转变到营销的这种产品或服务之上。

【案例 12-2】

某大酒店有两位客人被人在店内谋杀了，在相当长的时间内，客人都不愿意去这家酒店消费。在这种负需求情况下，管理人员就要分析客人不喜欢的原因，提高服务质量，用强有力的促销手段来重新塑造酒店形象。此时，酒店的营销任务是扭转性营销。扭转人们的抵制态度，使负需求（不需求）变为正需求。

（资料来源：编者根据《酒店营销策划学》一书整理而成）

第二类：刺激性营销

（1）需求状况　无需求或对某种新产品、新的服务项目因为不了解而没有需求；或是日常生活中的非必需品，根据人们的收入高低划分购买难易程度。

（2）营销任务　激发需求要在预期收益上下功夫，设法引起消费者的兴趣从而刺激需求。

【案例 12-3】

法国一家化妆品公司在巴黎的《日日新闻》上刊登了一则广告：本公司选 11 名丑女，将于星期六晚上在巴黎大舞台与观众见面。广告刊出后，一时传为奇闻：世上只有选美女的，哪有选丑女的？还要在知名的巴黎大舞台上登台亮相。这个广告一下子就吊起了人们的"胃口"，于是不少人怀着好奇的心态赴会。当幕布徐徐拉开，11 位丑女鱼贯而出时，观众们发现她们果然是面目奇丑无比。随后该化妆品公司的老板出来致答谢词说："此次征求丑女，并不是要贬低她们，而只是用以证明本公司化妆品的功效。如诸位存有异议，就请稍等片刻，让丑女们化妆后再出来与大家见面。"当幕布再次拉开时，涂脂抹粉后的丑女们在霓虹灯下果然是另一番模样。自此，该公司的化妆品一炮打响，畅销巴黎。

（资料来源：编者根据相关资料整理而成）

第三类：开发性、引导性营销

（1）需求状况　潜在需求是指消费者对现有市场上没有出现的某种产品或服务的强烈需求。

（2）营销任务　设法提供能满足潜在需求的产品或服务。

【案例 12-4】

陈欧第二次创业时发现，中国的广大女性消费者对于线上购买化妆品的信心不足，线上化妆品行业没有领头羊企业存在。对于他来说，化妆品就是新大陆。他总结出了三个"可行条件"。首先，电子商务在中国正在高速发展是不争的事实；其次，化妆品需求很大，但市场上还没有一个可信的化妆品网站；最后，做这个别的男人不好意思做的行业给了陈欧机会。

（资料来源：编者根据相关资料整理而成）

12.5.2　成长期企业的营销管理

成长期的企业在某一个领域已经有了一定的成就，这个时候营销管理需要根据市场变化进一步改变。适合成长期企业的营销方式主要有以下几种：

第四类：同步性、调节性营销

（1）需求状况　不规则需求，即在不同时间、不同季节人们对某一物品或服务需求量不同，因而与供给量不协调。

（2）营销任务　设法调节需求与供给的矛盾，使二者达到协调同步。

【案例 12-5】

酒店有着明显的淡旺季，客人的需求不规则，一般 4 月、5 月、9 月、10 月，为最高峰。12 月和 1 月为低峰（淡季），饭店管理者必须通过灵活的价格及其他方法来调整。例如，实行淡季价格与旺季价格；冬季养客，夏季吃客。

第五类：恢复性营销

（1）需求状况　下降需求是指消费者对产品的需求和兴趣从高潮走向衰退。

(2)营销任务　恢复需求,设法使已衰退的需求重新兴起,但实行恢复性营销的前提是:处于衰退期的产品或服务有出现新的生命周期的可能性,否则将劳而无功。

【案例 12-6】

北京一家酒店每年都推出圣诞晚宴,由于年年如此,客人的兴趣淡了,顾客一年比一年少,后来酒店的一位主管提议开发新的销售热点。在 2 月 14 日推出情人节情人套餐及情人礼品,并在报纸上大肆宣传,结果营业额大大超过了圣诞晚宴。

第六类:维持性营销

(1)需求状况　充分需求是指当前的需求在数量和时间上同预期需求已达到一致,但会变化:一是消费者偏好和兴趣的改变;二是同业者之间的竞争。

(2)营销任务　维护需求,设法维护现有的销售水平,防止出现下降趋势。

【案例 12-7】

对于餐饮业来说,持续性、花样性的营销策划活动是店内创收盈利的关键要素。所以推出不同的营销方法将是本店立于不败的关键因素之一。

1)DM 单的投放宣传,不间断的 DM 单的宣传与投放,将是本店扩大知名度的关键(投放地点:周边商圈、小区、办公区、住宅……)。

2)与周边商超、KTV、儿童城等商家不间断的合作将是本店客户资源的来源之一,将定期定量不间断地改变营销策略与方案。

3)周一到周日每天推出一道特价菜品,作为促销让顾客感受到创新与实惠。

4)对前来消费的宾客将给予代金券和 DM 单宣传,为回头顾客做好铺垫。

5)以网络媒体的形式进行本店菜品服务的推广与销售,突出优惠,突出环境,突出服务。

第七类:降低性营销

(1)需求状况　超饱和需求是指需求量超过了卖方所能供给或所愿供给的水平。

(2)营销任务　限制需求,通常采取提高价格、减少服务项目和供应网点、劝导节约等措施。

第八类:反击性营销

(1)需求状况　有害需求。

(2)营销任务　不健康需求,强调产品或服务的有害性,从而抵制这种产品或服务的生产和经营。

12.6　网上店铺的设立与经营管理

网上店铺即网店,随着淘宝进入大家的视线,网店的发展也可谓是如日中天。网上店铺通过网络进行购买,并以快递的方式进行配送,既节省了消费者出门逛街消费的时间,也节省了商家门店等租金费用。网店作为电子商务的一种形式,是一种能够让人们在浏览的同时进行实际购买,并通过各种支付手段进行支付完成交易全过程的网站。

我们知道网店具有方便快捷、交易迅速、不会造成大量压货、打理方便、形式多样等特点，但是开网店也并不是勾勾手指头就能办成的事，如果要开网店，就要清楚地知道其制作流程。

1. 网店注册

1）注册会员。
2）填写开店资料。
3）核实信息、筛选网店并开通试用。

2. 网店制作重要环节

1）域名。
2）主营项目。

3. 网店关键词

1）公司名称。
2）公司简介。
3）分类导航。
4）信息标题。
5）信息详细内容。

4. 网店优化其他内容

1）博客的发布与管理。
2）资料文件的上传与管理。
3）支付配送管理。
4）友情链接管理。
5）管理调查主题。
6）管理滚动广告。

5. 网店后期维护

1）刷新网店排名。
2）更新网店数据。
3）续登信息。
4）发布新信息。
5）留言回复。
6）提高浏览量。

但是，由于现在淘宝、天猫、京东等网购平台的不断发展，依托大平台开网店已经逐渐地放弃了原来的那种烦琐的方式，变得更加简单，这里就不详细介绍了。

那么注册网店之后，店主还应该考虑什么内容呢？

首先，选择经营方向。开网店和开实体店最大的区别就是实体店有店面，店面所在的位置将会成为重中之重，相似的店铺如果选择的地理位置很好就有可能赚取更多的利润。但是，网店使得店面地理位置的优势消失了，这时候，店家就应该调用自己所拥有的资源，选择销售具有成本优势的商品还是具有产品差异性的产品。

其次，决定货源。除非是做出产品差异性较大，能够长久吸引客户的产品，否则大多数的网店只能在成本上面下功夫，即找到物美价廉的货源。如何找到合适的货源呢？有以下几条途径：①充当市场猎手时刻地关注市场动向，利用商品打折等方式找到价格低廉的货源；

②关注外贸产品，了解各外贸厂家；③买入品牌产品积压，把握品牌产品换季周期，通过差价来赚取利润；④批发商品，当购买的商品数量足够多的时候，就能拿到合适的价格优惠赚取差价；⑤国外打折商品的代购，这也是近几年来比较流行的方式，如很多人会选择代购韩国的化妆品、欧洲的保健品等。

最后，建立起合适的网店制度。这包括售后服务及优惠活动的推出等。由于人们在网店上往往无法亲手触摸到自己所选择购买的商品，有部分的消费者在收到货物之后，由于物品与其预期有一定差距，往往会提出退货的要求，这时候就需要店家对于商品的售后做出合理的规划，在不损害自身利益的前提下妥善解决。

至于网店的经营管理，只要实施成本优势战略的店家能够制定合理的价格，关注顾客的需求，把握市场的动向，实施产品差异战略的店家能够保证商品的特色，以及在迎合消费者需求的前提下赚取合理的利润，都是能够获得一定成长的。至于最后店开得如何，还要根据商品的质量、售后服务等方面来进行考量。

本章要点回顾

- 法约尔的14条管理原则：劳动分工原则、权力与责任原则、纪律原则、统一指挥原则、统一领导原则、个人利益服从整体利益原则、人员报酬原则、集中原则、等级制度原则、秩序原则、公平原则、人员的稳定原则、首创精神原则、团队精神原则。
- 初创期企业营销主要着重于改善、扭转性营销，刺激性营销，开发性、引导性营销。
- 成长期企业的管理原则：准确判定可行性、管理者明确定位、专注少数真正重要的、利用优点、相互信任、正面思维。
- 成长期企业的营销方式主要有同步性、调节性营销，恢复性营销，维持性营销，降低性营销，反击性营销。
- 企业运营管理之中有五大职能有机联系的一个循环往复过程，它们分别是财务会计、技术、生产运营、市场营销和人力资源管理。
- 企业运营模式主要靠五个方面协调发展：行政管理层面、销售层面、生产层面、技术层面、资金管理层面。
- 企业在寻找目标市场的时候，必须考虑的因素：市场规模及发展潜力、市场的竞争现状、目标及资源。
- 差异化战略需要在企业就客户广泛关注的一些方面在行业内独树一帜，或者在成本差距难以进一步扩大的情况下，生产出比竞争对手功能更强、质量更优、服务更好的产品来体现其差异性。
- 聚焦战略是指企业集中力量于某几个细分市场，主攻某个特殊的顾客群、产品系列的一部分或者某个地区市场，而不是在整个产业或者整个市场范围内全面出击。
- 对特定行业和外部市场的现状及趋势调查和分析的方法：PEST方法、SWOT方法、五力分析模型。

第 12 章 创业企业管理之运营管理

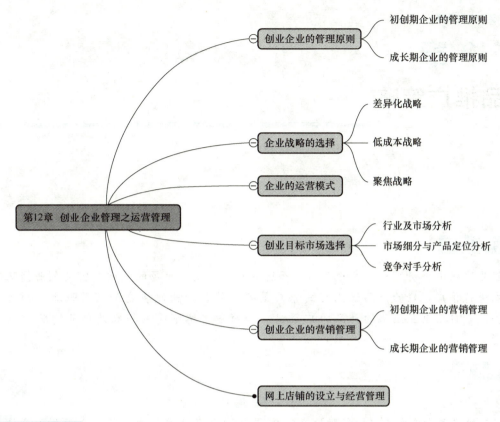

本章思考题

1. 初创期企业营销主要需要注意些什么？
2. 对市场现状及趋势调查和分析的方法有哪些？
3. 什么是差异化战略？
4. 成长期企业的管理原则与营销方式分别是什么？
5. 如何选择目标市场？

本章参考文献

高杰. 酒店营销策划学 [M]. 北京：北京交通大学出版社，2014.

第 13 章
产品推广策略

内容提要

创业过程中会研发出许多的产品,而这些产品要获得市场的欢迎,需要创业团队思考如何去进行推广。好的产品配上好的推广策略才能让产业发展更加吸引眼球。如何去打造一套属于自己创业团队的产品推广策略,给消费者留下深刻印象是创业团队必须考虑的问题。

导入案例

三只松鼠:萌文化下的猛营销

三只松鼠是由安徽三只松鼠股份有限公司于2012年2月推出的第一个互联网森林食品品牌,是中国第一家定位于纯互联网食品品牌的企业,也是当前中国销售规模最大的食品电商企业之一。2017年3月29日,三只松鼠向证监会递交首次公开发行股票招股说明书,正式冲刺IPO。三只松鼠作为依托互联网渠道快速兴起的休闲食品品牌,其发展历程、营销手段、企业文化等很多方面都值得研究。我们将从不同方面对三只松鼠进行解读,挖掘消费升级背景下,休闲食品零售行业的发展之道。

三只松鼠的包装以卖萌为主,品牌形象辨识度高,卖萌的卡通形象独树一帜,给消费者留下深刻的印象。因此,这篇文章将从三只松鼠"萌"的特点出发,解读其成功的营销战略(表13-1)。

表13-1 三只松鼠企业信息表

属　　性	说　　明
公司名称	三只松鼠股份有限公司
创始人兼CEO	章燎原
成立日期	2012年2月16日
公司域名	www.3songshu.com
公司总部	安徽省芜湖市
员工人数	3026人(截至2016年12月31日)
营业收入	44.2亿元(2016年)
净利润	2.4亿元(2016年)

推广品牌，从卖萌做起

三只松鼠的品牌标志以三只松鼠扁平化萌版设计为主体，突出企业的动漫化。每只松鼠都有自己可爱的名字和鲜明的性格，而且章燎原还为每只松鼠圈定了不同种类的代言产品。这三只可爱的松鼠会给消费者留下难以磨灭的印象。同时，这三只萌萌哒松鼠赋予了品牌人格化，让人们感觉像是主人和宠物之间的关系，这样替代了消费者和商家的身份，拉近了消费者和商家的距离（表13-2）。

表 13-2　三只松鼠的详细信息[一]

姓　　名	代表产品	个　　性
鼠小贱	坚果类	喜欢唱歌、街舞和混搭风；吃得了美食也吃得了苦，耍得了贱也耍得了研究
鼠小美	花茶类	温柔娴静、美丽大方、喜欢甜食
鼠小酷	干果类	拥有知性气息的新一代男神；带给你知性的问候和贴心关怀的暖男

在各个消费环节不断强化萌系品牌形象。三只松鼠从线上店铺的网页介绍、动漫、广告植入，到线下的包装、赠品、快递盒等全都保持一致的卖萌风格，在消费者心中不断强化萌系品牌印象，给消费者难忘的视觉体验，在无形中传递品牌理念，推广产品品牌。将公司的官网打造成一个令人向往的松鼠世界；在介绍公司产品、经营范围的同时，传播品牌文化。这每一步的形象植入，在很大程度上强化了"三只松鼠"的品牌形象。

为实行品牌动漫化战略，拉近与消费者间的距离，三只松鼠于2014年4月成立了一家全资子公司——松鼠萌工场动漫文化有限公司，其使命就是为三只松鼠的动漫形象在中国乃至世界传播为家喻户晓的动漫经典而努力。通过可爱的动漫形象给所有消费者带来欢乐的同时又强化品牌的互动性、沟通性、参与性与分享性，将单纯的品牌标志发展成为一个有生命力的人格化品牌。目前，松鼠萌工场动漫文化有限公司已经推出了《萌贱三国》《奋斗吧！松鼠小贱》《都市系列》《松树剧场系列》《贱客刺秦》等多部以卖萌耍贱为主要风格的动漫作品，实现将粉丝转变成顾客，扩大品牌知名度。

三只松鼠专门为顾客打造了与众不同的包装箱，包装上印有的松鼠形象和配套的卖萌小故事保持品牌一贯的"卖萌"作风。消费者下单购买产品就被称为"领养一只鼠小箱"。同时在包装箱外，还写着"主人，开启包装前仔细检查噢""超级感谢为松鼠星球运送美食的快递哥哥们，你们辛苦了，如果您也想尝尝美食，就快快来松鼠家吧"。通过一个小小的包装箱，在产品从快递员到消费者的过程中，突出了企业亲和力，又完成了一次品牌宣传。

此外，三只松鼠在人性化和便利化方面也下足了功夫，每个包裹中会附赠一个松鼠体验包，里面附赠鼠大袋、鼠小袋、鼠小夹、鼠小巾，解决吃零食脏手、垃圾不方便扔、零食一次吃不完等各种问题。各处细节的设计均体现出为消费者考虑的贴心，在打动消费者的同时让消费者成为产品最好的宣传媒介。

精准定位下，萌在情感牌

80后、90后及00后是网购休闲食品的主力军。于是，三只松鼠将目标消费群体瞄准目

[一] 唐莉莉，吴彩霞. 三只松鼠整合营销传播中的体验营销的运用［J］. 新闻研究导刊，2015（14）.

前使用网络最多且对休闲食品需求最大的80后、90后及00后。这个目标人群个性张扬，有自己的主见和行为准则，追求时尚、享受生活。三只松鼠注重契合目标消费者的特点，从产品研发到包装设计、广告及客服都围绕年轻人的购物习惯和偏好展开，以满足年轻消费群体的需求为目标，给产品贴上符合消费群体心智的超萌动漫标签，以此来打通自己的销售渠道。

三只松鼠通过率先打出感情牌，让品牌能够在消费者的心中占据一席之地，让三只松鼠从一个食品品牌变成让消费者快乐的文化生活品牌是三只松鼠品牌创造与传播的核心途径。同时，通过传达品牌理念使品牌核心价值与消费者的内心诉求产生共鸣，让消费者建立起品牌与自己在价值观和生活方式等方面的情感联系，可以提高二次购买率和口碑转换率，增加消费者黏性。

三只松鼠"慢食快活"的文化很好地契合了现代都市年轻人不断加快的生活节奏

"慢食快活"的文化理念与年轻人内心诉求一致，产品设计与开发的每一个细节均传达出文化理念。三只松鼠将自己定位于森林食品品牌，符合人们对自然、环保、生态等的诉求。倡导"慢食快活"的生活理念，与受生活和工作压力压迫的年轻人内心诉求一致。三只松鼠瞄准消费者的情感诉求进行产品设计与开发，在网页产品描述、产品包装和赠送的小礼品等方面均传达出文化理念，与消费者的需求产生共鸣（图13-1）。

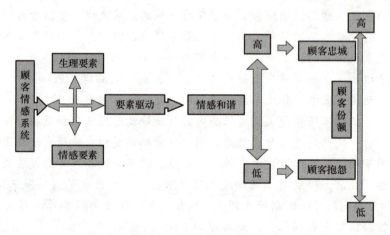

图13-1　情感营销模式

服务是三只松鼠的主要竞争力之一，三只松鼠开创了中国电商客服场景化的服务模式。有人说过："'亲'是淘宝的，'主人'是三只松鼠的。"和淘宝的"亲"文化明显不同，三只松鼠大胆创新，客服化身为鼠小弟，以松鼠的口吻亲切地称顾客为"主人"，拉近与顾客的距离。经常有消费者在微博中与松鼠互动说，听到动画片中喊"主人"都会立刻想到"三只松鼠"。通过拟人化的沟通，将消费者与客服的关系演变为主人与宠物的关系，让消费者觉得更萌，更被尊重，提升其满意度（图13-2）。

三只松鼠对网上客服的要求是"超出预期"，在消费者都没想到的地方让消费者得到服务，力图通过感动消费者来实现品牌传播。因此，销售指标是三只松鼠对客服考核的次要指标，跟消费者的黏性和沟通才是三只松鼠考核的首要指标。"三只松鼠"——松鼠小贱、小酷、小美目前都已开通微博和微信，通过吃货评定委员会、晒单、玩游戏、活动公告、鼠小箱涂鸦大赛等活动随时和消费者进行互动，增加了品牌的趣味性、独特性和互动性，增加消费者的忠诚度。

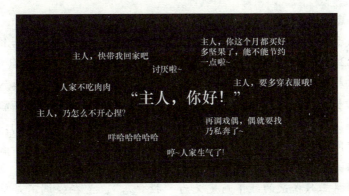

图 13-2　三只松鼠的客服以松鼠的口吻与消费者交流

消费升级风口中，萌之成效

产品体验是目前影响消费者购买行为最重要的依据之一。80 后、90 后及 00 后作为休闲食品消费市场的主力军，他们更注重购买产品后的体验，这将在很大程度上影响到消费者想要二次购买的欲望，以及品牌的口碑评价。

当消费者第一次接触三只松鼠，其萌化的品牌形象会在第一时间给人留下深刻的印象。三只松鼠的"萌"营销策略，直接赋予了品牌以人格化，真正让消费者感受到"萌宠"陪伴在自己身边的轻松愉悦舒适的感觉。以主人和宠物之间的关系代替传统商家与消费者之间的关系，给消费者新鲜满意的购物体验，拉近与消费者的距离，促使消费者重复购买。

萌文化很受欢迎，但流行文化具有转瞬即逝的特点，因此三只松鼠找到了一个自己独有的定位——那就是给消费者带来快乐，并且随时潜入消费者的生活中。在这种理念下，三只松鼠成立了松鼠萌工厂动漫文化公司，他们希望可以创作出互联网动画片、动漫集、儿童图书，为主人带来快乐。卖萌营销的另一个效用、来自产品价值空间的提升。自 2012 年在天猫运营上线之后，三只松鼠在每年的"双十一"都会刷新坚果类销售额记录（图 13-3）。这种萌文化的营销方式，更加时尚幽默引领潮流，相比于传统的广告投放等市场推广手段，投入更少，在一定程度上减少了企业推广的成本，却收获了更显著的宣传效应，无形中提升了产品的价值空间，为营业收入和销售额的连续增长奠定了基础。

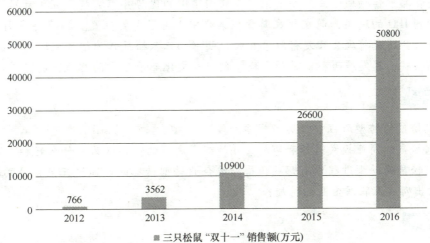

图 13-3　2012—2016 年三只松鼠"双十一"销售额

线下投食店，舒适萌体验

三只松鼠在成立初期定位为纯互联网食品品牌的企业，在互联网平台销售额连创新高的同时，过度依赖B2C平台的质疑声也随之而来。此时，线下成了三只松鼠拓展的新渠道。

但是对于三只松鼠来说，并不是因为网上流量少或者没有流量，才转入线下。线上流量还在增长，只是增长速率较慢，线下可以更好地促进线上增长。开设线下投食店核心要解决两个问题：一是解决虚拟空间不能替代的线下体验问题；第二个要解决的问题是，互联网先进的地方是它把中间商去掉了，变成了直营体系，让利给消费者。但是，在转入线下投食店时，控制产品价格并不会提高，而是控制线上线下同价。

创始人章燎原将三只松鼠的线下店定义为"投食店"，意在强调不是单纯的实体零售或体验店，不关注买卖职能，注重的是体验与互动，增强与消费者的黏性关系。他说："这是一个2.5次元的空间，是线上二次元和线下三次元的纽带。它的定义是城市的歇脚地。"

目前，三只松鼠已在芜湖、蚌埠、南通、苏州四地开设投食店。通过线下投食店，三只松鼠关注的O2O重点在于线上与线下的互动。通过线下真实的体验，消费者获得了自己追求的消费价值，从而推动线上销售的增长。

除了投食店外，一个放大版的2.5次元体验店——松鼠小镇，于2017年正式动工。三只松鼠正在构建以"电商＋投食店＋松鼠小镇"为主线，围绕品牌经营，从内容到产业，由浅到深的多元化用户体验，形成吃、喝、玩、乐、买、住的消费闭环。章燎原表示："销售不是目的，体验才是重点，是让消费者从产品购物需求、到精神需求、再到产生购物的冲动，是一种娱乐化的零售。"

成立几年来，三只松鼠紧握"萌营销"，不断拓展着自己的发展空间，从线上平台，到线下投食店，从休闲食品售卖，到松鼠世界潮牌服饰开发。三只松鼠出售的不只是坚果，更是快乐的理念。

（资料来源：王慧婕. 三只松鼠案例分析一：萌文化下的猛营销. 亿欧. https://www.iyiou.com/p/52700）

案例评价

在休闲食品零售领域，三只松鼠依托互联网渠道的优势异军突起。五年时间，三只松鼠就踏上了冲刺IPO的道路，萌文化在其营销策略中占据了重要位置。2017年3月29日，三只松鼠向证监会递交首次公开发行股票招股说明书。三只松鼠作为依托互联网渠道快速兴起的休闲食品品牌，其发展历程、营销手段、创始人文化等很多方面都值得研究。

思考题

1. 三只松鼠的转型历程中经历了哪些阶段？
2. 三只松鼠的商业模式选择和市场营销战略是怎样的？你认为有什么好和不好的地方？
3. 三只松鼠的转型过程中有哪些值得传统企业转型借鉴的？通过三只松鼠的转型案例，你可以总结出哪些互联网企业的特质？

本章要点

- 产品的基本概念。

- 市场营销与销售的基本概念。
- 初创企业产品不同阶段推广的方法。
- 新媒体在产品推广中的应用。

学习目标

- 了解品牌的市场推广。
- 理解不同阶段产品推广的特点。
- 熟悉新媒体在产品推广中的应用。
- 掌握制定出合理推广的执行方法。

13.1 产品/品牌推广

13.1.1 产品/品牌推广概述

所谓品牌推广,是指企业塑造自身及产品品牌形象,使广大消费者广泛认同的系列活动和过程。品牌推广有两个重要任务:一是树立良好的企业和产品形象,提高品牌知名度、美誉度和特色度;二是最终要将有相应品牌名称的产品销售出去。

品牌推广是品牌树立、维护过程中的重要环节,它包括传播计划及执行、品牌跟踪与评估等。品牌创意再好,没有强有力的推广执行做支撑也不能成为强势品牌,而且品牌推广强调一致性,在执行过程中的各个细节都要统一。这方面做得最好的企业是麦当劳,全世界麦当劳快餐店的装饰都是一种风格,无论在哪个国家、哪座城市,只要走进麦当劳快餐店,就会强烈地感受到品牌的亲和力和感染力。

13.1.2 产品推广阶段的划分与意义

根据一个新品牌面市所经历的先后不同时期,可以将其发展过程划分为导入期、成长期、成熟期和衰退期四个发展阶段,这四个阶段的提出将对企业的品牌推广赋予许多现实意义。

首先,根据产品所处的阶段,可以判断出市场环境和竞争环境的大致情况,以及产品本身的特点,并据此可以制定出该阶段产品推广的主要目标。

其次,在不同的发展阶段,竞争对手采取的阻击策略也有不同。企业可以针对该阶段竞争对手的阻击策略制订相应的防御计划,或事先预测对手的防御计划,提前准备应对策略。

最后,企业可以通过上一阶段产品推广所取得的成就,预测下一阶段产品的订单数量或注册人数、同时在线人数等,并据此进行内部调整。

13.2 引入期的推广策略

13.2.1 引入期产品的基本特点

新创立的品牌经历的第一个发展阶段就是引入期,引入期对于初创企业而言,往往意味着刚刚引入品牌的经营理念,是一个全新的起点。

一般来说,引入期就是企业的品牌第一次面对顾客或者第一次参与市场竞争的阶段。对于互联网公司而言,引入期一般是指新产品研发成功上线到正式进入市场的阶段,也被称为测试阶段。

处于引入期的产品,其面临的市场主要有以下三个特点:

1)对于消费者来说,由于产品刚刚面市或正处于测试阶段,目标顾客出于对新品牌缺乏认知而谨慎选择。但也正因为是新品牌,顾客群体中必然会有敢于尝试的首次试用者,而这些试用者可能就是顾客群中的勇于接受新鲜事物者或意见领袖,也可能是品牌日后坚实的拥趸者和榜样者。

2)对于竞争对手来说,嗅觉敏锐的竞争对手此时应该正在观察和企图获取企业的市场意图,且尚未建立系统性的阻击计划。

3)对于媒体或其他利益相关者来说,他们由于职业的敏感性,往往可能在产品面市不久就已经开始密切关注品牌的推广过程和结果了。

根据对引入期所面临的市场的特点分析,可以总结出其产品的特点主要有以下三点:

1)产品概念比较新颖,功能、特点和优势不明显,或不被广大消费者群体所熟知、所理解。

2)市场上同类产品的竞争较小。

3)由于企业在引入期时,生产该种产品的能力尚未全部形成,导致产品的废品率通常较高。

了解引入期和处于引入期的产品的特点能够帮助企业制订出适合的推广计划和媒体投放策略,并能找准时机使之拥有一个较高的市场起点。

13.2.2 引入期产品的推广策略

【案例 13-1】

麦当劳、肯德基等连锁快餐店可谓品牌推广一致性的执行典范。全世界麦当劳、肯德基快餐店的装饰都是一种风格,无论在哪个国家、哪个城市,只要走进这些快餐店,就会强烈地感受到品牌的亲和力和感染力。

让消费者尽快尽早地认同并接受该产品,是引入期产品营销策略的重点。

首先,一个新品牌的面市,其目标顾客的反应肯定有很大的差异——漠视、观察、尝试和充当传播者的都有。依笔者从前的市场实践分析,顾客这四种行为状态的比例依次是60、20、15、5,但这基于一个前提,即企业在一个有效期内应有各种有效和中等强度的媒体和推广策略,否则这些数字将没有意义。但考虑到市场的复杂性和产品千差万别,企业在应用时仍应依照实际的市场调查结果来制订相应的推广计划。然而,显而易见的是,它依然是有一定的指导意义的。因为这四种行为表现涵盖了顾客对新品牌的态度,而且就是这些显著的态度决定了企业的推广策略。

因此,企业在品牌的推广前必须制定一套有连续性和针对性的推广步骤,这些步骤着眼于长期并适用于目标顾客的生活方式和习惯。在企业内部导入品牌 VI 是前提,外部的宣传则是强调品牌所宣扬的内涵和精神实质。总体来说,这只是一个纲领。众所周知,企业进行推广的目的之一是引起大多数持"漠视"态度的顾客的关注和惠顾。他们之所以是漠视的,严格来说是一种消费惯性使然,企业的目的是打破这种惯性。那么如何打破呢?从产品或品牌层面上来解释,顾客造成消费惯性的原因不外乎对品牌的忠诚、购买和使用的便利性。顾客对某品牌的忠诚,企业一时难以撼动。但购买和使用的便利性,企业则拥有很大的主导权。诚然如此,从根源上看,打动持漠视态度的顾客群,第一要使品牌包含内涵定位在内的三定位准确;第二广告和宣传要连续;第三要使产品具有差异性和功能的适应性;第四渠道布局要合乎顾客的最高期望;第五营销规划要以品牌化为基准。相信这五个步骤足以使"漠视"的顾客群转变为"关注和惠顾"的顾客群。

其次,竞争者对于一个新品牌面市所表现出来的态度也会因企业的市场动作而存在较大差别,但总会有个普遍性的态度,那就是密切关注和企图探寻企业的市场图谋。很显然,企业在品牌推广时,一些策略将完全暴露在竞争者面前而难有隐秘,这势必成为竞争者制订下一步阻击计划的依据。因此,企业有必要故意露一些假象给竞争者以拖延其阻击计划的即时实现,让企业争取更多时间来获得使竞争者深感意外的市场空间和品牌知名度。这种"明修栈道、暗度陈仓"的做法可能需要企业有长远和提前的规划,临时抱佛脚将难有作为。具体可以利用媒体的传播作用或企业宣传向潜在竞争者传递虚假的方向性举措,以迷惑对方;在传播和推广投入上故意示弱,以麻痹对方;先精心耕耘局部或区域市场以积蓄能量,给对方以措手不及;营销注重游击性,让传播成本始终低于对方;完善具有差别利益的服务体系,以备攻其软肋。总的来说,这些步骤只是为品牌开辟出一条利于成长的道路。

最后,对于媒体而言,一个新品牌的面市也会引起一定的兴趣,它们一般视企业的市场作为给予不同程度的关注。媒体进行报道的目的无非是吸引读者,那么企业应了解媒体的真实意图,并满足他们的需要,方能使其为我所用。很明显,媒体报道一般遵循新闻性、时效性和公益性,企业进行品牌推广时应努力做到这一点,否则也就使媒体失去了兴趣,进而使企业的推广工作事倍功半。因此,营造焦点或新闻效应是企业品牌推广的重头戏。例如,构建品牌初期在企业内部导入品牌经营理念时,采用一些诸如军训、发布会、演示和推广会等非常规的做法,以吸引媒体的注意;利用企业有关技术、产品、服务等的创新举措,邀请媒体给予报道;推广和传播时挖掘与品牌有关的社区、企业和员工的新闻题材,借媒体之力扬品牌之名。

值得注意的是,品牌在导入期的推广因产品及其市场表现的不同而没有一成不变的推广模式,这要求企业针对具体的产品、具体的目标市场、具体的市场状况来设定一些优势的、并适合自己的推广模式,照搬上述方式很可能会弄巧成拙。

这个阶段可以采用的推广策略,大致包括以下几种:

(1) 高价快速促销策略　公司采用高价格,花费大量广告宣传费用,迅速扩大销售量来加速对市场的渗透。采取该策略的条件是:消费者对该产品求购心切,并愿意支付高价,但大部分潜在消费者还不了解此种产品;同时,这种产品应该十分新颖,具有老产品所没有的特色,满足消费者的某种需求。

(2) 高价低费用策略　推行高价格是为了尽可能多地回收每单位销售中的毛利;而推行低费用水平促销是为了降低营销费用。采用该策略的产品必须具有独创的特点,并且是市场上的某项空白。

(3) 低价快速推销策略　该战略期望能给公司带来最快速的市场渗透和最高的市场份额。假设条件是：市场容量相当大，消费者对这种新产品不了解，但对价格十分敏感；潜在竞争比较激烈。同时要求企业在生产中尽力降低成本，以维持较大的推销费用。

(4) 逐步打入策略　采取低价格和低促销费用来推出新产品，占领市场。低价格的目的在于促使市场能尽快接受产品，并能有效地阻止竞争对手对市场的渗入。低促销费用意味着有能力降低售价，增强竞争力。采用此策略的条件是：市场容量大，产品弹性大，消费者对价格十分敏感，有相当的潜在竞争者。

13.2.3　引入期产品的推广案例分析

在学习了引入期产品的推广策略之后，接下来让我们一起来分析几个案例：

【案例13-2】

哈药六厂在引入期的大投入广告战略

2000年所有的广告类型中，以药品广告最为丰富多彩，其中"盖中盖"口服溶液的群星广告尤为引人注目。在这一年中，哈药集团投入11亿元广告费，取得了80亿元的销售佳绩，获利达2000万元。2001年，哈药集团又投入5亿的公益广告费用，约占全年广告费用的一半。

(资料来源：编者根据相关资料整理而成)

哈药集团采取的广告宣传策略犹如一记重磅炸弹，在市场营销领域和广告实务界产生了巨大反响。有人惊呼这简直是近乎疯狂的举动，一次彻彻底底的商业冒险行为。尽管哈药集团老总一再表示，这是他们品牌战略的一部分，但是这一非常举动也确实留给人们更多的思考空间。

2000年以来，中国的保健品市场竞争达到白热化程度，"脑白金、巨能钙、盖中盖、葡萄糖三精口服液"等各种名目繁多的保健药品充斥整个市场，大有"中国的老百姓都缺钙、缺锌，都需要来补一补"之势，这种推销"概念"的方式也确实产生了比较大的冲击波。市场竞争、品牌推广进入白热化程度。作为哈药主打产品之一的"盖中盖"口服溶液如何打响自己的品牌，在保健品市场上独占鳌头已经很迫切地摆在面前了。他们最后得出结论，在产品的引入期采用异乎寻常的广告宣传策略，以最快的速度使产品达到高峰，打一场漂亮的市场闪电战。这一策略确实在当时使得其他厂家无法招架，中国的老百姓也很快便知道"盖中盖"品牌了。哈药集团的广告宣传出手不凡，它的成功之处主要取决于三个方面的原因：

(1) 产品引入期广告的大投入　哈药集团全年的广告投放高达11亿元，这在当今的中国很难找到第二例。一些成功的例子都说明了要打响一个品牌，没有高额的广告投放做后盾是很难实现的。

(2) 利用消费者对大腕明星的崇拜及情感认同心理　他们请出濮存昕、巩俐等在观众心目中颇有好感的影视明星拍广告，以期提升产品的知名度。

(3) 巧用媒介时间，地毯式轮番轰炸　哈药集团在电视频道的各时间段，主要是黄金时间段推出它们的明星广告片，使得消费者无处遁逃，从而提高产品注目率。

【案例 13-3】

摩托罗拉利用悬念广告突出品牌认知

摩托罗拉在进入上海市场初期,曾在《解放日报》做过一套气势磅礴的悬念广告。1993年10月9日,广告以整版的形式,在"茫茫人海"的画面中打出一个标题:"想知道谁在找你吗?密切注意下星期报纸!"10月11日,接应的第二个广告破天荒地以两个整版连中缝刊出,还是"茫茫人海"的背景画面,除了大标题"想知道谁在找你吗?""摩托罗拉告诉你!"外,文案的主体对摩托罗拉的基本情况做了简要介绍。

(资料来源:编者根据相关资料整理而成)

这是一个典型的产品引入期广告。摩托罗拉利用悬念广告,成功吸引了公众的视线,引领公众主动关注摩托罗拉接下来的宣传,使摩托罗拉的广告达到了最好的宣传效果,在公众的心中留下了深刻的印象。

引入期的广告,最重要的作用之一就是在消费者心中留下印象,让消费者拥有对于该品牌的记忆点。当产品进入新的市场时,企业最应该做的,就是打破现有市场格局,在众多消费者熟悉的品牌中为自己争得一席之地。只有消费者知道了这个品牌,才能够对这个品牌产生兴趣,进而引发了解、购买、反复购买等行为。

【案例 13-4】

最典型的引入期告知广告——"恒源祥,羊羊羊"

2008年,北京奥运会的赞助商恒源祥的广告由北京奥运会会徽和恒源祥商标组成静止的画面,再由一个低沉的男音从"恒源祥,北京奥运会赞助商,鼠鼠鼠"念到"恒源祥,北京奥运会赞助商,猪猪猪",按照这种方式把十二生肖完整地念了一遍。

"恒源祥,羊羊羊",几乎没有人不知道这个广告。毋庸置疑,在恒源祥产品的引入期,它起到了很好的效果。这个广告在中央电视台黄金时间播放,每次重复三遍,让全国人民迅速知道了这个品牌。

在产品的引入期,互联网企业对产品的推广诉求一定要建立在让消费者认识的基础上,这也是这个阶段推广的主要任务。只有消费者对产品达到认可,对品牌产生依赖才会成为可能。

(资料来源:编者根据相关资料整理而成)

【案例 13-5】

失败的引入期告知广告——健力宝

健力宝实施多品牌细分市场战略,冷启动"第五季"品类,大手笔地进军时尚休闲型饮料。"第五季"拥有四大种类、十五种口味、五种包装,一时让消费者眼花缭乱。健力宝用3000多万元买断央视"2002世界杯赛事独家特约播出"权,用狂轰滥炸的广告吸引眼球,这种做法也一时达到了目的。消费者纷纷到饮料零售终端想要购买"第五季"。然而,产品名气的飙升快于销售布局的增长。"第五季"配套的销售网络和营销队伍都没有跟上,终端铺货和管理都不到位,消费者买不到。就这样,不等与外部竞争者直接厮杀,"第五季"的销售体系先自乱阵脚,败下阵来。

(资料来源:编者根据相关资料整理而成)

有人认为，找到一家好的经销商，销售就已成功了至少60%。而"第五季"是匆忙上马的项目，营销体系外部没有夯实，内部管理不强，再加上定位不清晰的产品，在一阵热闹之后，销售坍塌、产品出局也是意料之中。

13.3 成长期的推广策略

13.3.1 成长期产品的基本特点

产品成长期是产品生命周期阶段之一，是指产品初步站稳脚跟并逐步拓展市场的时期。这个时期的产品质量有了较大提高，市场竞争开始出现，销售量和利润逐步增加，生产与推销成本不断下降，展现出光明的前景。消费者对该类产品也有了初步认识，购买兴趣和欲望日益增强，购买者增加。但由于其进入市场时间尚短，自身变化较大，因而消费者在购买时尚有较多疑虑，认为还存在着一定的购买风险。

处于成长期的产品，其面临的市场主要有以下两个特点：

1）市场已经被炒热，产品概念的市场认知度已经基本普及，市场需求急剧增加并节节攀升，产品利润持续上升，市场潜力很大。

2）市场上同类产品的品牌增多，竞争加强，消费者对此类产品的品牌指向性增强，对产品的需求由基本需求派生特殊需求，市场区隔增强。

13.3.2 成长期产品的推广策略

产品在市场投入期通过成功的营销活动，已被广大消费者和经销商所接受，此时产品的销售增长率会大幅度提高。企业由于产品基本定型，开始了大批量的生产，产品成本随之下降。因此，企业开始盈利且利润逐步上升，在成熟阶段达到最高峰。与此同时，仿制品开始出现，围绕该产品的竞争逐渐激烈。

在产品成长期内，企业营销策略的核心思想是尽可能地延长产品的成长阶段，最大限度地提高销量或市场占有率，使产品能在销售最高限度时进入成熟期，这样，便能从该产品的最大销售收入中获得尽可能多的利润。在产品成长期内可采用以下营销策略：

1）扩展购买新产品的市场，使凡是了解并可能购买的消费者能够方便地购买该产品，尽可能地使该产品的每次销售机会都能实现。

2）树立品牌，增强信任度。在成长期内，促销策略的中心应从介绍产品、扩大产品的知名度转移到树立品牌形象，主要目标是培养顾客对产品品牌的偏好，创立产品名牌，不断争取新的顾客。

3）重新评价分销渠道的选择，巩固原有分销渠道，扩展新的分销渠道，以开拓新市场，最大限度地扩大产品销售。采取一切措施加强本企业在分销渠道中的地位。

4）改良产品品质。根据市场投入期销售时消费者的要求和其他市场信息，不断地提高产品质量，努力发展新款式、新规格，增加产品的新用途，提高产品的竞争能力，满足消费者更广泛的需求。

5）适时调整价格。在大量生产的基础上，产品成本会降低。这时，适时降低价格或采用其他有效的定价策略，会吸引更多的购买者。

【案例13-6】

日本日绵公司是一家以经营陶瓷器生意为主的企业，其高级陶瓷器非常畅销。为了走出国门，扩大市场，公司董事土桥久男准备拓展业务，向美国市场进军。

刚刚进入美国时，土桥久男的陶瓷器并没有打开市场。通过对市场的仔细调研，土桥久男发现，过去专门销售陶瓷器的百货公司效率很低，造成了运转速度慢、产品销量小的问题。于是，土桥久男想到改用超级市场来改变现状。他把陶瓷器摆到了纽约的各家超级市场里，并占据了橱窗的醒目位置，这样一来，销量果然上升了很多。但善于思考的土桥久男并没有坐享其成。通过对美国大众习惯心理和消费行为的分析，他认为销量还可以扩大，并在头脑中形成了一套完整的销售计划，即以超级市场为中心，开拓市场，扩大销量的"聚件成套"的计划。"聚件成套"的实施步骤如下：首先，在超级市场推出4个一组的陶瓷咖啡杯，同时赠送购买者四个咖啡碟子，这是为日后销售打下基础。接着，当咖啡杯卖出相当数量的时候，开始以较高的价格出售糖罐。土桥久男考虑到，因为喝咖啡要加糖，所以买了咖啡杯，就要买糖罐，"聚件成套"的战略得到了初步体现。最后，当糖罐卖出相当数量的时候，再以更高的价格开始出售陶瓷调羹、托盘和碟子。前后推出的这几种产品在花样、色泽、质地等方面完全一致，风格也一样，完全是将一套咖啡用具拆成多件出售。土桥久男利用美国人对日用品讲究配套的心理特点，分阶段地实施销售计划，抓住了美国消费者的消费心理，最终成功达到了扩大瓷器销售量的目的。

（资料来源：编者根据相关资料整理而成）

进入成长期，这时顾客对产品已经熟悉，大量的新顾客开始购买，市场逐步扩大。产品大批量生产，生产成本相对降低，企业的销售额迅速上升，利润也迅速增长。竞争者看到有利可图，纷纷进入市场参与竞争，使同类产品供给量增加，价格随之下降，企业利润增长速度逐步减慢，最后达到生命周期利润的最高点。提高市场占有率是企业的首要任务。

这一阶段的广告诉求要紧紧围绕着企业的经营策略和市场竞争特点展开，具体表现在以下三个方面：

1）迅速提升品牌认知度，抢占市场有利位置，为企业在区隔市场时奠定价格空间的基础。

2）产品概念更加清晰，让消费者对选择的产品更具体明确，丰富品牌的概念内涵。

3）为塑造品牌形象打基础，逐步赋予产品丰富的品牌内涵，使产品广告成为未来消费者对品牌形象定位认知的积累。

一个产品在市场上进入成长阶段，说明该产品的市场需求急速加大，这个时候加入竞争的企业也会突然增多，企业为了更快地抢占市场份额，占领市场的有利位置就要把自己的品牌概念加以强化，让消费者能从众多品牌中选择概念清晰、适合自己的品牌产品。此时，由于市场上可以选择的商品增多，对品牌的喜好就显得非常重要，而品牌的选择有很多感性因素，为了让消费者喜欢自己的品牌，企业在塑造品牌上首先要在纯粹的产品概念和利益上加入更多的感性概念，让消费者接受产品时更自然、更感性。例如，某手机广告的诉求是："诺基亚7112色彩随心换"。我们知道，手机产品是一个非常理性的产品，由于市场的高速成长，产品概念已经不是独一的利益，为了给品牌赋予更多的内容，很多品牌产品都注意产品概念和品牌概念的结合。这则广告的表现和诉求能让我们看出这一点。"色彩随心换"说明这款手机更注重产品的时尚性，注重消费者的心理感受和消费者的时代性。这些内容对品牌概念特征的丰富和塑造都是很有帮助的。还有一个大家熟知的案例：2001年，名人公司推广商务通时，在其新产品导入市场时提出一个概念："呼机换了，手机换了，掌上电脑也要换了！"将消费者的眼球重新吸引到自己身上，完成了消费者对名人产品重新认知的使命。为了达到消费者认可的目的，名人公司打出技术牌——"技术跳高，价格跳水"，以更低的价格推出运算速度更快、电池带电时间更长的掌上电脑——智能王。同时，向全世界Pad制造商下战书，要他们比性价。名人公司在产品成长期，很好地将自己的产品特性（性能和价格）传达给消费者，将品牌的个性（技术优势）呈现给消费者，很快名人公司的产品就从众多的Pad产品中凸现出来。这样的诉求，为名人智能王的销售量迅速上升和快速进入产品成熟期立下了汗马功劳。在Pad行业竞争如此激烈的市场，智能王创造了单款机型销售量的奇迹。

1. 产品成长期的成本管理

进入成长期后，市场容量快速放大，竞争对手数量开始增加，产品逐步被人们所认识和接受。在此期间产生的营销成本包括产品试销费、广告费、包装费和销售部门人员的工资及培训费等。成本管理包括产品成本预测、产成品库存资金占用分析与控制、销售费用（广告、促销、运输、仓储、保险、服务等）的预算、监控、核算和考核、外部质量成本控制等。进入成长期后，以扩大消费者认知为目的的广告宣传费用的控制主要体现在科学地选择宣传媒体上。企业应根据产品特点和目标顾客的范围而选择适当的媒体，并确定广告投放量的密度。

由于经验因素的存在，此期间产品的单位可变动成本下降；经过初期的撇脂定价，产品的研发费用已经被摊销了一部分。但这时，改善产品品质，如增加新的功能，改变产品款式，发展新的型号，开发新的用途等又会产生新的成本。

2. 产品成长期的定价策略

产品在市场上有了立足点之后，定价策略开始发生变化。购买者开始根据以前的经验来判断产品价值或参考革新者的意见，也开始精打细算地比较不同品牌的成本和特性。成长期的价格要比市场开发阶段的价格低。此阶段可以根据市场需求状况和消费者对产品的感觉差异来确定价格，即采用顾客导向定价法，又称市场导向定价法。

当竞争趋于激烈时，产品独特的差异可产生价值效应，降低顾客的价格敏感性，保证企业仍能获得较高的利润。采用产品差异化战略的企业致力于为自己的产品开发独特的形象，也可以享受到相对较高的价格。

采用成本领先战略的企业致力于成为低成本企业，集中力量降低生产成本，减少产品差异性，期望能凭借成本优势在价格竞争中获利。采用成本领先战略的企业通常依靠销售量大形成了成本优势，因而应该在成长期采用渗透价格占领市场，给以后的竞争者进入市场制造障碍。

13.3.3 成长期产品的推广案例分析

在学习了成长期产品的推广策略之后，接下来让我们一起来分析几个案例：

【案例13-7】

黄山香烟上市

20世纪90年代，云系烟在中国市场上占据统治地位，红塔集团的红塔山、阿诗玛等品牌香烟在国内市场更是作为高端烟草代表受到消费者广泛追捧。面对云系烟几乎垄断的市场地位，当时的安徽蚌埠卷烟厂于1993年3月研发了一款无论是口感还是包装都可以与红塔山相媲美的新产品——黄山烟。然而，如何打破红塔山在当时安徽市场高端产品行业的封锁就成了企业要考虑的首要问题。当时，蚌埠卷烟厂无论是行业知名度还是传播资源，跟亚洲最大的烟草企业——红塔集团都有云泥之别，但在激烈的竞争中突围，靠的就是借力借势。于是，蚌埠卷烟厂当时在安徽省省会城市合肥搞了一个全国性不记名卷烟品牌吸活动，将新品黄山、红塔山、阿诗玛、中华等全国著名品牌放在一起进行品吸。最终的结果，黄山烟排名第一、红塔山第二、中华第三。随后，公司迅速开始造势，在市场上发布资讯公告品吸结果，并以连篇累牍的软文迅速在全国主流媒体上进行报道，打了红塔山一个措手不及。黄山烟就靠这几个巧妙的公关策略，很好地打压了主要竞争对手红塔山在安徽、华东乃至全国市场的竞争势头，利用很少的资源实现了在全国崛起的梦想，创造了弱势品牌巧妙挑战强势品牌，成功实现新产品上市的经典范例。以这个良好的开端为契机，以"天高云淡，一品黄山"的口号为突破口，主打中式烤烟品牌，"中国相，中国味"的黄山烟在赢得眼球的同时也赢得了市场。

（资料来源：编者根据相关资料整理而成）

综观黄山烟的成功，关键在于比附定位，巧借品牌名烟，将其捆绑在一起，然后迅速传播，奠定了市场基础。首先，黄山烟将自己与主流的高端品牌放在一起让消费者与专家去品吸，本身就意味着其产品定位是面向高端市场的竞争性产品，即使是产品本身已经使得黄山烟拥有了足够的本钱；其次，在品吸结束的第一时间，将品吸结果在省会城市合肥快速传播。香烟品吸，黄山第一，红塔山第二的广告铺天盖地，实现了信息第一到达，吸引了省内媒体的高度关注；再次，很显然，黄山烟的战略企图不仅仅是省内市场，而是要将产品与品牌蛋糕做大。所以，黄山烟在全国性媒体上很巧妙地传播了一个主题，其内容已经从品吸走向了更加广阔的视野："中国烟草：黄山第一，红塔山第二，"这时候，黄山烟品牌战略企图基本上被发挥到极致。

【案例13-8】

农夫山泉打破水市格局

2000年左右，中国水市竞争还处于两强格局——以娃哈哈、乐百氏为主导的全国性品牌基本上已经实现了对中国水市场的统治。在这样的大前提下，海南养生堂开始进入水市。在寡头统治下，农夫山泉的出现强势改变了中国水市的竞争格局，形成了中国市场强劲的后起之秀品牌，并在一定意义上逐渐取代了乐百氏成为中国市场第二大品牌，从而创造了弱势资源品牌打败强势资源品牌的著名战例。那么，农夫山泉是如何取得自己的竞争优势的呢？首先，农夫山泉买断了千岛湖50年水质独家开采权，这就意味着，在这期间，任何一家水企业不可以使用千岛湖水质进行水产品开发。同时，农夫山泉在产品上进行了创新。通过新颖的瓶盖设计，农夫山泉利用独特的开瓶声来塑造差异，同时打出"甜"的概念，"农夫山泉有点甜"成了差异化的卖点；其次，为了进一步获得发展并清理行业门户，减少竞争对手，农夫山泉宣称将不再生产纯净水，而仅仅生产更加健康、更加营养的农夫山泉天然水。为了证明天然水的功效，农夫山泉做了著名的"水仙花对比"实验。他们分别将三株植物放在纯净水、天然水与污染水之中，结果显示，放在纯净水与污染水中的植物生长明显不如放在天然水中的植物生长速度快。由此，农夫山泉向广大消费者证明：天然水才是营养水。其"天然水比纯净水健康"的观点通过学者、普通成人甚至孩子口口相传，获得了巨大的影响力。农夫山泉也一鼓作气，牢牢占据了瓶装水市场前三甲的位置。

（资料来源：编者根据相关资料整理而成）

农夫山泉的成功，在于其策划与造势：一方面对卖点不断提炼，从瓶盖的开盖声音到有点甜，从有点甜到而今的pH值测试，宣称弱酸弱碱性；另一方面是善于炒作和造势，通过对比来形成差异，进而提升自己。

【案例13-9】

失败的成长期告知广告——小护士

小护士被欧莱雅收购后，欧莱雅雄心勃勃地表示要将新小护士打造为中国第一大护肤品牌。不但要增加新小护士的产品系列，还要引入欧莱雅成功的零售终端管理模式，将小护士推向一线城市，采用专柜销售。然而，被人为抬高身份的新小护士似乎有些不争气，没有给东家带来相应回报。在欧莱雅开拓的现代销售渠道中，如大卖场、超市这些原小护士没有进入的领域，新小护士市场份额有所增长。但是小护士原赖以生存壮大的二三线城市分销渠道却因不合欧莱雅掌控渠道的一贯做法，在减少萎缩。这种固有渠道萎缩的直接结果就是新小护士整体市场份额的下滑。

（资料来源：编者根据相关资料整理而成）

事实上，小护士当初是以问题皮肤的解决专家而闯入市场的，主打防晒护肤品。除了成功选择细分市场和进行产品定位外，小护士的成功还有赖于深度分销和灵活的销售政策，全国二三线城市的近千个销售网点共同成就了小护士，让小护士一度冲刺中国第三大护肤品牌。可以说，小护士的成功是一种放低身段、量上的成功，是一种适应国情的销售策略的成功。被纳入欧莱雅体系后，新小护士并入欧莱雅的大众消费品卡尼尔旗下，在产品种类和销售渠道都进行了欧莱雅式的改造后，新小护士的销售重心转移了，脱离了原来的群众基础，又得不到新市场的青睐，新小护士的处境一时尴尬，在很长一段时间内成了欧莱雅的收购之痛。2008年新小护士又实现两位数增长，而支撑这一增长的正是四五线城市。欧莱雅让新小护士保持它的优势领域，一线城市里小护士专柜更多以卡尼尔品牌取代。重心回归的新小护士又显示出了生机。

13.4 成熟期的推广策略

13.4.1 成熟期产品的基本特点

成熟期是产品在市场上普及销售量达到高峰的饱和阶段。产品经过成长期的一段时间后，销售量的增长会逐渐趋缓，利润开始缓慢下降，这表明产品开始走向成熟期。成熟期又可以再分为以下三个时期：

（1）增长成熟期　销售额增长速度开始下降，但还有一些滞后的消费者进入市场。销售渠道已经饱和。

（2）稳定成熟期　市场饱和，销售不再增长。销售增长率一般只与购买者人数成比例，若无新购买者则增长率停滞或下降。

（3）衰退成熟期　绝对销售水平开始下降，消费者开始转向其他替代产品。全行业产品出现过剩，竞争加剧，一些缺乏竞争能力的企业将渐渐被淘汰，新加入的竞争者较少。竞争者之间各有自己的特定的目标顾客，市场份额变动不大，突破比较困难。

成熟期产品的特点主要有以下三点：

1）产品已为绝大多数的消费者所认识与购买，销售量增长缓慢，处于相对稳定状态，并逐渐出现下降的趋势。

2）产品的销售利润也从成长期的最高点开始下降。

3）企业竞争十分激烈，各种品牌、各种款式的同类产品不断涌现。

了解成熟期和处于成熟期的产品的特点能够帮助企业制订出适合的推广计划和媒体投放策略，使企业稳定市场份额的同时延长产品市场寿命。

13.4.2　成熟期产品的推广策略

成熟期产品由于市场竞争激烈，许多可能退出竞争。这个阶段的营销策略，应突出一个"争"字，即争取稳定市场份额，延长产品市场寿命。企业为了更多地占有市场份额，营销人员应该系统地研究市场、产品和改进营销组合的策略。

1. 市场改良策略

产品改良策略的目的是巩固老顾客，尽可能在赢得新顾客的基础上，开拓新的市场，提高成熟期内的产品销售量。它的实现途径不是通过改变产品的本身，而是通过改变产品的用途和销售方式或消费方式。市场改良策略主要有以下几种方式：

（1）调整市场　重塑产品形象，市场重新定位寻求和进入那些未使用该产品的新市场，寻求有潜在需求的新顾客。每种产品都有吸引顾客的潜力，因为有些顾客或是不知道这种产品，或是因某些特殊原因而不想购买这种产品。在这时，制造商可以利用市场渗透策略寻求顾客。

（2）加强品牌地位，设法争夺竞争者的市场　例如，百事可乐用"年轻一代的选择""渴望无限"等广告语不断强化百事可乐年轻、活力、激情、时尚的品牌形象，一再挑战可口可乐，欲使其顾客改饮百事可乐。

（3）通过开发现有产品的新用途来延长产品成熟期，并拓展崭新的市场　美国吉利公司首创安全刮脸刀，在1974年发现不仅男士用刮脸刀，有不少女性也使用刮脸刀刮腿毛，于是该公司将原来的刮脸刀柄略加长，颜色改为鲜艳色彩，投入化妆市场，取得了成功。

（4）通过促销努力来激励现有顾客增加其产品的使用率或使用量，使成熟期延长　企业可设法使消费者经常地使用自己的产品，设法使消费者每次使用时增加使用量。例如，宝洁公司劝告消费者在使用海飞丝洗发精洗发时，每次将使用量增加一倍，效果更佳；牙膏生产厂家从人们的卫生、健康出发，宣传不仅早晚需要刷牙，且最好每次饭后也要刷牙，这样必然促使消费者增加了牙膏的使用量。

（5）转移目标市场，寻求新的地域市场　如果产品原有市场在本地、本省或本国，那么外地、外省、外国就是新的市场。一种商品在原有市场上将要进入衰退期时，而在另外一些市场可能刚处在试销期、成长期，厂家就可以以较低的价格进入这些新市场。西方工业国把在本国已处于成熟期甚至衰退期的产品向发展中国家推进；经济发达地区将产品投向经济落后地区；由城市市场转向农村市场等其道理就在于此。

2. 产品改良策略

消费者的需求是不断变化的。因此，在产品进入成熟期后，需要适时对产品进行改良，从而增加产品的畅销时间，变畅销为长销。产品改良策略也称为"产品再推出"，是指以产品自身的改变来满足顾客日新月异的不同消费需要，吸引有不同需求的顾客。具体包括品质改良、特性改良、形态改良、附加产品改良。通过产品改良的丰富化、多样化，厂家可以通过满足多元化市场的需求，来达到提升销量的目的。

（1）品质改良　品质改良一是指提高产品的耐久性、可靠性、安全性等，如洗衣机制造商把普通洗衣机改为漂洗、甩干多功能的自动、半自动洗衣机等。二是指将产品从低档上升为高档，或从高档变为低档。例如，原来面向高收入消费者的产品，可以选用较低质量的材料，使之变为低档产品而寻求新的市场；原来面向一般消费者的产品，也可以选用高级原料，使之变为高档产品而重新受到欢迎。这种策略既能延长成熟期，又能提高产品的竞争力。

（2）特性改良　特性改良是指增加产品新的特性（如大小、重量、材料、附加物等），以此扩大产品的多方面适用性，提高其安全性，使之更方便使用。企业要加强对产品特性的改善，这是增加消费者利益的重要方式，更是吸引消费者重复购买的动机。例如，某机械厂给手扶割草机加装动力装置，使割草机加速了割草速度；而后又进行操作方面的改进，使之便于操作；后来有的制造商又在工程技术上设计出更具安全特性的产品；最后一些制造商又为该机器增加了具有转化作用的特性，使割草机又可作为扫雪机。这种特性改良花费少、收益大，能为企业树立进步和领先的企业形象，但是易被模仿，故只有率先革新才能获利。

（3）式样改良　式样改良是指基于美学欣赏观念而进行款式、外观及形态的改良，形成新规格、新花色的产品，从而刺激消费者，引起新的需求。随着生活质量的不断提高及人们对艺术的追求，审美观念也在不断地升华。产品外观所体现的时尚、前卫、品位、风格个性等，都能成为影响消费者购买的考虑因素。因此，企业需要结合时尚元素，不断地更新产品的样式，吸引更多的顾客。例如，电子表制造商将电子表机芯装在项链上变为项链电子表，装在圆珠笔上变为电子表圆珠笔等，这样使电子表销售一直处于成熟期。

（4）附加产品改良　附加产品改良是指向消费者提供良好服务、优惠条件、技术咨询、质量保证、消费指导等的改良。在当今社会，服务已成为消费者购买产品的重要因素，很多消费者把服务作为企业提供产品的一部分。因此，企业对服务的改善实际上增加了产品的价值，为消费者提供了更多的利益，并吸引更多的消费者。例如，家用电器的免费送货上门及安装，一年免费保修等服务，不仅可吸引更多消费者购买，同时可提高品牌的美誉度。

3. 营销组合改良策略

企业营销组合不是一成不变的，它应该随着企业的内外环境的变化而做出相应的调整。产品进入成熟阶段后，各种内部条件和外部环境发生了重大的变化，因而营销组合也就要有一个大的调整。通过改变产品和定价、销售渠道及促销方式来刺激销售量的回升，延长产品成熟期。所谓市场营销组合要素，尼尔·鲍顿将其归纳为12项，它们分别是产品计划、价格、厂牌、分配线、人员销售、广告、销售促进、包装、陈列服务、实体分配、市场情况调查和分析。具体来说，常用的营销组合改良策略有以下几个方面：

（1）新品与成熟产品组合　企业将新品和成熟产品进行组合销售，即利用新品的市场推动力，既推广新品，又促进成熟产品的继续销售。

（2）优化成熟产品的经销商队伍

1）销售数据。企业可以根据销量大小淘汰量小的经销商，因为这类经销商对企业销售目标影响不大，但却是最容易低价销售的经销商。

2）覆盖区域。企业要掌握各经销商覆盖的大致区域，均衡地为区域设定经销商，控制各区域的经销商数量。

3）合作意愿。这项指标是需要销售人员通过日常沟通来进行判断，包括这类客户合作意愿会受到哪些因素的影响，而这种因素作为企业能够避免或者解决。

4）库存能力。具备合理库存的能力才能保证及时有效的分销。

以上四个指标要辅以不同的权重，并对每个经销商进行评分，最终根据企业具体状况确定合适的经销商。确定下来目标客户后，立即安排销售人员就运作方式与目标客户谈判，接下来企业就应该与确定的经销商签订特约分销的专用合同。同时，企业可以考虑在经销商门市挂特约分销牌，增加经销商在零售终端客户心中的信任度。这样，从企业角度来看，较少的特约客户既可以实现销售目标，也便于企业对经销商的管理和控制；从经销商角度来看，这样可以通过增加其销量来增加其利润，而且会有一个较为稳定的分销环境，再加上实现销售目标的奖励，这会大大改变经销商的态度和增强其信心。

（3）借助公共关系，延长产品的成熟期　企业必须对社会负责才能持续生存和发展，这就是营销学的"社会责任理论"，也是当今社会所倡导的现代市场营销观念。作为处在成熟期的产品，积极策划各种公益活动推介产品，从而树立产品良好的社会形象，大大增强品牌产品在公众中的美誉度和影响力，有效地延长了品牌产品的成熟期。

通过成熟阶段的营销策略，为成熟产品寻求新的机会，以达到延长产品成熟期的长度。

13.4.3　成熟期产品的推广案例分析

在学习了成熟期产品的推广策略之后，接下来让我们一起来分析几个案例：

【案例13-10】

营销组合改良

成立于1903年的哈雷机车公司，是美国知名的机车制造商，专门生产所谓的重型摩托车。然而，进入20世纪70年代，由于公司管理不善，又遭到日本摩托车的猛烈攻击，哈雷濒临破产的边缘，经营权两次易主。自20世纪80年代以来，哈雷开展了一场反击战。进行市场营销组合改良策略，主要包括：

1）建立"接单后生产"制造系统。

2）建立全球经销商咨询网络。

3）成立哈雷俱乐部，全球有311万多名会员。

4）延伸品牌资产：从皮衣、夹克、牛仔裤、手刀、打火机、餐厅等应有尽有，每年创造近一亿美元的销售收入。

5）全力争取"露脸"机会：哈雷公司大方出借旗下20款不同的摩托车，让广告公司利用"哈雷"拍广告,让电影公司拍电影,为公司赢得了良好的品牌形象。

(资料来源:编者根据相关资料整理而成)

哈雷公司在濒临破产的边缘时,利用营销组合战略开展了一场反击战,使哈雷不仅成功击退日本的竞争者,更建立了忠诚的顾客群,成为全球知名品牌。

在品牌已经拥有多个成熟的、优质的、受消费者信赖的产品时,便可以将其中某几种有关联的产品以组合的方式推出,形成 1+1>2 的效力。同时,这样的方法还可以牢牢锁定用户,一定程度上减少了消费者购买其他品牌同类产品的可能性,降低了顾客使用其他产品后成为其他品牌忠实用户的风险。利用营销组合战略,既为自身的产品推广做出了贡献,也有效地为其他产品的宣传设置了障碍。

【案例 13-11】

市场改良策略

美国强生公司的婴儿护肤用品,原来一直是专门针对婴儿市场的,后来用"如婴儿般柔嫩"的广告语来表达成年人使用后的效果,很快让强生婴儿护肤品市场扩展到婴儿的母亲、年轻女性等成年人市场。经过重新树立产品形象,产品可进入更多细分市场,争取更多的顾客。

(资料来源:编者根据相关资料整理而成)

强生公司紧紧抓住潜在用户的诉求,并与自身品牌的特征紧紧地联系在一起,确定了新的目标客户定位,对原有的市场定位进行改良,拥有了更多客户。

处于成熟期的产品,除了对产品的品质、特性等方面进行改良外,还可以进一步发掘适合产品本身的细分市场。因为在进入成熟期前,产品已经进行了大规模的宣传,在消费者心中已经有了一定的地位,并拥有一部分忠实客户群体。使用时长改进策略便可以借助之前塑造的品牌形象,费最少的力让产品走上一个更好的阶段。

【案例 13-12】

附加产品改良

美国一家咨询公司在调查中发现,顾客从一家企业转向另一家企业,120%的原因是服务。他们认为,企业员工怠慢了一个顾客,就会影响40名潜在顾客。

"在竞争焦点上,服务因素已逐步取代产品质量和价格,世界经济已进入服务经济时代。"正是基于这样的认识,美国IBM公司公开表示自己不是计算机制造商,而是服务性公司。该公司的总裁说:"IBM并不卖计算机,而是卖服务。"

(资料来源:编者根据相关资料整理而成)

随着商业的发展,除了产品本身的性能外,消费者越来越多地注意到服务、售后等附加产品,甚至对这些的重视已经超过了产品本身。良好的服务甚至能够帮助品牌吸引消费者,提高消费者忠诚度。

成熟期的产品,在品牌的品质、特性等产品自身属性都已经达到一定高度,很难再做出新的改变,但如果选择在附加产品上与同类产品拉开差距,实行产品差异化战略,用产品之外的优势打败竞争者也是一个很好的选择。通过附加产品改良,使消费者感受到产品的与众不同,获得身份、心理上的认同感,牢牢锁住用户,最终获得成功。

13.5 衰退期的推广策略

13.5.1 衰退期产品的基本特点

在成熟期,产品的销售量从缓慢增加到顶峰后会发展为缓慢下降。在一般情况下,如果销售量的下降速度开始加剧,利润水平很低,就可以认为这种产品已进入生命周期的衰退期。这一时期的特点为:

1)在营销渠道方面,产品衰退期是指企业产品的销售量大幅度下降、利润大幅度减少的时期,此时市场已有更新的产品上市,原有的产品已过时、老化、陈旧,产品价格降幅也很大,企业产品进入微利时期,甚至无利。所以有的企业开始减少供货或停止供货。渠道系统也日益缩小。

2)在市场需求方面,绝大多数消费者的兴趣已转移,转向新上市的产品,原产品的购买者为落后者或重复购买者。此时,企业的主要任务是有计划地缩减销售渠道,让产品有计划地退出市场。

3)在市场竞争方面,因衰退期产品的销量和利润都在急剧下降,由于市场竞争激烈也使价格降至最低水平,大多数企业已无利,甚至亏损,所以市场中的企业开始纷纷退出市场,表现为全行业的衰退,管理者把企业的人力、物力、财力等资源转移投入到更有利的市场中去。这时期,企业应改变营销策略,缩减渠道,有计划地、安全地退出市场。

根据对衰退期所面临的市场的特点分析,我们可以总结出其产品的特点主要有以下四点:

1)多数企业无利可图,被迫退出市场,竞争趋于缓和。
2)产品销售量由缓慢下降变为迅速下降,消费者兴趣发生转移,忠诚度下降。
3)价格已下降到最低水平。
4)不少企业减少产业的附带服务。

根据衰退期的产品特点,企业必须做出相应的策略选择,以使企业走出困境。

13.5.2 衰退期产品的推广策略

鉴于衰退期的产品特点,企业必须根据产品相对的市场吸引力和竞争能力等因素做出相应的策略选择。美国管理学者凯瑟琳·哈里跟在研究产品衰退期营销策略时,提出了以下五种策略:

1. 增加企业投资,以控制和加强优势的竞争地位

该策略一般适用于竞争优势十分明显的企业,若它在产品的衰退期能够通过高度压迫的战术迫使其竞争者退出市场,并通过收购、兼并等方式垄断整个市场,则有较大可能获得较好的利润收益。

2. 维持策略

维持策略即保持原有的细分市场和营销组合策略,把销售维持在一个低水平上。待到适当时机,便停止该产品的经营,退出市场。该策略适用于有相当的竞争能力的企业,若其仍对产品的未来前景抱有较大的希望,且能够付出较大的代价去忍受近期产品销售的萧条,则可以考虑采用这一策略。一般说来,这种策略风险性极大。

3. 集中策略

集中策略即把资源集中使用在最有利的细分市场、最有效的销售渠道和最易销售的品种、款式上。简而言之，缩短战线，以最有利的市场赢得尽可能多的利润。产品处于衰退期时，产品销售额迅速下降，如果企业经营规模与各项投资水平仍维持不变，则会影响企业的短期利润回报。因此，企业应采用相对集中策略，即收缩企业原先的产品营销策略，将其人力、财力、物力集中到具有最大优势的细分市场上，以便背水一战。经营规模的相对缩小，使得企业从该市场再次获得较多的利润回报。从投资水平角度看，企业可以从本企业与同行业中最大竞争对手的相对市场占有率指标进行考察。一般情况下，若这一指标在17%以上，则可考虑采用相对集中策略，适当将投资格局向优势细分市场倾斜；若这一比例在7%以下，则应考虑大幅度降低投资额，采用绝对集中策略，即在企业最大优势的细分市场尽可能获取最大的利益。

4. 收割战略

收割战略即大幅度降低销售费用，如广告费用削减为零、大幅度精简推销人员等，虽然销售量有可能迅速下降，但是可以增加眼前利润。该策略适用于竞争能力较弱的企业。在产品衰退期，由于市场的市场销售率与市场占有率都很低，现金流动净值仅处于平衡或负值，此时企业应停止投资，削减广告宣传、推销等促销费用，降低产品销售价格，精简销售人员以及减少投入市场的产品数量，以增加企业当前的利润收入。

5. 放弃策略

一般来说，当企业处于衰退期时，继续保留衰退产品的代价是巨大的，如产品成本、营销人员时间浪费等。如果企业决定停止经营衰退期的产品，应在立即停产还是逐步停产问题上慎重决策，并应处理好善后事宜，使企业有秩序地转向新产品经营。经过准确判断，如果产品无法再给企业带来预期的利润，则绝不能抱有侥幸心理，否则企业将进入更大的经营困境。要有计划地、有策略地处理该产品的投资，并逐步淘汰这种产品。

13.5.3 衰退期产品的推广案例分析

在学习了衰退期产品的推广策略之后，接下来让我们一起来分析几个案例：

【案例13-13】

康师傅在衰退期的对策

作为康师傅的主营业务之一，方便面市场逐年萎缩，消费者需求持续下降。康师傅应对方便面行业衰退的业务投资战略：一是缩减经营规模、减少产出；二是转移到高端面市场。面对方便面市场衰退的现状，康师傅开始推出高价方便面，来延长退出方便面市场的时间。

（资料来源：编者根据相关资料整理而成）

康师傅的这种业务投资战略，也是处于衰退期企业的投资战略的突出表现：缩减经营规模、转移经营方向。但是在这种战略下，康师傅的业绩效果并未获得改善，2016年第二季度创近十年来的单季利润最大跌幅，前三季度高价面销售额同比下降28.67%，针对这种业绩表现来分析，可能与统一"汤达人"率先抢占了高档面市场，康师傅产品创新力度不足，新品处于推广阶段未成气候有关。但是，最重要的原因在于消费者的需求已经转移，推出的高档面虽然能有部分拉动作用，但难以改变方便面市场整体下行的趋势。

综合康师傅的业务投资战略和业绩呈现的效果来分析：首先，康师傅的这种策略并非没有道理。对于转移到高端面市场，一方面由于我国中产阶级崛起、生活消费水平不断提高，推出高档面有利于拉动部分由于消费水平提高导致的市场需求的变化。另一方面，面对2017年统一的"汤达人"为其带来了7亿美元的营业收入，康师傅推出高档面得以与老对手统一分割高端消费市场。其次，对于康师傅减少人员及产出、结束台湾地区康师傅的业务，既可以节约大量的成本和开支，避免产品积压，同时聚焦中国大陆市场，有利于将有限的资源优化配置。最后，之所以难以摆脱业绩衰退的窘境，最大的问题在于消费者市场需求已经转移，但康师傅没有跳出方便面的经营范围，转移到的新经营项目仍在方便面产品里打转，没有立足于市场需求现状和内外环境找到新的盈利增长项目。

13.6 互联网新媒体运营推广方案

13.6.1 互联网新媒体推广的必要性

在21世纪的互联网时代，网络的应用巧妙地改变了人们的生活方式，可以说，离开了互联网，现在的所有网民都会不习惯，并且会有一种鱼儿离开了水的窒息感。在这种环境下，互联网新媒体的推广自然就变得更有意义。

根据互联网新媒体的发展趋势，可以总结出互联网新媒体推广的必要性主要有以下两点：

1. 可以实现受众群体的精准定位及随意性

在大数据时代的互联网时代，客户的浏览倾向、时间、习惯通过技术手段的支持，均可在有效范围内实现整体的分类整合。而在传统的传播模式下，目标受众只能被动地接受全部信息，需要经过自身的判断和筛选，大大降低了主动选择的高效性和针对性。也因此使得传播信息失去了最大程度的被拾取和扩散的机会，边际收益微乎其微。通过数据分析所得精准定位，在最大程度上满足受众群体个性需要，充分发挥其主动接受、自主选择的参与积极性，最终使传播的信息最大程度地满足受众群体需求同时增加传播的周期和次数。

2. 可以增强传播的互动性及多向性

互联网新媒体的互动交流性特点是传统传播媒介所无法实现和超越的。在数字化、信息化的今天，门户网站、社交网站、论坛、贴吧、微博、微信等平台及应用软件使得现代生活交流从传统的面对面发展成为二维、三维、四维的多重方式。目标群体通过不同的媒介平台实现时间上的自由参与、主题上的自主选择、跨地域的即时交流、多向性的互通有无。由一对一扩展到一对多、多对多。信息既可以持续保留又可以实时更新变化，使得信息传播的时效性、有效性、全面性、透明性均得到充分发挥，这是任何传统媒介都望尘莫及的。

13.6.2 互联网新媒体运营推广案例分析

【案例13-14】

屈臣氏99会员卡：借势明星，玩一场多城联动的快闪

9月9日，正值屈臣氏全新会员卡代言人、"微笑倾城的肖奈大神"、人气小鲜肉杨洋的生日。当晚19时，近百位来自美拍、映客、花椒、一直播4大主流直播平台的超级人气网

红分赴北京、广州、上海、成都4个城市的99个屈臣氏门店,联动店内的物料,以及杨洋的粉丝们玩了一场线上到线下的快闪直播,为杨洋送上了一份别开生面的生日祝福——"杨洋生日趴,99会员卡"网红线下直播活动。

(资料来源:编者根据相关资料整理而成)

借助明星活动玩直播,是当下直播最常见的玩法,但怎样玩出新意?激发粉丝的热情,打动不按套路出牌的90后、00后女神的心?

屈臣氏99会员卡的营销便值得参考,空降过来的网红,纷纷卸下偶像包袱,出现在屈臣氏各大门店,化身迷妹迷弟,与店内的各类杨洋物料玩合影,与购物粉丝们玩游戏、表演,一起为杨洋送上了暖暖的爱和祝福。

如此不按套路出牌的营销玩法,让屈臣氏在半小时的直播时长内迅速涨粉,屈臣氏官网杨洋限量版会员卡上线第一天更是卖到脱销,同步引爆了多城多店。

【案例13-15】

小米:客服营销11∶120万

新媒体营销怎么会少了小米的身影?"11∶120万"的粉丝管理模式是什么?据了解,小米手机的微信账号后台客服人员有11名,这11名员工每天的主要工作是回复120万名粉丝的留言。每天早上,当11名小米微信运营工作人员在计算机上打开小米手机的微信账号后台,看到后台用户的留言,他们一天的工作也就开始了。

(资料来源:编者根据相关资料整理而成)

其实小米自己开发的微信后台可以自动抓取关键词回复,但小米微信的客服人员还是会进行一对一的回复,小米也是通过这样的方式大大地提升了用户的品牌忠诚度。相较于在微信上开个淘宝店,对于类似小米这样的品牌微信用户来说,做客服显然比卖掉一两部手机更让人期待。

当然,除了提升用户的忠诚度,微信做客服也给小米带来了实实在在的益处。黎万强表示,微信同样使得小米的营销、CRM成本开始降低,过去小米做活动通常会群发短信,120万条短信发出去,就是4万元的成本,微信做客服的作用可见一斑。

【案例13-16】

南航服务式营销

中国南方航空公司总信息师胡臣杰曾表示:"对今天的南航而言,微信的重要程度等同于17年前南航做网站。"也正是由于对微信的重视,如今微信已经跟网站、短信、手机App、呼叫中心,一并成为南航五大服务平台。

南航作为中国几大垄断航空公司,其实国际业务增长量一直稳居国内航空公司前列,但南航仍紧紧抓住新媒体营销,对于其他企业初创者来说,值得借鉴。对于微信的看法,南航胡臣杰表示,"在南航看来,微信承载着沟通的使命,而非营销。"早在2013年1月30日,南航微信发布第一个版本,就在国内首创推出微信值机服务。随着功能的不断开发完善,机票预订、办理登机牌、航班动态查询、里程查询与兑换、出行指南、城市天气查询、机票验真等这些通过其他渠道能够享受到的服务,用户都可通过与南航微信公众平台互动来实现。

本章要点回顾

1. 品牌推广是指企业塑造自身及产品品牌形象，使广大消费者广泛认同的系列活动和过程。
2. 品牌推广有两个重要任务：一是树立良好的企业和产品形象，提高品牌知名度、美誉度和特色度；二是最终要将有相应品牌名称的产品销售出去。
3. 新品牌面市所经历的先后不同时期，可以将其发展过程划分为导入期、成长期、成熟期和衰退期四个发展阶段。
4. 新品牌推广中"导入期、成长期、成熟期和衰退期"四个发展阶段的不同特点与策略。
5. 互联网新媒体推广的必要性：可以实现受众群体的精准定位及随意性；可以增强传播的互动性及多向性。

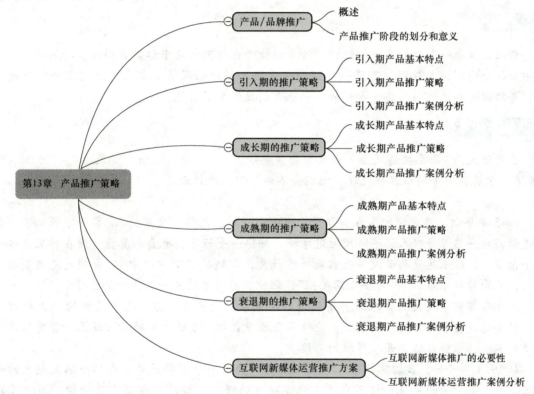

本章思考题

1. 品牌营销的作用是什么？
2. 新品牌推广要特别注意的要素有什么？
3. 在运用互联网新媒体工具推广中，应该特别注意哪些问题？

本章参考文献

[1] 唐誉泽. 创见未来 [M]. 经济管理出版社，2017.
[2] 王可越. 设计思维创新导向 [M]. 清华大学出版社，2017.
[3] 阳飞扬. 从零开始学创业 [M]. 北京联合出版公司，2015.

第 14 章
创业的误区和忠告

内容提要

创业过程是一个极具风险的过程，许多创业者在初次创业中都会遇到许多的问题，在创业中期又会遭到诸多瓶颈，甚至一不留神便会陷入创业的误区。本章将阐述几个创业的误区，并给出一些建议与忠告，希望能为创业者们提供参考意见。

导入案例

鲁冠球说："既要控制风险，也要大踏步前进。"在万向人眼中，如果要在"大胆"和"谨慎"中选择一个词形容鲁冠球，他们会不约而同地选择后者。

首次创业：欠一大笔债，成为"败家子"

1945年年初，鲁冠球出生在浙江萧山宁围金一村，也称"童家塘"。鲁冠球的父亲鲁顺发是萧山的一名普通农人，早年间做过学徒，练得一手好字，也会打算盘。他在村里开过一个小杂货店，后来兵荒马乱没了生意就转学针灸，当起了"游方郎中"。鲁顺发是典型的萧山人，尽管时日艰难，"一餐蚕豆两餐粥"，但他仍努力维持着一家五口的生活。

这让在贫穷中长大的鲁冠球有着强烈的改变命运的愿望。穷则思变是他的一大精神支柱，只要能让自己往好的方向前进，他绝不会故步自封。在这片贫瘠的土地上，鲁冠球养成了坚韧不拔、乐观自信、开拓进取的品格。

从1953年开始，我国实施了"一化三改造"的第一个五年计划。在那个热火朝天的年代里，工人是光荣的象征。许多农民看到了脱贫的曙光，纷纷以摆脱农民身份，当上工人为荣。

鲁冠球也认为，工人比农民的日子好，农民只有求变，否则永无出头之日，但工人的身份却是一条康庄大道。鲁冠球初中肆业时，考虑到家庭贫困，他决定放弃求学。那是他面对人生选择的第一次重大风险决策。

没有了书读，鲁冠球经常跟着精通医术的父亲出去给别人看病，但他没有放下工人梦。终于有一天，他听说萧山县（现萧山区）铁器社可能要招工。听闻消息，鲁冠球激动不已，通过关系辗转进了铁器社。学徒生涯非常辛苦，每天都要起早贪黑，跟着师傅抡铁锤，经受炉火的高温炙烤。然而，年少的鲁冠球却干得十分起劲，他终于成了工人，有工资可以领，不用再过食不果腹的务农生活了。

农村家庭出身的他，非常珍惜来之不易的机会。在三年的学徒生活中，他学了一身打铁、操作各类机械工具的技艺。

不过，工人之路并不如鲁冠球所想的那样美好，反而异常波折。

他即将出师时，国家经济陷入困境，铁器社必须精减人员。18岁时，鲁冠球被精减回家。但这一次务工经历，让他坚定了要走出穷乡僻壤的决心。既然进城当工人的机会渺茫，那么就自己创造机会。他回到家，思考如何摆脱面朝黄土背朝天的命运，一边思考、一边观察，继续寻找突破口。

只要能有赚钱的机会，他都愿意去尝试，哪怕伴随着未知的风险。

有一天，邻居来找鲁冠球，请他帮忙把家里的麦子扛到镇上去磨成面粉。当鲁冠球到了加工厂以后，看到门前排着10多个米袋子，不远处有几个农民在交谈。鲁冠球过去和他们聊了起来，打听到了一个情况：方圆十几里只有一个粮食加工点，所以周围各个村子里的农民大袋加工粮食要扛着粮食走五六里路来加工，还要排很长的队。

这个消息让鲁冠球辗转难眠，他琢磨着白天打探到的情况，想到自己也应该办一个粮食加工厂，这样能为村民带来便利，自己还可以赚钱。

接下来的几天里，鲁冠球开始了解米面加工的设备。他心中兴奋不已，在了解了具体操作以后，又各种游说父母和亲友，终于凑到了钱，买来了磨面机和碾米机，就这样在萧山盈丰乡盈二村开始了第一次创业。

首次创业征程开始后没多久，就走向了终点。原因很简单：年少的鲁冠球只看到了商机，却没看见包围在四周的风险。

由于缺乏对国家政策的全面了解，米面厂成了"资本主义的尾巴"，不得不关停。

其实在最初，鲁冠球的加工厂进展比较顺利，虽然不能明面挂牌，但村民都很淳朴，这种为自己带来方便实惠的事情自然不会去揭穿。不过有一次，电动机由于没有固定住，从木板上掉了下来，差点把伙计砸中。此事在周边传得沸沸扬扬，等传到县里已经变为"差点出了人命"，加上一些舆论认为这个事情不吉利。事后没几天，县里派人过来，强行关闭了粮食加工厂。

万向集团慈善基金会秘书长王建回忆说："当时是4户人家投资的，每户500元钱，我家也是其中一户。最后破产时，我就在清算组里，大家算了一个通宵。结果每户人家剩下126元钱，亏了374元钱。农村那时候一天挣几毛钱，300多元是天文数字了。"

加工厂没了，鲁冠球把机器廉价变卖掉，还欠了一大笔债。他被迫卖掉家中的祖屋，成为别人眼中的"败家子"。

防洪堤外建草屋，开启二次创业

一变不通，再来一变。

鲁冠球有了上一次的教训，不敢再冒进，而是耐心等待机会。

此时，赶上国家开始重视农业生产，全国范围开始大兴水利，钱塘江九号坝正进行海涂围垦工程。一天夜晚，鲁冠球在钱塘江大堤徘徊，看到喧嚣的人流和来往的车辆，驻足思量起来。他发现每天有这么多人力车和自行车来来去去，一定容易损坏，而那里还没有修车铺。他仔细思考，反复琢磨，认为开修车铺的成本和风险都不高，可以试试。

每天早晨天刚亮，鲁冠球就在江边的堤坝上支起自行车修理摊，就这样一直守到半夜。修车铺的生意时好时坏，但总体比干农活收入高一些。

后来，鲁冠球干脆把修车铺搬到防洪堤外，还在旁边建了个草屋，没有夜潮的晚上他就睡在里面。这样不仅方便，如果晚上有人来找他修车，他还能多挣几个钱。

然而，好景不长，第二次创业依然走到了尽头。

钱塘江的围垦工程结束以后，车辆和人流显著减少，修车生意自然就冷清下来。鲁冠球在当初决定开修车铺的时候并没有预见到这一点，也没有分析市场规律，只从直觉判断生意不错，就一股脑地放手去做，没看到暗藏的市场风险。

眼看着生意每况愈下，他不得不再次收起工具回到家里。

接下来的路该怎么走？

鲁冠球总结认为，第一次失败是不懂政策风险，第二次失败是不懂市场风险。

（资料来源：3次创业2次失败，靠一把犁刀"撕开"市场 https://new.qq.com/omn/20190218/20190218A164IQ）

案例评价

国家对创新创业扶持政策力度很大，大学生跃跃欲试，但又缺乏必要的考察和调研，凭着胆大创业，很容易忽略现实难度。另外，社会创业案例及毕业生的创业"传奇"，让一些大学生形成一种错觉。这种错觉使他们随波逐流、盲目跟风，结果创业失败。就创业者个人来说，要走好创业之路，首先需要积累相关经验；其次，创业者必须具备一些素质，如长远的眼光、统筹协调能力、人事调动能力、对市场的观察能力等。而现实中，很多大学生眼高手低、异想天开，忽视了对自我实际的客观审视，缺乏创业技能的储备和训练。此外，有的大学生全身心投入创新创业，无法兼顾基本学业课程，最终得不偿失。

思考题

1. 鲁冠球年轻时多次创业都失败的核心问题是什么？
2. 发现机会、全部投入、一心创业赚钱的做法是否值得推崇？
3. 对于创业活动，鲁冠球说："既要控制风险，也要大踏步前进"的意思是什么？

本章要点

- 创业不能盲目为之。
- 创业不能与赚钱画等号。
- 创业要脚踏实地。

学习目标

- 了解创业的真实现状。
- 理解创业失败的关键问题。
- 掌握创业中规避风险的技巧。
- 熟悉创业中的误区与忠告。

14.1 盲目跟风创业，只能成为"失败的大多数"

在过去的几年时间里，"大众创业，万众创新"这一口号点燃了无数创业者的热情，他们前仆后继地涌入创业的大潮当中，期盼自己有朝一日也能像马云一样在一夜之间家喻户晓。

据国家工商总局的统计数据显示，我国创新创业热潮持续高涨。2017年，新设市场主体㊀达到新高点，全国新设市场主体1924.9万户，同比增长16.6%，比2016年提高5个百分点，平均每天新设5.27万户，高于2016年的4.51万户。全年新设企业607.4万户，同比增长9.9%，平均每天新设1.66万户，高于2016年的1.51万户。按2016年年底全国人口计算，2017年年底，平均每千人拥有市场主体71户，比2016年增加7.7户；平均每千人拥有企业21.9户，比2016年增加3.1户。㊁麦克思研究院联合中国社科院日前发布的《2017年中国大学生就业报告》显示，近5年来，大学生毕业即创业的比例连续从2011届的1.6%上升到2017届的3.0%，接近翻了一番。以2017年795万名应届毕业生的总量计算，当年创业大学生数量超过20万名。㊂

创业的人那么多，成功的又有多少呢？由腾讯研究院等提供大数据支持的《2017年中国创新创业报告》显示，2017年约有100万家中小企业倒闭，平均每分钟就有2家企业倒闭！《2017年中国大学生就业报告》显示，毕业半年后自主创业的2013届本科生中，有46.2%的人3年后还在继续自主创业。甚至有数据指出，中国大学生初次创业成功率仅为2.4%㊃，即使在浙江等创业环境较好的省份，大学生创业成功率也只有5%左右㊄。创业成功带来的财富及名誉固然让人觉得精神振奋，但是创业也是一条艰险的道路，可谓是"九死一生"。

目前我国的创业机制还尚未成熟，创业环境还亟待改善。在这种情况下，创业者们更需要谨慎小心。鼓励创业，本无可非议，改革开放的经验告诉我们，让那些敢于创业的人才领导社会就业，可以推动社会就业的发展。然而，大众创业并不意味着人人创业，提倡"大众创业，万众创新"，应该着重于后者，培养一种敢于创新、勇于创新、善于创新的精神。

目前叱咤中国互联网的风云人物中，也不都是一毕业就创业，而是在职场和相关行业积累了一定经验后才开始创业的。在创办腾讯之前，马化腾曾在中国电信服务和产品供应商深圳润迅通讯发展有限公司主管互联网传呼系统的研究开发工作，在电信及互联网行业拥有10多年的经验；马云毕业后被分配到杭州电子工业学院（现杭州电子科技大学），任英文及国际贸易讲师，工作7年才正式辞职开始创业；李彦宏毕业后在华尔街待了3年半，先后担任了道·琼斯子公司高级顾问、《华尔街日报》网络版实时金融信息系统设计人员，随后又到硅谷待了两年，在著名搜索引擎公司Infoseek（搜信）公司任职，到他认为创业条件合适

㊀ 市场主体（Market Entity）：是指在市场上从事经济活动，享有权利和承担义务的个人和组织体。

㊁ 数据来源：中华人民共和国国家工商行政管理总局网站。网址：http://www.saic.gov.cn/xw/mtjj/201802/t20180213_272390.html 新华社：《日均1.6万新设企业成经济发展强劲动力》；人民日报：《2017年新设市场主体创新高》。

㊂ 数据来源：中国新闻网。网址：http://www.chinanews.com/gn/2017/10-10/8348671.shtml《中国大学毕业生创业率5年翻一番 平均成功率不足5%》。

㊃ 数据来源：人民网人民教育频道。网址：http://edu.people.com.cn/GB/11966668.html《大学生初次创业成功率仅为2.4% 专家支着儿》。

㊄ 数据来源：中国新闻网。网址：http://www.chinanews.com/gn/2017/10-10/8348671.shtml《中国大学毕业生创业率5年翻一番 平均成功率不足5%》。

时才回国开始创业;周鸿祎曾就职于方正集团,先后担任程序员、项目主管、部门经理、事业部总经理等职;刘强东毕业后在一家外资企业工作了两年,历任电脑担当、业务担当、物流主管等职。

可见,创业需要的并不是冲动和勇气,而是知识、经验和智慧。创业不是探索性的第一步,而是在做好准备后发起冲锋的号角。如果连基本的知识都不具备,而仅仅依靠自己灵光一现的小聪明就妄图在众多创业精英之中脱颖而出,那不是创业,而是盲目且莽撞。

【案例 14-1】

盲目创业,亏损 50 万

肖红(化名)毕业于 2016 年,参加了校园招聘后入职沿海地区的一家企业,后来被网上一些有关回乡创业有所作为的文章打动,主动辞职回农村老家准备创业。

肖红在一个创业网站上看到牛羊养殖的信息,信息中说山羊体格健壮,得病概率低,养殖成本低,风险小,前景可观。肖红相信了这个信息,于是贷款买了几百只种羊,总价高达几十万元。

从没吃过苦的肖红在山上搭建了羊圈和她自己住的房子。房子很简陋,仅能容一人吃睡,肖红就这样开始了和羊群同吃同住的生活。虽然有父母的帮忙,但萧红仍然吃了很多苦,短短几月便变得黑瘦,和从前的她完全不一样。

但是,由于不能很好地适应当地的气候,肖红引进的品质很好的种羊前几个月就死了几十只。肖红请教了畜牧专家,经过一段时间的琢磨,她慢慢掌握了引进异地羊到本地养殖的驯化技术。羊群恢复了活力。

然而,事与愿违,夏天的一场暴风雨袭击了这个村庄又给肖红带来了噩耗,肖红的羊群在这场暴风雨中走失、病死了 200 多只。

尽管遇到这么大的挫折,肖红仍然没有放弃。然而在一个傍晚,她在山上找几只没有回羊圈的羊时不小心被一块山石绊倒,摔断了左腿,这简直是雪上加霜。好在手机在身边,痛苦不堪的她立刻给父亲打了电话,父亲赶到时看到疼痛难忍的肖红,立即将她背回了山上的房子里。做了简单的处理后,肖红的父亲千辛万苦把她送到了山下医院。山上的羊群只能交给没有经验的父母看管。养病期间,肖红简单地计算了一下,目前已经亏损了 50 多万元。

创业本就风险极高,对没有经验、只凭着勇气走上创业征程的大学生更是如此。

(资料来源:编者根据相关资料整理而成)

14.2 单纯以盈利为目的的创业,注定走不长远

2016 年,在扎克伯格与马云的对话中,扎克伯格谈到自己对创业的理解:你要想着解决问题,而不是开公司。"这在硅谷是很普遍的问题。很多人在没有想到解决什么样的问题之前就开了公司,在我看来这是很疯狂的。"

无独有偶,奇虎 360 公司董事长周鸿祎在美国西雅图举办的第八届中美互联网产业论坛上接受记者关于如何看待"大众创业,万众创新"背景下出现的创业热潮时表示,"关于(创业)这个问题,我的观点多年没变过。首先,我当然鼓励创业和创新,因为中国最缺的就是创新精神和创新文化。其次,创业是需要勇气的,中国的年轻人如果一毕业都想去当公

务员、去大企业拿铁饭碗,这个社会会没有创业精神,社会不可能日益进取。但从另外一方面来讲,很多人对大众创业、万众创新的理解过于狭义。大家老是把创业定义成我自己开公司才叫创业,我认为真的不是所有人都适合开公司,创业讲的还是一种企业家精神。"可见,创办公司并不等于创业。

创业在含义上具有广义和狭义之分。广义上的创业,是指人们从事有关创新事业的生产生活活动,主要体现为主体在能动性的社会实践中所体现的一种特定的精神、能力和行为方式。狭义上的创业是指主体自己开办公司,进行生产经营活动。而现在大多数创业者的观点里,创业还停留在狭义的层面上。在广义的创业上来说,加入一个创业团体或初创公司也是进行创业之路的优秀选择之一,通过在优秀的创业团体中积累经验,发挥自己的作用,同样是创业者实现自我价值的手段。

马云说:"我一直的理念就是,真正想赚钱的人必须把钱看轻,如果你的脑子里老是钱的话,一定不可能赚钱的。"当创业的热潮涌来的时候,如果只是抱着想凭借创业的势头捞一笔,创业就不可能成功。因为创业不是投机,应该是你为之奋斗的事业。如果抱着侥幸的心理,很可能就只有血本无归。

【案例14-2】

一心上市,却栽在了香港联交所门外

在2007年的胡润零售富豪榜上,ITAT创始人兼董事局主席欧通国名列第三,仅位列苏宁创始人张近东和国美创始人黄光裕之后。截至2007年7月,ITAT已获得连续两轮共1.2亿美元的巨额风险投资,投资方包括蓝山基金、摩根士丹利、Citadel、美林等名声赫赫的国际顶级投资机构。仅2007年一年,ITAT的净利润就高达10.4亿元,然而不久之后,2010年12月16日,中国惠盈联合供应链集团并购了ITAT,ITAT彻底陨落。ITAT究竟是一家什么样的公司,它的经历能给创业者们什么样的启示呢?

1. 良好开端

ITAT是英文"International Trademarks Agent Traders"的缩写,也就是"国际品牌服装代理商"。ITAT集团是一家通过开设ITAT国际品牌服装会员店、ITAT百货会员俱乐部和FASHION ITAT时尚店来售卖服装的服装百货连锁企业。相较于传统的百货商场、批发市场和单一的品牌店的运营方式,ITAT集团采取的是多服装品牌的连锁门店形式,实现了个性门店和电商的有机结合。

从2004年9月创立到2008年5月,在不到四年的时间里,ITAT已经在全国开设了780家店铺,营业面积超过160万m^2,销售额也从2004年的500多万元跃升到10.4亿元,成为全球扩张最快的连锁零售企业。ITAT有自己快速扩张的秘诀,分别是实行向上游供应商先铺货再结账的零货款和先进驻商场再和地产物业商结账的零场租。供应商、ITAT和地产物业商之间按照销售额的58%~62%、23%~32%、10%~15%浮动比例分成。ITAT向供应商和地产物业商都开放了IT系统,保证它们对销售额的实时监控,已获得合作伙伴的信任。

卖衣服不需要货款,开商店不需要租金,从商业模式上来说,ITAT集团开创了一种新型的连锁经营模式,它将商场业主、供应商缔结成销售同盟,实现风险和利润的共享,即所谓的"商业和谐、多方共赢"的ITAT新模式。ITAT通过整合资源,大大缩短了流通环节的长度,实现了借力发力不费力。而且ITAT面世的2004年正是国内服装生产厂商受国际反倾销逼迫，只能出口转内销，且销路陷入困境的时机，从这个角度来说，ITAT集团可谓生逢其时。因此，ITAT集团继2006年11月获得了美国蓝山（中国）资本的5000万美元的战略投资后，又先后获得美国摩根士丹利、美国蓝山（中国）资本、美国Citadel投资集团及美林（亚太）的3000万美元、3000万美元和1000万美元的投资。

2. 一心上市

投资完成后，投资方开始着手推动ITAT上市，还邀请了高盛和德意志银行。从此，ITAT发展的唯一方向就是上市，ITAT开始了迅速而盲目，在选址、招人、选货方面都呈现出无标准的混乱状态。为了能够在2008年第二季度达成香港上市并募集10亿美元的目标，为了让上报的客流量与员工的数目相符，ITAT集团要求每个门店再招入50%的员工，而不对这些员工做任何方面的考查；同时为了扩张门店，ITAT要求每位员工递交门店拓展计划，而不考虑地段位置，只要求地产商们能接受零地租的方式即可。在门店如火如荼扩张的同时，ITAT门店却十分冷清，从北京、上海等一线城市，到贵阳、秦皇岛等二、三线城市，能实现盈利的门店屈指可数。ITAT还让员工扮成顾客，制造"门庭若市"的假象；并通过内部财务管理软件，大幅虚增销售额，以应付投资人和投行的调查。ITAT成立仅四年，其估值就被膨胀至千亿以上，令人咋舌。

3. 幻想破灭

ITAT集团集中一切力量应对上市，将上市作为了公司发展的唯一目标。然而，在第一轮聆讯被否决后，香港联交所收到一封关于举报ITAT存在虚增销售数据等不当会计行为的匿名信，第二轮聆讯被再度否决。随后高盛、美林终止与ITAT的合作，由此引发了ITAT大规模的地震：裁员、关店、拖欠工资、拖欠货款等一系列问题纷纷被曝出，此时，对于ITAT及其投资人来说已经遥不可及，ITAT的陨落已成定局。

（资料来源：编者根据相关资料整理而成）

ITAT希望通过超常规发展，尽快地完成上市的任务。风投的进入也对ITAT超常规发展模式推波助澜，风投们更多的是希望快进快出，希望其能快速发展、快速上市、快速套现获利，但快速发展也预支了ITAT的未来。ITAT品牌弱、地点偏、不自行设计，令人找不到核心竞争优势所在。有评价说ITAT=（没人要的衣服+没人去的地段+二流ERP系统+混乱的业态）×广告的狂轰滥炸；另有业内人士指出，ITAT高层很多是做资本运作出身，这意味着ITAT关注融资上市胜过产品本身。ITAT在拥有良好的创业开端以后没有一步一个脚印地壮大自己，而是急于求成，把发展的希望完全寄托于通过上市来获得资金支持。为了实现这个目的还不惜造假，通过盲目扩张、凭空哄抬公司估值的做法吹起一个巨大的泡沫，泡沫虽美丽，可惜一捅就破，幻象终将消失。这种将融资作为公司唯一目标的做法，只能是投机取巧，难免一事无成。

14.3 只做营销不做产品的创业，终会竹篮打水一场空

有一句话说产品是1营销是0，说明产品是根本，营销是辅助。但是，从目前的互联网现状来看，只注重产品和过分倚重营销不做产品都是不合理的，需要在产品和营销中寻找一个平衡点。

在互联网行业，很多CEO往往是公司的产品经理，如乔布斯是苹果的产品经理，国内

的互联网大咖们都自称做过产品经理,如马化腾、周鸿祎等。他们是决定自己的产品真正长什么样子,能够给用户带来什么价值的人。最有代表性的是乔布斯与百事可乐公司总裁斯卡利在苹果公司采取不同的策略带来不同的影响的例子。斯卡利与乔布斯的观念不同,斯卡利的经验在碳酸饮料行业,这种行业产品研发投入很少,主要靠营销。乔布斯虽然也以营销见长,但乔布斯首先非常重视产品的独特价值,他认为首先要做出有吸引力的产品,再通过营销实现产品的价值。苹果之所以成功与产品本身的特色和价值是分不开的。

但是,如果一味地只做营销而不关心产品的用户体验,不对产品性能进行改造和提升,即使有发展的机会,最终也只能回到原点,牛皮吹得有多高,摔得就有多痛。

【案例 14-3】

"90 后霸道总裁"不管公司,却要给员工一个亿

余佳文,男,1990 年 7 月 5 日生于广东潮州,毕业于广州大学华软软件学院,是"超级课程表"、广州超级周末科技有限公司的创始人。高二时,余佳文设计了一个高中生社交网站,并以 100 万元的价格卖掉了这个网站,挖得人生第一桶金。2011 年,余佳文在读大学时,发现自己根本记不住一星期 30 节课所有的上课时间和上课地点,也不敢主动向遇到的漂亮女生要联系方式。这些给了余佳文创业灵感。他建了一个 8 人创业团队,研发了软件"超级课程表"。2012 年,他自己的公司——广州超级周末科技有限公司成立,同年 8 月,第一笔天使投资确定,2013 年 1 月第二笔天使投资也确定。2013 年 6 月,余佳文参加东南卫视创业真人秀节目《爱拼才会赢》,首个进入全国五强。

"超级课程表"的功能主要为用户提供查看课程表、记录课堂笔记、成绩查询及其他服务类板块等功能。并且能根据以往每堂课老师的点名频率预测点名的概率,还能帮助交友,让同学认识到其他想要了解的同学,方便同学间更即时、更便捷地联系和交流。此时的"超级课程表",在运作和实际效果方面都还是不错的,但是此时的超级课程表团队却将发展的重点放在营销上,忽视了产品本身的性能提升,使公众的目光集中在余佳文本人而不是产品上。

余佳文在 2013 年 11 月参加了中央电视台综合频道推出的《青年中国说》节目,节目中他公开承诺"明年拿出一亿元给员工分红",并提到"超级课程表"的管理模式中有"员工工资自己开""上下班时间自己掌控""鼓励员工用打架解决问题",余佳文张狂的发言、张扬的个性受到了媒体和公众的关注,被称为"90 后霸道总裁"。然而,当被问及公司的组织构架时,他却说:"我不喜欢管公司。我每天抽烟、喝酒、泡茶,不管公司。老板要管公司吗?"又问到是如何盈利时,他回答:"超级课程表怎么赚钱关别人什么事。我喜欢聊梦想,不喜欢聊怎么赚钱。赚钱在我心目中是关上门来讲的,一个 CEO 整天说他是怎么赚钱的,说难听点他肯定是不赚钱的。"

(资料来源:编者根据相关资料整理而成)

头顶"90 后创业成功人士"的桂冠,余佳文频繁出入各大媒体。然而,他展示给公众的却是十分消极和负面的形象。虽然这种故意炒作给超级课程表带来了一定的下载和使用量,但是由于团队的关注点并没有放在产品本身上,2015 年推出的超级课程表新版本遭到了用户的普遍质疑。新版本弱化了课表功能,强化了社交功能,并且在社交功能中还存在一些低俗的内容。超级课程也因为余佳文一句"拿出一个亿元给员工分红"的戏言,错失了

俞敏洪的投资机会。2015 年 8 月，余佳文参加央视《开讲啦》节目，被问到"一亿分红"的承诺时，却公开反悔，表示放弃之前的承诺，并在节目中戏称，年轻人的企业就是玩出来的，不必过于认真。这样的态度让在场的 360 董事长周鸿祎极为不满，直接指责余佳文讲话虚伪。节目播出后，舆论哗然，认为余佳文浅薄无知，产品不怎么样就通过低俗、虚假的炒作来营销自己，甚至有网友评论他说："全世界的牛皮都让你吹了，现在圆不上还这么横。"

终于，余佳文再也坐不住了，以长微博的形式发出道歉信。对社会公众、90 后、创业者和员工道歉，并且指出："因为自己不负责任的言论，传递了一种信息：好像口出狂言就能把公司做起来，信口开河可以不承担后果，让不讲信用的人也能继续混下去。""请求大家给我一个机会，让我在哪里跌倒，在哪里爬起，重新赢回大家的信任。"余佳文恶意炒作，过度营销不仅给社会造成了极大的负面影响，自身的事业发展可谓受到致命重创，已有投资人因为他口出狂言而放弃投资，余佳文不得不吞下因过度营销种下的恶果。

本章要点回顾

1. 盲目跟风创业，只能成为"失败的大多数"。

2. 单纯以盈利为目的的创业，注定走不长远；创业要符合国家与社会的发展需要，符合人民群众幸福生活发展的需要。

3. 要注重企业的产品，产品是核心竞争力；只做营销不做产品的创业，终会竹篮打水一场空。

4. 创业有风险，应该充分认识风险，理解风险，注意规避风险。

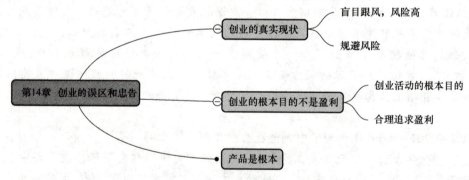

后 记

　　书稿从开始撰写到完结历经将近一年时间，饮水思源，在此表达编者的诚挚谢意，也希望本书对高等学校创业学的教学有些许贡献。随着社会的不断进步，创新创业人才已经成为社会紧缺的人才。高等学校是承担培养高素质人才的主要场所，当下，如何优化学生创新创业能力已经成为高等学校首要关注的问题，大学生创新创业人才的培养工作也面临新的挑战。在本书编写过程中，幸而有各位同仁和老师的全力帮助、携手探讨，现一并致谢。特别感谢在书稿资料查找过程中老师和同学们的鼎力支持，感谢宋俊宏、杨洋、谭笑、孙彦文、王加林、刘晗悦、韩冰、薛逸凡、王新宇、房庆云、曹佳、陈曦轶、侯倩、王映雪等的大力帮助，感谢各位同仁的才智贡献。

　　同时，感谢西南交通大学教务处、科研院等单位在书稿撰写过程中给予编者的大力支持。

编　者